ANNUAL REPORT ON THE DEVELOPMENT OF CHINA'S LARGE ENTERPRISE GROUPS

中国大企业集团

年度发展报告(紫皮书)

2012

大企业集团如何应对增速下滑

中国企业评价协会 主持编写

张文魁 主编

中国发展出版社
CHINA DEVELOPMENT PRESS

图书在版编目（CIP）数据

中国大企业集团年度发展报告（紫皮书）·2012/张文魁主编；中国企业评价协会主持编写．—北京：中国发展出版社，2013.3

ISBN 978－7－80234－908－7

Ⅰ．中…　Ⅱ．①张…　②中…　Ⅲ．企业集团—经济发展—研究报告—中国—2012　Ⅳ．F279.244

中国版本图书馆CIP数据核字（2013）第038424号

书　　名：中国大企业集团年度发展报告（紫皮书）·2012
主　　编：张文魁
主持编写：中国企业评价协会
出版发行：中国发展出版社
（北京市西城区百万庄大街16号8层　100037）
标准书号：ISBN 978－7－80234－908－7
经 销 者：各地新华书店
印 刷 者：北京科信印刷有限公司
开　　本：889×1194mm　1/16
印　　张：20
字　　数：364千字
版　　次：2013年4月第1版
印　　次：2013年4月第1次印刷
定　　价：88.00元
咨询电话：（010）68990642　68990692
网络订购：http：//zgfzcbs.tmall.com//
购书热线：（010）88333449　68990639
本社网址：http：//www.develpress.com.cn
电子邮件：fazhanreader@163.com

本书编辑委员会成员

学术指导： 陈清泰　刘世锦　鲁志强　侯云春　韩　俊　吴敬琏

主任委员： 高燕京　谢　悦

主　　编： 张文魁

副 主 编： 李春伟　赵　耀

编　　委： 郭录佳　褶俊名　李伯雄　李　剑　倪仕水

本书课题组成员

课题主持人： 张文魁

课题召集人： 赵　耀

课题组成员： 袁东明　胡江云　肖庆文　张永伟　王岳平　葛岳静　刘玉立　吴国鼎　杨永福　王　茜　杨来科　林　基　廖　春　吴志华　娄钰莹

前　言

本书是中国企业评价协会主持编写的“中国大企业集团发展研究”年度报告2012年版。

本年度的主题是“大企业集团如何应对增速下滑”。从2011年第四季度开始，中国GDP季度增速降到9%以后，开始节节下滑。2012年第二季度下降到7．6%，第三季度降到7．4%，全年增速仅为7．8%，是进入1999年以来中国经济增速的最低值，也是近20年来“倒数第二”的经济增长速度。宏观经济下滑直接导致了绝大部分行业营业收入增速大幅下滑，一些行业甚至出现负增长，很多行业产能过剩问题非常突出。大企业集团的利润率迅速下降，一些大企业集团甚至开始出现巨额亏损和现金流问题。与2008年底和2009年初全球金融危机对于中国大企业集团的影响比较短暂相比，这一次增速下滑可能不是一个短期性问题，而具有趋势性，是中国经济经过30多年的高速增长后，正在逐渐步入一个中速增长期。这就意味着中国的大企业集团将会面临长期性的挑战，过去那种“速度效益型”的发展模式恐怕难以为继。大企业集团如何应对增速下滑已经成为一个无法回避的严峻问题。

我们的研究发现，为应对经济增速下滑，中国大企业集团纷纷转变观念、转变思路，自觉采取了降本增效、开拓市场、联合重组、研发创新、产业链延伸、进军新兴产业等一系列措施，一些大企业集团可谓是成效显著。为适应国内外经济形势新变化，应对经济发展中的各种挑战，我国政府已做出了重要部署。党的十八大报告明确提出要全面深化经济体制改革和加快转变经济发展方式；要把推动发展的立足点转到提高质量和效益上来；要实施创新驱动发展战略；要推进经济结构战略性调整；等等。在中国经济增长趋缓和转变经济发展方式的大环境下，中国大企业集团唯有适应时代要求，响应国家部署，坚持创新、苦练内功，走“质量效率型”的发展道路，才能越走越远、越走越好。

本书中国大企业集团数据由中国企业评价协会收集整理。

本书的撰写者来自于国务院发展研究中心、国家发展和改革委员会、中国社会科学院、中山大学、华东师范大学、南京财经大学等单位。各章作者分别是：第一章，王岳平、葛岳静、刘玉立（国家发展和改革委员会）；第二章，吴国鼎（中国社会科学院）；第三章，胡江云（国务院发展研究中心）；第四章，袁东明（国务院发展研究中心）；第五章，肖庆文（国务院发展研究中心）；第六章，杨永福、王茜（中山大学）；第七章，杨来科、林基（华东师范大学）、廖春（上海立信会计学院）；第八章，张永伟（国务院发展研究中心）；第九章，吴志华、娄钰莹（南京财经大学）。

凡引用本书研究成果和数据者，应注明“引自中国发展出版社《中国大企业集团年度发展报告（紫皮书）2012》”。

编　者

2013年3月

目　录

第1章

中国大企业集团的发展与展望

- 中国前500家大企业集团发展总体状况
- 中国前500家大企业集团的结构特点及其变化
- 中国前500家大企业集团地区结构变化
- 中国前500家大企业集团差异性增长与组织结构调整
- 中国前500家企业集团的国际比较
- 中国大企业集团发展展望

1.1 中国前500家大企业集团发展总体状况

1.1.1 2011年中国前500家大企业集团的发展特点

2011年是“十二五”规划的开局之年，也是国际国内形势最为复杂多变的一年。全球经济缓慢复苏中，欧洲部分国家的主权债务危机相继爆发，到2012年越演越烈。我国经济在前一时期通过大规模刺激取得一定效果，但也伴随明显的通货膨胀，加强宏观调控成为必然之举，到2011年下半年，我国经济增长呈现下滑态势，2012年上半年更是下滑到8%以下。经济增速下滑对我国大企业集团形成了巨大冲击，不过许多大企业集团能够审时度势，从容应对。与上一年对比，2011年前500家大企业集团的发展呈现出规模继续扩张、千亿俱乐部继续扩容、兼并重组更加活跃、发展更加不平衡、国际地位更加突出等特点。

1. 中国前500家大企业集团规模继续扩张，增幅回落；集团之间规模差距缩小

2011年，中国前500家大企业集团总体规模继续扩张，相比上年，增速明显提高。2011年，前500家大企业集团营业收入总额达422581.36亿元，是2010年的1.29倍，增幅比上年提高7.48个百分点（见表1.1），提速幅度相较上一年明显回落。这是因为

表1.1 2011年前500家大企业集团营业收入额及近几年增长状况

	年 份	营业收入（亿元）	增幅（%）
绝对数	2011	422581.36	—
	2010	326582.41	—
	变化量	95998.95	—
比上年增长（%）	2011	29.40	7.48
	2010	21.92	13.82
	2009	8.1	-10.67
	2008	18.77	-4.05
	2007	22.82	1.32
	2006	21.5	-0.53
	2005	22.03	0.24
	2004	21.79	—

注：负号表示增速下滑。

资料来源：2009~2011年数据根据中国企业联合会调查数据计算，其他年份数据来自国家统计局。

2008年底金融危机发生，国内外环境动荡，对大企业集团产生一定的影响，导致中国前500家大企业集团的增速明显下滑。2010年，在全球经济刺激计划和中国政府继续落实4万亿计划的推动下，中国前500家大企业集团基本摆脱经济困境，于2010年迅速提升，2011年继续保持上涨态势，但提速幅度明显减小。从中国前500家大企业集团的单体平均规模看，2011年平均营业收入为845.16亿元，比上年增加192.00亿元。

2011年中国前500家大企业集团的门槛值为181.49亿元，比上一年增加了49.30亿元，表明中国前500家大企业集团规模有所提升。2011年中国前500家大企业集团中第1位集团中国石油化工集团公司的营业收入为25519.51亿元，第500位集团重庆华南物资（集团）有限公司的营业收入为181.49亿元。最大企业集团与最小企业集团营业收入之比为140.61，与上一年相比明显缩小，表明中国前500家大企业集团之间的规模差距在逐渐缩小（见表1.2）。

表1.2　2010～2011年中国前500家大企业集团之间规模差距

年　份	最大集团营业收入（亿元）	最小集团营业收入（亿元）	最大/最小
2010	19690.42	132.19	148.96
2011	25519.51	181.49	140.61

资料来源：根据中国企业联合会调查数据计算。

2. 中国前500家大企业集团千亿俱乐部扩容，行业多元化特征明显

2011年，前500家大企业集团中营业收入达到千亿元以上的企业集团共有99家，比上年增加26家。与上年相比，营业收入排名前10位的大企业集团，增加了中国建筑工程总公司、中国铁道建筑总公司和中国中铁股份有限公司，减少了东风汽车公司、中国南方电网有限责任公司和上海汽车工业（集团）总公司。其他企业集团内部排位也有所变化，2011年，10家大企业集团依次为：中国石油化工集团公司（2011年营业收入为25519.51亿元，下同）、中国石油天然气集团公司（23812.78亿元）、国家电网公司（16753.59亿元）、中国移动通信集团公司（5659.72亿元）、中国建筑工程总公司（4914.95亿元）、中国海洋石油总公司（4881.99亿元）、中国铁道建筑总公司（4618.83亿元）、中国中铁股份有限公司（4607.20亿元）、中国中化集团公司（4589.53亿元）和中国人寿保险（集团）公司（4349.28亿元）。

2011年，中国前500家大企业集团分布在48个行业中，行业多元化特征明显。从营业收入超过千亿元的企业集团的行业性质来看，2011年的分布状况为：交通运输设备制造业（13家），煤炭开采及洗选业（12家），黑色金属冶炼及压延加工业（11家），

电力、电热的生产和供应业（9家），批发业（9家），保险业（5家），零售业（5家），有色金属冶炼及压延加工业（5家），通信设备、计算机及其他电子设备制造业（4家），房屋和土木工程建筑业（4家），石油和天然气开采业（3家），电信及其他信息传输服务业（3家），电气机械及器材制造业（2家），化学原料及化学制品制造业（2家）、水上运输业（2家），房地产业（2家），纺织业（1家），非金属矿物制造业（1家），航空运输业（1家），农业（1家），其他金融活动（1家），石油加工、炼焦及核燃料加工业（1家），邮政业（1家），商务服务业（1家），共24个行业99家企业集团；2010年营业收入超过千亿元的企业其行业分布状况为：交通运输设备制造业（10家），批发业（10家），黑色金属冶炼及压延加工业（8家），电力、电热的生产和供应业（7家），煤炭开采及洗选业（5家），保险业（4家），石油和天然气开采业（3家），通信设备、计算机及其他电子设备制造业（3家），房屋和土木工程建筑业（3家），电信及其他信息传输服务业（3家），零售业（3家），电气机械及器材制造业（2家），化学原料及化学制品制造业（2家），房地产业（1家），纺织业（1家），非金属矿物制造业（1家），航空运输业（1家），农业（1家），其他金融活动（1家），石油加工、炼焦及核燃料加工业（1家），水上运输业（1家），邮政业（1家），有色金属冶炼及压延加工业（1家），共22个行业73家企业集团。

3. 中国前500家大企业集团兼并重组活跃，产业结构、地区结构发展不平衡

按三次产业分类，2011年中国前500家大企业集团中，第二产业在总体上仍表现出明显优势。第一产业企业集团只有1家进入前500家，营业收入为1040亿元，占前500家大企业集团总营业收入的0.25%；第二产业企业集团有362家，营业收入为313235.81亿元，占前500家大企业集团总营业收入的74.12%；第三产业企业集团有137家，营业收入为108305.48亿元，占前500家大企业集团总营业收入的25.63%。可以看出，第二产业企业集团在企业数量、营业收入方面均表现出明显的优势。

从中国前500家大企业集团的地区分布状况看，2011年中国前500家大企业集团分布在全国29个省（直辖市、自治区），东部地区仍然是前500家大企业集团聚集的主要区域。其中，在北京、江苏、山东、浙江、广东、上海6省（直辖市）的集中分布特征明显，6省市的中国前500家大企业集团总数达到301家，占前500家大企业集团总数的60.20%，营业收入占前500家大企业集团营业收入总额的74.66%。

由于统计口径的局限，我们无法从中国前500家大企业集团的季度规模上对其在一年中波折性的发展现象进行分析。但是从2011年第四季度开始，中国GDP季度增速降

到了 9% 以下，尽管 GDP 的增速下滑不能直接表示中国前 500 家大企业集团的季度规模情况，但是可以反映中国前 500 家大企业集团的发展趋势。

1.1.2　2011 年中国前 500 家大企业集团与世界 500 强企业比较

1. 增速高于世界 500 强平均水平，与世界 500 强企业差距进一步缩小

2011 年，中国大企业集团规模进一步扩张，增长速度继续高于世界 500 强的平均水平，与世界 500 强企业的差距进一步缩小。根据美国《财富》杂志公布的统计数据，2011 年中国大陆共有 70 家企业集团（79 家中国企业）进入世界 500 强企业名单，创历史最好成绩。进入世界百强的中国大陆企业有 9 家：中国石油化工集团，排行第 5；中国石油天然气集团，排行第 6；国家电网公司，排行第 7；中国工商银行，排行第 54；中国建设银行，排行第 77；中国移动通信集团公司，排行第 81；中国农业银行，排行第 84；中国银行，排行第 93；中国建筑工程总公司，排行第 100。相比上年，有 13 家企业集团新增进入榜单，其余 57 家企业集团中有 44 家排位上升。

除企业集团个数外，中国前 500 家大企业集团与世界 500 强企业的营业收入差距也在不断缩小。根据美国《财富》杂志公布的世界 500 强企业统计数据计算，2011 年中国前 500 家大企业集团的营业收入总额相当于世界 500 强企业营业收入总额的 22.18%。近年来，中国前 500 家企业相比世界 500 强企业营业收入的比例成逐年上升趋势（见图 1.1）。

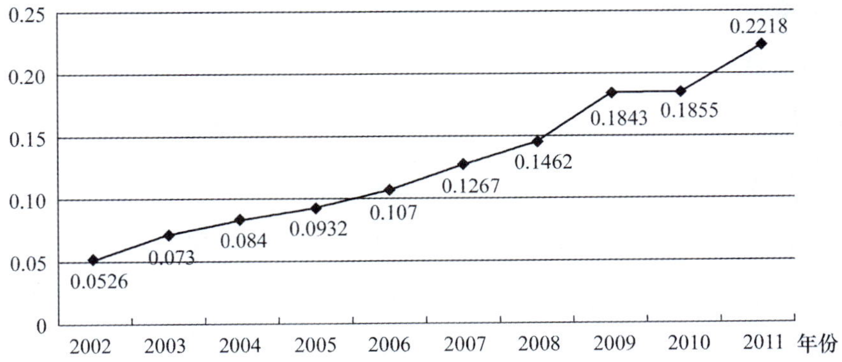

图 1.1　2002～2011 年中国大企业集团营业收入与世界 500 强营业收入之比

资料来源：根据美国《财富》杂志和中国企业联合会调查数据计算。

此外，2011 年中国前 500 家大企业集团平均营业收入增长速度为 29.40%，继续高于世界 500 强（增长速度为 13.41%），而且已经连续 4 年高于世界 500 强（见图 1.2）。中国前 500 家大企业集团与世界 500 强差距在逐渐缩小。另外，我国前 500 家大企业集团与世界 500 强差距的缩小还表现在其他多个方面，如围绕提高产业集中度、应对金融危机而进行的大企业兼并重组步伐加快，企业的国际化经营水不断提升，国际品牌知名度逐渐增强等。

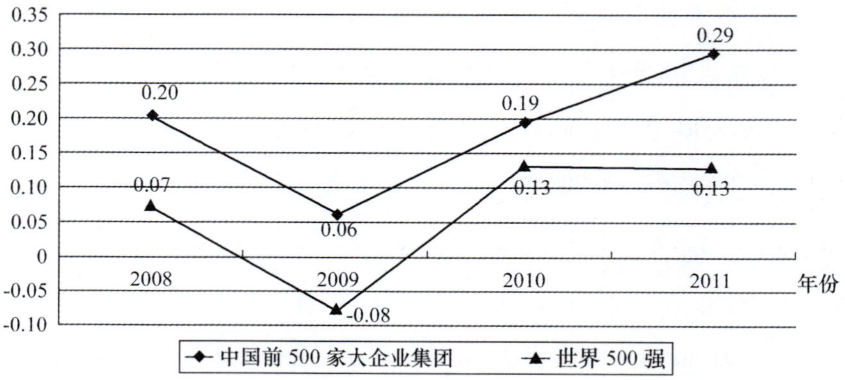

图 1.2 2008～2011 年中国前 500 家大企业集团与世界 500 强平均营业收入增长速度比较

资料来源：根据美国《财富》杂志和中国企业联合会调查数据计算。

2. 资源整合与国际化能力仍有待进一步加强

虽然近年来中国前500家大企业集团实现了跨越式的发展，无论是从规模还是数量上，取得了较大的进步，与世界500强的差距有所减少，但由于中国企业集团成长时间短、积累的先进经验不足，与世界500强相比仍存在较大差距。同时还应当看到，中国前500家大企业集团多集中于具有垄断优势的大型国有企业，他们依靠资源垄断、规模经营和低成本换来企业盈利，但这并非真正意义上市场竞争的结果，大企业集团长期以来形成的粗放型增长方式没有得到根本性改变。与国际先进企业相比，中国前500家大企业集团在资源整合、创新能力、品牌影响力、人才培养、体制机制、自主知识产权和核心技术以及国际化能力等方面仍显不足，在一定程度上制约了企业的持续发展能力。从长远来看，提高资源整合能力，加快技术创新，调整优化产业结构和企业结构，加强企业的品牌建设，加强企业深层次的文化和价值理念建设，加快转变经济增长方式，推动民营企业发展，增强对国际化环境变化的应对能力，是我国大企业集团健康可持续发展的必经之路。

1.2 中国前500家大企业集团的结构特点及其变化

1.2.1 中国前500家大企业集团总体规模结构变化

1. 总体规模与平均规模持续增长

2011年前500家大企业集团的营业总收入达到42.26万亿元，比上年增长了

23.6%，入围门槛为 181.49 亿元，比上年提高了 37.30%，入围门槛值相对于前几年，仍保持了不错的上升形势（见表 1.3）。

表 1.3　2010～2011 年中国前 500 家大企业集团入围门槛

年　份	入围门槛值（亿元）	入围门槛值增速（%）	入围门槛值增量（亿元）
2010	132.19	19.26	21.35
2011	181.49	37.30	49.30

资料来源：根据中国企业联合会调查数据计算。

2011 年中国前 500 家大企业集团的营业收入总额达到 42.26 万亿元，平均营业收入为 845.16 亿元，比上年提高 29.40%，增速同比增长 10.35 个百分点（见表 1.4）。

表 1.4　2010～2011 年中国前 500 家大企业集团平均规模

年　份	平均营业收入（亿元）	增速（%）
2010	653.16	19.05
2011	845.16	29.40

资料来源：根据中国企业联合会调查数据计算。

2. 入围企业之间差距较大，但相对上年有减缓趋势

中国前 500 家大企业集团的总体及平均规模继续扩大，但入围榜单的企业集团之间的规模差距仍较大。例如，本年度排名第 1 的中国石油化工集团公司的营业收入为 25519.51 亿元，而排在第 500 的重庆华南物资（集团）有限公司的营业收入为 181.49 亿元，前者是后者的 140.61 倍，差距较大；前 10 名企业集团营业总额为 99707.40 亿元，后 10 名企业集团营业总额为 1826.54 亿元，前者是后者的 54.59 倍，但相对于上年的 59.41 倍，差距缩小（见表 1.5）。

表 1.5　2010～2011 年中国前 500 家大企业集团前 10 名与后 10 名的规模比较

指　标	2010 年		2011 年	
	前 500 家前 10 位	前 500 家后 10 位	前 500 家前 10 位	前 500 家后 10 位
营业收入（亿元）	79700.48	1341.51	99707.40	1826.54

资料来源：根据中国企业联合会调查数据计算。

从营业收入上看，有 99 家企业的营业收入额超过了 1000 亿元，其中前三名企业——中国石油化工集团公司（营业收入为 25519.51 亿元，下同）、中国石油天然气集团公司（23812.78 亿元）和国家电网公司（16753.59 亿元）的营业收入均超过了 10000 亿元，而绝大多数企业的营业收入在 100 亿～500 亿元之间（见表 1.6）。

表 1.6 2011 年中国前 500 家大企业集团规模以上企业集团分布表

企业数目/比例	超过 10000 亿元	1000 亿 ~ 10000 亿元	500 亿 ~ 1000 亿元	100 亿 ~ 500 亿元	总数
按企业营业收入分类的企业数目（个）	3	96	96	305	500
占前 500 家企业比例（%）	0.60	19.20	19.20	61.00	100

资料来源：根据中国企业联合会调查数据计算。

4. 三次产业的平均规模均有所提升，但第一产业平均规模增速放缓

2011 年中国前 500 家大企业集团的平均营业收入为 845.16 亿元，较上年增加 29.40%，相对于上年 19.05% 的增速，2011 年度中国前 500 家大企业集团的平均规模增速有所上升。大企业集团平均营业收入较大的 10 个行业依次是：石油和天然气开采业（平均营业收入为 9977.10 亿元，是全国平均水平的 11.80 倍，下同），电信和其他信息传输服务业（2244.53 亿元，3.25 倍），石油加工、炼焦及核燃料加工业（2618.94 亿元，3.10 倍），邮政业（2587.52 亿元，3.06 倍），电力、热力的生产和供应业（2040.22 亿元，2.41 倍），保险业（1654.21 亿元，1.96 倍），交通运输设备制造业（1468.97 亿元，1.74 倍），航空运输业（1194.74 亿元，1.41 倍），农业（1040.07 亿元，1.23 倍），通信设备、计算机及其他电子设备制造业（1020.43 亿元，1.21 倍）。平均营业收入规模较大的行业多是规模经济明显、资本要素投入规模较大的行业，主要是重化工业和服务业。

从三次产业的角度看，2011 年中国的 500 家大企业集团平均规模较上一年均有所上升，但第一产业相较上年增速明显放缓，下降了近 37 个百分点；第二、三产业的平均规模持续扩张，其营业收入所占比重增速分别为 33.95%、17.91%，相较上一年提升了 10.34 和 10.55 个百分点（见表 1.7）。

表 1.7 2010 ~ 2011 年中国前 500 家大企业集团按三次产业划分的营业收入平均值及其变化

年份 / 指标 / 产业	2010		2011	
	数量（亿元）	增速（%）	数量（亿元）	增速（%）
第一产业	1016.00	39.78	1040.07	2.37
第二产业	645.96	23.61	865.29	33.95
第三产业	670.45	7.36	790.55	17.91

资料来源：根据中国企业联合会调查数据计算。

5. 地区间大企业集团规模扩张不平衡

作为金融危机过后的平稳过渡期，地区间的规模扩张均有所提升，但地区间的企业集团规模仍然差距较大。前 500 家大企业集团中，东部地区企业数量占据大多数，营业收入所占比重处于领先地位，东北地区扩张速度明显加快，但中西部地区规模扩张力度不够明显，扩张速度缓慢，地区间规模扩张不平衡（见表 1.8）。

表 1.8　　2010～2011 年按地区划分的中国前 500 家大企业集团平均规模

年份 / 指标 / 地区	2010		2011	
	数量（亿元）	增速（%）	数量（亿元）	增速（%）
东部地区	755.24	18.00	976.01	29.23
中部地区	517.01	33.74	660.09	27.67
西部地区	303.32	19.24	379.80	25.21
东北地区	433.33	24.82	614.71	41.86
平均值	502.23		657.65	
标准差	190.21		245.22	
差异系数	0.379		0.373	

资料来源：根据中国企业联合会调查数据计算。

总体来看，前 500 家大企业集团中，东部地区进入前 500 家的大企业集团的营业收入平均规模仍旧处于领先地位。2011 年，东部地区的平均营业收入为 976.01 亿元，为全国平均水平的 1.15 倍，其后依次是中部地区（660.09 亿元，0.78 倍）、东北地区（614.71 亿元，0.73 倍）和西部地区（379.80 亿元，0.45 倍）。从增速看，2011 年增长最快的是东北地区，增长了 41.86%，其后依次是东部地区（29.23%）、中部地区（27.67%）和西部地区（25.21%）。从四个地区前 500 家大企业集团的平均规模差距来看，差异系数由 2010 年的 0.379 缩小到 0.373。

1.2.2　中国前 500 家大企业集团的行业结构的变化

1. 三次产业结构特点

静态来看，进入前 500 家大企业集团的第一产业所占比重较小，第二、三产业占据绝大多数地位（见表 1.9）。2011 年中国前 500 家大企业集团中，第一产业仅有 1 家，营业收入为 1040 亿元，占前 500 家企业营业总收入的 0.25%；第二产业具有明显的规模经济特点，企业个数为 362 家，营业收入为 313235.81 亿元，在前 500 家大企业集团中所占比重分别为 72.40% 和 74.12%，这也反映了中国仍旧处在工业化发展的过程中；第三产业企业个数为 137 家，营业收入为 108305.48 亿元，在三次产业中贡献度相对居中。

表 1.9　　2010～2011 年按三次产业划分的中国前 500 家大企业集团指标

产业 \ 指标 \ 年份	2010		2011	
	企业数量（个）	营业总收入（亿元）	企业数量（个）	营业总收入（亿元）
第一产业	1	1016	1	1040.01
第二产业	367	237066.40	362	313235.81
第三产业	132	88500.01	137	108305.48
比重（%）				
第一产业	0.20	0.31	0.20	0.25
第二产业	73.40	72.59	72.40	74.12
第三产业	26.40	27.10	27.40	25.63

资料来源：根据中国企业联合会调查数据计算。

从动态角度来看，第二产业所占比重略微提升，而第一、第三产业则有所下降。对比以往，2011 年第一产业入围前 500 家大企业集团的数量没有变化，仍为 1 家，但是其营业收入所占比重相较上一年下降了 0.06 个百分点。第二产业相较上一年虽然企业数量减少了 5 家，但是其营业收入所占比重却提升了 1.53 个百分点，这主要是与企业的组织结构调整导致的企业合并有关（见图 1.3）。第三产业虽然企业数量由 2010 年的 132 个增加到 2011 年的 137 个，但是其营业收入所占比重则下降了 1.47 个百分点。在三次产业中，第二产业的贡献度最大，营业收入所占比重较大，起主导作用，而第三产业仍处于不断发展与调整中。

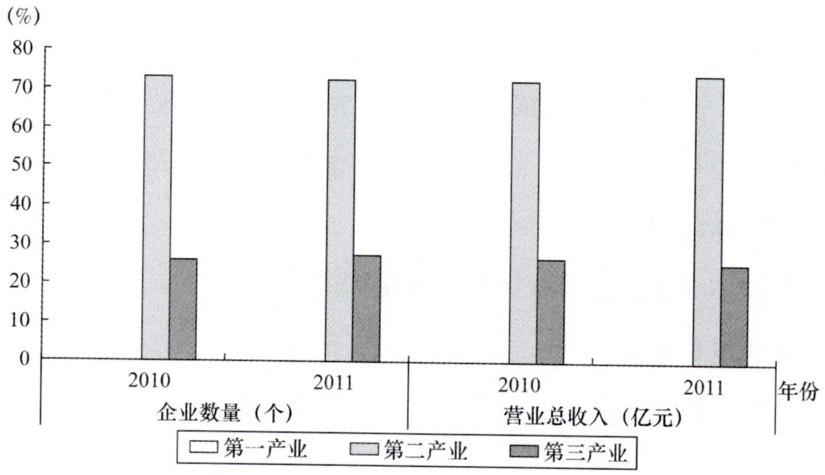

图 1.3　中国前 500 家大企业集团三次产业结构变化

资料来源：根据中国企业联合会调查数据计算。

2. 行业结构特点

从行业结构的静态角度看，前 500 家大企业集团在企业数量、营业收入分布上的行业集中度较高，主要集中在重化工业、制造业及与其相关的建筑和流通部门（见表 1.10）。在现阶段的经济发展中，能源、原材料工业及其相关建筑与交通运输业等行业仍为 500 家大企业集团的主要力量。2011 年前 500 家大企业集团分布在 48 个行业中，入围数量最多的是黑色金属冶炼及压延加工业，有 57 家企业入选，占总数的 11.40%；排列在 2～5 位的分别是批发业（46 家）、房屋和土木工程建筑业（37 家）、交通运输设备制造业（32 家）、煤炭开采和洗选业（30 家），排在前 5 位的行业集团占总数的 40.40%。

表 1.10　　2011 年按行业划分的中国前 500 家大企业集团主要经济指标

行业/指标	企业数量（个）	营业收入（亿元）	行业/指标	企业数量（个）	营业收入（亿元）
黑色金属冶炼及压延加工业	57	40016.34	饮料制造业	7	2340.48
批发业	46	35566.73	通用设备制造业	6	3705.66
房屋和土木工程建筑业	37	20105.16	纺织服装、鞋、帽制造业	6	1793.47
交通运输设备制造业	32	47006.95	航空运输业	5	5973.70
煤炭开采和洗选业	30	24099.14	化学纤维制造业	5	2144.07
电气机械及器材制造业	22	9040.90	造纸及纸制品业	5	1280.93
房地产业	19	8625.09	电信和其他信息传输服务业	4	10978.11
有色金属冶炼及压延加工业	19	1272.86	金属制品业	4	2081.08
电力、热力的生产和供应业	18	36723.92	橡胶制品业	4	1373.65
零售业	16	12684.10	石油和天然气开采业	3	2993.30
化学原料及化学制品制造业	14	7342.96	燃气生产和供应业	3	904.96
有色金属矿采选业	12	5739.34	道路运输业	3	760.50
石油加工、炼焦及核燃料加工业	11	28808.29	铁路运输业	2	1043.88
			其他服务业	2	939.75
通信设备、计算机及其他电子设备制造业	11	11224.72	食品制造业	2	663.58
			船舶制造业	2	537.07
商务服务业	10	4803.61	计算机服务业	2	494.58
农副食品加工业	9	4097.00	邮政业	1	2587.52
纺织业	9	3876.60	农业	1	1040.07
专用设备制造业	9	3251.26	废弃资源和废旧材料回收加工业	1	434.50
医药制造业	9	3035.88			
保险业	8	13233.68	旅游业	1	346.27
烟草制品业	8	4497.75	非金属矿采选业	1	299.05
其他金融活动	7	4716.23	研究与试验发展	1	296.27
水上运输业	7	4350.48	家具制造业	1	241.20
非金属矿物制品业	7	4211.90	建筑业	1	202.44

资料来源：根据中国企业联合会调查数据计算。

按各行业占前500家大企业集团比重排序的前10大行业中，属于第二产业的行业最多，其中又以资本密集型的资源开发、能源、原材料工业为主。第二产业中，黑色金属冶炼及压延加工业规模排在企业数量之首、营业收入之第二，房屋和土木工程建筑业规模排在企业数量之第三、营业收入之第八，交通运输设备制造业规模居企业数量之第四、营业收入之第一，煤炭开采和洗选业规模排在企业数量之第五、营业收入之第七。

从营业收入来看，排名前十名的行业分别为：交通运输设备制造业（47006.95亿元，占11.12%，下同），黑色金属冶炼及压延加工业（40016.34亿元，占9.47%），电力、热力的生产和供应业（36723.92亿元，占8.69%），批发业（35566.73亿元，占8.42%），石油和天然气开采业（29931.30，占7.08%），石油加工、炼焦及核燃料加工业（28808.29亿元，占6.82%），煤炭开采和洗选业（24099.14亿元，占5.70%），房屋和土木工程建筑业（20874.56亿元，占4.94%），保险业（13233.72亿元，占3.13%），零售业（12684.10亿元，占3.00%），营业总收入占前500家大企业集团收入总额的68.38%。

从动态角度看，由于扩大内需的要求，尤其是鼓励消费政策的刺激，零售业有所增加；而第二产业中黑色金属冶炼及压延加工业，电力、热力的生产和供应业，有色金属矿采选业，石油加工、炼焦及核燃料加工业保持了较快增长的态势。比较2010年与2011年各行业数量占中国前500家大企业集团比重的增速可以看出，其他金融活动，电力、热力的生产和供应，烟草制品业，黑色金属冶炼及压延加工业和保险业都有明显的增加，第二产业起了主导作用（见表1.11）。

表1.11　2010～2011年各行业数量增长最快的5个行业　单位：个

2010年		2011年	
行业名称	增加数量	行业名称	增加数量
批发业	7	其他金融活动	6
零售业	6	电力、热力的生产和供应	5
交通运输设备制造业	6	烟草制品业	5
建筑业	4	黑色金属冶炼及压延加工业	4
煤炭开采和洗选业	4	保险业	3

资料来源：根据中国企业联合会调查数据计算。

1.3　中国前 500 家大企业集团地区结构变化

1.3.1　东部地区优势明显，中部地区所占比重有所提升，东北地区和西部地区所占比重均有下降

2011 年，全国共有 29 个省（自治区、直辖市）的企业集团进入中国企业集团前 500 家，只有西藏和宁夏没有企业入围（见表 1.12）。其中，东部地区有 353 家企业，占 70.6%；中部地区有 60 家，占 12%；西部地区有 64 家企业，占 12.8%；东北地区有 23 家，占 4.6%。

表 1.12　　2011 年中国前 500 家企业按地区分布的主要经济指标

地　区	企业个数（个）	营业收入（亿元）	地　区	企业个数（个）	营业收入（亿元）
全国	500	422581.36	内蒙古	9	2908.23
北京	91	203126.74	陕西	6	3758.66
江苏	53	21344.70	福建	8	3737.92
山东	48	20752.79	黑龙江	6	2384.37
浙江	41	17610.61	湖北	9	9047.06
广东	38	27229.36	云南	8	3078.57
上海	30	25416.93	湖南	8	4332.50
天津	18	11784.30	吉林	4	4504.32
河北	24	12262.80	广西	5	1490.12
辽宁	13	7249.70	江西	6	2904.59
四川	15	5616.11	甘肃	4	2483.01
河南	12	6165.81	新疆	3	1231.72
安徽	14	6561.81	海南	2	1263.92
重庆	11	2998.15	贵州	2	492.66
山西	11	10593.82	青海	1	250.07

资料来源：根据中国企业联合会调查数据计算。

2011 年，东北地区企业集团数量和营业收入贡献度较 2010 年均有所下降，东北地区企业集团数量减少了 5 家，营业收入所占比例减少了 0.37 个百分点；东部地区和西部地区企业集团数量都没有变化，营业收入所占比例分别减少了 0.10 和 0.19 个百分点；而中部地区所占比重则明显提升，中部地区企业集团数量增加了 5 家，同时其营业收入所占比例提升了 0.67 个百分点。总体看来，尽管 2011 年东部地区所占比重有所下降，

但该地区的前500家大企业集团仍然保持其在各项经济指标上的绝对优势，企业数量和平均营业收入分别占全国前500家企业相应总量的70.60%和37.10%，表现出绝对优势，具体情况如表1.13和图1.4。

表1.13　2010～2011年按地区划分的中国前500家大企业集团平均规模的变化情况

地区＼指标＼年份	2010		2011	
	数量（个）	平均营业收入（亿元）	数量（个）	平均营业收入（亿元）
东部地区	353	755.24	353	976.01
中部地区	55	517.01	60	660.09
西部地区	64	303.32	64	379.80
东北地区	28	433.33	23	614.71

资料来源：根据中国企业联合会调查数据计算。

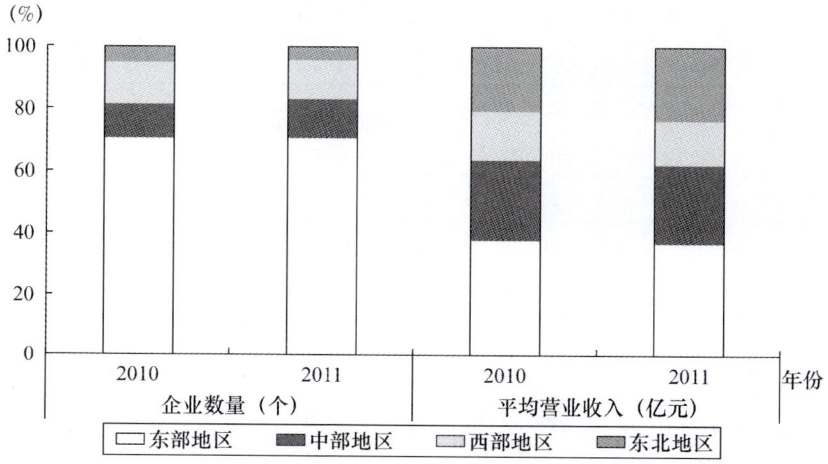

图1.4　2010～2011年按地区划分的中国前500家企业集团规模的变化情况

资料来源：根据中国企业联合会调查数据计算。

1.3.2　东、中、西、东北地区行业结构变化不大，均略有调整

2011年，东部地区进入中国前500家的353家企业集团分布在47个行业，与2010年相比，增加了船舶制造业、计算机服务业、废弃资源和废旧材料回收加工业、旅游业，减少了住宿业、电气机械及器材线缆制造及仪器仪表制造业，净增加2个行业。按营业收入计算，排名前10位的行业依次为：电力、热力的生产和供应业（营业收入占东部地区前500家大企业集团总营业收入的10.44%，下同），交通运输设备制造业（10.36%），批发业（9.09%），石油加工、炼焦及核燃料加工业（8.36%），石油和天然气开采业（8.33%），黑色金属冶炼及压延加工业（7.90%），房屋和土木工程建筑业（5.09%），保险业（3.84%），电信和其他信息传输服务业（3.19%），煤炭开采和洗选

业（3.11%）。与 2010 年相比，电力、热力的生产和供应业，保险业，电信和其他信息传输服务业，煤炭开采和洗选业仍然保持第 1 位、第 8 位、第 9 位和第 10 位，并且其营业收入占东部地区前 500 家大企业集团营业收入总额的比重分别减少 0.33、0.07、0.40、0.09 个百分点；石油加工、炼焦及核燃料加工业，房屋和土木工程建筑业仍保持在第 4 位、第 7 位，所占比重分别增加了 0.29、0.38 个百分点；交通运输设备制造业由原来的第 3 位上升至第 2 位，所占比重增加了 1.42 个百分点；石油和天然气开采业由原来的第 6 位上升至第 5 位，所占比重增加了 0.54 个百分点；批发业所占比重下降了 1.49 个百分点，由原来的第 2 位下降到第 3 位；黑色金属冶炼及压延加工业所占比重下降了 0.01 个百分点，由原来的第 5 位下降到第 6 位。2010～2011 年，东部地区各行业营业收入占中国前 500 家企业集团总营业收入的比重如图 1.5 所示，2011 年东部地区的中国前 500 家大企业集团按营业收入计算的行业结构如图 1.6 所示。

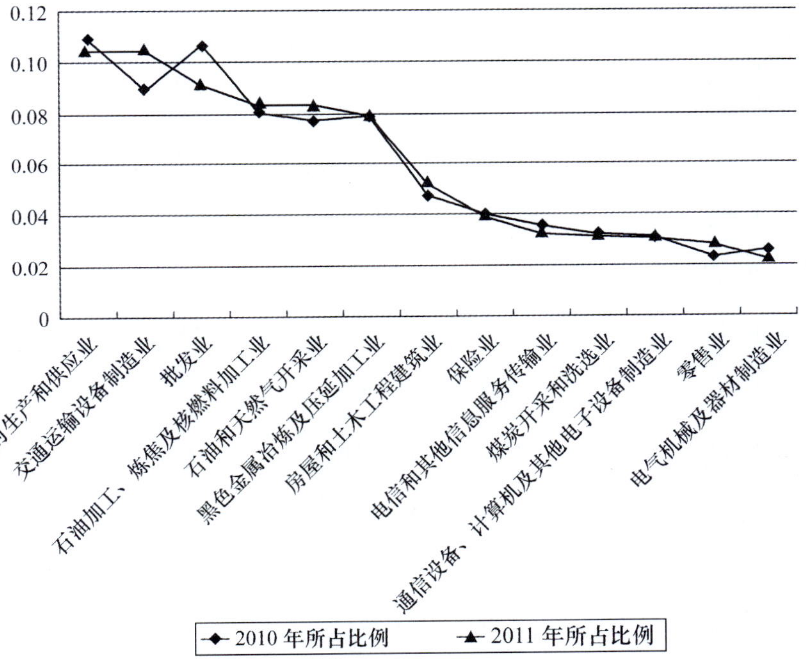

图 1.5　2010～2011 年东部地区主要行业营业收入占中国前 500 家大企业集团营业总收入的比重

资料来源：根据中国企业联合会调查数据计算。

2011 年，中部地区进入中国前 500 家的 60 家企业集团分布在 17 个行业，与 2010 年相比，增加了专用设备制造业、烟草制品业、铁路运输业，减少了机械设备制造业，净增加了 2 个行业。按营业收入计算，排名前 10 位的行业依次为：煤炭开采和洗选业（营业收入占中部地区前 500 家大企业集团总营业收入的 26.45%，下同）、黑色金属冶炼及压延加工业（17.28%）、交通运输设备制造业（13.59%）、批发业（8.97%）、有色金

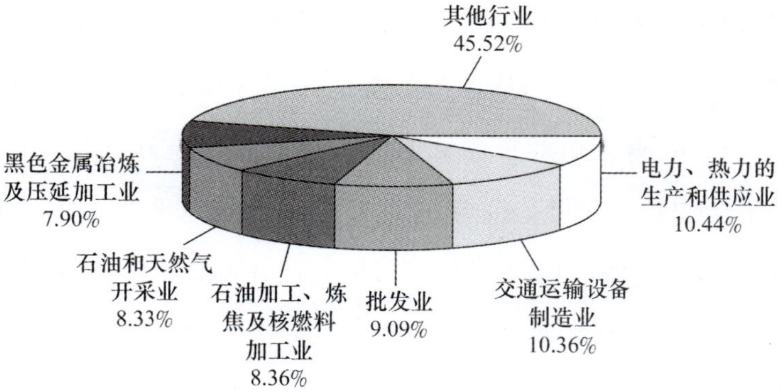

图 1.6　2011 年东部地区中国前 500 家大企业集团按营业收入计算的行业结构

资料来源：根据中国企业联合会调查数据计算。

属冶炼及压延加工业（6.26%）、专用设备制造业（4.63%）、化学原料及化学制品制造业（4.43%）、有色金属矿采选业（4.29%）、烟草制品业（3.08%）、零售业（2.32%）。与 2010 年相比，煤炭开采和洗选业、批发业、有色金属冶炼及压延加工业仍然保持第 1 位、第 4 位、第 5 位，所占比重分别增加了 3.58、0.11、0.04 个百分点；黑色金属冶炼及压延加工业、交通运输设备制造业、零售业还是第 2 位、第 3 位、第 10 位，所占比重分别减少了 1.13、3.87、0.39 个百分点；新增加的专用设备制造业、烟草制品业分别排第 6 位、第 9 位；化学原料及化学制品制造业由原来的第 6 位下降到第 7 位，所占比重减少了 1.74 个百分点；有色金属矿采选业由原来的第 7 位下降到第 8 位，所占比重减少了 0.12 个百分点；房屋和土木工程建筑业由原来的第 9 位下降到第 11 位，所占比重减少了 0.97 个百分点；2010 年排第 8 位的机械设备制造业在 2011 年没有进入中国前 500 家大企业集团。2010～2011 年中部地区各行业营业收入占中国前 500 家大企业集团营业总收入的比重如图 1.7 所示，中国前 500 家大企业集团按营业收入计算的行业结构如图 1.8。

2011 年，西部地区进入中国前 500 家的 64 家企业集团分布在 23 个行业，相对于 2010 年，只增加了水上运输业，净增加 1 个行业。按营业收入计算，排名前 10 位的行业依次为：黑色金属冶炼及压延加工业（营业收入占西部地区前 500 家大企业集团总营业收入的 12.52%，下同）、房屋和土木工程建筑业（9.89%）、有色金属冶炼及压延加工业（8.88%）、煤炭开采和洗选业（8.47%）、烟草制品业（6.92%）、交通运输设备制造业（5.69%）、石油和天然气开采业（5.09%）、饮料制造业（5.05%）、零售业（4.95%）、化学原料及化学制品制造业（4.92%）。其中，黑色金属冶炼及压延加工业、房屋和土木工程建筑业、有色金属冶炼及压延加工业、煤炭开采和洗选业，仍保持原来

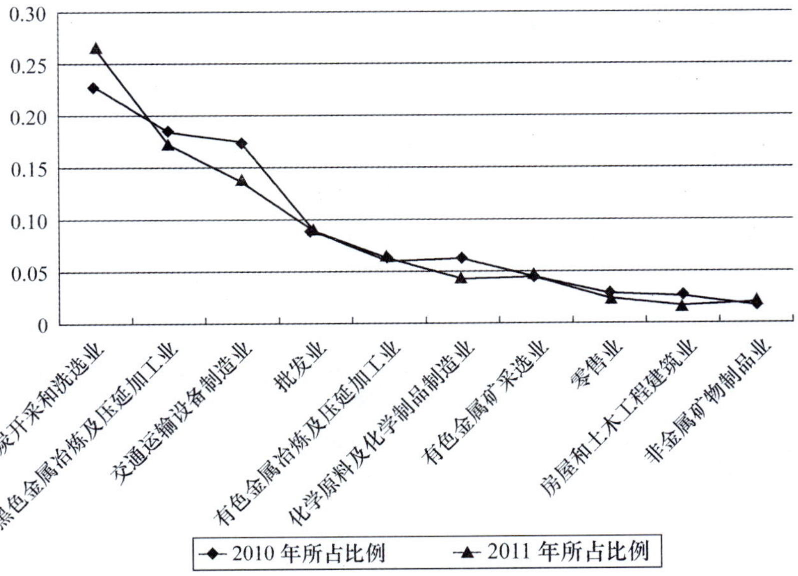

图 1.7　2010～2011 年中部地区各主要行业营业收入占中国前 500 家大企业集团营业总收入比重

资料来源：根据中国企业联合会调查数据计算。

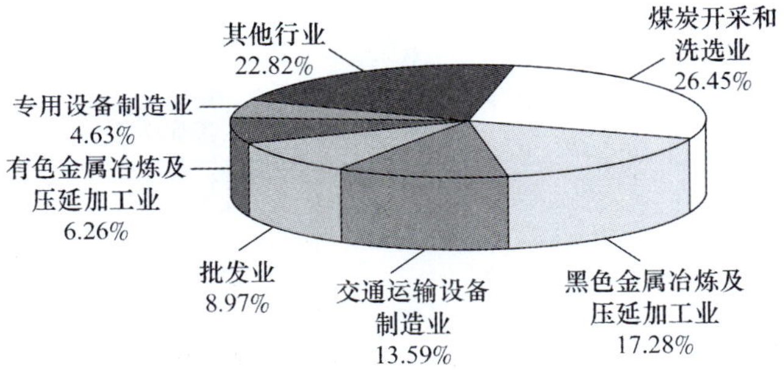

图 1.8　2011 年中部地区中国前 500 家大企业集团按营业收入计算的行业结构

资料来源：根据中国企业联合会调查数据计算。

的第 1 位、第 2 位、第 3 位、第 4 位，所占比重分别增加了 0.11、1.21、1.30、1.15 个百分点；石油和天然气开采业仍排第 7 位，所占比重减少了 0.17 个百分点；交通运输设备制造业、零售业分别下降了 1 位，由原来的第 5、第 8 位下降至第 6 位、第 9 位，所占比重分别减少了 0.67、0.04 个百分点；化学原料及化学制品制造业所占比重增加了 0.01 个百分点，由原来的第 9 位下降到第 10 位；农副食品加工业所占比重增加了 0.09 个百分点，由原来的第 10 位下降到第 11 位；饮料制造业由原来的第 12 位上升至第 8 位，所占比重增加了 1.39 个百分点；烟草制品业由原来的第 6 位上升至第 5 位，所占比重增加了 0.83 个百分点。2010～2011 年西部地区各行业营业收入占中国前 500 家大企业集团总营业收入的比重如图 1.9 所示。2011 年西部地区中国前 500 家大企业集团按营业收入计算的行业结构如图 1.10 所示。

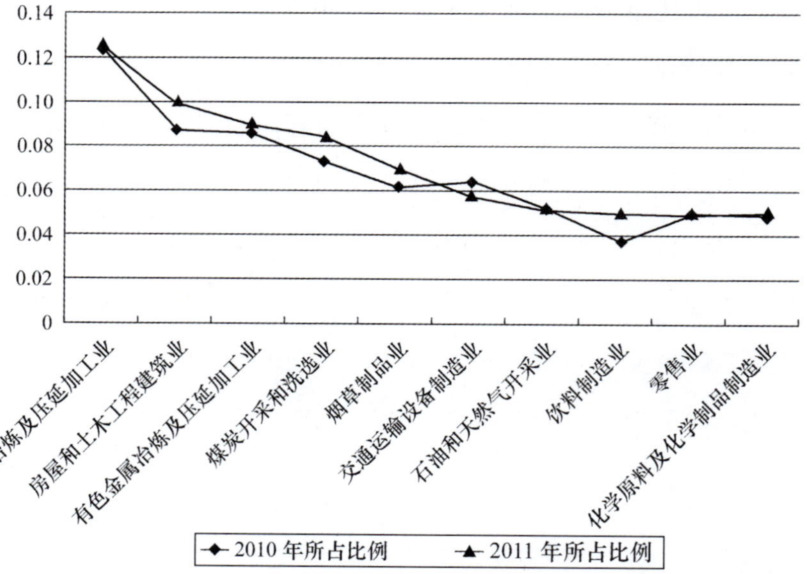

图 1.9 2010～2011 年西部地区各主要行业营业收入占中国前 500 家大企业集团总营业收入的比重

资料来源：根据中国企业联合会调查数据计算。

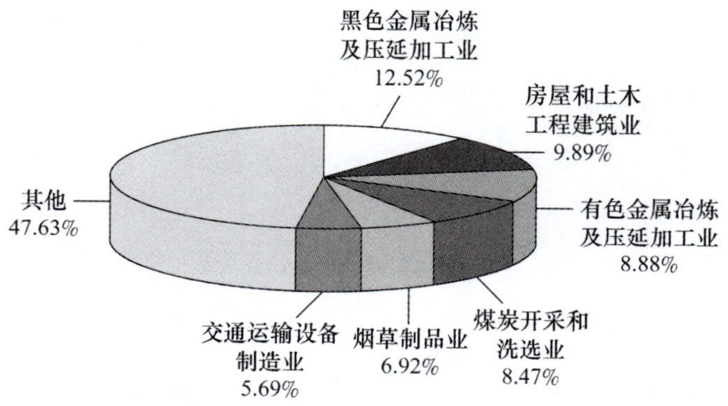

图 1.10 2011 年西部地区中国前 500 家大企业集团按营业收入计算的行业结构

资料来源：根据中国企业联合会调查数据计算。

2011 年，东北地区进入中国前 500 家大企业集团的 23 家企业集团分布在 15 个行业，相对于 2010 年，增加了其他金融活动、有色金属矿采选业、电力和热力的生产供应业，减少了通用设备制造业、专业设备制造业，净增加 1 个行业。按营业收入计算，排名前 10 位的行业依次为：交通运输设备制造业（营业收入占东北地区前 500 家大企业集团总营业收入的 32.25%，下同）、黑色金属冶炼及压延加工业（20.53%）、房地产业（8.92%）、零售业（7.79%）、农业（7.36%）、煤炭开采和洗选业（5.94%）、其他金融活动（3.81%）、电气机械及器材制造业（2.28%）、医药制造业（1.99%）、有色金属矿采选业（1.77%）。交通运输设备制造业、零售业仍分别排第 1 位、第 4 位，所占比重分别增加了 1.54、0.48 个百分点；黑色金属冶炼及压延加工业、医药制造业仍保持第2位、第9位，所占比重分别下降了3.80、0.90个百分点；农业、电气机械及器材制造业、非金属矿物制品业由原来的第3位、第7位、第8位下降至第5位、第8位、第15位，所占比重分别下降了1.26、3.14、1.66个百分点；煤炭开采和洗选业由第5位降到第6位，所占比重增加了0.06个百分点；新增加的其他金融活动、有色金属矿采选业分别为第7位、第10位；2010年排第10位的通用设备制造业在2011年没有进入东北地区中国前500家大企业集团的行业当中。2010~2011年东北地区各行业营业收入占中国前500家大企业集团总营业收入的比重如图1.11所示。2011年东北地区中国前500家大企业集团按营业收入计算的行业结构如图1.12所示。

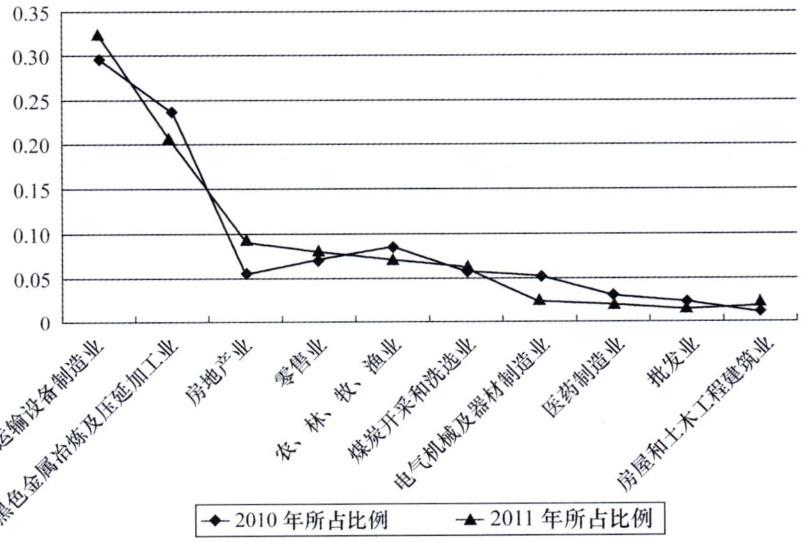

图1.11 2010~2011年东北地区各主要行业营业收入占中国前500家大企业集团总营业收入的比重

资料来源：根据中国企业联合会调查数据计算。

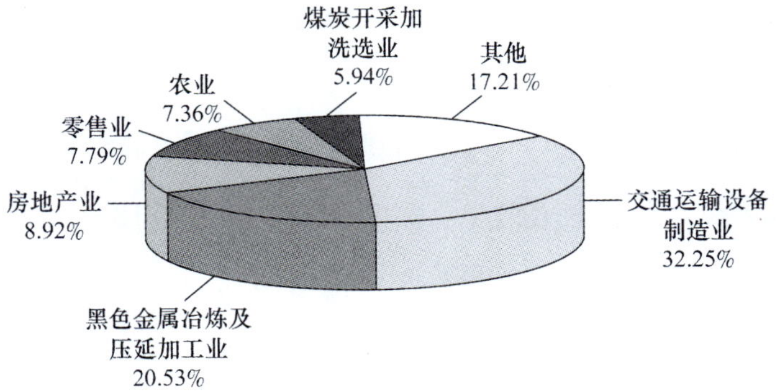

图1.12 2011年东北地区中国前500家大企业集团按营业收入计算的行业结构

资料来源：根据中国企业联合会调查数据计算。

1.3.3 长江三角洲和珠江三角洲地区所占比重上升，京津冀地区和东北地区所占比重有所下降

2011 年，按企业个数、营业收入两项主要指标考量，京津冀地区进入中国前 500 家的 133 家企业集团占全国前 500 家大企业集团的比重分别为 26.60% 和 53.76%，长江三角洲进入中国前 500 家的 124 家企业集团占中国前 500 家大企业集团的比重分别为 24.80% 和 15.23%，珠江三角洲进入中国前 500 家的 38 家企业集团占中国前 500 家大企业集团的比重分别为 7.60% 和 6.44%，东北老工业基地进入中国前 500 家的 23 家企业集团占中国前 500 家大企业集团的比重分别为 4.6% 和 3.35%。从各地区拥有中国前 500 家大企业集团的总体情况看，京津冀地区仍然居于首位，其余依次为长江三角洲、珠江三角洲和东北老工业基地。具体情况如表 1.14 所示。

表 1.14 2010～2011 年四区域中国前 500 家大企业集团主要指标所占总量的比重 单位：%

年份 指标 地区	2010		2011	
	单位数	营业收入	单位数	营业收入
全国总计	100	100	100	100
京津冀	24.20	56.98	26.60	53.76
长江三角洲	26.40	14.05	24.80	15.23
珠江三角洲	7.00	5.64	7.60	6.44
东北老工业基地	5.60	3.61	4.60	3.35

资料来源：根据中国企业联合会调查数据计算。

从动态看，与 2010 年相比，京津冀地区的中国前 500 家大企业集团数量占中国前 500 家大企业集团相应总数的比重上升了 2.40 个百分点，其营业收入占中国前 500 家大企业集团相应总数的比重却下降了 3.22 个百分点；长江三角洲地区的中国前 500 家大企业集团的数量占中国前 500 家大企业集团相应总数的比重下降了 1.60 个百分点，其营业收入占中国前 500 家大企业集团相应总数的比重上升了 1.18 个百分点；珠江三角洲地区的中国前 500 家大企业集团数量和营业收入占中国前 500 家大企业集团相应总数的比重分别上升了 0.60 和 0.80 个百分点；东北老工业基地的中国前 500 家大企业集团数量和营业收入占中国前 500 家大企业集团相应总数的比重分别下降了 1.00、0.26 个百分点。由此可见，相较于 2010 年，长江三角洲和珠江三角洲地区比重上升，而京津冀地区和东北地区所占比重下降（见表 1.14）。

从 2011 年这四个区域所拥有的中国前 500 家大企业集团的平均规模看，京津冀地区

最大，珠江三角洲次之，东北老工业基地和长江三角洲地区则相对较小，具体情况如表 1.15 所示。与 2010 年相比，四个区域中国前 500 家大企业集团的平均营业收入都有所增加。

表 1.15　2010～2011 年四区域中国前 500 家企业平均规模

地区＼指标＼年份	平均营业收入（亿元）	
	2010	2011
全　国	653.16	845.16
京津冀	1410.88	1708.07
长江三角洲	399.46	519.13
珠江三角洲	594.12	716.56
东北老工业基地	433.33	614.71

资料来源：根据中国企业联合会调查数据计算。

1.4　中国前 500 家大企业集团差异性增长与组织结构调整

1.4.1　中国前 500 家大企业集团的差异性增长

2011 年中国前 500 家大企业集团及其行业发展存在较大的差异。从入围中国前 500 家大企业集团的行业类型来看，相对于 2010 年而言，2011 年新增了船舶制造业、计算机服务业、废弃资源和废旧材料回收加工业、建筑业、旅游业五个行业，但入围 2010 年的中国前 500 家大企业集团的电气机械及器材、线缆制造及仪器仪表制造业、住宿业和建筑装饰业三个行业在 2011 年则没有入围。其他仍名列其中的行业，其企业数量和平均营业收入的变化情况也存在较大的差异，如表 1.16 所示。

表 1.16　2011 年前 500 家大企业与 2010 年比较

	入围前 500 家大企业行业的企业数量（个）			入围前 500 家大企业行业的平均营业收入（万元）			
	2012 年	2011 年	增加	2012 年	2011 年	增加	增加率（%）
黑色金属冶炼及压延加工业	57	53	4	7020411	5962734	1057677	17.74
批发业	46	48	－2	7731899	6587463	1144436	17.37
房屋和土木工程建筑业	37	40	－3	5641773	3802160	1839614	48.38
交通运输设备制造业	32	34	－2	14689673	9895732	4793941	48.44
煤炭开采和洗选业	30	30	0	8033046	5719624	2313422	40.45

续表

	入围前500家大企业行业的企业数量（个）			入围前500家大企业行业的平均营业收入（万元）			
	2012年	2011年	增加	2012年	2011年	增加	增加率（%）
电气机械及器材制造业	22	27	-5	4109477	3189066	920411	28.86
房地产业	19	26	-7	4539514	3233090	1306423	40.41
有色金属冶炼及压延加工业	19	19	0	6406770	4139308	2267462	54.78
电力、热力的生产和供应业	18	13	5	20402181	22459492	-2057312	-9.16
零售业	16	15	1	7927560	5909014	2018546	34.16
化学原料及化学制品制造业	14	17	-3	5378541	3847780	1530762	39.78
有色金属矿采选业	12	11	1	4782782	3635278	1147504	31.57
石油加工、炼焦及核燃料加工业	11	9	2	26189357	23898979	2290378	9.58
通信设备、计算机及其他电子设备制造业	11	10	1	10204288	8886634	1317654	14.83
商务服务业	10	10	0	4803614	3133146	1670469	53.32
纺织业	9	10	-1	4307333	3118282	1189051	38.13
农副食品加工业	9	10	-1	4552212	3567833	984379	27.59
医药制造业	9	11	-2	3373204	2181663	1191541	54.62
专用设备制造业	9	10	-1	3612507	2430369	1182138	48.64
保险业	8	5	3	16542148	20869905	-4327757	-20.74
烟草制品业	8	3	5	5622183	6369225	-747042	-11.73
非金属矿物制品业	7	7	0	6016995	4614032	1402962	30.41
其他金融活动	7	1	6	6737475	26389387	-19651912	-74.47
水上运输业	7	6	1	6214977	6247999	-33023	-0.53
饮料制造业	7	7	0	3343542	2506176	837366	33.41
纺织服装、鞋、帽制造业	6	7	-1	2989116	2393600	595516	24.88
通用设备制造业	6	8	-2	6176093	4386270	1789824	40.81
航空运输业	5	5	0	11947404	9173911	2773493	30.23
化学纤维制造业	5	5	0	4288142	20869905	-16581763	-79.45
造纸及纸制品业	5	4	1	2561857	1844577	717280	38.89
电信和其他信息传输服务业	4	3	1	27445266	31874454	-4429189	-13.90
金属制品业	4	6	-2	5202699	3722735	1479964	39.75
橡胶制品业	4	6	-2	3434138	2181340	1252798	57.43
道路运输业	3	3	0	2534994	2506368	28626	1.14
燃气生产和供应业	3	3	0	3016526	2425291	591235	24.38
石油和天然气开采业	3	3	0	99771010	72590602	27180408	37.44
船舶制造业	2	0	2	2685365	—	—	—
计算机服务业	2	0	2	2472906	—	—	—

续表

	入围前 500 家大企业行业的企业数量（个）			入围前 500 家大企业行业的平均营业收入（万元）			
	2012 年	2011 年	增加	2012 年	2011 年	增加	增加率（%）
其他服务业	2	3	-1	4698772	3672639	1026133	27.94
食品制造业	2	3	-1	3317897	2949806	368091	12.48
铁路运输业	2	1	1	5219408	4818250	401158	8.33
非金属矿采选业	1	1	0	2990465	2568624	421841	16.42
废弃资源和废旧材料回收加工业	1	0	1	4345043	—	—	—
家具制造业	1	1	0	2412039	2056793	355246	17.27
建筑业	1	0	1	2024443	—	—	—
旅游业	1	0	1	3462653	—	—	—
农业	1	1	0	10400731	10160000	240731	2.37
研究与试验发展	1	1	0	2962654	2236925	725729	32.44
邮政业	1	1	0	25875158	19017095	6858063	36.06

注：负号表示减少。

资料来源：据中国企业联合会调查数据计算。

从各行业的企业数量来看，各行业入围前 500 家大企业的企业数量整体格局没有发生变化，2010 年入围的企业数量较多的行业在 2011 年也较多，2010 年入围的企业数量较少的行业在 2011 年也较少。其中，入围企业数量最多的前 10 位中的前 8 位和第 10 位行业排序没有发生任何变化，依次是黑色金属冶炼及压延加工业、批发业、房屋和土木工程建筑业、交通运输设备制造业、煤炭开采和洗选业、电气机械及器材制造业、房地产业、有色金属冶炼及压延加工业和零售业，只有第 9 位由化学原料和化学制品制造业变成电力、热力的生产和供应业。这表明这些行业继续保持着领先地位。

从各行业企业数量的变化来看，企业数量增加的行业有其他金融活动（增加 6 个，下同），电力、热力的生产和供应业（5 个），烟草制品业（5 个），黑色金属冶炼及压延加工业（4 个），保险业（3 个），石油加工、炼焦及核燃料加工业（2 个），船舶制造业（2 个），计算机服务业（2 个）等。

然而，各行业新增企业的排名存在较大差异。其他金融活动新增的 6 个企业的排名分别是：264、267、378、445、462、482；电力、热力的生产和供应业新增的 5 个企业排名分别是：51、83、422、442、453；烟草制品业新增的 5 个企业排名分别为：139、197、216、365、374；黑色金属冶炼及压延加工业新增的 4 个企业排名分别 228、242、322、332；保险业新增的 3 个企业排名分别是 92、127、246；石油加工、炼焦及核燃料加工业新增了3个企业（同时减少了1个企业），新增的3个企业排名分别是170、256、327；船舶制造业新增的两个企业排名分别是266、476。由此可见，电力、热力的生产和供应业，保险业，烟草制品业和石油加工、炼焦及核燃料加工业存在一些营业收入大幅度提高的企业，也就是说行业的变化较为剧烈。

企业数量减少的行业有房地产业（减少7个，下同）、电气机械及器材制造（5个）、化学原料及化学制品制造业（3个）、房屋和土木工程建筑业（2个）、橡胶制品业（2个）和金属制品业（2个）等。房地产业不仅数量减少最多，而且一些企业的排名也出现了较大幅度的下降，如重庆龙湖地产发展有限公司由2010年的220位下降到2011年的363位，百兴集团有限公司由287位下降到344位，世纪金源投资集团有限公司由291位下降到340位，福佳集团有限公司由304位下降到431位等。电气机械及器材制造业也有一些企业排名出现了大幅度的下降，如晶龙实业集团有限公司由2010年的262位下降到2011年的350位，正泰集团有限公司由281位下降到368位，人民电器集团有限公司由282位下降到345位等。这表明房地产业和电气机械及器材制造业等在2011年较为低迷。

从平均营业收入绝对数量变化来看，大部分行业平均营业收入都有所增加，增加最多的前5位是石油和天然气开采业（增加27180408万元，下同），邮政业（6858063万元），交通运输设备制造业（479394万元），航空运输业（2773493万元），煤炭开采和洗选业（2313422万元）；下降的行业有其他金融活动（下降19651912万元，下同），化学纤维制造业（16581763万元），电信和其他信息传输服务业（4429189万元），保险业（4327757万元），电力、热力的生产和供应业（2057312万元），烟草制品业（747042万元），水上运输业（33023万元）。

从平均营业收入的变化率来看，增加最多的前五位行业是橡胶制品业（增加57.43%，下同）、有色金属冶炼及压延加工业（54.78%）、医药制造业（54.62%）、商务服务业（53.32%）、专用设备制造业（48.64%）；下降的行业有化学纤维制造业（下降79.45%，下同），其他金融活动（74.47%），保险业（20.74%），电信和其他信息传输服务业（13.90%），烟草制品业（11.73%），电力、热力的生产和供应业（9.16%），水上运输业（0.53%）。从平均营业收入增加情况来看，增加数量排行前10位的行业中有8个是属于第二产业，只有2个属于第三产业（商业服务业、房地产业）；增加数量排行前20位中有15个是属于第二产业，只有5个属于第三产业（商业服务业、房地产业、邮政业、零售业、研究和试验发展），可见第二产业的增加更加显著。

此外，可以发现许多入围前 500 家大企业的行业，虽然其企业数量增加，但其平均营业收入下降；企业数量减少，平均营业收入增加。如企业数量增加比较大的几个行业——其他金融活动（增加 6 个，下同），电力、热力的生产和供应业（5 个），烟草制品业（5 个）、保险业（3 个），其平均营业收入却下降很多（分别下降 74.47%、9.16%、11、73%、20.74%）；而企业数量下降比较多的几个行业——房地产业（减少 7 个，下同）、电气机械及器材制造业（5 个）、化学原料及化学制品制造业（3 个）、房屋和土木工程建筑业（3 个），其平均营业收入增加较多（分别增加 40.41%、28.86%、39.78%、48.38%）。当然，也存在企业数量变化不大，而营业收入变化相对比较剧烈的，如化学纤维制造业企业数量不变，而营业收入下降 79.45%；有色金属冶炼及压延加工业企业数量不变，而营业收入增加 54.78%。

1.4.2　中国前 500 家大企业集团的组织结构调整

行业的组织结构调整以企业之间的并购和重组为主，2011 年各行业之间都有不同程度的并购和重组，然而其表现形式却不尽相同。下面就其中某些行业加以分析。

石油行业（对应大企业中的石油加工、炼焦及核燃料加工业以及石油和天然气开采业）有高资本密集和高技术密集的行业特性，行业的进入门槛较高，整个行业集聚度较大，中国也形成了以中石化、中石油和中海油三家大型国有企业为巨头的垄断性格局。石油行业的并购重组多是海外并购，其并购主要是为了获得产业链上游的油气资源，属于纵向并购。在国际油气并购市场 2011 年大幅降温的情况下，以中石化为首的国内三大油气巨头逆势而上，成为国际油气并购市场的重要参与者（见表 1.17）。

表 1.17　2011 年中国油气公司海外并购交易统计表

收购方	时　间	交易金额（亿美元）	资产类型	资源所在地
中石化	4 月	15	LNG	澳大利亚
中石化	10 月	29	常规	加拿大
中石化	11 月	5.6	常规	喀麦隆
中石化	11 月	51	深水	巴　西
中石化	12 月	6.5	天然气	印度尼西亚
中海油	1 月	13	页岩气	美　国
中海油	3 月	14	常规	乌干达
中海油	7 月	21	油砂	加拿大
中石油	5 月	5.4	煤层气	澳大利亚
中　投	8 月	32	公司权益	法　国

资料来源：《2011 年国内外油气行业发展报告》。

焦化工业存在产能过剩、产业集中度较低、产业技术水平低、产业布局不合理、资源综合利用水平不高、环境污染严重等问题，亟须通过大力推进企业重组来促进行业的健康发展。以山西省为例，《山西省焦化产业调整和振兴规划》就明确提出要推进企业重组，并且要与焦化的上游煤炭企业和下游的钢铁企业联合。焦化行业的企业并购既有横向并购也有纵向并购。如六国化工参与竞买江西贵溪化肥有限责任公司51%股权，福建元力活性炭股份有限公司决定使用超募资金4170万元收购新加坡三达投资有限公司持有的怀玉山公司100%股权；山西同德化工公司与忻州同力民爆器材经营有限公司签署协议，拟新设公司收购同力民爆及其分公司有关经营性民爆资产，又决定收购省内广灵精华化工集团有限公司经营性民爆资产。

钢铁行业和汽车行业等都存在着重复建设严重、产业集中度低、自主创新能力不强、市场竞争力较弱等比较突出的问题，需要加快重组步伐。“十二五”期间，国家将以汽车、钢铁、水泥和机械制造等八大行业为重点，推动优势企业强强联合、跨地区兼并重组、境外并购和投资合作。从并购的案例（见表1.18与表1.19）来看，主要是横向并购，以扩大规模，增强竞争力。

表1.18　近年来汽车行业并购重组案例

时　间	并购重组事件
2009年11月10日	兵装集团与中航工业联合组建中国长安汽车集团有限公司，超过东风汽车，仅次于上汽和一汽，跻身国内汽车行业前三甲
2010年4月26日	广汽集团与吉奥汽车签署了战略合作协议。广汽集团主要以现金方式出资，吉奥则以其汽车产业相关资产出资，双方共同将原吉奥汽车整合成为一家广汽集团与吉奥汽车分别持股51%和49%的合资公司。广汽集团成为吉奥汽车的控股股东
2010年8月	吉利以15亿元收购沃尔沃，8月2日，最终交割仪式在伦敦举行，吉利完成了对福特汽车公司旗下沃尔沃轿车公司的全部股权收购
2010年8月18日	北汽集团与广东宝龙轻汽签署了收购协议。北汽集团出资1元获取广州宝龙的所有存量资产，宝龙成为北汽的全资子公司。以宝龙为基础，北汽华南基地项目启动，基地落户广州增城
2010年8月	2010年8月底，中国重汽宣布斥资3.7亿元收购成都王牌商用车80%的股权。新公司业务范围将包括研究、开发、制造及销售商用车及商用车底盘、汽车零件、一般机械产品及拖拉机、租赁车辆、工程承包、开发房地产以及货物及技术服务进出口业务

资料来源：凤凰网（http：finance. ifeng. com - roll - 20110716 - 4276455. shtml）。

房地产业在2011年较为低迷，资金紧张、销售艰难，房企之间的并购整合正在加速，股权转让出现井喷。当前房企并购呈现出实力分化和整合提速的特点，即并购方多

表 1.19　**2011 年钢铁行业并购重组案例**

重组主体	参与企业	重组方式	重组时间
河钢集团	九江线材、燕山钢铁、荣信钢铁、鑫达钢铁、新金钢铁、裕华钢铁、金鼎重工	托管	2011 年 1 月
广钢集团	广日股份有限公司	资产置换	2011 年 1 月
吕梁钢铁集团	中阳钢铁、海威钢铁	重组	2011 年 2 月
包钢股份	包钢集团巴润矿业有限责任公司	股权及资产收购	2011 年 3 月
江苏沿海钢铁集团	连云港兴鑫钢铁、镔鑫特钢、鸿泰钢铁、龙江钢铁无锡新三洲特钢	共同组建重组	2011 年 3 月
马钢股份	长江钢铁	收购	2011 年 4 月
鞍钢集团	攀钢钒钛	资产置换	2011 年 5 月
安钢集团	凤宝特钢、新普钢铁、亚新钢铁	股权融合	2011 年 5 月
河南沙钢联合钢铁沙钢集团	安阳永兴钢铁、安阳华诚特钢和河南汇丰管业、河南利源煤焦集团	重组	2011 年 5 月
河北宝信钢铁集团	宝信钢铁、合信钢铁、鹏鑫钢铁、恒丰顺铸管、荣喜钢铁、新方铸造和鸿泰铸造	联合重组	2011 年 6 月
鞍钢集团	福建省三钢（集团）有限责任公司	联合重组	2011 年 6 月
宝钢集团	广东钢铁	资产重组	2011 年 8 月
太原钢铁	山西省襄汾县星原集团	股权融合	2011 年 9 月
山东钢铁	济钢、莱钢	资产重组	2011 年 11 月

注：广东钢铁集团将不再囊括广东两家钢铁企业广钢集团和韶钢集团的资产。

资料来源：中国铁合金在线（http：www. cnfeol. com – news – corporationnews – 20120607 – 09454597087. aspx）。

为在资本市场上摸爬滚打多年或是由地方向全国辐射的大型房企，而被并购方则是有项目或土地但体量小、融资渠道少、背景小的中小房企，房地产业将进入重新洗牌阶段。如 2011 年 10 月 14 日，万通地产作价 2.84 亿元，将其持有万通时尚项目股权中的 49%以及 8860 万元债券转让给深圳市万通核心成长股权投资基金合伙企业。此外，非房地产主业企业退出房地产业，也加速了房企并购浪潮。如中国连锁商业巨头华联集团将北京万贸置业有限公司 60% 股权出让给华联商厦股份有限公司，以实现业务布局调整；中远集团挂牌出售其所持远洋集团全部 16.85% 股份，约 9.5 亿股，挂牌金额约 53.2 亿港元，中远地产也成为首家完全退出房地产行业的中央企业。

生物制药行业（对应大企业的医药制造业）在 2011 年也是变动很大，成为并购十分活跃的行业，并购案例超过 100 例（部分案例可见表 1.20）。并购的类型也主要是横向并购，而且由价值链的并购转化为产品线的并购。

表 1.20　生物制药行业并购重组案例

时　间	事　件
2011 年 3 月	科伦药业约定以 4.26 亿元收购崇州君健塑胶
2011 年 6 月	康芝药业发布公告表示，拟出资 1.8 亿元收购维康医药集团沈阳延风制药有限公司 100% 股权，其中 1.6 亿元用于股权收购，2000 万元用于增资
2011 年 8 月	华东医药拟以 2907 万元收购九阳生物 51% 股权，并在完成股权转让后对九阳生物以现金方式增资 8000 万元，增资完成后公司将持有九阳生物 79.61% 股权，成为其控股股东
2011 年 9 月	山东绿叶制药集团全资收购四川宝光，扩展其糖尿病领域市场地位，丰富了绿叶制药消化科和骨科领域的产品线

资料来源：蒋杰，张发宝："硝烟刚刚升起——2011 年度全球医药产业并购及趋势分析"，2012 年第 2 期，第 54 ~ 56 页。

1.5　中国前 500 家企业集团的国际比较

1.5.1　入围世界 500 强的中国大陆企业与世界 500 强企业比较

根据美国《财富》杂志公布的 2011 年世界前 500 强企业名单，通过比较 2011 年和 2010 年度中国大陆上榜企业集团的排名和营业收入情况，可见中国前 500 强大企业集团发展迅速（见表 1.21）。2011 年，世界前 500 强企业名单中，中国大陆有 70 家企业集团上榜（进入榜单的中国企业为 79 个），创历史最好成绩。与 2010 年相比，除数量上的突破之外，中国前 500 强企业集团在世界前 500 强企业排名中位次的上升也不容小视。与 2010 年相比，除新增 13 家企业集团外，其余 57 家企业集团中有 44 家排位上升，体现出中国前 500 强大企业集团蓬勃发展的态势。此外，有 9 家企业进入世界百强，分别为中国石油化工集团公司（排行第 5 位，下同）、中国石油天然气集团公司（第 6 位）、国家电网公司（第 7 位）、中国工商银行（第 54 位）、中国建设银行（第 77 位）、中国移动通信集团公司（第 81 位）、中国农业银行（第 84 位）、中国银行（第 93 位）、中国建筑工程总公司（第 100 位）。2010 年为 6 家，2009 年为 5 家，2008 年为 5 家，2007 年仅有 3 家。

从营业收入总额来看，入围世界 500 强的我国大企业营业收入总额占世界 500 强的份额逐年增加。2008 年入围世界 500 强的中国大陆大企业的营业收入总额占世界 500 强的份额为 6.36%，2011 年为 12.99%，增长 6.63 个百分点，期间各年也均有增加（见图 1.13）。

表 1.21　　世界前 500 强中国大陆企业上榜名单（2011 年和 2010 年）

企业集团名称	2011 年营业收入（亿美元）	2010 年营业收入（亿美元）	2011 年排名	2010 年排名
中国石油化工集团公司	3752.14	2734.22	5	5
中国石油天然气集团公司	3523.38	2401.92	6	6
国家电网公司	2591.42	2262.94	7	7
中国工商银行	1090.40	805.01	54	77
中国建设银行	896.48	670.81	77	108
中国移动通信集团公司	875.44	766.73	81	87
中国农业银行	848.03	605.36	84	127
中国银行	802.30	592.12	93	132
中国建筑工程总公司	760.24	547.21	100	147
中国海洋石油总公司	755.14	524.08	101	162
中国铁道建筑总公司	714.43	674.14	111	105
中国中铁股份有限公司	712.63	699.73	112	95
中国中化集团公司	709.90	495.37	113	168
中国人寿保险（集团）公司	672.74	646.35	129	113
上海汽车集团股份有限公司	672.55	542.57	130	151
东风汽车集团	629.11	557.48	142	145
中国南方电网有限责任公司	605.38	544.49	152	149
中国第一汽车集团公司	570.03	434.34	165	197
中国五矿集团公司	545.09	375.55	169	229
中国中信集团有限公司	493.39	389.85	194	221
宝钢集团有限公司	489.16	403.27	197	212
中国兵器工业集团公司	481.54	356.29	205	250
中国交通建设股份有限公司	459.59	404.14	216	211
中国电信集团公司	451.70	384.69	221	222
神华集团	433.56	324.46	234	293
中国南方工业集团公司	431.60	379.96	238	227
中国平安保险股份有限公司	421.10	289.27	242	328
中国华能集团公司	414.81	336.81	246	276
中国航空工业集团公司	408.35	310.06	250	311
中国邮政集团公司	400.23	280.94	258	343
河北钢铁集团	387.22	335.49	269	279
广达电脑	377.70	357.21	279	247
中国冶金科工集团有限公司	376.13	320.76	280	297
中国人民保险集团股份有限公司	365.49	325.79	292	289
首钢集团	361.17	291.81	295	326

续表

企业集团名称	2011 年营业收入（亿美元）	2010 年营业收入（亿美元）	2011 年排名	2010 年排名
中国铝业公司	358.39	288.71	298	331
中国航空油料集团公司	343.52	226.30	318	431
武汉钢铁（集团）公司	342.60	281.70	321	341
交通银行	338.72	242.64	326	398
冀中能源集团	336.61	212.55	330	458
中国联合网络通信股份有限公司	333.36	260.25	333	371
中国国电集团公司	325.8	240.16	341	405
江苏沙钢集团	320.97	263.88	346	367
中国铁路物资股份有限公司	319.91	226.31	349	430
华为投资控股有限公司	315.43	273.56	351	352
中国建筑材料集团有限公司	300.22	199.96	365	485
中国机械工业集团有限公司	298.46	224.87	367	435
中国大唐集团公司	296.03	259.15	369	375
联想集团	295.74	215.94	370	450
中国远洋运输（集团）总公司	287.97	242.50	384	399
中国电力建设集团有限公司	282.89	—	390	—
中粮集团有限公司	281.90	264.69	393	366
河南煤业化工集团有限责任公司	279.19	217.15	397	446
中国化工集团公司	277.07	207.15	402	475
天津市物资集团总公司	264.11	—	416	—
中国电子信息产业集团有限公司	260.23	237.61	425	408
浙江物产集团	258.33	200.01	426	484
中国华电集团公司	252.70	—	433	—
中国船舶重工集团公司	251.45	210.55	434	463
山东魏桥创业集团有限公司	249.06	—	440	—
山西煤炭运销集团有限公司	245.33	—	447	—
中国太平洋保险股份有限公司	244.29	208.78	450	467
中国电力投资集团公司	244.00	—	451	—
山东能源集团有限公司	241.31	—	460	—
鞍钢集团公司	240.89	—	462	—
浙江吉利控股集团	233.56	—	475	—
绿地控股集团有限公司	228.73	—	483	—
新兴际华集团	228.32	—	484	—
开滦集团	225.19	—	490	—
招商银行	220.94	—	498	—

资料来源：美国《财富》杂志。

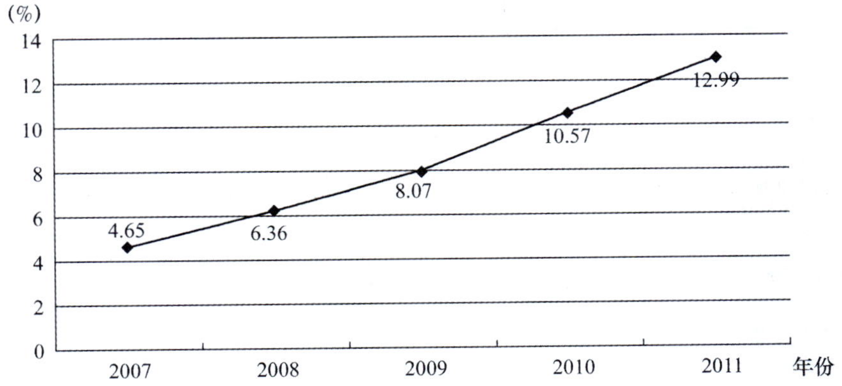

图 1.13 入围世界 500 强的中国大陆大企业的营业收入总额占世界 500 强的份额

资料来源：美国《财富》杂志。

从单体平均营业收入来看，进入世界 500 强的中国大陆大企业集团平均营业收入逐年增长，但仍与世界 500 强存在一定差距。从平均营业收入增速来看，多数年份进入世界 500 强的中国大陆企业增速高于世界 500 强企业。由表 1.22 可以看出，受金融危机影响，2008 年和 2009 年增速较之上年均有降低；金融危机发生后，全球都非常迅速地推出了经济刺激计划，中国政府的四万亿计划更对于当时国内经济的快速回升起到了重要作用。在这样的背景下，2010 年增速较之 2009 年显著上升，2011 年的增速也有增加，逐渐接近金融危机发生以前的 2007 年，但是可以看出增幅已逐渐变缓。这个时期各个地区的经济刺激计划已逐渐失效，以后企业的发展要靠自己的实力。

表 1.22 进入世界 500 强的中国企业与世界 500 强企业平均规模及其变化 单位：百万美元

	2007 年		2008 年		2009 年		2010 年		2011 年	
	平均营业收入	增速（%）	平均营业收入	增速（%）	平均营业收入	增速（%）	平均营业收入	增速（%）	平均营业收入	增速（%）
进入世界 500 强的中国企业	40673	14.04	45731	12.44	43343	－5.22	48230	11.28	54718	13.45
世界 500 强	47237	13.01	50351	6.59	46174	－8.3	52002	12.62	58977	13.41

资料来源：美国《财富》杂志。

1.5.2 中国前 500 家大企业集团与世界 500 强的比较

从平均营业收入来看，中国前 500 家大企业集团平均营业收入逐年增加，但仍与世界 500 强企业存在一定差距。根据美国《财富》杂志公布的世界前 500 强企业营业收入及当年人民币对美元汇率计算，2008 年中国 500 强与世界 500 强的平均营业收入之比为 0.149，2009 年为 0.174，2010 年为 0.186，2011 年为 0.222，差距逐年变小。

表 1.23　　中国 500 强与世界 500 强平均营业收入比较

收入比 \ 年份	2008 年	2009 年	2010 年	2011 年
世界 500 强平均营业收入（百万美元）	50351	46174	52002	58977
中国 500 强平均营业收入（百万元）	51949	54866	65316	84516
汇率（1 美元对人民币）	6.945	6.831	6.77	6.461
中国 500 强与世界 500 强平均营业收入比	0.149	0.174	0.186	0.222

资料来源：美国《财富》杂志、中国大企业联合会、央行网站。

从平均营业收入的增长速度来看，中国前 500 家大企业集团的平均营业收入增速高于世界 500 强（见表 1.24）。2011 年中国前 500 家大企业集团平均营业收入为 845.16 亿元，较上年增长 29.4%，增速同比增长 10.35 个百分点；世界 500 强平均营业收入 589.77 亿美元，较上年增长 13.41%，增速同比增长 0.79 个百分点。金融危机之后，2010 年中国前 500 家大企业集团和世界 500 强增速已逐渐恢复，增幅都很大。但是到了 2011 年，世界 500 强的增幅已逐渐变缓，而中国前 500 家大企业集团增幅依然见涨。

表 1.24　　中国前 500 家大企业集团与世界 500 强企业平均规模及其变化

	2008 年		2009 年		2010 年		2011 年	
	平均营业收入	增速（%）	平均营业收入	增速（%）	平均营业收入	增速（%）	平均营业收入	增速（%）
中国前 500 家大企业集团	51949	19.57	54866	5.62	65316	19.05	84516	29.4
世界 500 强	50351	6.59	46174	-8.3	52002	12.62	58977	13.41

注：中国前 500 家大企业集团平均营业收入单位为百万元，世界 500 强平均营业收入单位为百万美元。
资料来源：美国《财富》杂志、中国大企业联合会。

1.6　中国大企业集团发展展望

1.6.1　大企业集团的发展环境

中近期，全球经济仍将处于国际金融危机和欧洲主权债务危机的缓慢调整和恢复期，世界经济复苏存在不稳定性、不确定性。国内方面，尽管整体经济仍具有继续保持平稳较快增长的因素和条件，但是经济发展中不平衡、不协调、不可持续等问题仍然突出。展望未来，我国大企业集团的发展既面临一定的有利条件和机遇，也面临着较为严峻的挑战。

1. 国际经济环境震荡中调整，大企业集团风险与机遇并存

国际环境方面，由于后金融危机的缓慢复苏和欧洲主权债务危机的蔓延，加大了世界经济复苏的艰巨性和复杂性。首先，发达国家正处于再平衡的调整中，均不同程度地面临着实体经济增长乏力、高失业率、债务负担沉重、政策效力递减等问题；同时，新兴经济体面临着通货膨胀、贫困困境以及转变经济发展方式的困难，发展过程中风险增加。全球经济复苏前景并不乐观，未来增长仍具有很大的不确定性，使大企业集团发展面对的外部环境较为复杂。其次，世界主要经济体都着手经济结构调整，重振制造业、促进出口增长等成为结构调整的主要方面，发达国家积极推行“再工业化”推动实体经济复苏，使大企业集团发展面临较大的竞争压力，进入海外市场面临一定的障碍。再次，国际政治环境的不稳定性同样影响国际经济、金融环境。2012 年全球有 50 多个国家举行大选或领导人换届，包括美国和欧洲部分国家。各国政治格局发生变化，给各国制定经济政策带来不确定性的同时也给国际政策协调带来困难，财政和税收政策的变动将在一定程度上影响着企业的投资决策。最后，新一轮技术革命正在孕育当中，各国加大力度研发新能源、新技术，抢占未来制高点。

与此同时，我们应在风险中看到机遇。一方面，随着主要经济体及跨国公司致力于新技术的研发和创新，要求我国企业跟进科技前沿，把握世界科技革新方向，推进科学技术创新；另一方面，世界经济形势低迷，部分外国企业陷入经营困境，世界范围内开始新一轮的企业重组和产业结构调整，为我国企业整合海外资源、提升自身竞争力提供了重要契机。为此，我国大企业集团应扩大对外经贸合作，促进海外合作形势多样化，提高整合资源能力，为应对复杂多变的国际环境、加快带动我国产业转型、改变经济增长方式做出积极贡献。

2. 国内经济结构和增长方式将进行新一轮调整，大企业集团转型升级压力进一步加大

国际经济金融形势的复杂严峻状况，在一定程度上影响着国内经济发展。2011 年以来，我国经济增速逐季度下滑，相比前一阶段的高速增长，预计“十二五”以后我国经济增速将会适度回落，迎来一个相对平稳的发展阶段，进入一个中速增长时期。目前，我国经济发展面临的重大困境是：在出口导向中，中国大部分产业过分集中于耗能、耗材密集的低端生产和加工贸易中。然而近年来资源要素价格上升导致成本上升，再加上人民币升值，中国低成本优势正在逐渐减弱，企业继续依赖传统的低价格竞争来争取市场将难以为继。在过去支撑中国高速增长的制造业领域，产能过剩矛盾突出，能源、原

材料、劳务费价格上涨，制造业进入低利润时代，正在大大削弱制造业的创新能力。在此背景下，我国加快经济结构调整的压力进一步加大，更加着力调整经济结构，进一步激发自主增长的活力。大企业集团作为我国经济发展的“排头兵”，在战略选择上应慎重考虑行业发展背景和国内外发展潮流，适应我国从投资驱动向创新驱动的要求，在着力突破研发设计、规模经济、精密制造、供应链、品牌和营销渠道等关键环节的同时，积极寻求海外扩张，形成在全球范围内具有持久竞争力的产业和企业。

1.6.2 强化创新能力，推进技术进步，提高核心竞争力

现代企业竞争最根本的是企业核心竞争力的竞争。在当今科学技术突飞猛进的大背景下，创新成为企业核心竞争力的重要组成部分，而技术进步作为提高创新能力的重要手段，各国都在大幅度提高科技的投入，抢夺科技制高点。在企业成长过程中，应将培养企业核心竞争力摆在首要位置，以产品创新为载体，技术创新为手段，将资源进行合理分配、整合，促进核心技术体系的形成，进而提高大企业集团的核心竞争力。近年来，虽然我国大企业集团进行了大规模的海外扩张和并购、收购，整体规模和平均规模逐年扩大，但在原始创新方面仍落后于世界水平。鉴于此，我国大企业集团要善于捕捉世界先进科学技术发展信息，追踪世界科技前沿的技术创新，通过收购兼并和战略联盟等多种方式，从企业内部和外部共同获取构成核心竞争力的技术和资源。与此同时，企业自身也应注重人才培养和利用，增加对研发基金的投入，促进产、学、研相结合，在紧跟世界科技潮流的同时，结合国内及自身实际，根据市场导向，进行自主技术创新，使企业保持长期稳定的竞争优势，从而在国际水准的竞争当中占得先机。

1.6.3 促进企业集团之间“强强联合”，增强国际竞争力

国际化经营是企业发展的要求和方向，在当前全球经济一体化的趋势下，跨国经营已经成为各国融入世界经济体系的重要方式，企业国际化经营已经成为其生存和发展的客观需要。同时，企业的国际化经营同经济发展的客观规律是相一致的，而宏观经济环境则成为企业国际化经营的外部推动力量。一方面，自 2008 年国际金融危机爆发以来，世界范围内经济格局面临重新洗牌，欧美发达国家经济疲软，新兴经济体迅速发展，各国加大了争夺国际市场的力度。近年来，部分世界著名大企业、特大企业之间寻求兼并、合并、合资、联合，为我国企业进入国际市场提供了新的契机。另一方面，我国部分行业出现产能过剩、能力分散、低水平重复、市场竞争过度、利润增长显著减弱等趋势。我国大企业集团应把握国内外有利时机，结合企业自身特点和优势，通过联合国内外大企业集团，充分利用相关区位上的竞争优势整合优势资源，获得最有利的国际产业

分工，提升自身在全球价值链中的地位，寻求最佳的发展方法和发展途径，以获得更高的资本投资回报率或生产投资回报率。与此同时，通过资源共享、优势互补，降低生产成本的同时培育新的利润增长点、拓宽发展渠道，扩大全球市场，从而培育、壮大自身规模和实力。我国大企业集团应根据当今形势，制定切实可行的国际化经营战略，着力提高资本运作能力，扩大投融资渠道，进行差异化投资，提高应对国际市场风云变幻的能力。

1.6.4　增强企业软实力，注重培育企业文化，寻求创新管理模式

企业软实力包括企业文化、企业制度、企业管理模式、企业形象、企业品牌等一系列非物质要素，是企业在由大到强的发展中不可缺少的支撑要素。在品牌化成为主流发展的趋势下，当今市场竞争已分化为两个层面：一是企业硬实力的竞争，即产品技术的竞争；二是企业软实力的竞争，也就是企业文化、企业管理模式、品牌影响力的竞争。而后者尤为重要。随着市场经济全球化以及现代公司制企业的盛行，企业的目标已由单纯的追求效率转为同时追求质量好、效率高、响应速度快和满足个性化需求。为此，在培育企业文化方面，我国大企业集团应塑造积极向上、符合企业和产品特点的优秀文化，重视创新、尊重知识、尊重人才，增强品牌意识，提高品牌知名度，扩大品牌影响力。作为企业软实力中的重要一环，科学的管理模式是保持企业长久竞争力和可持续发展的原动力，我国大企业集团在经历了以扩大生产、提高生产效率和抢占大众市场份额为导向的企业管理阶段后，应逐步向以顾客价值最大化和以全面社会责任管理为导向的管理阶段过渡。通过追求科学化的企业管理模式，向柔性化、扁平化、信息化、团队化管理模式转变，完成由“产—供—销”向“销—产—供”的运行模式转变，突破增长瓶颈，完成跨越式发展。

1.6.5　积极稳妥地实施“走出去”战略，提高整合利用全球资源的能力

从改革开放到现在，我国企业集团从最开始的“引进来”为主——通过学习和借鉴其他国际化企业的经营经验，不断地发展到今天随着经济快速发展，主动“走出去”并积极地参与全球经济一体化的国际分工，开拓国际市场，提升企业核心竞争力。实施“走出去”对于我国转移过剩的生产能力、调整产业结构、获取先进技术、突破贸易壁垒等具有重要意义。企业的对外投资活动需要选择科学的战略和模式，企业应根据东道国的风险与成本状况、国内外市场的供求状况、产业发展状况、企业自身的国际竞争力状况等综合因素，选择适合自己的“走出去”模式。一方面，要避免盲目扩张陷入外国经济危机；另一方面，要抓住机遇，将过剩产能、低层次产业向相对落后国家和地区转

移；同时，还应主动从全球范围内获取资金、技术、市场、战略资源，跟进市场，借助海外跳板升级自身。因此，中国大企业集团要扩大视野、提高层次，在更大范围、更广领域和更高层次上参与国际经济、技术合作与竞争，努力尝试全球化研发、全球化采购、全球化生产和全球化销售，整合国内国外资源，提高整合利用全球资源的能力，这既是大企业集团实现可持续发展的内在要求，也是做大做强的必然条件。

执笔人：王岳平　葛岳静　刘玉立

第2章

中国大企业集团如何应对增速下滑

- 2012 年中国宏观经济形势
- 2012 年中国大企业集团发展状况
- 2012 年中国大企业集团为发展生产而采取的措施
- 2013 年大企业集团应该进一步采取的发展措施

2.1 2012年中国宏观经济形势

2012年，国际金融危机的影响仍在继续，发达经济体复苏步履维艰，欧元区主权债务危机仍不断发酵和扩散，全球经济增长速度明显放缓。在国内，工业经济持续低位运行，国内投资和消费不振，出口增幅缓慢，经济形势也面临严峻挑战。在这种形势下，党中央、国务院坚持稳中求进的总基调，把“稳增长”放在更加重要的地位，我国经济运行逐步企稳，实现了全年的经济发展目标。

2.1.1 2012年我国宏观经济运行状况

1. 国民生产总值增速下降，主要行业景气指数明显下滑

一国的宏观经济数据直接反映了该国的经济活力和企业运行状况。统计数据显示，中国2012年国内生产总值（GDP）为519322亿元，经济同比增长下跌至7.8%，这是近10年以来的新低（见图2.1）。

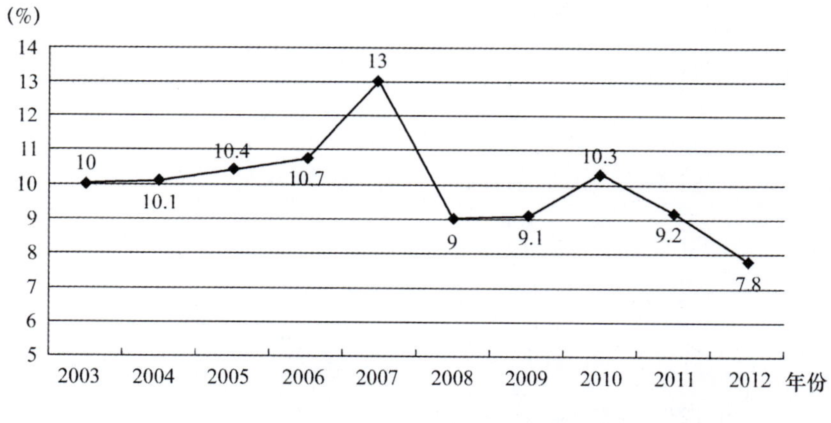

图2.1 2003～2012年中国GDP增速比较

分季度看，2012年一季度同比增长8.1%，二季度增长7.6%，三季度增长7.4%，四季度增长7.9%。虽然第一季度同比增长较高，而且第四季度GDP增长有回升的趋势，但是7.8%的GDP全年增长速度，仍然是近10年新低（见图2.2）。这一方面是由国际和国内的宏观经济形势所造成的，是我国经济发展过程中必然的调整，另一方面也说明我国经济在2012年遇到了严重的困难。

企业景气指数是综合反映经济运行状况和预期走向的指标，企业家信心指数是综合反映企业家对当前宏观经济形势和发展趋势的乐观程度的指标。2012年，我国企业景气

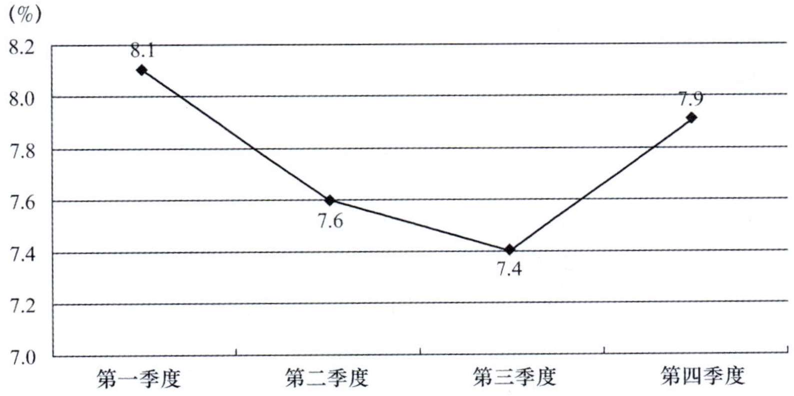

图 2.2 2012 年分季度 GDP 增长率

指数和企业家信心指数发生了变化（见图 2.3）。2012 年第一至第三季度的企业景气指数和企业家信心指数都呈下降趋势，说明我国的经济正处于困难时期，企业生产不景气，企业对于未来的发展前景也不乐观。但是在 2012 年第四季度，企业景气指数和企业家信心指数都开始走出低谷，开始上升，说明我国的经济已经走出了困境，开始逐步好转。

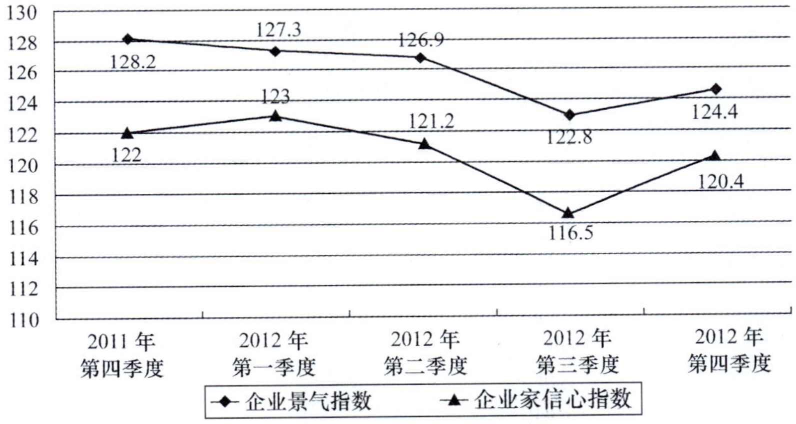

图 2.3 2012 年企业景气指数和企业家信心指数

2. 工业生产增速回落，经营利润有所下滑

2012 年全年全国规模以上工业增加值按可比价格计算比上年增长 10.0%，增速比上年回落 3.9 个百分点。分季度看，一季度同比增长 11.6%，二季度增长 9.5%，三季度增长 9.1%，四季度增长 10.0%（见图 2.4）。

2012 年 1～11 月，全国规模以上工业企业实现利润 46625 亿元，同比增长 3.0%，1～9月同比下降 1.8%，去年同期增长 24.4%。在 41 个工业大类行业中，30 个行业利润同比增长，10 个行业利润同比下降，1 个行业亏损。1～11 月，规模以上工业企业每百元主营业务收入中的成本为 85.14 元，比前三季度下降 0.28 元，比去年同期提高 0.16

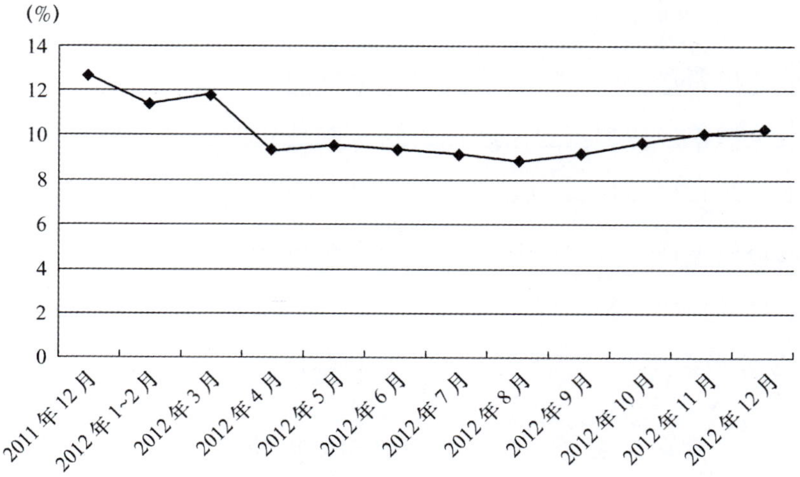

图 2.4　2012 年全国规模以上工业增加值同比增长率

元。规模以上工业企业主营业务收入利润率为 5.66%。[①]

3. 固定资产投资增速下降

由于受金融危机影响，再加上中国经济的周期性调整，国内经济增速下行压力也在增大，产能过剩的矛盾日益突出，工业企业家信心指数和工业企业景气指数迅速下滑至近 10 年来最低水平。在市场前景看淡、融资困难、效益下滑的情况下，企业投资意愿和能力下降。

2012 年 1 ~ 12 月，全国固定资产投资（不含农户）364835 亿元，同比名义增长 20.6%（扣除价格因素实际增长 19.3%），增速比 1 ~ 11 月回落 0.1 个百分点，比 2011 年回落 3.4 个百分点。从环比看，12 月固定资产投资（不含农户）增长 1.53%（见图 2.5）。

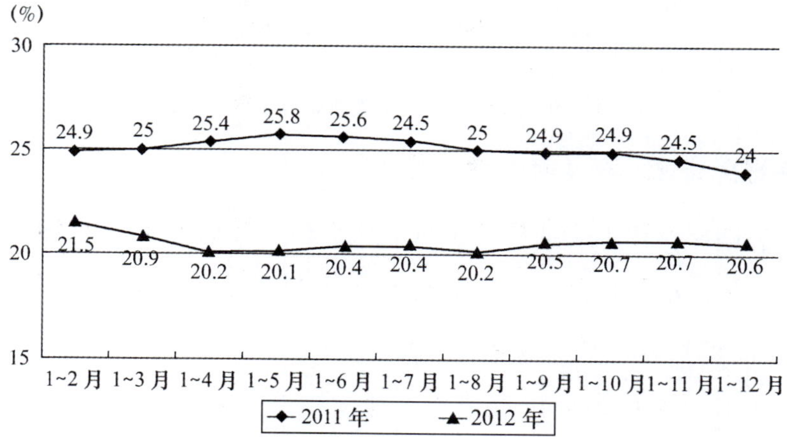

图 2.5　2012 年全国固定资产投资同比增速

① 数据摘自国家统计局网站。

4. 房地产开发投资增速继续下滑

经过两年多的严格调控，我国房价过快上涨的局面得到初步控制，商品房销售面积和销售额连续出现负增长，房地产业的泡沫不断得到挤压。但是房地产调控仍面临两难困境：一方面，为了防止经济减速过于明显，需要房地产市场的稳定发展；另一方面，房地产调控尚未取得根本性成效，一旦房地产成交量连续放大，有可能带动房价和土地成交价回升，房地产调控有前功尽弃的风险。

2012年全国房地产开发投资71804亿元，比上年名义增长16.2%（扣除价格因素实际增长14.9%），增速比上年回落11.9个百分点；其中，住宅投资增长11.4%，回落18.9个百分点。房屋新开工面积177334万平方米，比上年下降7.3%；其中，住宅新开工面积下降11.2%。全国商品房销售面积111304万平方米，比上年增长1.8%，增速比上年回落2.6个百分点；其中，住宅销售面积增长2.0%，回落1.4个百分点。全国商品房销售额64456亿元，增长10.0%，增速比上年回落1.1个百分点；其中，住宅销售额增长10.9%，加快1.7个百分点。全年房地产开发企业土地购置面积35667万平方米，比上年下降19.5%。全国商品房待售面积36460万平方米，增长27.0%，增速比上年回落6.1个百分点（见图2.6）。①

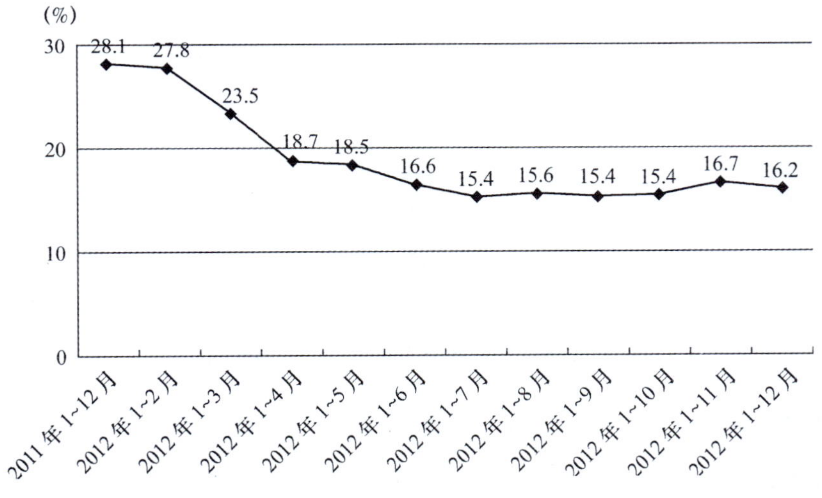

图2.6　2012年全国房地产开发投资增速

5. 消费状况持续低速

2012年，虽然城镇居民人均可支配收入实际增长率和农村居民人均纯收入实际增长率分别达9.6%和10.7%，增速均超过GDP增速，再加上国务院采取的鼓励消费的财政

① 数据摘自国家统计局网站。

补贴以及物价涨幅的持续回落，在一定程度上刺激了居民消费。但是，由于居民对就业和工资增加的前景不看好，消费者信心指数降至较低水平，因此，总体来看，2012 年消费品零售额保持低迷态势，全年社会消费品零售总额 207167 亿元，比上年名义增长 14.3%（扣除价格因素实际增长 12.1%），增速比上年回落 2.8 个百分点。其中，限额以上企业（单位）消费品零售额 101129 亿元，增长 14.6%。按经营单位所在地分，城镇消费品零售额 179318 亿元，比上年增长 14.3%；乡村消费品零售额 27849 亿元，增长 14.5%。按消费形态分，餐饮收入 23283 亿元，比上年增长 13.6%；商品零售 183884 亿元，增长 14.4%。在商品零售中，限额以上企业（单位）商品零售额 93330 亿元，增长 14.8%。其中，汽车类增长 7.3%，增速比上年回落 7.3 个百分点；家具类增长 27.0%，回落 5.8 个百分点；家用电器和音像器材类增长 7.2%，回落 14.4 个百分点。12 月，社会消费品零售总额同比名义增长 15.2%（扣除价格因素实际增长 13.5%），环比增长 1.53%（见图 2.7）。[①]

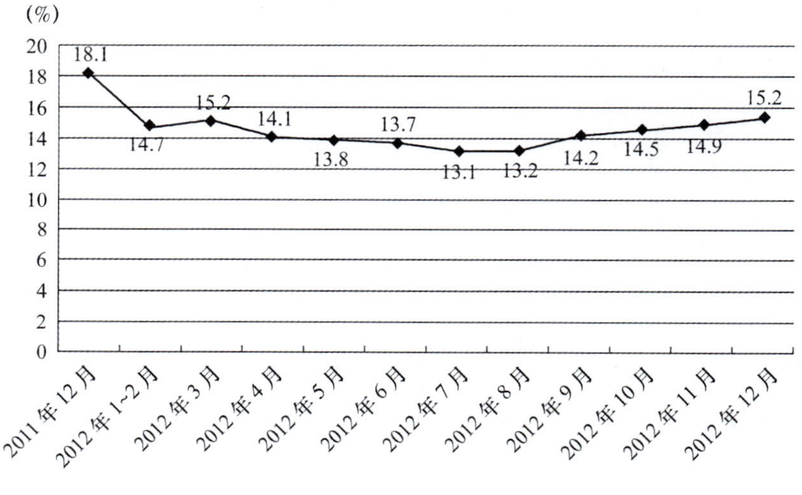

图 2.7 2012 年全国社会消费品零售总额分月同比增长速度

6. 进出口增速回落

2012 年，由于国际金融危机的深度影响仍在继续，发达经济体复苏步履维艰，欧元区主权债务危机仍不断发酵和扩散，全球经济增长速度明显放缓，这直接影响到我国的出口。2012 年全年进出口总额 38667.6 亿美元，比上年增长 6.2%，增速比上年回落 16.3 个百分点；出口 20489.3 亿美元，增长 7.9%；进口 18178.3 亿美元，增长 4.3%。进出口相抵，顺差 2311 亿美元。进出口总额中，一般贸易进出口 20098.3 亿美元，比上

① 数据摘自国家统计局网站。

年增长4.4%；加工贸易进出口13439.5亿美元，增长3.0%。出口额中，一般贸易出口9880.1亿美元，增长7.7%；加工贸易出口8627.8亿美元，增长3.3%。进口额中，一般贸易进口10218.2亿美元，增长1.4%；加工贸易进口4811.7亿美元，增长2.4%。12月，进出口总额3668.4亿美元，同比增长10.2%；其中，出口1992.3亿美元，增长14.1%；进口1676.1亿美元，增长6.0%。[②]

7. 居民消费价格涨幅回落

2012年，虽然存在着资源价格改革、人口结构变换带来的劳动力价格上涨等刺激物价上涨的因素，但是由于国际大宗初级产品价格全面大幅下挫而导致的输入性通胀压力的减轻、我国蔬菜和猪肉价格降幅明显及夏粮有望再次增收，作为最重要的新涨价因素，食品价格上涨得到一定控制等原因，使2012年我国物价上涨压力明显减轻。全年居民消费价格比上年上涨2.6%，涨幅比上年回落2.8个百分点。其中，城市上涨2.7%，农村上涨2.5%。分类别看，食品价格比上年上涨4.8%，烟酒及用品上涨2.9%，衣着上涨3.1%，家庭设备用品及维修服务上涨1.9%，医疗保健和个人用品上涨2.0%，交通和通信下降0.1%，娱乐教育文化用品及服务上涨0.5%，居住上涨2.1%。在食品价格中，粮食价格上涨4.0%，油脂价格上涨5.1%，肉禽及其制品价格上涨2.1%，鲜菜价格上涨15.9%，鲜果价格下降1.2%。12月，居民消费价格同比上涨2.5%，环比上涨0.8%。全年工业生产者出厂价格比上年下降1.7%；12月同比下降1.9%，环比下降0.1%。全年工业生产者购进价格比上年下降1.8%；12月同比下降2.4%，环比下降0.1%。[②]

2.1.2　中国政府为发展经济而采取的措施

2012年，面对复杂严峻的国际经济形势和国内改革发展稳定的繁重任务，党中央、国务院坚持以科学发展为主题，以加快转变经济发展方式为主线，按照稳中求进的工作总基调，及时加强和改善宏观调控，把稳增长放在更加重要的位置，采取了一系列行之有效的具有针对性、灵活性和前瞻性的发展经济的宏观调控措施，从而使国民经济运行缓中企稳，稳中有进。具体来说，主要包括以下几个方面。

1. 采取科学的货币政策和财政政策

2012年上半年，内外需明显不足，经济增速放缓。从2012年2月24日起，央行下调存款类金融机构人民币存款准备金率0.5个百分点；5月18日，央行再次下调存款类

①② 数据摘自国家统计局网站。

金融机构人民币存款准备金率0.5个百分点。从2012年6月8日起，央行下调金融机构人民币存贷款基准利率。7月6日，央行再次下调金融机构人民币存贷款基准利率。这些货币政策的调整都体现政府“稳增长”的意图。随着中国经济在第三季度见底并逐渐回升，央行下半年一直用逆回购等公开市场操作来调节市场的流动性。央行根据不同时点银行体系流动性变化，科学安排逆回购操作规模和频率，既有效引导了市场预期，也促进了货币市场利率的平稳运行。

为应付困难的经济形势，国家采取了积极的财政政策。从总体看，2012年财政收入增幅比去年同期明显回落，2012年1～11月全国财政收入累计增幅比去年同期回落14.9个百分点。尽管这样，2012年1～11月，全国财政累计支出10.4896万亿元，比去年同期增加1.594万亿元，增长17.9%。其中，中央本级支出1.6953万亿元，同比增长15.8%，完成预算的91.5%，比2011年同期进度提高5.6个百分点；地方财政支出8.7943万亿元，同比增长18.3%，完成预算的83.5%，比2011年同期实际完成进度有所加快。需要特别指出的是，民生等重点支出得到切实保障。数据显示，截至2012年11月末，教育、医疗卫生、节能环保、社会保障和就业、城乡社区事务、农林水事务等的财政支出呈重点突破态势，均保持两位数以上的增速。财政支出的大幅增加，尤其是涉及民生的支出大幅提升，使得财政政策成为今年宏观调控的一大亮点，有力维持了经济增长的动力，为“稳增长”奠定了基础。

2. 采取措施促进企业出口

世界经济增速持续下降，外部需求严重不足，国内要素成本持续上升，贸易摩擦加剧等因素，使得2012年外贸形势严峻。

为支持发展对外贸易，2012年9月12日，国务院常务会议通过《关于促进外贸稳定增长的若干意见》，确定了加快出口退税进度、扩大融资规模等8条政策措施。《关于加快转变外贸发展方式的指导意见》、《关于加快培育国际合作和竞争新优势指导意见》、《关于加强进口促进对外贸易平衡发展的指导意见》相继出台。

3. 出台积极措施发展民营经济

2010年5月，《国务院关于鼓励和引导民间投资健康发展的若干意见》（新“36条”）出台。根据国务院的要求，“新36条”实施细则共42条在2012年上半年全部出齐。

“新36条”的核心宗旨是鼓励、支持和引导非公有制经济发展，进一步鼓励和引导民间投资。其目的是：坚持和完善我国社会主义初级阶段基本经济制度，以现代产权制度为基础发展混合所有制经济，推动各种所有制经济平等竞争、共同发展；充分发挥市场配置资源的基础性作用，建立公平竞争的市场环境；激发经济增长的内生动力，促进经济长期平稳较快发展；扩大社会就业，增加居民收入，拉动国内消费，促进社会和谐稳定。各地在贯彻落实“新 36 条”实施细则的同时，也纷纷出台有针对性的鼓励措施，着力营造有利于公开、公平、公正的营商环境，同时在交通、能源、城建、社会事业等领域推出一大批鼓励民间投资参与建设运营的具体项目，民间投资规模稳步扩大。

这一系列实施细则为创造公平、规范的市场环境提供了翔实具体、便于操作的实施方案和行动准则，对于打破行业垄断、激发民间资本的创业活力，具有十分重要的意义。

4. 行业规划相继出台，指引了行业发展方向

2012 年是实施“十二五”规划承上启下的重要一年，一些重点经济领域五年规划相继出台，如《金融业发展和改革“十二五”规划》、《服务业发展“十二五”规划》、《能源发展“十二五”规划》、《“十二五”国家战略性新兴产业发展规划》、《“十二五”综合交通运输体系规划》等。这些规划的出台，明确了国家产业政策支持的重点以及这些产业的重点发展方向和主要任务，为这些产业的发展提供了坚实的政策基础和发展保障。

2.2 2012 年中国大企业集团发展状况

2012 年，由于党中央、国务院采取了一系列行之有效的措施，再加上中国大企业集团积极开拓国内外市场，千方百计保增长，积极调整生产结构，转变经济增长方式，推进企业技术创新，深化企业改革，加强企业管理，厉行节能和减排工作的措施，从而克服了增速下滑的不利局面，取得了较好的经营成绩。但我国一些大企业集团的生产经营还是受到了宏观经济大背景的负向影响，生产效益出现下滑。

2.2.1 大企业集团营业收入增加，但是利润增速下降

如果单从营业收入上看，中国大企业集团的营业收入在 2012 年的增长速度还是比较快的，前 1000 强企业的营业收入增长率达到了 29.40%，为近几年的最高水平（见表 2.1）。

表 2.1　　2009～2012 年中国大企业集团营业收入增速

年　份	营业收入（万元）	增长率（%）
2012	4225813609	29.40
2011	3265824137	18.30
2010	2760731277	6.55
2009	2591003611	18.55

注：表中数据根据国家统计局调查数据整理。

就国有企业及国有控股企业来说，营业收入在增长。2012 年 1～12 月，国有企业累计实现营业总收入 423769.6 亿元，同比增长 11%，2012 年 12 月比 11 月环比增长 12.6%。中央企业（包括中央管理企业和部门所属企业）2012 年累计实现营业总收入 260558.5 亿元，同比增长 10.5%，2012 年 12 月比 11 月环比增长 5.3%。其中，中央管理企业 2012 年累计实现营业总收入 223461.3 亿元，同比增长 9.5%，2012 年 12 月比 11 月环比增长 6.1%；地方国有企业 2012 年累计实现营业总收入 163211.1 亿元，同比增长 11.6%，2012 年 12 月比 11 月环比增长 25.2%。[①]

虽然国有企业的营业收入增加，但是营业利润却在下降。2012 年 1～12 月，国有企业累计实现利润总额 21959.6 亿元，同比下降 5.8%，2012 年 12 月比 11 月环比增长 22.4%。国有企业累计实现净利润 16068 亿元，其中归属于母公司所有者的净利润 11148 亿元。中央企业 2012 年累计实现利润总额 15045.4 亿元，同比下降 0.4%，2012 年 12 月比 11 月环比下降 1.8%。其中，中央管理企业 2012 年累计实现利润总额 12240.8 亿元，同比下降 0.6%，2012 年 12 月比 11 月环比增长 2.5%；地方国有企业 2012 年累计实现利润总额 6914.2 亿元，同比下降 15.8%，2012 年 12 月比 11 月环比增长 75.2%。[②]2012 年实现利润同比增幅较大的行业为电力行业、烟草行业、邮电通信行业等，实现利润同比降幅较大的行业为化工行业、有色行业、交通行业、建材行业、煤炭行业等。

国有企业营业收入同比上升但是营业利润却同比下降，这也从另一个方面反映了我国大企业集团所面临的状况。而且这种现象并不是只在国有企业中存在。出现这种情况，主要是受包括国企在内的工业企业受到了 2012 年经济增速放缓的影响，国内外需求不足而导致的。同时，成本压力也是重要因素，虽然 2012 年全国居民消费价格指数（CPI）增速回落，但原材料成本、资金成本以及劳动力成本增长都使得企业面临很大的压力。

①② 数据摘自国家统计局网站。

2.2.2　不同行业企业的发展状况不同

我们把按营业收入排序的中国前1000大企业集团按行业进行划分，考察各行业的营业收入水平以及所占的比例关系（见表2.2）。

表2.2　大企业集团营业收入水平分行业统计

行　业	企业家数	营业收入（万元）	占比（%）
交通运输设备制造业	66	505085013	10.63
黑色金属冶炼及压延加工业	109	456351265	9.60
批发业	60	372119486	7.83
电力、热力的生产和供应业	18	367239249	7.73
石油加工、炼焦及核燃料加工业	30	310685288	6.54
石油和天然气开采业	3	299313030	6.30
煤炭开采和洗选业	39	248783008	5.23
房屋和土木工程建筑业	76	242099361	5.09
有色金属冶炼及压延加工业	50	156487859	3.29
电气机械及器材制造业	68	140839871	2.96
零售业	28	139052971	2.93
保险业	8	132337184	2.78
通信设备、计算机及其他电子设备制造业	24	124677699	2.62
电信和其他信息传输服务业	4	109781062	2.31
房地产业	41	108731373	2.29
化学原料及化学制品制造业	43	105466609	2.22
航空运输业	5	59737020	1.26
农副食品加工业	27	58704455	1.24
纺织业	29	58090183	1.22
通用设备制造业	26	58037253	1.22
有色金属矿采选业	12	57393388	1.21
非金属矿物制品业	19	56079132	1.18
商务服务业	15	53219528	1.12
烟草制品业	14	51446559	1.08
专用设备制造业	24	50713978	1.07
其他金融活动	9	49665794	1.05
医药制造业	23	47146860	0.99
水上运输业	8	44169556	0.93
金属制品业	16	33003211	0.69

续表

行　业	企业家数	营业收入（万元）	占比（%）
饮料制造业	12	28693389	0.60
化学纤维制造业	9	26331538	0.55
邮政业	1	25875158	0.54
纺织服装、鞋、帽制造业	11	22612875	0.48
造纸及纸制品业	9	17083978	0.36
橡胶制品业	6	17081328	0.36
农业	3	12532571	0.26
建筑业	9	11028448	0.23
铁路运输业	2	10438815	0.22
其他服务业	2	9397544	0.20
食品制造业	4	9287306	0.20
燃气生产和供应业	3	9049579	0.19
道路运输业	3	7604981	0.16
塑料制品业	7	6641799	0.14
船舶制造业	2	5370730	0.11
计算机服务业	2	4945812	0.10
旅游业	2	4372711	0.09
废弃资源和废旧材料回收加工业	1	4345043	0.09
非金属矿采选业	1	2990465	0.06
研究与试验发展	1	2962654	0.06
木材加工及木、竹、藤、棕、草制品业	3	2468433	0.05
家具制造业	1	2412039	0.05
酒、饮料和精制茶制造业	2	2218564	0.05
采矿业	2	2048390	0.04
畜牧业	2	1924540	0.04
信息传输、软件和信息技术服务业	1	1450100	0.03
皮革、毛皮、羽毛及其制品和制鞋业	1	1372982	0.03
租赁和商务服务业	1	1076000	0.02
科学研究和技术服务业	1	1029035	0.02
软件业	1	805973	0.02
节能环保业	1	752011	0.02

注：表中数据根据国家统计局调查数据整理。

从表 2.2 中可以看出，2011 年中国前 1000 大企业集团所属各行业中，营业收入占比最大的行业分别是交通运输设备制造业（占 10.63%），黑色金属冶炼及压延加工业（9.60%），批发业（占 7.83%），电力、热力的生产和供应业（占 7.73%）等；营业收入占比最小的行业分别信息传输、软件和信息技术服务业（0.03%），皮革、毛皮、羽毛及其制品和制鞋业（0.03%），租赁和商务服务业（0.02%），科学研究和技术服务业（0.02%），软件业（0.02%），节能环保业（0.02%）等。

2.2.3　不同地区大企业集团的发展状况不同

由于历史、国家政策以及自然地理条件等原因，我国的经济形成了东部地区发达、西部地区落后的局面，2012 年这一局面没有大的改变（见表 2.3）。

表 2.3　大企业集团营业收入水平分地区统计

省（区、市）	企业家数	营业收入（万元）	占比（%）
北　京	102	2019275089	42.49
浙　江	166	299726822	6.31
广　东	63	298326352	6.28
江　苏	125	289702119	6.10
上　海	44	270376356	5.69
山　东	100	267321071	5.62
河　北	44	144462115	3.04
天　津	35	135049334	2.84
山　西	21	116464725	2.45
湖　北	31	112472643	2.37
辽　宁	35	97277479	2.05
河　南	26	76627644	1.61
安　徽	21	71360125	1.50
四　川	27	68698114	1.45
福　建	19	49623082	1.04
湖　南	12	47776953	1.01
吉　林	5	46765471	0.98
陕　西	13	44838401	0.94
重　庆	22	42218508	0.89
内蒙古	20	39703887	0.84
江　西	14	37722429	0.79
云　南	12	34156911	0.72
黑龙江	11	29374851	0.62
香　港	2	26347188	0.55
甘　肃	4	24830143	0.52
广　西	10	22015024	0.46
新　疆	5	14313781	0.30
海　南	3	14060632	0.30

续表

省（区、市）	企业家数	营业收入（万元）	占比（%）
贵　州	3	5741373	0.12
青　海	4	4712054	0.10
宁　夏	1	1321360	0.03

注：表中数据根据国家统计局调查数据整理。

从表2.3中可以看出，中国1000大企业集团按营业收入来看，北京、浙江、广东、江苏、上海、山东等6省（市）大企业集团营业收入所占的比例最大，占比都在5%以上。其中，北京市的大企业集团营业收入所占的比重最大，达到42.49%。而新疆、海南、贵州、青海、宁夏等省（区）大企业集团营业收入所占的比例比较低，都在0.3%以下。而且，西藏还没有企业能够进入全国1000强。这说明，中国大企业集团在各省（区）之间的发展极不平衡。

2.3　2012年中国大企业集团为发展生产而采取的措施

2.3.1　紧紧围绕“保增长”目标，大力开拓市场

面对复杂的经济形势和激烈的市场竞争，大企业集团把开拓市场、扩大销售作为“保增长”的重要措施来抓，及时调整经营策略，优化产品结构，完善销售网络，创新商业模式，精耕细作传统市场、大力开拓新兴市场、积极拓展海外市场，千方百计扩大市场份额。

中远集团所属的中远船务工程集团有限公司成功接获一艘圆筒形浮式生产储油船（FPSO）和一座半潜式生活服务平台订单，总金额超过6亿美元，两产品分别由旗下南通中远船务工程有限公司和中远船务（启东）海洋工程有限公司承建。这是我国海洋工程装备制造企业从海外获得的第一个从设计、采购到建造的FPSO总包（EPC）合同。该项目的承建，开辟了我国海洋工程装备制造业在浮式生产储油船EPC的先河，标志着我国海洋工程装备制造业再次实现重大突破，对于推动我国以创新驱动战略实现打造海洋强国目标具有重要意义。

2012年，中国石化齐鲁石化橡胶厂产量达到40.58万吨，比上一年度增产2200吨，占全国产量的18%，连续三年稳居国内第一。该厂认真做好生产优化，深挖装置生产潜力，生产负荷比设计能力提高1/5以上，为高产超产打下坚实基础。与此同时，他们根

据市场的需求变化，随时调整产品结构，确保产品适销对路，努力实现企业效益最大化。

2012 年以来，受世界经济增长放缓影响，全球重卡市场销售形势不容乐观，国内重卡市场更是跌入了前所未有的低谷。销售业绩的大幅下滑让北奔重汽压力巨大，如何挺过重车市场的“严冬”是摆在公司面前的一个难题。为解决这一难题，北奔重汽公司开展了“精益营销”——通过化整为零的营销办法，将整车化作散件出口，通过散件组装降低车辆运输费用、进口关税等成本，大幅降低终端销售价格，以达到小投入、高产出、降成本、提销量的目标。为此，北奔重汽公司将非洲、中东、南美和东南亚地区定为散件重点出口地区，并先后在南非、埃塞俄比亚和肯尼亚筹建了北奔重卡海外散件组装基地。公司以国际营销网络为平台，针对不同国家、不同客户制定了不同的商务政策，根据不同国家的市场特点有针对性地制定了独立的外贸价格体系，以适合的产品满足不同客户的差异化需求。到 2012 年底，北奔重汽公司散件出口与去年同期相比，增长近 5 倍，累计签订有效外贸合同 2321 台，同比增长 10%；发车 2000 台，同比增长 20%。该公司还在已有的阿尔及利亚、马来西亚、印尼等 20 家经销商基础上，新发展泰国、也门等 4 国经销商。新的营销理念的建立和实施，极大地加快了公司向国际市场进军的步伐。

受经济增速放缓影响，国内钢铁业也很不景气，钢铁行业利润率已处于国内工业领域最低水平，国内钢铁行业已步入微利时代。虽然近期国家轨道交通建设加快，重轨产品出现了转机，但依然面临着市场饱和、需求量不旺盛的现状。武钢重轨为提高创效盈利能力，在全力提升产品质量、坚守国内高速重轨和普通重轨市场的同时，积极研发重轨新产品，开拓海外市场，加快武钢重轨产品的“走出去”战略，在国内和国际市场上寻求商机。2012 年 3 月，武钢与中铁物资总公司合作，成功夺得出口塞拉利昂 1.2 万吨 60kg/m 重轨合同。10 月，武钢出口巴基斯坦第二批 1.6 万吨重轨顺利开轧。[①]

2.3.2　加快推进联合重组，不断延伸和完善产业链和价值链

中国大企业集团积极落实产业调整振兴规划，加快推进联合重组，优化资源配置，不断延伸和完善产业链和价值链。

2012 年以来，中国丝绸进出口总公司（以下简称中丝总公司）加快调整业务，重点从传统的劳动密集型业务领域退出，向技术密集型、准入门槛较高、发展前景广阔的新业务转型，呈现出“一进一退”的新特点。“一进”是指成功切入石化业务领域，“一退”是指即将退出传统的缫丝生产行业。中丝总公司传统的缫丝业务属于劳动密集型行

① 根据国资委网站整理。

业，竞争激烈，利润微薄，国有企业没有竞争优势，退出该行业有利于中丝总公司调整业务结构，优化资源配置。中丝总公司在经营战略上的“一进一退”，使企业的财力、物力、人力等资源集中到了盈利能力强、市场需求大、发展前景广阔且具有基础设施性质的新项目上。这一战略的实施，将为总公司实现转型发展的目标奠定坚实的基础。

2012年9月，中国石化长城能源化工有限公司成立，这标志着中国石化煤化工业务进入快速推进、专业化管理的新阶段。中国石化长城能源化工有限公司为中国石化全资子公司，业务范围主要包括煤炭转化和相关化学品生产等业务的投资管理，组织煤炭资源勘探与开采，组织煤化工项目的建设与经营，以及开展煤炭贸易、物流运输、技术服务和咨询等多个领域。中国石化长城能源化工有限公司的成功设立，标志着中国石化结构调整、转型发展进入一个实质性的发展阶段。发展煤化工业务，对我国的能源结构调整，对石油石化行业的可持续发展，对中国石化打造国际竞争力都具有非常重要的意义

2012年6月宝钢矿棉科技（宁波）有限公司揭牌。这家由宝钢发展公司、宁波钢铁和宝钢工程共同组建的新公司，将依托宝钢自主知识产权，成为国内首个利用热态高炉熔渣生产矿渣棉的钢铁废弃物再生利用企业。宝钢矿棉公司宁波钢铁高炉熔渣生产矿棉中试项目也已经启动，建设年产2万吨粒状棉中试生产线。该项目2013年投产后，宝钢将成为国内首家成功利用热态高炉熔渣生产矿棉的钢铁企业，实现该废弃物的高附加值利用，使宝钢在冶金渣高附加值利用方面居于国内领先地位，在我国钢铁行业的循环经济和节能减排方面起到示范带头作用。①

2.3.3 发展战略新兴产业

加快培育和发展战略性新兴产业是党中央、国务院在新形势下做出的一项重大战略决策。战略性新兴产业是以重大技术突破和重大发展需求为基础，对经济社会全局和长远发展具有重大牵引作用的行业和领域，代表着未来产业的发展方向，也代表着技术的创新方向，成为世界各国应对金融危机、抢占新一轮产业发展制高点、实现经济社会可持续发展的共同选择。

国电集团持续调整优化电源结构，加快发展相关产业，战略转型取得重大进展。国电集团通过有机延伸发电产业链，基本形成以发电为主，煤炭、科技环保、金融保险、物资物流协同发展的格局。目前，国电集团控制煤炭资源150亿吨，煤炭产量6505万吨，同比增长38.4%，相当于所属火电企业用煤量的1/3。新能源高端设备制造和电力

---

① 根据国资委网站内容整理。

科技环保产业快速发展，风机制造形成了多元风机产品系列，太阳能产业具备全产业链生产能力，等离子点火市场占有率稳居世界第一，脱硫特许经营、脱硝 EPC 业务、电站空冷、DCS 控制系统市场份额国内领先。

2012 年 12 月，中国中化集团公司下属中化国际招标有限责任公司整合内部相关资源，成立中化节能环保控股（北京）有限公司，正式进军工业与建筑节能领域。在工业节能方面，公司以合同能源管理为主要方式，以电机系统节能为切入点，在锅炉改造、余热余压利用、区域热电联产和能量优化等技术领域，为冶金、电力、化肥、石化、纺织、造纸等高耗能工业企业提供能源审计、方案设计、投资咨询、融资服务、项目承包和能效诊断等节能改造的服务。在建筑节能领域，公司以楼宇节能为切入点，为住宅和办公楼提供综合节能方案，进一步开发大型城市综合社区的绿色低碳整合设计和运营管理方案。近年来，中化招标在节能、污水处理、垃圾焚烧发电等领域参与了咨询、招标、采购、设备进口代理等多个项目，锻炼出一批节能环保领域技术、商务、碳交易等方面的专业人才。目前，中化节能公司已应国家工信部研究院节能所的邀请，参与了全国工业电机能效清查项目，在电机节能领域树立了一定的品牌声誉。①

2.3.4　加快技术创新，增强企业创新能力

面对 2012 年困难的经济形势，大型企业普遍加大研发投入，抓住行业关键技术，加大研发攻关力度，在一些重大项目方面取得新的突破。

一些大企业集团把转型升级放在更加突出的位置，加快提升传统产业，培育发展战略性新兴产业，优化产业结构、产品结构，提升产业层级。一些企业发挥自身优势，提高系统集成服务能力，形成一流的国际竞争力。一些企业在高新技术产业的开发和应用方面取得突破，形成了具有自主知识产权的关键技术和高端产品。一些企业积极参与文化产业布局，创新经营模式，促进了产业转型和业务升级。大企业集团坚持以科技创新战略为引领，健全和完善科技创新体系，加大科技投入，加快提升自主创新能力，突破了一批关键核心技术。“神九”与“天宫一号”首次载人交会对接，“蛟龙号”完成 7000 米深潜试验及科考作业，航空母舰正式交付使用并成功完成国产舰载机起降，北斗区域导航系统全面建成，TD-LTE-A 正式被国际电联确认成为全球第四代移动通信国际标准，981 深海钻井平台顺利开钻，为建设创新型国家做出积极贡献。②

① 根据国资委网站内容整理。

② 引自王勇在“2012 年中央企业负责人会议上”的讲话，2012 年 12 月 24 日。

宝钢作为首批列入国家“创新型企业”试点的中央企业，近年来，大力推进体系能力建设，强化技术创新战略规划，通过实施一系列技术创新举措，有力地促进了企业技术进步。近3年来，宝钢累计有28项科技成果获奖，其中获国家科技进步奖6项；自主知识产权成效显著，专利数以每年20%的比例递增，申请专利排名行业第一。宝钢坚持技术领先的原则，走开放式自主集成创新道路，并在重点技术领域实现了突破。以高磁感取向硅钢和超高强汽车板为代表的一大批精品钢材，不仅在国民经济发展中得到了良好的应用，也有效增强了国产钢材在多个高端应用领域的话语权。

2.3.5 加强企业基础管理，努力做到降本增效

强化企业内部管理工作，降本增效是应对严峻经济形势，保增长、保稳定的现实需要。2012年以来，受经济下行压力增大，市场需求增速放缓，能源和原材料价格持续上涨，税收、价格和信贷政策等因素影响，多数行业不同程度地出现了成本上升、资金紧张、风险增大、效益下滑的现象。在这种形势下，一些企业能够按照“突出降本增效”的要求，细化控制成本的应对措施，从严压缩可控费用，严格支出定额和标准，加强内部资源整合与业务协同，缩减低效业务资源占用，优化业务流程，改进商业模式，取得了很好的效果。具体表现在以下几个方面，一是积极对标行业内领军企业，在引进先进管理经验的同时进行再创新，挖潜力、增效益，探索适合自己的管理模式；二是强化信息化建设，大幅提升主营业务的生产运行效率和管理水平，推动企业高效运营；三是加强集团管控，发挥企业规模效应、学习效应和协同效应的优势，整合资源，提高效率；四是推进精细化管理，牢固树立“过紧日子”的思想，有效控制运行成本，使降本增效成为企业经营的长效机制。

面对2012年上半年经济效益的大幅度下滑，我国一些大企业集团严控各项费用开支，大力推进降本增效。许多企业根据市场变化及时调减投资项目，大力压缩投资规模，下大力气压缩非生产性支出，大力调减职务消费。

神华神宁煤业集团通过改革管理机制，机关部门由23个减少到16个，所属二级基层单位由110个减少到46个，实现了由职务管理向岗位管理的转变；调整经营格局，组建了物资、销售、煤化工、能源工程等12个专业化公司，形成了大销售、大物资、大煤化工等专业化、集约化经营管理新格局；理顺质量管理体系，建立长效机制，逐渐形成精准安全管理、精益生产管理、精品质量管理、精细经营管理、精确考核管理的精细化模式；强力推进信息化建设，ERP项目一期财务、物资、人力资源三个系统上线运行；强力推进人才强企战略，大力实施“十百千”人才工程，开展了“金银铜”牌技术员工

评选和“公开竞聘”、“公推直选”活动，建立了适应公司发展和当前市场水平的薪酬体系，形成了完善的激励和约束机制。[①]

2.3.6　深化企业股份制改革，完善企业法人治理结构

2012 年我国大企业集团尤其是中央企业公司制、股份制改革进一步深化，中央企业中有 8 家控股公司在境内外上市，17 家控股上市公司实施增发或配股，4 家企业主营业务整体改制上市工作顺利推进。中央企业中，部分企业理顺股权关系工作进展顺利，建设规范董事会试点工作进一步推进，试点企业扩大到 51 家，专职外部董事试点工作稳妥起步。董事会规范运作的制度进一步完善，外部董事队伍建设进一步加强，董事会在科学决策、风险防范和加强管理等方面的作用进一步显现。

鞍钢集团 2012 年 12 月建立了公司董事会，这标志着鞍钢集团向建立适应市场经济要求、产权明晰、权责明确、政企分开、管理科学的现代企业制度迈出了关键一步，对于提高企业的经营管理水平和竞争能力，确保鞍钢集团打胜扭亏增效攻坚战，用世界眼光谋划好未来发展具有重要意义。

2012 年 12 月，国机集团所属中国机械设备工程股份有限公司 H 股在香港成功上市，这是国机集团推进资本证券化的又一重要成果。中国机械工程是国机集团重要子公司，自 1978 年成立以来，通过改革重组和创新发展，已成为中国领先的国际工程承包商及服务商。此次 H 股成功上市，标志着中国机械工程进入了一个全新的历史阶段，开始踏上国际资本市场的舞台，与众多优秀的跨国企业同台竞技。

2012 年 7 月，中铝公司所属中铝国际工程股份有限公司在香港联交所正式挂牌上市，成功跨入国际资本市场，这是中国有色金属工程技术领域第一只成功上市的股票。本次中铝国际通过香港联交所首次公开募股筹资近 2 亿美元，募集资金将用于工程建设、产业化项目和科技研发。在当前资本市场整体低迷的大环境下，中铝国际以领先的市盈率、市净值和认购比例成功上市，体现了资本市场对中铝国际综合实力和今后发展预期的认可，也意味着中铝国际作为中国有色金属工程技术领域的龙头企业开始在国际工程建设行业崭露头角。[②]

2.3.7　积极推进企业战略重组，发挥协同效应

2012 年，一部分大企业集团积极有效地实施并购重组战略，认真开展了并购后的整合，建立更加适应市场竞争要求的产业链和价值链，规模实力和市场竞争力显著增强，

---

①② 根据国资委网站内容整理。

促进了企业跨越式发展。

适应行业发展和市场竞争的需要，大企业集团加大了战略性重组力度，企业之间和企业内部调整重组取得了新的进展。许多企业着眼于做强做优主业，加快业务整合和低效无效资产的剥离处置，坚决退出不符合公司战略发展方向或生产技术条件较差、能耗高的项目，盘活存量资产，资源配置效率得到提高。

2012 年 9 月 17 日，福建省电力工程承包公司和福建省第一电力建设公司重组整合宣布会在福州召开。这是中国电建集团实施的首例所属企业重组，标志着中国电建集团内部改革、资源重组整合正式启动。此次福建省电力工程承包公司和福建省第一电力建设公司进行的重组整合，将有效改变中国电建在同一区域内资源分散、企业规模偏小的问题，可以快速扩大企业集团规模，叠加放大双方地缘优势，有利于企业进一步完善产业链、实施优势互补，提升在本地区市场的地位与社会影响力，获得良好的市场环境与发展条件。

2012 年 5 月，中国建筑设计研究院以 1.47 亿澳元的价格全资收购了国际知名建筑设计企业新加坡 CPG 集团的全部股权，成为其全资股东。此次收购是中国勘察设计行业海外收购的第一案例，有别于以往中国企业的海外并购。中国企业此前的海外并购多以产业并购为主，而此次并购则是高端智力型，是中国文化型、智力型企业走向国际的成功范例，是中国高端服务业“走出去”的有益尝试。对 CPG 的收购，将使中国建筑设计研究院不仅直接拥有成熟的海外业务拓展平台，而且可以有效提升企业的国际化水平，延伸完善中国企业在世界建筑工程市场的产业链条，推动中国建筑设计的国际化进程。①

2.3.8 强化风险管理，加强企业抗风险能力

风险管控能力强是世界一流企业必须具备的核心竞争力之一。2012 年以来，在经济形势下滑、国内企业普遍面临经营困难的情况下，我国一些大企业集团非常重视全面风险管理工作，逐步建设和完善全面风险管理体系建设。

从组织机构建设情况看，大部分企业成立了风险管理专业委员会或者风险管理领导小组等领导机构，明确了风险管理责任部门和职责范围。如中国五矿、中化集团等基础较好的企业设立了风险管理专职部门，中远集团和中材集团还设置了首席风险官或者总风险管理师。

从工作范围的覆盖面看，大部分企业的风险管理工作已经从只在总部做，发展为从

---

① 根据国资委网站内容整理。

总部到基层；从只在某一个领域做，发展为多个领域；从某几个基层单位试点，推进到多个基层单位，甚至是全部所属单位，有效地延伸了风险管理工作的覆盖面。

从风险管理方法工具来看，近年来，大企业集团在风险评估、风险预警监控和风险管理信息化等领域进行了不少有益的探索和实践，不少技术方法接近了国际先进水平。

2.3.9　大企业集团取得的成绩

2012 年，由于大企业集团采取了一系列行之有效的克服经济困难的措施，部分大企业集团取得了很大的成就。这些企业在市场开拓、生产规模、生产技术、经济效益等各个方面或某些方面，都取得了很大的成绩，为发展国民经济做出了很大的贡献。

中国石油在面对原油对外依存度不断攀升，新资源动用更难、油田开发程度更高、单井日产更低等挑战的情况下，大力实施资源、市场、国际化战略，持续推进储量增长高峰期工程，深入开展油田开发基础年活动、油田注水专项治理、“二次开发”工程和重大试验攻关，实现油田开发持续稳产上产良好局面。2012 年国内原油产量达到 1.1033 亿吨，与 2011 年相比增产 279 万吨。这是中国石油国内现有油田时隔 17 年原油年产量攀上 1.1 亿吨高位，同时，这也是中国石油连续 3 年国内原油产量净增 200 万吨以上，年增幅创中国石油重组上市以来最好水平。

面对困难形势，鞍钢股份大型厂以内挖潜力、外拓市场的“内外兼修”方式，闯出一条提质增效、扭亏控亏增效的新路子，在鞍钢股份公司率先摘掉亏损的帽子。面对严峻形势，该厂明确了“增产能、增效益；降成本、降事故；落实工作任务和工作责任”的总体任务，优化组织生产，挖掘规模优势，保证产能最大化。在万能线生产上，该厂坚持以高速轨生产为主、普通轨生产为辅、出口轨生产为补充的生产组织原则，深化对标活动，建立完善的降本目标和产品指标对标体系，对内与攀钢钒轨梁厂对标，对外与国内同行业先进企业对标。强化厂、作业区、班组三级对标，紧紧抓住生产关键环节，将百米重轨成材率、万能线吨材质量损失和工序能耗等 52 项对标指标层层分解，逐一落实到岗位中。

新兴际华集团 2012 年全年预计实现营业收入、利润总额分别同比增长 21.94% 和 10.02%，双双创造历史新高。新兴际华集团 2012 年之所以实现逆势增长，主要依赖于七个方面的重点工作：以“双五体系”建设为抓手促进管理提升；以“调结构，转方式”有序推进项目落实；以“抢订单、保份额”加大市场开拓力度；以“新产品、新工艺”引导技术创新；加强风险管控体系建设为决策提供保障；积极履行社会责任，促进企业和谐；加强党建思想文化建设，为发展统一思想凝聚共识。

一汽－大众全面完成了2012年的经营任务，全年产销双双突破130万辆，同比增长超过30%，大众品牌历史上首次销售突破100万辆。一汽－大众在2012年1月正式确定了130万辆的生产计划挑战目标。为完成130万辆的生产目标，该公司经管会带领全体员工科学统筹，挖掘潜力，夯实体系能力，通过公司各部门的通力合作，快速积极应对影响生产的各项问题与挑战。克服了全球多种瓶颈资源的严重限制，采用多途径争取、滚动平衡机制落实供货情况；克服了产能严重不足，采用7个基地迂回生产的方式，全年贡献产量46.1万辆；克服了持续高负荷生产和恶劣天气等不稳定因素，进行预案管理，快速应对现场问题；克服了三地四个整车厂两个动力总成基地数个新产品、新项目相继启动的压力；克服了多种车型、外协件质量不稳定的影响，通过公司成立横向团队，联合解决重点问题，稳定质量状态。面对急剧变化的市场形势，产供销体系联动配合，不仅顺利完成生产目标，更实现了产品和产能布局的全面更新，最终实现了产量的快速增长和销售的不断攀升。①

2.4 2013年大企业集团应该进一步采取的发展措施

2013年，从总体上看，我国仍处于大有作为的重要战略机遇期，经济社会发展具备很多有利条件和积极因素；同时，经济发展面临的困难仍然较多，各种挑战不能低估。

从有利条件来看，世界经济的深度调整给我国大企业集团更好地发挥自身优势，参与全球资源配置，抢占未来发展制高点带来了机遇；国内经济发展的物质基础更加强固，市场需求潜力巨大，不断完善的宏观调控政策对经济发展起到有力的支撑作用，市场配置资源的基础性作用不断加大。这些将为我国大企业集团的改革发展创造有利的外部环境。

从不利因素看，世界经济增速将在相当长时期处于较低水平，国际贸易保护主义抬头，国际金融商品市场潜在风险加大，将对我国大企业集团开拓国际市场、扩大国际化经营带来更大压力；国内部分行业产能严重过剩，生产经营成本刚性上升，将使我国大企业集团面临更加激烈的市场竞争，经营环境更加复杂。大企业集团需要早做谋划，把各项工作做得更实更细，做到有备无患，牢牢把握工作主动权，努力在更加激烈的市场

① 根据国资委网站内容整理。

竞争中立于不败之地。

具体来讲，2013 年，我国大企业集团需要在以下几个方面继续努力。

2.4.1　加快转变发展方式

我国经济总量、产业规模、企业数量已经很大，但产品技术含量不高、企业技术创新能力不强、产业结构不合理、现代产业体系不健全等问题仍然比较突出，粗放式生产、低水平竞争、盲目重复建设等现象屡禁不止，这些问题在很多大型企业中普遍存在。如果不转变这种经济发展方式，我国在未来激烈的国际竞争中仍将处于战略上的被动地位。中国政府已经做出了把转变经济发展方式作为“十二五”发展主线的重大决策，强调其根本是要依靠科技的力量，关键是要大幅度提高自主创新能力。这就要求，我国的大企业集团在接下来要继续依靠科技进步，增强企业自主创新能力，进一步转变发展方式。

为此，大企业集团在以下几个方面努力：一是要积极推进技术创新体系建设，重点加强研发平台、人才队伍、体制机制、组织结构的建设。二要深入推进企业科技资源整合，继续推进“国家技术创新工程”，重点推动创新型企业和产业技术创新战略联盟建设。在战略性新兴产业，组织上下游企业或同行业企业之间开展重大项目的联合攻关。加强产学研结合，吸引外部创新要素向企业积聚，合理配置各种创新资源，实现协同创新。三要切实加大研发投入，努力突破一批关键核心技术，打造一批知名品牌。制定并实施企业知识产权战略，加强知识产权的创造、应用、管理与保护，有重点、有步骤地构筑知识产权优势。四要依托重点工程和重大科技专项加快培养创新人才，造就一批科技领军人才和创新团队，建立有效的激励机制，进一步营造鼓励创新的环境。

2.4.2　切实采取有效措施，确保生产经营稳定增长

稳中求进仍然是 2013 年国家经济工作的总基调。大企业集团要切实采取措施，全力保持生产经营稳定增长，确保为国民经济持续健康发展贡献更大力量。一是要根据形势发展及时调整经营策略。要加强对行业发展趋势、生产要素条件变化和国内外市场需求的研究，超前做好各项应对措施和预案，切实组织好生产经营，防范经营风险。二是要加强市场开拓力度。继续加强市场调研，加快调整产品结构，提高服务质量水平，及时调整市场营销策略，创新市场营销模式，抢抓市场、抢抓订单、抢占制高点。进一步开拓国际市场，逐步扩展境外业务，获取更大市场空间。加强战略合作，上下游企业之间要发挥优势，主动对接、相互提供商机，建立长期稳定的合作关系；同行业企业要有序竞争，共同开拓市场，实现优势互补、协同发展。三是要继续大力推进降本增效。建立

健全成本核算制度体系，规范产品成本核算，完善成本标准定额，积极引入对标管理、供应链管理、价值链管理、作业成本法、项目风险责任制等管理工具，不断提升成本精细化管理水平。扩大资金集中规模和范围，加快内部资金融通，提高资金周转速度，减少资金沉淀。进一步加大集中采购力度，降低采购和物流成本。[①]

2.4.3　强化企业管理，夯实科学发展基础

良好的企业管理，是企业发展的基础。总的来看，我国大企业集团的内部管理还比较薄弱，因此，我国大企业集团应该继续把加强企业管理作为接下来的主要任务之一。具体来说，要在以下几个方面努力。一要深化全面预算管理。不断改进预算编制流程和方法，持续优化预算标杆，深入推进对标管理，强化预算执行分析管控和考核评价，强化预算的战略引领、价值导向和经营管控功能，充分发挥预算对生产经营关键指标的控制。二要加强全面风险管理。健全全面风险管理体系，建立风险评估和内控评价机制，健全重大风险预警和报告制度。严格财务杠杆边界管理，优化债务规模与结构，严控资产负债率过快增长，增强现金盈余保障。三要强化基础管理。从各项经营管理业务中最基本的记录、数据、标准、制度和现场管理、专业管理入手，切实加强基础管理。引入先进的管理方法和管理工具，推行精益管理，加快信息化建设，全面梳理优化工作流程，建立系统科学实用的标准和制度体系，实现管理制度化、制度流程化、流程信息化。[②]

2.4.4　加大企业改革力度，加强企业管理

我国大型企业股份制改革相对滞后，公司治理结构还不完善，适合国情的治理模式有待进一步探索和完善，转换企业经营机制还有大量工作要做。

一是要加快公司制股份制改革步伐。鼓励大型企业进行不留存续资产的整体上市，主业资产已经整体上市的，通过多种途径实施集团层面整体上市；除一些特殊行业外，要积极引进各类投资者，实现产权多元化。二是要进一步建设和完善规范董事会。加快推进符合条件的大企业建设规范的董事会。进一步健全规范董事会运作的制度体系，完善外部董事制度和职工董事制度，加强董事队伍建设，优化董事结构，提高董事会运作水平。

执笔人：吴国鼎

---

①② 参考王勇在“2012 年中央企业负责人会议上”的讲话，2012 年 12 月 24 日。

第3章

中国汽车制造业大企业集团如何应对增速下滑

- 经济减速下汽车产业的发展状况
- 经济减速下汽车集团的发展状况
- 2013年中国汽车产业发展形势展望

3.1　经济减速下汽车产业的发展状况

3.1.1　2012 年中国汽车产销保持平稳增长

2012 年，中国汽车面临全球经济继续震荡、国内经济增速明显回落的发展态势。汽车政策继续调整，原有的汽车下乡政策、小排量汽车优惠政策取消，特大城市相继实施汽车限制、摇号购买等措施。尽管如此，全球经济增长处于相对稳定状态，中国汽车生产和销售逐步走出困境，2008 年以来增速持续下滑的态势得到遏制，2012 年开始出现良好的迹象，稳定增长成为最为突出的特征。

根据中国汽车工业协会的统计数据，2012 年中国汽车生产和销售分别达到 1927.18 万辆和 1930.64 万辆，汽车生产、销售分别增长 4.63%、4.33%，比上年分别提升 3.79 个百分点、1.88 个百分点，彻底扭转了 2008 年以来增速持续下滑的态势（见表 3.1）。表 3.1 显示，2012 年中国汽车生产和销售均超过 1900 万辆，有望继续成为世界第一大汽车生产和消费国。

表 3.1　国际金融危机以来中国汽车产销情况

年　份	产量（万辆）	销量（万辆）	产量同比增长（%）	销量同比增长（%）
2008	934.51	938.05	5.20	6.70
2009	1379.10	1364.48	48.30	46.20
2010	1826.47	1806.19	33.80	33.20
2011	1841.89	1850.51	0.84	2.45
2012	1927.18	1930.64	4.63	4.33

资料来源：中国汽车工业协会。

1. 中国汽车生产和销售增速双双小幅回升

2012 年，中国汽车月产量呈现先低后高、再低到高的态势。根据中国汽车工业协会的统计资料，2012 年 1 月汽车产量仅为 129.94 万辆，是全年的最低点；3 月产量达到 188.06 万辆，是全年最高点；3 月以后汽车产量开始逐月下降，7 月降到低点后开始反弹（见图 3.1）。除了 1 月外，2012 年各月汽车产量都超过上年同期的产量，全年月均产量达到 160.59 万辆，比上年月均产量的 153.6 万辆略高（见图 3.1）。

2012 年 1～12 月间，中国汽车生产月同比增长出现收敛迹象。图 3.2 显示，2012 年

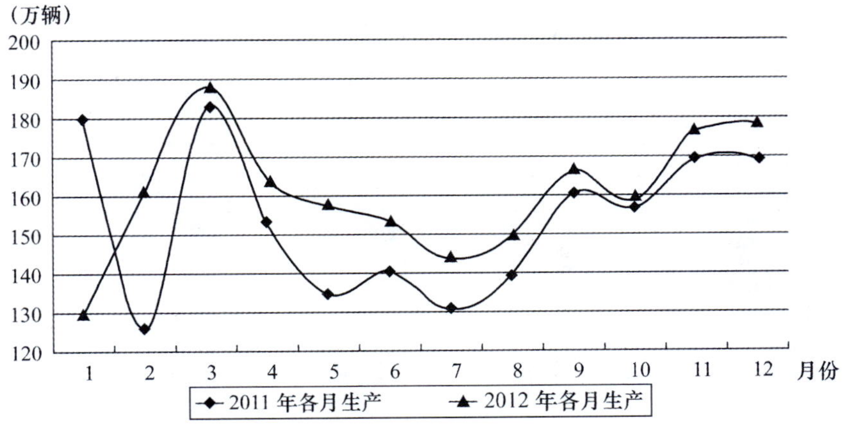

图3.1　2011~2012年中国汽车月产量

资料来源：中国汽车工业协会。

1月汽车生产同比下降27.47%，是全年的最低水平，此后保持正增长，增速逐步回落到平稳状态。而上年同期中国汽车同比增长保持在-10%~12%之间，11月和12月的生产同比增长呈现持续下滑态势，分别下降3.41%、9.26%。

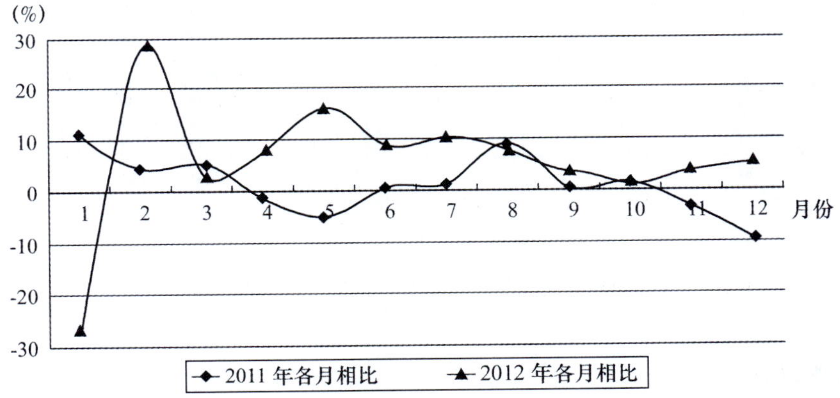

图3.2　2011~2012年中国汽车生产月同比增长

资料来源：中国汽车工业协会。

2012年1~12月间，中国汽车生产月环比增长也出现收敛迹象。图3.3显示，2012年1月汽车生产环比下降23.2%，是全年的最低水平，4月汽车生产环比也下降12.39%。2012年，全年汽车生产环比下降的月份数量与增长的月份数量相同，各为6个月，与上年相同。除了一季度外，2012年其他月份的环比增长发展态势与上年相类似。

从销售来看，中国汽车销售节奏与生产步伐相一致。图3.4显示，2012年1月、7月分别销售138.98万辆、137.94万辆，成为全年两个低谷。除了1月、9月外，2012年各月销售量均高于上年同期的销售量。2012年月均销售160.96万辆，比上年月均销售

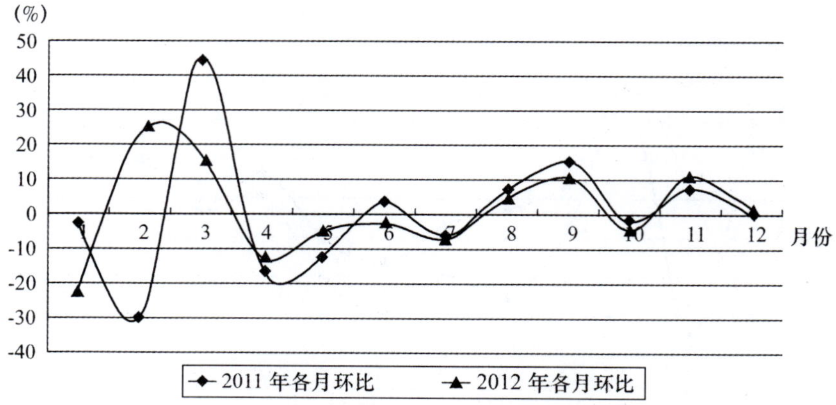

图 3.3　2011～2012 年中国汽车生产月环比增长

资料来源：中国汽车工业协会。

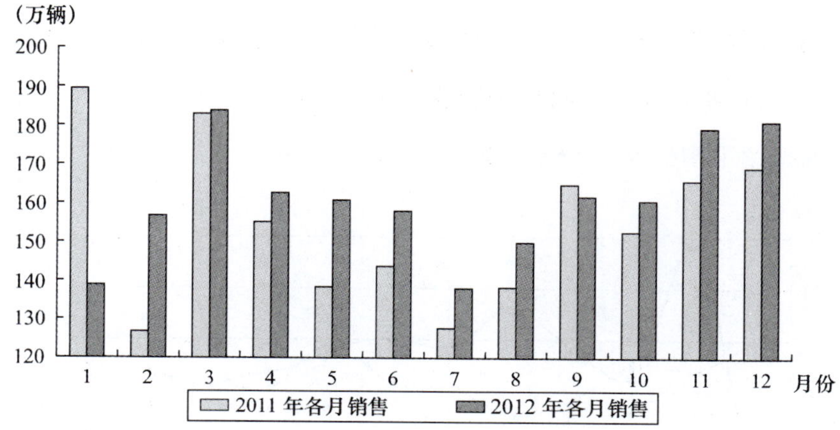

图 3.4　2011～2012 年中国汽车月销量

资料来源：中国汽车工业协会。

的 154.45 万辆略高。

2012 年 1～12 月间，除了 1 月、9 月外，中国汽车销售月同比增长均为正增长，而上年的 4 月、5 月、10 月、11 月都出现同比负增长（见图 3.5）。

2012 年 1～12 月间，1 月、4 月、5 月、6 月、7 月、10 月，中国汽车销售月环比增长均为负增长。其中，1 月环比下降 17.75%，是全年最低的水平，7 月环比下降 12.56%。而上年的 2 月、4 月、5 月、7 月、10 月都出现环比负增长，下降幅度基本上高于 2012 年的下降幅度（见图 3.6）。

2012 年各月的汽车生产和销售基本反映了历史规律，例如，1 月受季节性因素影响，出现同比下降、环比下降属于正常。但是，2012 年 1 月出现大幅下降，其主要原因是上年 1 月汽车生产和销售规模巨大，中国应对国际金融危机的许多措施逐步淡出，特别是汽车下乡、汽车优惠政策取消，因而上年 1 月时消费者大量购买。2012 年 9 月，受钓鱼

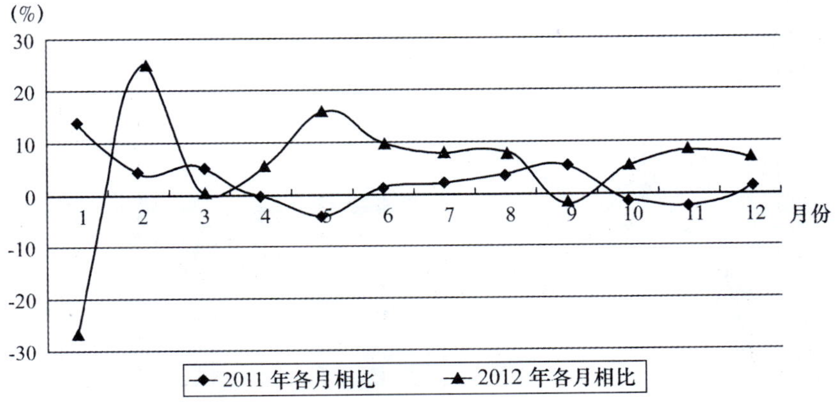

图 3.5　2011～2012 年中国汽车销售月同比增长

资料来源：中国汽车工业协会。

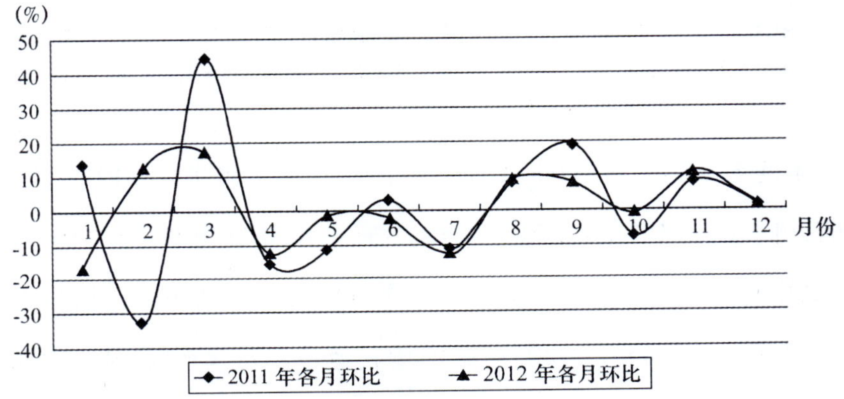

图 3.6　2011～2012 年中国汽车销售月环比增长

资料来源：中国汽车工业协会。

岛局势影响，中国爆发了全国性的大游行，以及消费者拒绝购买包括日本汽车在内的日货，短期内汽车生产和销售均受到较大的冲击。

2. **中国乘用车生产和销售增长略高于上年**

根据中国汽车工业协会的统计数据，2012 年中国乘用车产销均超过 1500 万辆，生产和销售分别达到 1552.37 万辆、1549.52 万辆，同比分别增长 7.17%、7.07%，增长幅度略高于上年的 4.23% 和 5.19%。

图 3.7 显示，2012 年 1～12 月间，中国乘用车月生产和月销售均超过 100 万辆，最高接近 150 万辆，月均产销分别为 129.37 万辆、129.11 万辆。除了 1～3 月外，2012 年汽车月产销环比增长、同比增长呈现收敛态势。

按照乘用车的车型分，轿车市场份额仍为最大，SUV 为增长最快的车型。2012 年，基本型乘用车（轿车）产销 1076.74 万辆和 1074.47 万辆，同比增长 6.22% 和

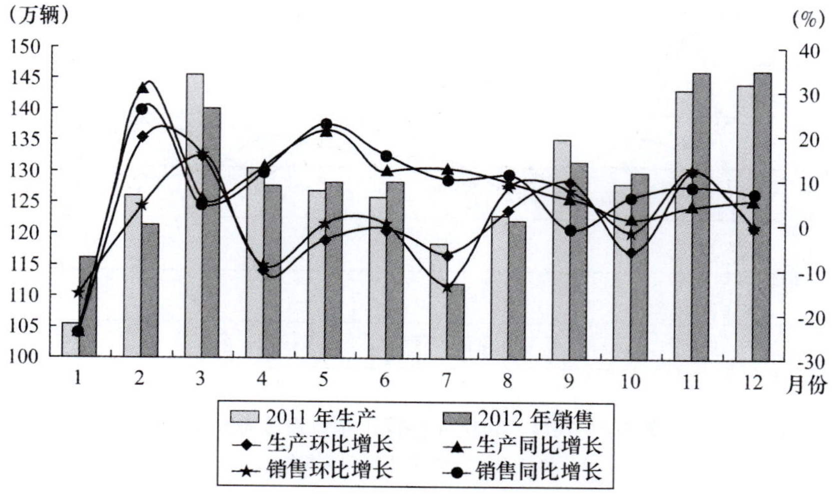

图 3.7　2012 年 1～12 月中国乘用车月产销量、月环比增长、月同比增长

注：左纵轴表示乘用车月产销量，右纵轴表示其产销的月同比增长、月环比增长。

资料来源：中国汽车工业协会。

6.15%，与上年的 5.87%、6.62% 基本持平；多功能乘用车（MPV）产销 49.19 万辆和 49.34 万辆，同比下降 2.83% 和 0.87%，而上年分别增长 12.24%、11.74%；运动型多用途乘用车（SUV）产销 199.86 万辆和 200.04 万辆，同比增长 24.67% 和 25.50%，高于上年的 19.78%、20.19% 的增长速度；交叉型乘用车产销 226.58 万辆和 225.67 万辆，产量同比增长 1.20%，销量下降 0.07%，基本止住了上年 -11.58% 和 -9.38% 的下降态势。

3. 中国商用车生产和销售继续负增长

根据中国汽车工业协会的统计数据，2012 年中国商用车产销分别为 374.81 万辆和 381.12 万辆，同比分别下降 4.71%、5.49%，继续延续上年下降 9.94% 和 6.31% 的趋势。

图 3.8 显示，2011 年 1～12 月间，中国商用车生产单月产销都超过 20 万辆，月均产销分别达到 31.22 万辆、31.75 万辆，但是却远低于上年商用车月均产销规模的 32.66 万辆、33.63 万辆。无论是环比增长还同比增长，除了 2 月、11 月、12 月等，2011 年 1～12 月大部分月份中国商用车产销呈现负增长。

尽管如此，2012 年中国客车产销分别为 42.58 万辆、42.56 万辆，同比分别增长 6.89%、5、51%。相对而言，货车产销分别为 261.76 万辆、265.34 万辆，同比分别下降 1.36%、1.8%，逐步止住上年分别下降 7.04% 和 4.57% 的态势。

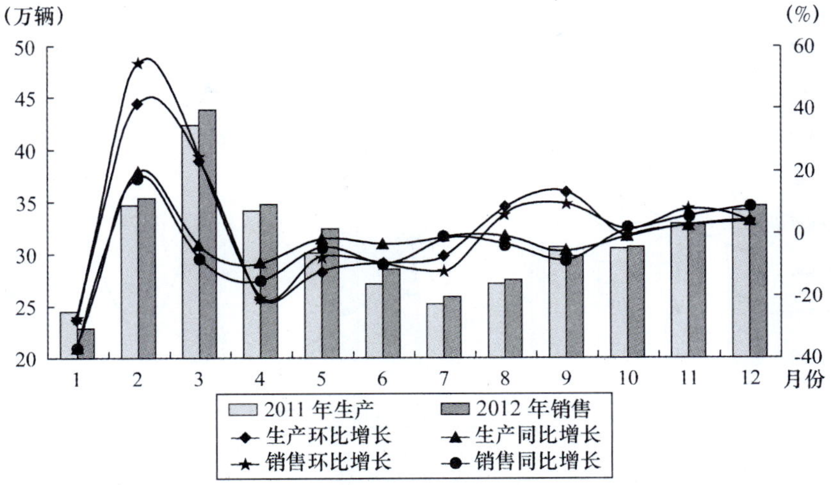

图3.8 2012年1~12月中国商用车月产销量、月环比增长、月同比增长

注：左纵轴表示商用车月产销量，右纵轴表示其产销的月环比增长、月同比增长。

资料来源：中国汽车工业协会。

3.1.2 中国汽车整车出口、新能源汽车两位数增长

1. 中国汽车整车出口继续两位数增长

根据中国汽车工业协会的统计数据，2012年中国汽车整车出口增长明显，突破100万辆，达到105.61万辆，比上年同期增长29.7%，继续保持两位数的增长态势，而上年增速为49.5%。出口的主要车型为轿车和货车，所占比重分别为45.3%和27.9%。

图3.9显示，2012年1~12月中国汽车月均出口8.8万辆。其中，2012年1月中国汽车出口量为5.63万辆，是全年最低点；5月、6月的汽车出口量分别为10.34万辆、10.74万辆，都超过10万辆，成为全年的高峰。月环比增长中，2012年7月下降16.8%，10月下降21.11%；月同比增长中，2012年1~11月的各月都保持在10%以上的增长速度，2月、5月、9月分别增长41.05%、43.36%、48.41%，均超过40%。

2. 中国乘用车整车出口继续两位数增长

根据中国汽车工业协会的统计数据，2012年1~11月中国乘用车整车出口增长明显，达到59.49万辆，比上年同期增长36.53%，继续保持两位数的增长态势，而上年同期乘用车出口增速为78.56%。

图3.10显示，2012年1~11月，中国乘用车月出口都超过3万辆，其中1月出口为3.22万辆，是最低水平，9月出口乘用车达到7.82万辆，成为最高点。与此同时，出口月环比增长处在-25%~25%之间波动，出口月同比增长都超过15%，最高的是9月的

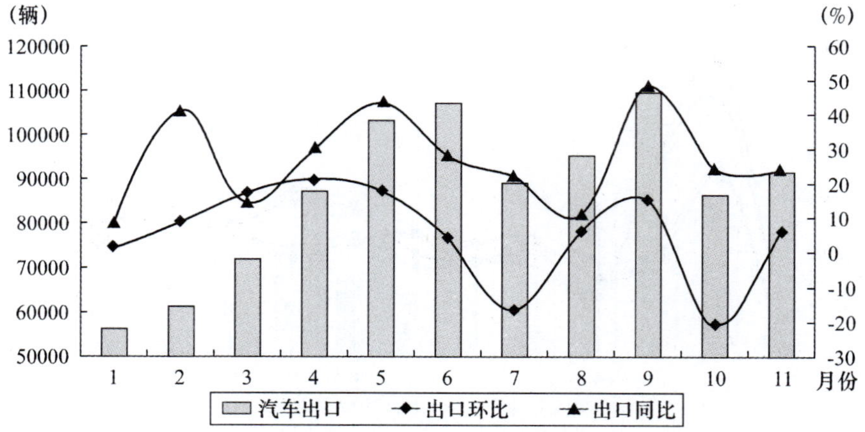

图 3.9　2012 年 1～12 月中国汽车月出口量、月环比增长、月同比增长

注：左纵轴表示汽车月出口量，右纵轴表示汽车出口的月环比增长、月同比增长。

资料来源：中国汽车工业协会。

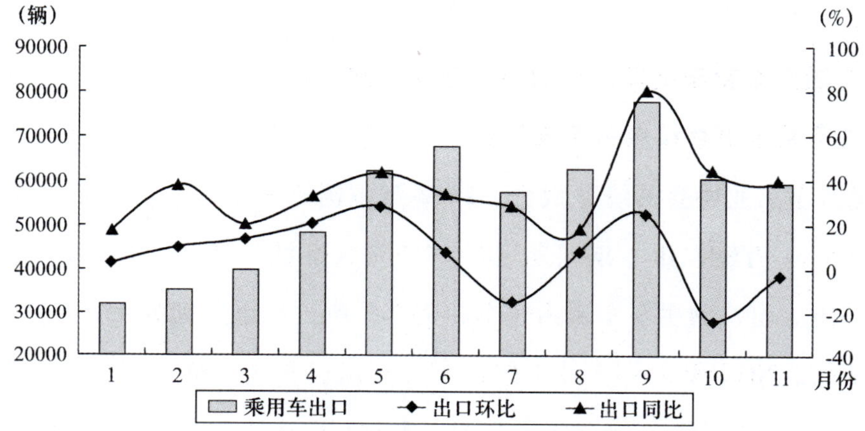

图 3.10　2012 年 1～12 月中国乘用车月出口、月环比增长、月同比增长

注：左纵轴表示乘用车的月出口量，右纵轴表示乘用车出口的月环比增长、月同比增长。

资料来源：中国汽车工业协会。

80.22%，其次是 5 月的 43.09%。

3. 中国商用车整车出口增速回落

根据中国汽车工业协会的统计数据，2012 年 1～11 月中国商用车整车出口达到 35.77 万辆，比上年同期增长 14.02%，出口增速明显回落，而上年同期商用车出口增速为 33.86%。

图 3.11 显示，2012 年 1～11 月，中国商用车月出口都超过 2 万辆，其中 1 月出口为 2.42 万辆，是最低水平，5 月出口商用车达到 4.08 万辆，成为最高点。与此同时，出口月环比增长处在 -20%～25% 之间波动，环比增长最高的是 11 月的 24.22%；出口月同比增长最高的是 2 月的 44.39%，最低的是 10 月的 -4.5%。

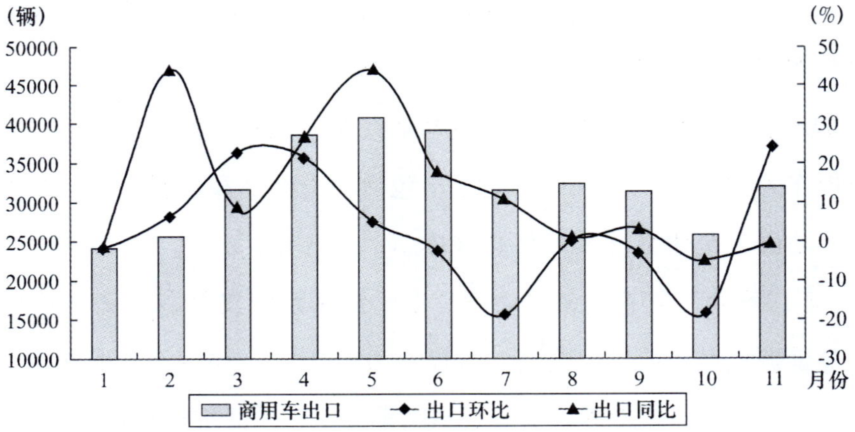

图3.11　2012年1~12月中国商用车月出口、月环比增长、月同比增长

注：左纵轴表示商用车月出口量，右纵轴表示商用车出口的月环比增长、月同比增长。

资料来源：中国汽车工业协会。

4. 中国新能源汽车快速发展

根据中国汽车工业协会的不完全统计，2012年我国新能源汽车生产12552辆，高于上年的8368辆。其中，2012年生产纯电动汽车11241辆、插电式混合动力汽车1311辆，而上年纯电动汽车、混合动力汽车分别为5655辆、2713辆。2012年中国销售新能源汽车12791辆，高于上年的8159辆。其中，销售纯电动汽车11375辆、插电式混合动力汽车1416辆，而上年销售纯电动汽车5579辆、混合动力汽车2580辆。按照可比口径比较，2012年中国纯电动汽车产销量分别比上年增长98.8%和103.9%。

新能源汽车的快速发展，主要得益于中国将新能源汽车作为战略性新兴产业，并实施相关鼓励和支持政策。

一是发布电动汽车充电接口等四项国家标准。2011年12月底，按照我国电动汽车充电设施标准化总体部署，在国家标准委协调和支持下，由工业和信息化部、国家能源局组织，全国汽标委牵头，汽研中心、电力企业联合会和电器科学研究院共同起草了《电动汽车传导充电用连接装置第1部分：通用要求》、《电动汽车传导充电用连接装置第2部分：交流充电接口》、《电动汽车传导充电用连接装置第3部分：直流充电接口》三项国家标准；由国家能源局、工业和信息化部组织，电力企业联合会和汽研中心共同起草了《电动汽车非车载传导式充电机与电池管理系统之间的通信协议》国家标准。该四项标准已于2011年12月22日以“中华人民共和国国家标准公告2011年第21号”批准发布，2012年3月1日起实施。电动汽车充电接口和通信协议四项国家标准的发布实施，将为电动汽车基础设施建设提供重要的技术和标准支撑，对健全我国新能源汽车标准体系、推动新能源汽车示范试点、促进我国新能源汽车协调发展具有重要意义。

二是国家发布兴能源汽车的相关规划。2012 年 3 月，科技部出台《电动汽车科技发展“十二五”专项规划》，将混合动力汽车、纯电动汽车、燃料电池汽车作为“三纵”，将电池、电机、电控作为“三横”。其中，“电池”包括动力电池和燃料电池，“电机”包括电机系统及其与发动机、变速箱总成一体化技术等，“电控”包括“电转向”、“电空调”、“电制动”和“车网融合”等在内的电动汽车电子控制系统技术。2012 年 6 月底，国务院发布《节能与新能源汽车产业发展规划（2012～2020 年）》，中国新能源汽车“纯电驱动”的发展路径，被明确确立为新能源汽车发展和汽车工业转型的主要战略趋向。

三是多部委发布鼓励和支持新能源汽车的政策。2011 年 11 月 10 日，财政部、科技部、工信部、发改委联合发布关于《进一步做好节能与新能源汽车示范推广试点工作的通知》。财政部、国家税务总局、工业和信息化部分别于 2012 年 3 月 6 日、5 月 28 日发布第一批节约能源使用新能源车辆减免车船税车型目录、第二批节约能源使用新能源车辆减免车船税车型目录，自 2012 年 1 月 1 日起，对节约能源的车辆，减半征收车船税；对使用新能源的车辆，免征车船税。2012 年 7 月，国家发展和改革委员会、工业和信息化部、财政部发布《“节能产品惠民工程”节能汽车推广目录（第八批）》，进一步支持和推广节能汽车。2012 年 9 月，《关于扩大混合动力城市公交客车示范推广范围有关工作的通知》指出，财政部、科技部、工业和信息化部、国家发展改革委决定，加快节能与新能源汽车推广应用和试点示范，将混合动力公交客车（包括插电式混合动力客车）推广范围从目前的 25 个节能与新能源汽车示范推广城市扩大到全国所有城市。2012 年 10 月，财政部、工信部、科技部发布的《关于组织开展新能源汽车产业技术创新工程的通知》明确规定，组织实施新能源汽车产业技术创新工程，中央财政从节能减排专项资金中安排部分资金，支持新能源汽车产业技术创新。2012 年 12 月，财政部、工信部、科技部发布了《2012 年度新能源汽车产业技术创新工程拟支持项目名单》，总共包含 25 个项目，涉及纯电动车、插电式电动车、燃料电池车以及动力电池几大项目，比亚迪、江淮汽车、东风汽车、北汽股份等国内自主品牌均获得指出项目。

5. 中国汽车自主品牌份额下降

2012 年中国自主品牌乘用车共销售 648.50 万辆，同比增长 6.1%，占乘用车销售总量的 41.9%，占有率比上年同期下降 0.4 个百分点。2012 年中国品牌出口增长较快，拉动了中国品牌总体增长，如扣除出口，中国品牌乘用车国内销量增速仅为 3.9%。国外品牌中，日系、德系、美系、韩系和法系乘用车分别占乘用车销售总量的 16.4%、

18.4%、11.7%、8.7%和2.8%。与上年比较，德系乘用车份额增加1.92个百分点，日系乘用车下降3个百分点，美系乘用车份额略增加0.7个百分点，韩系乘用车略增长0.6个百分点，法系乘用车份额基本持平。

根据中国汽车工业协会的统计数据，2012年销量排名前十位的轿车品牌依次为：凯越、赛欧三厢、朗逸、捷达、帕萨特、科鲁兹、宝来、悦动、瑞纳、速腾。其中，前9位销售都超过20万辆（见表3.2）。与上年相比，凯越继续保持首位，朗逸从第2位退居到第3位，科鲁兹从第3位退居到第6位，捷达继续保持第4位，桑塔纳、夏利、福克斯退出前10位，瑞纳和速腾新进入前10位。

表3.2　2012年中国乘用车销售量超过10万辆的品牌汽车销售情况　单位：辆

排名	品牌	厂商	车型	全年累计	排名	品牌	厂商	车型	全年累计
1	别克	上海通用	凯越	277071	19	福特	长安福特	福克斯三厢	142851
2	雪佛兰	上海通用	赛欧三厢	262071	20	奥迪	一汽大众	奥迪 A6	138024
3	大众	上海大众	朗逸	246687	21	日产	东风日产	阳光	137820
4	大众	一汽大众	捷达	242528	22	斯柯达	上海大众	明锐	137616
5	大众	上海大众	帕萨特	233321	23	长城	长城汽车	腾翼 C30	136502
6	雪佛兰	上海通用	科鲁兹	232592	24	日产	东风日产	轩逸	133823
7	大众	一汽大众	宝来	222735	25	别克	上海通用	英朗 GT	127575
8	现代	北京现代	悦动	213974	26	起亚	东风悦达起亚	起亚 K2	124941
9	现代	北京现代	瑞纳	201746	27	丰田	一汽丰田	花冠	124531
10	大众	一汽大众	速腾	196293	28	比亚迪	比亚迪	F3	123424
11	大众	一汽大众	迈腾	173667	29	大众	一汽大众	高尔夫	123355
12	福特	长安福特	福克斯两厢	153509	30	大众	上海大众	新 POLO	119173
13	丰田	一汽丰田	卡罗拉	151887	31	宝马	华晨宝马	5系	107171
14	帝豪	吉利汽车	帝豪 EC7	146516	32	雪铁龙	神龙汽车	世嘉三厢	105166
15	丰田	广汽丰田	凯美瑞	145402	33	大众	上海大众	桑塔纳	104304
16	夏利	天津一汽	夏利	144462	34	本田	广汽本田	雅阁	104114
17	日产	东风日产	骐达	144215	35	奥迪	一汽大众	奥迪 A4	100519
18	奇瑞	奇瑞汽车	QQ	143974	36	现代	北京现代	现代索纳塔	100454

资料来源：汽车销量网。

6.1.6 升及以下乘用车市场份额略有下降

2012年1.6升及以下乘用车销量占乘用车总销量的67.15%，比上年减少0.9个百分点。其中，1.6升及以下轿车占轿车总量的比重为70.98%，比上年提高0.2个百分点。1.6升及以下乘用车占比的下降与排量较高的SUV车型快速增长有关，而1.6升及以下轿车占比的提高与行业加快对低排量轿车产品的市场推广速度有关。相比较而言，2011 年，1.6 升及以下乘用车销售 983.93 万辆，同比增长 4.00%，低于乘用车增速 1.19 个百分点；占乘用车总量的比重为 67.99%，比 2010 年减少 0.78 个百分点。

可以看出，节能环保标准提高前后对 1.6 升及以下乘用车的影响明显。

3.2　经济减速下汽车集团的发展状况

3.2.1　中国汽车集团产销稳定增长

1. 中国汽车集团生产和销售稳定增长

2012 年 1～12 月，中国汽车集团生产汽车 1927.18 万辆，比上年增长 4.63%。图 3.12 显示，2008 年下半年后，中国汽车集团汽车生产的月累计同比增长出现下降态势；2011 年，中国汽车集团汽车生产的月累计同比增长呈现下调态势，从 10% 逐步回落到接近零增长；2012 年，中国汽车集团汽车生产的月累计同比增长呈现逐步上升态势，从 1 月的大幅负增长逐步回调到 5% 左右。与 2008 年、2011 年相比，2012 年中国汽车集团生产处于调整期。

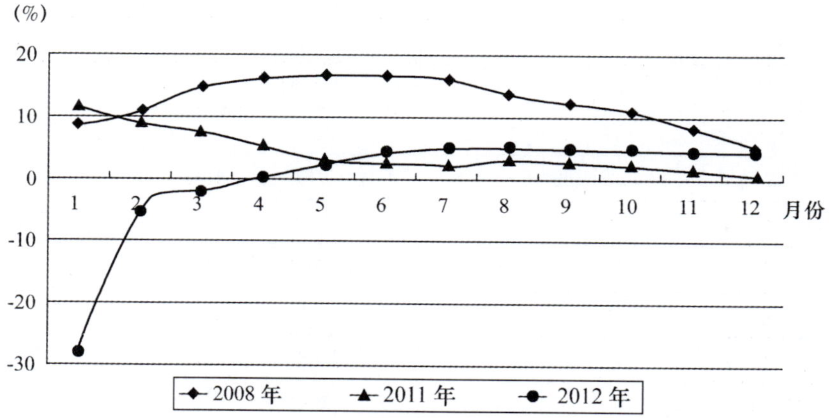

图 3.12　2008 年、2011 年、2012 年中国汽车集团汽车生产月累计同比增长

资料来源：中国汽车工业协会。

2012 年 1～12 月，中国汽车集团销售汽车 1930.64 万辆，比上年增长 4.33%。图 3.13 显示，2008 年，中国汽车集团汽车销售的月累计同比增长呈现高位下降态势，从 50% 下降到 10% 左右；2011 年，中国汽车集团汽车销售的月累计同比增长基本是平稳的下调态势；2012 年，中国汽车集团汽车销售的月累计同比增长基本是平稳的回调态势。

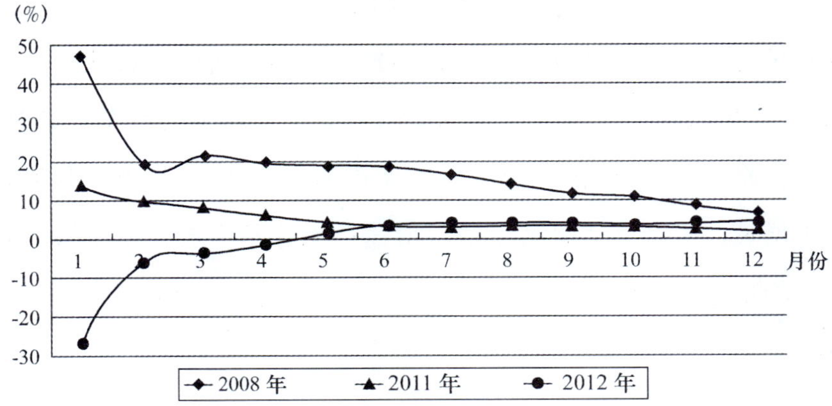

图3.13 2008年、2011年、2012年中国汽车集团销售汽车的月累计同比增长

资料来源：中国汽车工业协会。

2. 上汽、东风、一汽、长安、北汽成为年产销超过150万辆的大企业集团

2012年，中国上汽、东风、一汽、长安、北汽5大汽车集团继续成为中国汽车集团的前5位。2012年，销量前10位的汽车集团依次是上汽、东风、一汽、长安、北汽、广汽、华晨、长城、奇瑞、吉利，分别销售汽车446.14万辆、307.85万辆、264.59万辆、195.64万辆、169.11万辆、71.22万辆、63.80万辆、62.46万辆、56.33万辆、49.14万辆；前10家共销售汽车1686.28万辆，占全国总销量的比重为87.34%。

2012年1~11月，上汽集团月生产汽车、月销售汽车都超过30万辆，月累计同比基本超过10%，生产增速明显高于销售增速。图3.14显示，上汽集团生产规模最大的是3月和11月，超过40万辆，生产规模最小的是6月，仅32.83万辆；销售规模最大

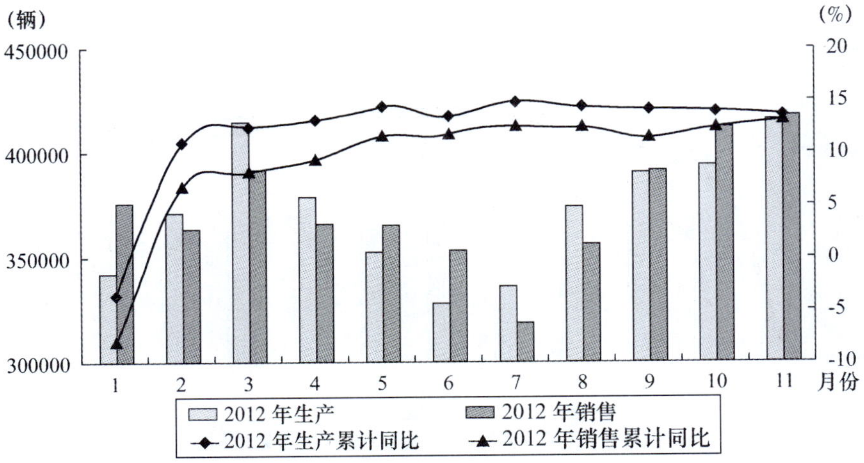

图3.14 上汽集团汽车当月产量、销量以及同比增长

注：左纵轴表示当月的汽车产销量，右纵轴表示汽车产销的月累计同比增长。

资料来源：中国汽车工业协会。

的是10月和11月，都超过了40万辆，销售规模最小的是7月，仅31.88万辆；生产的月累计同比增长都超过10%，除1月份外，销售的月累计同比增长都超过5%。

图3.15显示，2012年1~11月，东风集团月生产、月销售汽车都超过20万辆，高峰都集中在3月，都超过30万辆，低谷都出现在10月；除1月外，其他月份的产销月累计同比都是正增长，生产增速略高于销售增速；无论是生产还是销售，月累计同比增速低于全国的平均水平。

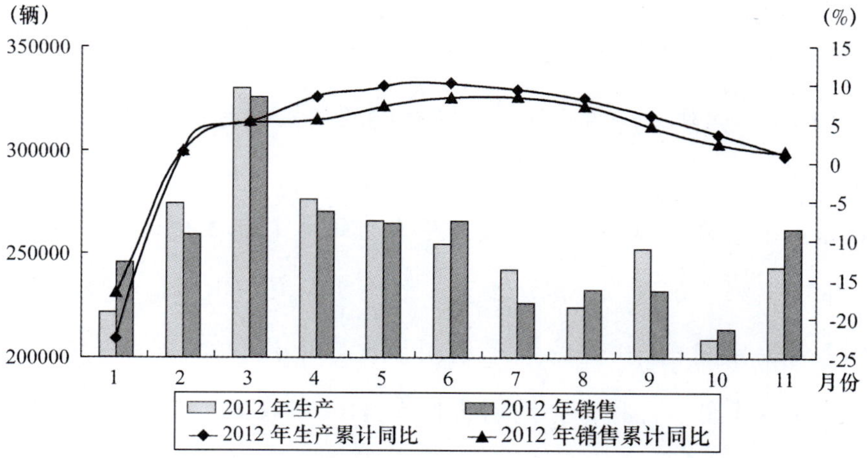

图3.15 东风集团汽车当月产量、销量以及同比增长

注：左纵轴表示当月的汽车产销量，右纵轴表示汽车产销的月累计同比增长。

资料来源：中国汽车工业协会。

图3.16显示，2012年1~11月，一汽集团月生产、月销售汽车都超过15万辆，高峰集中在3月，都超过25万辆，低谷都发生在1月；生产月累计同比增长明显高于销售

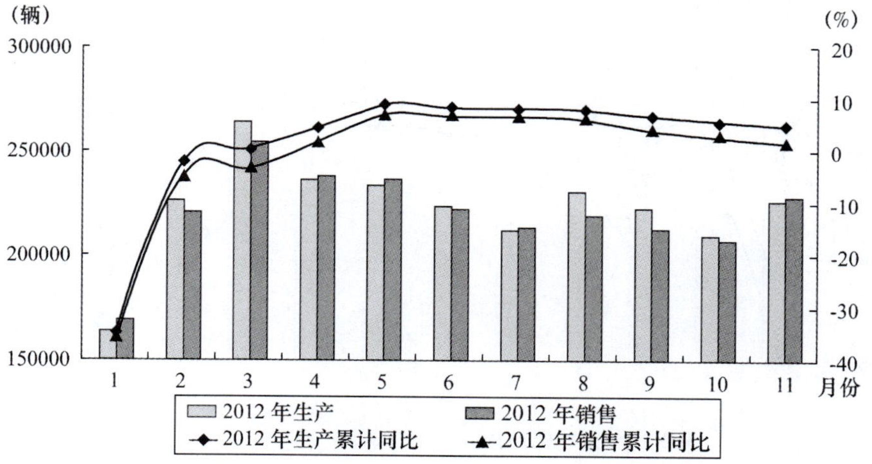

图3.16 一汽集团汽车当月产量、销量以及同比增长

说明：左纵轴表示当月的汽车产销量，右边纵轴表示汽车产销的月累计同比增长。

资料来源：中国汽车工业协会。

月累计同比增长，除1月份外呈现平稳增长态势；生产同比增速略高于全国平均水平，销售同比增速低于全国平均水平。

图3.17显示，2012年1~11月，长安集团月生产、月销售汽车都超过10万辆，高峰集中在3月，都超过20万辆，生产低谷、销售低谷分别是8月、7月；销售月累计同比增长与生产月累计同比增长均为负增长，当时前者明显高于后者，双双呈现逐步复苏态势，均远低于全国平均水平。

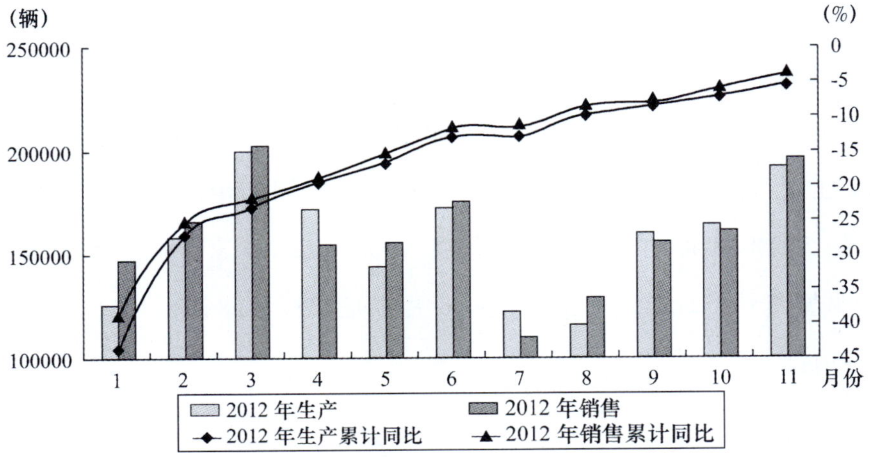

图3.17 长安集团汽车当月产量、销量以及同比增长

注：左纵轴表示当月的汽车产销量，右纵轴表示汽车产销的月累计同比增长。

资料来源：中国汽车工业协会。

图3.18显示，2012年1~11月，北汽集团月生产、月销售汽车都超过8万辆，高峰集中在11月，都超过16万辆，低谷都出现在1月；销售月累计同比增长略高于生产月

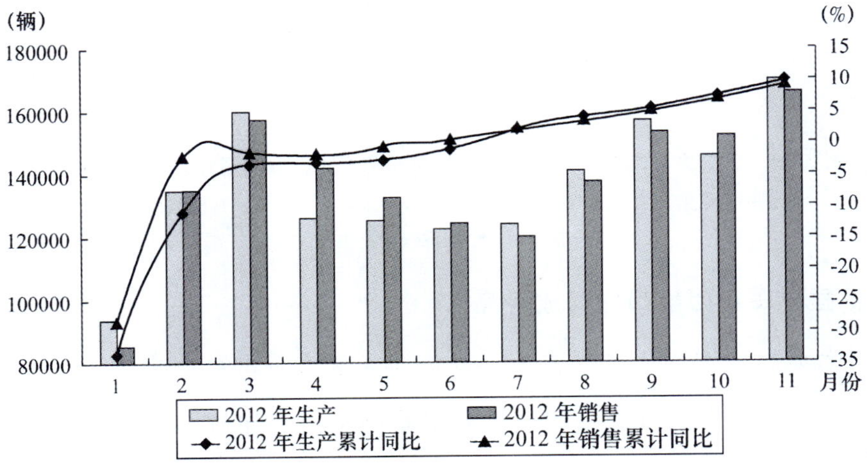

图3.18 北汽集团汽车当月产量、销量以及同比增长

注：左纵轴表示当月的汽车产销量，右纵轴表示汽车产销的月累计同比增长。

资料来源：中国汽车工业协会。

累计同比增长，双双超越全国平均水平。可以预见，北汽集团将超越长安集团，排名前进 1 位。

3. 广汽、华晨、奇瑞、吉利等 10 余家企业成为中国汽车第二方阵集团

2012 年，广汽、奇瑞、华晨、长城、安徽江淮、比亚迪、浙江吉利、重庆力帆、中国重汽、湖南江南、福建东南、陕西汽车等 12 家企业集团产销汽车超越 10 万辆，成为第二方阵的中国企业集团。

图 3.19 显示，2012 年 1～11 月，第二方阵的 12 家企业合计的月生产汽车、月销售汽车都超过 25 万辆。其中，月生产最高的是 11 月，达到 43 万辆，月生产最低的是 1 月，接近 30 万辆；月销售最高的是 11 月，超过 45 万辆，月销售最低的是 1 月，仅 30 万辆。图 3.19 还显示，2012 年第 2 方阵的 12 家企业集团的生产月同比增长与上年差异较为明显，例如 5 月和 8 月，分别是波峰和波谷相对应；12 家企业集团的销售月同比增长与上年也是明显差异，2 月、3 月、5 月、8 月都是波峰和波谷相互对应。

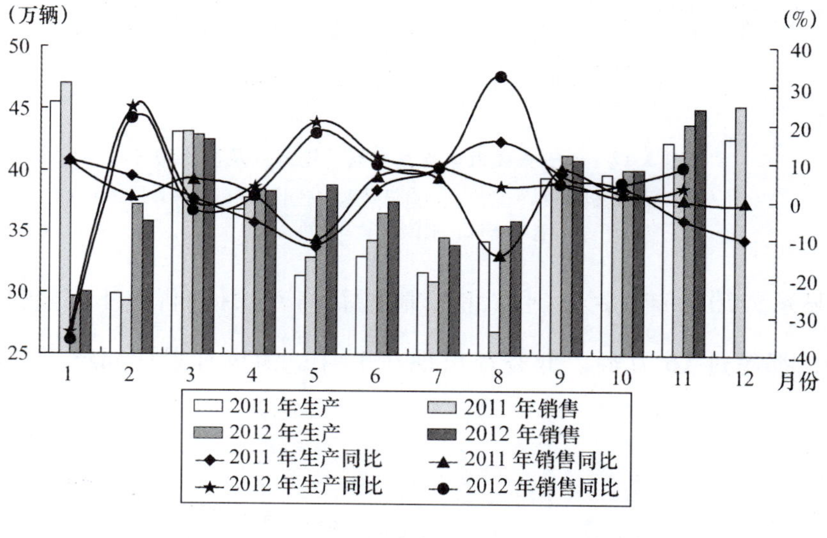

图 3.19　第二方阵汽车企业集团合计的汽车月产量、月销量以及月同比增长

注：左纵轴表示当月的汽车产销量，右纵轴表示汽车产销的月同比增长。

资料来源：中国汽车工业协会。

3.2.2　中国汽车集团出口增长成为亮点

1. 奇瑞、长城、吉利、上汽、东风、力帆、江淮成为出口大户

2012 年 1～11 月，中国汽车出口最多的企业仍然是奇瑞汽车股份有限公司，累计出口 17.38 万辆，比上年同期增长 16.25%，低于全部出口同期增长 27.22% 的水平。同一期间，长城汽车股份有限公司出口规模名列第 2 位，达到 9.29 万辆；接下来依次是浙江吉利控股集团有限公司、上汽集团、东风集团、重庆力帆、安徽江淮，出口量分别为

8.98 万辆、8.65 万辆、7.76 万辆、7.67 万辆、5.36 万辆，均超过 5 万辆。表 3.3 显示了 2012 年 1～11 月汽车出口超过 5 万辆的汽车企业集团出口情况。

表 3.3　2012 年 1～11 月汽车出口量超过 5 万辆的汽车企业集团的月出口情况

		1 月	2 月	3 月	4 月	5 月	6 月	7 月	8 月	9 月	10 月	11 月
出口数量（千辆）	奇瑞	11.8	10.5	12.4	17.4	20.3	20.0	19.5	17.2	19.2	15.3	10.1
	长城	4.5	7.1	8.4	9.1	8.9	9.8	10.2	8.6	10.7	7.4	8.3
	吉利	4.4	6.3	5.7	5.9	6.4	10.5	10.2	8.5	11.6	12.2	8.0
	上汽	4.9	4.8	4.4	5.6	14.4	10.5	9.4	10.8	7.2	6.4	8.1
	东风	6.7	3.8	6.4	7.3	8.2	8.2	6.1	8.7	8.4	6.5	7.2
	力帆	0.7	2.2	2.1	3.5	8.1	8.5	4.3	8.6	14.9	11.7	12.1
	江淮	2.8	4.5	6.6	8.0	4.7	5.4	3.5	5.1	5.6	3.7	3.6
同比增长（%）	奇瑞	21.2	49.6	5.2	39.1	43.8	20.7	14.8	-9.5	31.3	16.5	-27.4
	长城	-36.3	91.0	60.9	57.7	77.6	31.9	96.0	-19.2	87.6	7.0	-16.9
	吉利	537.9	262.1	153.2	155.8	88.9	251.1	339.7	116.6	202.2	127.1	47.9
	上汽	141.3	127.4	22.2	71.9	167.2	69.2	72.7	20.2	-21.5	-13.0	42.7
	东风	87.8	11.2	-1.7	45.0	35.4	24.1	29.3	69.8	52.1	65.8	-13.7
	力帆	-45.8	-28.0	-23.2	-26.7	37.7	51.0	35.3	95.2	164.8	286.0	342.4
	江淮	-43.7	19.7	13.8	33.0	-37.3	-30.5	-67.0	-39.1	100.9	-22.4	1.3

资料来源：中国汽车工业协会。

其中，奇瑞每个月汽车出口量超过万辆，5 月出口超过 2 万辆；长城 7 月、9 月出口汽车数量超过万辆，吉利 6 月、7 月、9 月、11 月出口汽车数量超过万辆，力帆 9～11 月连续 3 个月出口汽车数量超过万辆。

2. 吉利、一汽、力帆、广汽等企业集团出口快速增长

2012 年 1～11 月，中国汽车出口增长较快的企业有吉利、一汽、力帆、广汽等。其中，吉利控股集团公司 1～11 月汽车出口增速高达 161.94%，是增速最高的企业集团；增速处于 50%～100% 之间的企业集团有一汽集团、重庆力帆、广汽集团、湖南江南、陕汽集团、上汽集团，增速分别为 88%、86.75%、79.23%、64.93%、64.92%、62.45%；增速处在 10%～49% 之间的大企业集团有 10 家，其中比较重要的是华晨集团、东风集团、金龙集团、长城、比亚迪、奇瑞、北汽，华晨集团、东风集团分别增长 35.47%、31.66%。

3.2.3　中国汽车集团经济效益稳定增长

1. 2012 年中国汽车企业集团集中度略有增加

2012 年汽车产量前 10 位的汽车集中度（CR10）为 87.64%，比上年增加 0.64 个百

分点，而上年汽车生产的CR10增加0.69个百分点。2012年汽车销量前10位的CR10为87.34%，比上年提高0.7个百分点，而上年汽车销售的CR10增加0.61个百分点。

可以看出，2012年汽车生产或者销售的CR10略有增加。

2. *中国汽车企业集团经济效益平稳增长*

2012年中国汽车产销低速增长，其经济效益也呈现平稳增长，但增速低于上年同期水平。根据中国汽车协会的统计数据，2012年1~11月汽车工业重点企业（集团）主要经济指标快报显示，17家重点企业（集团）工业总产值、营业收入比上年同期分别增长4.4%和3.5%，增速比上年同期分别回落1个百分点和6.1个百分点；实现利税总额比上年同期增长5.8%，比上年同期回落7个百分点。

根据国家统计局的统计数据，2012年1~11月，中国汽车整车制造业321家企业的工业销售产值2.21万亿元人民币，比上年同期增长9.63%；出口交货值达到762.77亿元人民币，比上年同期增长15.19%。2012年1~9月，中国汽车制造业359家企业的工业销售产值达到1.8万亿元人民币，同比增长9.79%，比上年同期提高1.42个百分点；主营业务收入达到1.75万亿元人民币，同比增长6.99%，比上年同期回落3.03个百分点；利润总额达到1825.88亿元人民币，同比增长12.61%，比上年同期提高2.61个百分点。

3.3 2013年中国汽车产业发展形势展望

3.3.1 中国汽车产业发展面临机遇与挑战

1. *落实新能源汽车的产业政策带来汽车发展的机遇*

2012年，根据《国务院关于加快培育和发展战略性新兴产业的决定》，中国将新能源汽车产业作为战略性新兴产业，并制定了相关的支持政策。

一是支持新能源汽车的研发活动。2012年4月，《电动汽车科技发展“十二五”专项规划》确定了纯电驱动战略，重点支持29个任务方向，着力推进关键零部件技术、整车集成技术和公共平台技术的攻关与完善、深化与升级。2012年9月，中央财政安排专项资金40亿元，重点支持全新设计开发的新能源汽车车型及动力电池等关键零部件。中国先后启动了863计划“电动汽车”重大科技专项、“节能与新能源汽车”重大项目等，投入科技经费近20亿元。建立起以混合动力、纯电动、燃料电池汽车为“三纵”，以动力总成控制、驱动电机、动力电池等关键零部件为“三横”的“三纵三横”战略研发布局，形成了整车零部件企业协同研发，标准检测平台和应用示范为支撑载体的研发创新体系。

二是利用财政金融等政策，大力推广新能源汽车的使用。2012 年以来，中国政府利用财政补贴等措施，大力推广新能源汽车，并选择一批优秀的混合动力公交客车产品，推广到全国所有城市。全国进一步进行示范推广工作，催生出一批节能减排效果显著的混合动力公交产品，其百公里油耗只有现有燃油车的一半。截止 2012 年底，全国 25 个试点城市共示范和推广节能型车辆 2. 74 万辆，其中公共服务领域 2. 3 万辆，私家车 4400 万辆，建成充换电站 174 个，建成充电桩 8107 个。

三是进一步落实现有的支持和鼓励政策措施。2012 年，中国政府出台了许多政策措施，2013 年需要进一步实施和落实。这些政策和措施主要有，国家发展和改革委员会、工业和信息化部、财政部发布《“节能产品惠民工程”节能汽车推广目录》，进一步支持和推广节能汽车；《关于扩大混合动力城市公交客车示范推广范围有关工作的通知》加快节能与新能源汽车推广应用和试点示范，将混合动力公交客车（包括插电式混合动力客车）推广范围从目前的 25 个节能与新能源汽车示范推广城市扩大到全国所有城市；财政部、工信部、科技部发布的《关于组织开展新能源汽车产业技术创新工程的通知》组织实施新能源汽车产业技术创新工程，中央财政从节能减排专项资金中安排部分资金，支持新能源汽车产业技术创新；财政部、工信部、科技部发布的《2012 年度新能源汽车产业技术创新工程拟支持项目名单》，深入支持纯电动车、插电式电动车、燃料电池车以及动力电池等 25 个项目。

2. 大城市加快汽车限购的步伐等给汽车发展带来巨大的挑战

一是国内越来越多的一线城市将实施汽车限购政策。自北京实施汽车购买摇号制度以来，越来越多的大城市加入对汽车限购的行列。2012 年，广州市就突然实施了汽车购买的政策。上海实施了汽车牌照拍卖制度，已经有多年。目前，全国特大城市已经出现限制汽车购买的三种模式，一种是上海拍卖牌照，第二种是北京摇号购买，第三种是广州既拍牌又摇号。中国的大城市对于交通拥堵都不约而同地采取了同一种方法——限购。2012 年 6 月底广州的“限购令”使得中国一线城市“北、上、广”全面进入“限购时代”。可以预见，中国将会有越来越多的大城市，特别是特大城市和省会城市、计划单列城市等一线城市将进一步限制汽车购买的政策。

二是汽车退出机制和召回制度促使汽车生产企业重视产品质量和隐患。2012 年 7 月

12日，工信部发布《工业和信息化部关于建立汽车行业退出机制的通知》，决定在汽车行业建立落后企业退出机制，如果乘用车企业连续2年销量为零或者少于1000辆，将被要求整改，对于破产或进入破产清算程序的汽车企业，注销其《车辆生产企业及产品公告》。

2012年10月30日，国务院会议通过《缺陷汽车产品召回管理条例》，并将自2013年1月1日起施行。该条例规定，任何单位和个人有权向产品质量监督部门投诉汽车产品可能存在的缺陷；对生产者未按照规定停止生产、销售或者进口缺陷汽车产品，隐瞒缺陷情况或拒不召回的，处缺陷汽车产品货值金额1%以上10%以下的罚款；有违法所得的，并处没收违法所得；情节严重的，由许可机关吊销有关许可。可以说，这标志着汽车召回制度终于从部门规章升级为国家法律法规，强制要求汽车企业召回问题车辆，保证了消费者的权益。

中国首次建立汽车行业退出机制，结束了汽车生产企业有增无减的局面；完善缺陷汽车召回制度，保障了消费者权益。尽管退出机制争议很大，有人认为过于宽松，难以达到预期目的，召回制度能否有效实施需要时间检验。但是，总体来说，建立了制度有利于有法可依和规范汽车生产和消费市场，对于调整产业结构、推动汽车产业转型升级起到积极作用，至少能够促使汽车生产企业更加关注汽车产品质量和存在的隐患。

这些挑战的结果，将促使中国汽车产业进行转型。其中，一个发展动向是国内外汽车产业间并购重组，汽车产业集中度将进一步提高；另一个发展动向就是汽车企业“走出去”，通过汽车贸易和汽车投资，汽车及其产品从中国国内走向全世界。

3. 汽车出口和海外投资将成为汽车发展中的亮点

2012年9月6日，商务部、工业和信息化部、海关总署、质检总局和国家认监委联合发布了《关于进一步规范汽车和摩托车产品出口秩序的通知》，对汽车和摩托车（含非公路用两轮摩托车、全地形车）生产企业实行出口资质管理，对出口经营企业实行生产企业授权经营管理，并对生产企业授权实行分类管理。自2013年起，商务部、工业和信息化部、海关总署、质检总局、国家认监委依据对生产企业上报的境外售后维修服务网点的审核情况、企业出口规模，对生产企业出口授权实行分类管理（见表3.4）。可以预见，该通知有利于规范正在兴起的汽车出口市场秩序，提高出口增长的质量和效益，促进产业健康发展。

表 3.4　**出口汽车的生产企业分类管理标准**

企业分类	出口授权	要　求
一类企业	可授权出口经营企业 7 家	境外售后维修服务网点达到 50 个；且年出口（2011 年出口量或以 2012 年上半年所折算的全年出口量，下同）达到 10000 辆的乘用车、载货车、低速汽车生产企业，年出口达到 2000 辆的大中型客车生产企业
二类企业	可授权出口经营企业 5 家	境外售后维修服务网点达到 10 个；且年出口达到 2000 辆的乘用车生产企业、年出口达到 1000 辆的大中型客车生产企业、年出口达到 5000 辆的载货车、低速汽车生产企业
三类企业	可授权出口经营企业 3 家	境外售后维修服务网点达到 5 个；且年出口达到 500 辆的乘用车生产企业、年出口达到 200 辆的大中型客车生产企业、年出口达到 1000 辆的载货车、低速汽车生产企业
四类企业	可授权出口经营企业 1 家	不满足第一、二、三类企业要求，但建有境外售后维修服务网点的汽车生产企业
五类企业	仅限自营出口	未建有境外售后维修服务网点的汽车生产企业

2012 年，中国奇瑞和吉利出口汽车均超过 10 万辆，分别排名出口与企业的第 1 位和第 2 位。截止 2012 年，奇瑞连续 10 年位居中国出口第一大企业。2012 年，中国汽车出口最引人注目的是吉利。帝豪品牌 EC7、EC7 – RV 和 EC8 系列车型是吉利汽车 2012 年出口的主力车型，出口数量突破 4 万辆，占吉利出口总量的 40%，同比增长翻番。其中，帝豪 EC7 销售超过 3 万辆，同比增长超过 500%。吉利取得巨大的成绩，其主要原因与吉利汽车海外市场发展战略和成功收购沃尔沃分不开的。2012 年，吉利汽车国际业务的运营模式已逐步由早期的出口贸易型向整合营销型转变，尤其是近年来在海外采取的合资或合作建厂等灵活多样的商业模式，极大地促进了海外业务的快速发展。另一方面，吉利收购沃尔沃使其在海外获得更多经销商及消费者的认可，而吉利汽车与沃尔沃在技术领域合作的深入开展更将进一步提升吉利汽车的产品品质和竞争力。这些都为吉利汽车海外市场发展创造了良好条件，吉利汽车海外市场快速发展的通道已经打开。

吉利集团总裁安聪慧在集团年度经营工作大会上表示，2013 年吉利汽车将通过现有车型改款和新车型投放，提升车型市场竞争力，尤其要迅速提升 SUV 的销量，加快新市场开拓，保证海外市场销量的增长。2013 年，吉利汽车将加大埃及、伊朗、阿尔及利亚等市场的开拓力度，加快在这些市场上的新产品推出步伐；将现有的俄罗斯、乌克兰、伊拉克和沙特四大重点市场升级为七大市场，并确保埃及、伊朗、白俄罗斯等三大重点 CKD 项目的实施，实现全面辐射北非、中亚、东欧等市场的格局。

3.3.2 中国汽车产业发展需要重视制度建设

一方面，中国汽车产业经历了巅峰时期，特别是市场规模一再创新记录，并已经成为世界汽车产销大国。另一方面，消费者始终处于弱势地位，汽车产品质量及其标准等不到位，汽车消费投诉案件不断上升，近几年表现得尤为突出。长期以来，中国汽车发展依赖于政策的鼓励和支持，相关政府部门干预太多，没有形成公平公正的、规范合理的市场环境。国际金融危机以来，中国汽车产销经历了繁荣与下滑两种截然相反的发展态势，特别是2011年的大幅度回落，实际上敲响了警钟，反映了生产者、消费者的诉求。这种呼声迫切要求加快制度建设，创造公平竞争环境，培育健康和规范的汽车市场，提高汽车产品质量，增加消费者福利水平。因此，2012年乃至今后相当长时间内，汽车产业发展需要回归理性，需要深层次的规划和思考，转变到重视制度建设上来，重点是汽车产品质量和汽车市场环境。

1. 贯彻和落实汽车的召回制度和退出制度

2012年，中国已经颁布了《缺陷汽车产品召回管理条例》、《工业和信息化部关于建立汽车行业退出机制的通知》。2013年，中国需要全面贯彻和落实好这两项制度，不断提高汽车的技术水平，满足人们对安全、节能、环保等方面的要求；汽车生产企业不断完善其售后服务，提高其产品质量，培育和创建品牌，减少汽车产品质量带来的安全事故和隐患。

2. 保障汽车政策的连续性和稳定性

为促进汽车产业发展，入世前后中国政府出台一系列政策，支持和保护国内汽车生产。例如，中国政府曾经规定，达到一定规模的汽车零部件产品进口视为整车进口，按照整车进口关税来进口，后被世贸组织裁决为败诉，不得不废除相关政策。为应对国际金融危机，中国政府出台了大量的汽车政策，2009年和2010年优惠政策悄然退出，政策的不稳定、不连续和不可预期不利于中国汽车制度建设。

2012年，中国政府推进了老旧汽车报废更新，扩大了政策效应。2012年6月13日，财政部、商务部两部门联合下发了《关于加大老旧汽车报废更新补贴工作力度的通知》，要求各省（区、市）财政、商务部门抓紧工作部署，加强组织管理，确保中央财政补贴资金及时、快速落实到位，加大老旧汽车报废更新补贴工作力度。2012年，广州市出台汽车限购措施，没有给予公众听证和政策时滞的空间；国庆节期间，政府实施小轿车高速公路免费通行政策，由于公共政策准备不足，引发了高速公路上的交通堵塞问题。这些有利于汽车技术进步、促进汽车产业可持续发展的政策，应当保障连续和稳定，促进汽车产业的健康发展。

3. 发挥市场机制，促进汽车产业健康持续发展

即使到现在，中国汽车产品的关税高于世界大多数国家的水平，加上进口环节的17%增值税，中国汽车消费者的福利大大遭受损失。而同样规格、同样品牌的汽车产品，中国国内购买就要付出更高的成本，更不用说汽车产品质量上的差异。中国各级政府部门出台相关政策措施，应更多采用经济手段而非行政手段，发挥市场机制的作用，尽可能不降低或者提高人们的福利水平。

根据以上情况，2013 年中国汽车产销将进入一个平稳发展时期，进一步延续 2012 年的发展趋势，产销增速预计在 5% ~10% 之间。不可否认的是，随着中国汽车产品的国际竞争力提高，中国汽车产品贸易、境外投资出现新的变化，汽车产品出口将不断增加，进口更多的高端技术产品，汽车进出口贸易顺差现象也将会悄然到来。

执笔人：胡江云

第4章

中国石油石化大企业集团如何应对增速下滑

- 石油石化行业整体发展状况
- 石油石化大企业集团发展状况
- 未来发展展望
- 对大企业集团的若干建议

4.1 石油石化行业整体发展状况

自2009年以来，我国石油石化行业增速已开始逐步下滑，主要体现在三个方面：第一，行业固定资产投资增长大幅下降，油气开采业的固定资产投资由2009年以前的年均增幅20%多下降到之后的4% ~5%，石油炼制业由之前近30%的增幅下降到10%；第二，国内消费需求增长在2011年以后下了一个台阶，原油表观消费量年增长率由原来正常年份的5% ~7%下降到5%以下，成品油表观消费量年增长率由以往2位数的增幅下降到个位数；第三，石油石化行业总产值及大企业集团的营业收入增长率在2012年大幅下滑，由以往的30%以上下降到10%及以下。2012年石油石化行业的整体发展情况基本体现了以上这三个特点。

4.1.1 行业经济总量增速持续减缓，产能控制效果显现

受国际原油价格下行及国内消费需求下滑的影响，2012年我国石油石化行业经济总量增长势头大幅减缓，按现价计算2012年1 ~11月我国石油和化学工业总产值（包括化工行业）达到11.1万亿元，同比增长11.8%，增幅下降了近21个百分点；其中石油和天然气开采业同比增长9.3%，精炼石油产品制造业同比增长6.6%，均远远低于2011年30%左右的高增幅。但分季度来看，一季度增长16.1%，二季度增长9.5%，三季度增长7.4%，四季度为15.0%，表现出企稳回升的局面。行业增加值增速同样呈现出稳中趋降的态势。2012年1 ~11月，石油和天然气开采业增加值同比增长3.2%，石油加工、炼焦及核燃料加工业增加值同比增长6.1%，均低于2011年的增幅，为近几年来的较低水平（见表4.1）。

表4.1　2009 ~2012年我国石油石化行业增加值增速　单位:%

	2009年	2010年	2011年	2012年1 ~11月
石油和天然气开采业	4.8	-0.2	5.1	3.2
石油加工、炼焦及核燃料加工业	5.2	9.6	7.6	6.1

资料来源：中国石油和化工联合会。

2012年1 ~11月，我国石油和化学工业（包括化工行业）固定资产投资总额达1.55万亿元，同比增长26.0%，高出全国固定资产投资增幅5.3个百分点，保持了较高的增长速度。但分行业类别看，增长主要来自下游的化工行业，化工行业同比增长30.2%，

而石油石化行业增长相对稳定，其中石油和天然气开采业同比增长4.5%，石油加工、炼焦及核燃料加工业同比增长10.9%。比较2008年以来各年度石油石化行业固定资产投资情况可以发现，2009年为分界线，2009年以前年均增长率均在20%以上，2009年以后大幅下降，石油加工业基本保持在10%以上，石油和天然气开采业则仅维持在4%上下（见表4.2）。这一方面是由于我国经过30多年的高速发展，已开始进入工业化中后期阶段，原材料等重化工业的增长开始趋缓，而下游精细化工、合成材料等还保持着较高增长势头；另一方面也是由于前一阶段石油石化产能过快扩张，导致局部产能过剩，近几年来国家开始控制石油石化产能，淘汰落后产能。

表4.2　　2008～2011年我国石油石化行业固定资产投资完成额

	2008年	2009年	2010年	2011年	2012年1～11月
石油和天然气开采业（亿元）	2675	2793	2928	3022	2005
增幅（%）	20.2	4.4	4.8	3.2	4.5
占全国比重（%）	1.8	1.4	1.2	1.0	0.6
石油加工、炼焦及核燃料加工业（亿元）	1828	1840	2035	2269	2189
增幅（%）	29.2	0.7	10.6	11.5	10.9
占全国比重（%）	1.2	0.95	0.9	0.8	0.7

资料来源：国家统计局。

4.1.2　上游原油产量再创新高，下游消费需求增长已下一个台阶

2012年1～11月，我国原油产量18950万吨，同比增长1.8%，比2011年高出1.5个百分点，预计全年产量达到2.05亿吨，再创历史新高，已连续3年国内原油产量超过2亿吨。新增原油产量主要来自中石油集团和中石化集团，其中中石油集团的长庆油田同比增长260万吨，占全国新增原油产量的3/4；中石化集团稍有增长，约占全国新增产量的1/8；中海油集团受2011年蓬莱油田因漏油事故停产影响，国内原油产量与去年基本持平（见图4.1）。

2011年以来，我国原油消费量增长已下降了一个台阶，原油表观消费量年增长率由原来正常年份的5%～7%下降到5%以下，其中2011年增长3.3%，2012年1～11月增长4.6%。成品油表观消费量也由以往两位数的增幅下降到个位数，其中2011年增长6.4%，2012年1～11月增长5.0%。从成品油的结构来看，三大成品油的消费需求变化有较大差异：受近年来我国汽车保有量持续两位数的增长，汽油消费量仍保持了高位增长，2012年1～10月同比增长11.4%，为2009年以来的最高涨幅；柴油和煤油均呈下

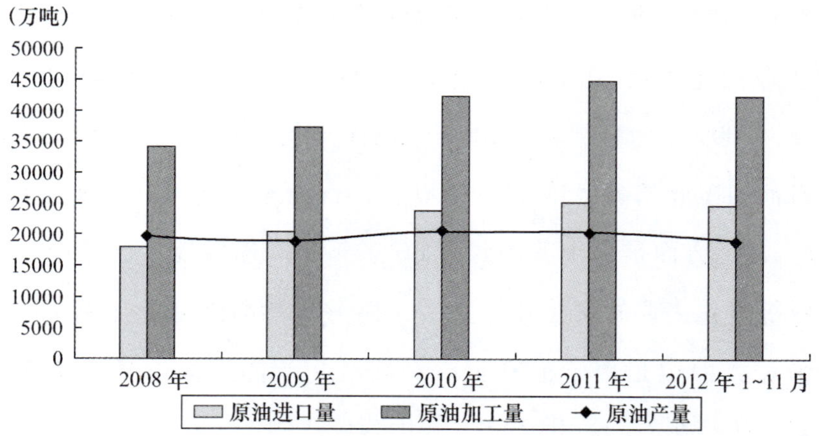

图 4.1 2008~2012 年我国原油产量及加工量

降趋势，尤其是总量最大的柴油，在 2010 年实现 11.6% 的恢复性增长后，增幅逐年大幅下降，2012 年 1~10 月同比仅增长 1.6%（见表 4.3）。

表 4.3 2008~2012 年国内成品油表观消费量变化 单位：万吨

年份	汽油		柴油		煤油	
	总量	增幅（%）	总量	增幅（%）	总量	增幅（%）
2008	6355	14.3	13887	11.3	1280	3.6
2009	6811	5.5	13924	-0.2	1505	17.0
2010	7159	5.1	15538	11.6	1750	16.3
2011	7738	8.1	16717	7.6	1838	5.1
2012 年 1~10 月	7093	11.4	14041	1.6	1634	9.8

资料来源：中国石油和化工联合会。

随着国内消费需求增长逐步趋缓，我国原油进口量增幅也开始下降。2012 年 1~11 月我国累计进口原油 24735 万吨，同比增长 6.7%，与 2011 年的增幅基本持平，远低于 2010 年及以前两位数的年增长率。减去 228 万吨的出口量，2012 年 1~11 月我国累计原油净进口量为 24507 亿吨，同比增长 6.5%，与 2011 年同为近几年来最小增幅。受此影响，尽管我国原油对外依存度进一步上升，由 2011 年的 55.38% 提高到 56.44%，但上升幅度已大幅趋缓（见表 4.4）。

同样，国内原油加工量也延续了 2011 年以来的小幅增长态势。2012 年 1~11 月我国原油加工量累计 42461 万吨，同比增长 3.2%，其中汽油产量累计为 8143 万吨，同比增长 9.8%；煤油产量 1942 万吨，同比增长 13.4%；柴油产量 15571 万吨，同比增长 2.3%。从成品油月度产量变化可以看出，除了煤油增长幅度较大，个别月份甚至超过 20%，汽油和柴油基本都延续了 2010 年下半年以来的中低速增长势头，尤其是产量最高

表 4.4　　2008～2012 年我国原油对外依存度变化

年　份	原油表观消费量（万吨）	原油净进口量（万吨）	原油净进口量/原油表观消费量（%）
2008	36489	17514	48.00
2009	38811	19862	51.18
2010	43928	23628	53.79
2011	45367	25125	55.38
2012 年 1～11 月	43419	24507	56.44

资料来源：中国石油和化工联合会。

的柴油，有 4 个月份是零增长或负增长，最高单月增幅也仅有 6%（见图 4.2）。

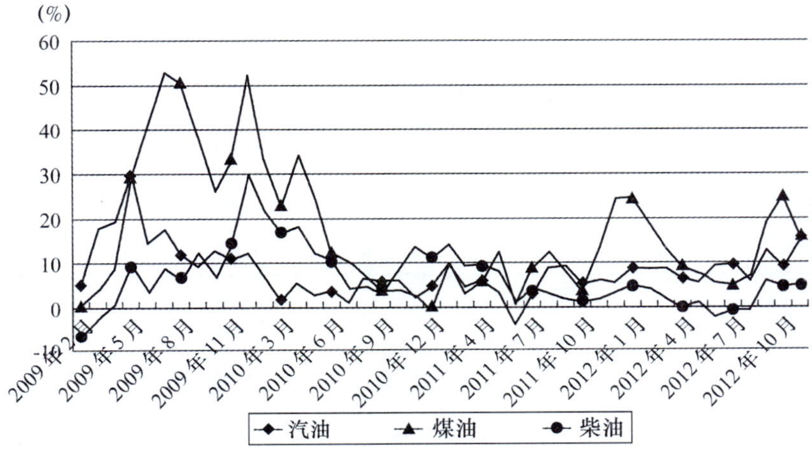

图 4.2　2009～2012 年成品油月度产量增幅变化

4.1.3　国际原油价格维持高位波动，国内成品油价格机制显示出高度灵活性

受中东地缘政治、美欧对伊朗石油禁运、产油国减产保价、欧洲债务危机前景不确定、美国实施量化宽松货币政策、美国国内原油供给大幅增长、新兴发展国家石油需求强劲等多重因素的影响，国际原油价格在 2012 年呈现趋势向下、高位波动的局面。继 2011 年大幅上涨后，2012 年前 3 个月国际原油价格仍维持了上涨势头，英国北海布伦特原油现货月平均价格在 2012 年 3 月上涨到 125.5 美元/桶，创出历史新高，此后开始回落，到 7 月达到最低 99.1 美元/桶，此后又重拾升势，并在 110 美元/桶上下波动（见图 4.3）。

整体来说，2012 年国际原油价格与 2011 年基本持平，1～11 月纽约 WTI 原油现货平均价为 95.0 美元/桶，与 2011 年平均价相比微涨；布伦特原油现货平均价为 111.8 美元/桶，上涨不到 1%；迪拜原油现货平均价为 109.3 美元/桶，上涨 3.2%（见表 4.5）。

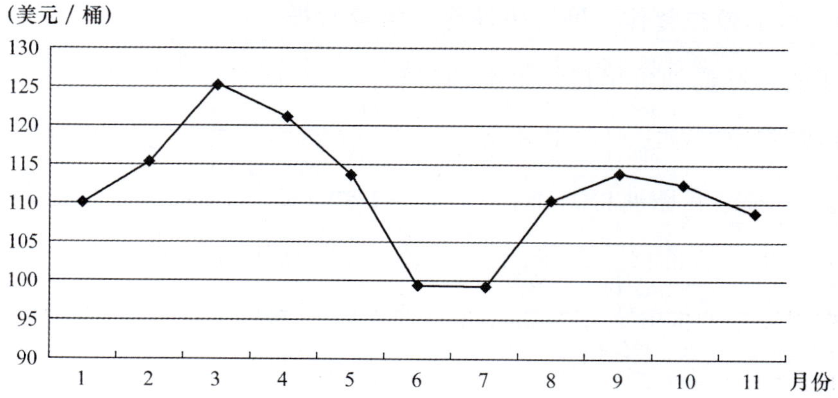

图 4.3 2012 年布伦特原油现货月平均价格波动情况

表 4.5 2007～2012 年国际主要原油现货年（月）平均价 单位：美元/桶

	2007 年	2008 年	2009 年	2010 年	2011 年	2012 年 3 月	2012 年 11 月
WTI	71.49	100.89	60.79	78.83	94.89	107.01	86.09
布伦特	71.82	98.44	60.60	78.94	110.93	125.48	108.77
迪拜	67.69	94.77	60.79	77.70	105.84	122.32	106.80

资料来源：国研网数据库。

2012 年国际原油价格的大幅波动，使得我国 2009 年以来实行的成品油价格形成机制显示出高度灵活性。2012 年，国内成品油价格共调整 9 次，远远高于 2011 年的 3 次和 2010 年的 4 次。在 9 次调整中，有 4 次上调、5 次下调，年度调整结果为汽油上调 60 元/吨，柴油上调 100 元/吨，与国际原油价格整体微涨的趋势相一致（见表 4.6）。

表 4.6 2012 年我国成品油价格调整情况

调整时间	上调/下调	调整幅度（元/吨）	
		汽 油	柴 油
2012 年 2 月 8 日	上 调	300	300
2012 年 3 月 20 日	上 调	600	600
2012 年 5 月 10 日	下 调	330	310
2012 年 6 月 9 日	下 调	530	510
2012 年 7 月 11 日	下 调	420	400
2012 年 8 月 10 日	上 调	390	370
2012 年 9 月 11 日	上 调	550	540
2012 年 9 月 30 日	下 调	190	190
2012 年 11 月 16 日	下 调	310	300

资料来源：作者根据公开资料整理。

4.1.4　行业效益整体下降，炼油企业持续亏损

2011 年受国际原油价格持续上涨的影响，国内石油石化行业效益整体趋好，但上游开采和中游炼制加工业出现严重分化，即开采业效益大幅上升，炼制业则出现亏损。到了 2012 年，尽管国际原油价格维持在高位波动且整体略有上升，成品油调价也及时到位，但由于下游产品价格上涨乏力，大多与去年持平或略有下降，有的甚至大幅度下降，导致炼制加工业的经营困难进一步加剧。2012 年 1～11 月，我国主要合成材料中除聚苯乙烯的平均价格较 2011 年基本持平外，其余品种均有下降，聚氯乙烯和 ABS 树脂下降幅度分别高达 15.7% 和 11.8%，甚至低于 2010 年的平均价格。这就使得炼制加工业效益进一步下滑，石油石化行业整体效益也随之下降（见表 4.7）。

表 4.7　2010～2012 年我国主要合成材料平均价格　单位：元/吨

年　份	聚氯乙烯	低压聚乙烯	聚丙烯	聚苯乙烯	ABS 树脂
2010	7833	10972	11115	10887	16238
2011	8296	11416	12075	11927	17479
2012 年 1～11 月	6990	11235	11136	11945	15425

资料来源：中国石油和化学工业协会。

2012 年 1～10 月，我国石油和化学工业（包括化工行业）全行业实现利润总额 6204 亿元，同比下降 8.2%，远低于全国规模工业利润 0.5% 的增长率。油气开采和精炼制造业企业的主营收入有所增长，分别增长 6.7% 和 7.9%，但远低于 2011 年近 30% 的增长率。油气开采业企业实现利润总额 3489 亿元，出现 2010 年以来的首次下降，降幅 3.0%，但亏损企业亏损额有较大幅度减少。精炼及石油产品制造业亏损额进一步扩大，行业利润总额为 －182 亿元，较 2011 年全年扩大了 74 亿元，已连续 15 个月累计亏损（见表 4.8）。

表 4.8　2011～2012 年我国石油石化业企业经营状况　单位：亿元

		主营收入		利润总额		亏损企业亏损额	
		总　量	增幅（%）	总　量	增幅（%）	总　量	增幅（%）
油气开采	2011 年	12466	29.2	4044	44.8	166	7
	2012 年 1～10 月	11143	6.7	3489	－3.0	60	－21.8
精炼制造	2011 年	30795	25.2	－108	—	782	748.8
	2012 年 1～10 月	27633	7.9	－182	—	614	3.2

资料来源：中国石油和化学工业协会。

4.1.5 天然气消费需求保持快速增长，页岩气开发成为行业焦点

2012 年 1～11 月，我国国内天然气产量为 976 亿立方米，同比增长 6.8%，为近几年来的最低值。随着国内用气区域和规模不断扩大，特别是部分地区大范围实施汽车“油改气”、锅炉“煤改气”工程，天然气消费需求仍保持着近几年来的快速增长势头，但增幅有所缓和。2012 年 1～11 月，国内天然气表观消费累计 1322 亿立方米，同比增长 14.7%，大大低于前几年 20% 多的增幅。国内天然气供应缺口的扩大势必要求进口更多的天然气，而天然气进口设施的建成与完善则为这一要求提供了可能。中亚天然气管道在 2010 年实现双向通气、2011 年相继建成沿线 8 座压气站后，输气能力已由最初的 500 亿立方米/年提升至 230 亿立方米/年；大连、江苏等沿海地区进口液化天然气项目也相继在 2011 年投产，2012 年 1～11 月我国累计进口天然气 381 亿立方米，同比增长 36.7%。天然气对外依存度再创新高，1～10 月累计已达到 25.6%，比 2011 年增加了 4 个百分点（见表 4.9）。

表 4.9　2008～2012 年我国天然气产量及消费量　　单位：亿立方米

年　份	产　量	表观消费量	净进口量	净进口/表观消费量（%）
2008	771	784	14	1.8
2009	830	875	45	5.1
2010	945	1070	126	11.8
2011	1025	1307	282	21.6
2012 年 1～10 月	867	1166	299	25.6

资料来源：中国石油和化工联合会。

随着美国页岩气的成功开发及对世界能源格局的影响，“页岩气革命”正在快速向全球蔓延。我国页岩气勘探开发也已起步，并快速成为行业发展焦点，不仅中石油集团、中石化集团、中海油集团等传统的油气开发企业有极大兴趣，也引来了煤炭、电力等众多能源企业的关注，甚至很多非能源类企业对页岩气开发也抱有强烈的热情。由于页岩气是一种新的能源资源，如何管理、怎么支持、谁来开发等都是空白，国土资源部近几年加强了对页岩气勘探开发的基础管理工作，2011 年制定了页岩气资源管理工作方案，将页岩气作为独立矿种加强管理，开展了页岩气新矿种论证、申报工作，编制了页岩气探矿权设置方案，并首次进行了页岩气探矿权出让招标，迈出了油气矿业权市场化运作的重要一步。2012 年 3 月，国家发改委、财政部、国土资源部和国家能源局联合发布了我国《页岩气发展规划（2011～2015 年）》，提出了到 2015 年页岩气产量达到 65 亿

立方米，探明页岩气地质储量6000亿立方米，可采储量2000亿立方米，并力争2020年产量达到600亿～1000亿立方米。2012年10月，国土资源部进行了第二次页岩气探矿权出让招标，首次向民营企业开放并中标（在19个区块中民营企业中标2块），再次开创了页岩气勘探开发的新局面。2012年11月，财政部与国家能源局联合下发《关于出台页岩气开发利用补贴政策的通知》，明确中央财政将安排专项资金对页岩气开采企业给予补贴，2012～2015年的补贴标准为0.4元/立方米，补贴标准将根据页岩气产业发展情况予以调整，这是我国页岩气开发利用的又一标志性事件。国家的重视、企业的热情、勘探开发模式的创新等等，使得页岩气开发成为了近两年全社会的一个关注焦点。

4.2　石油石化大企业集团发展状况

4.2.1　石油石化大企业集团规模增长趋缓，国内外影响力进一步提升

2011年，尽管我国宏观经济环境处于紧缩中，石油石化行业消费需求增长也逐步减缓，但由于国际原油价格的大幅上涨，行业内大企业集团规模仍保持了快速增长势头，而增速已大幅趋缓。2011年，中石化、中石油和延长石油公司年收入增长率分别为29.6%、38.4%、37.6%和21.2%，利润总额年增长率分别为13.6%、5.2%、14.9%和36.6%，除中石油年收入增长率高于2010年外，其余均远低于2010年指标（见表4.10）。

表4.10　2010～2011年主要石油石化公司营收状况　单位：亿元

	2010年			2011年		
	营业收入	总资产	利润总额	营业收入	总资产	利润总额
中石化	19690	14857	1057	25520	17453	1201
中石油	17209	26300	1727	23813	30279	1817
中海油	3548	6172	977	4882	7185	1123
延长石油	1021	—	101	1237	—	138

资料来源：各公司年报及公开资料。

2012年，受世界经济复苏疲软、国际油价高位震荡、国内消费需求减缓等因素影响，石油石化大企业集团规模增速进一步放缓，从前几年的高速增长下降到个位数的增长，而且利润同比大幅下降。2012年前三季度，三大石油集团国内原油实现价格基本保

持与去年同期持平，其中中石化股份公司微增，中石油股份和中海油有限公司略减。原油价格的持平，使得三大石油公司的营业收入增幅大幅减少。前三季度，中石化股份公司实现营业收入20248亿元，同比增长8.0%，利润总额下降了28.6%；中石油股份公司实现营业收入15983亿元，同比增长7.8%，利润总额下降了13.4%；中海油有限公司实现营业收入为1545亿元，同比增长仅有1.0%。延长石油集团由于大力发展非油气业务，企业规模继续保持高速增长势头，2012年实现营业收入达到1618亿元，同比增长28.2%，实现利润总额170亿元，同比增长23.2%（见表4.11）。

表4.11 2011～2012年三大石油集团国内原油实现价格

单位：美元/桶

	2011年1～9月	2012年1～9月	增幅（%）
中石化股份	98.23	100.69	2.50
中石油股份	103.78	103.62	-0.2
中海油有限	109.41	104.74	-6.5

资料来源：各公司2012年第三季度报告。

尽管石油石化行业增速正逐年趋缓，但仍高于国民经济增速，因而行业内大企业集团在国内企业排名中呈整体上升趋势。在依据收入排名的2011年中国企业500强中，中石化、中石油继续保持第一、第二位置，中海油从2010年的第9位上升到2011年的第6位，延长石油由71位下降至82位。从事原油贸易和油品销售的石油公司中，中国航空油料公司由2010年的45位上升至34位。以山东滨化集团为代表的地方炼油企业在500强中的排名也有较大提升，滨化集团由2010年的273位上升至250位，山东金诚石化由2010年的331位上升至314位。

三大石油公司在全球能源企业中的地位和影响力进一步提升。2012年《财富》世界500强排名中，中石化、中石油保持了第五、第六的位置，中海油排名由162位上升到101位，上升了61位。美国《石油情报周刊》最新发布的2012世界最大50家石油公司排名中，中石油由第5位上升至第3位，中海油由34位上升到33位。中国石化“特大型超深高含硫气田安全高效开发技术及工业化应用”项目荣获2012年度国家科学技术进步特等奖。

4.2.2 大企业集团产业地位稳固，民营企业难有作为

上游石油资源勘探开采业，中石油、中石化、中海油及延长石油基本占据了全国原油产量。2012年，中石油国内原油产量时隔17年再次攀上1.1亿吨高位，达到1.1033亿吨，与上一年相比增产279万吨，连续3年国内原油产量净增200万吨以上；中石化

国内原油产量4319万吨，同比增长1.1%，为历史最高水平；中海油受渤海蓬莱19-3油田几乎全年停产的影响，国内原油产量与上年持平，约为3900万吨，但中海油在海洋深水石油开发领域获得突破性进展，预计未来随着蓬莱19-3油田的复产及深海油田出油，中海油国内原油产量将会有很大幅度提升；延长石油受地域和储量限制，原油产量增幅不大，2012年为1255万吨，同比增长1.9%，未来大幅增长的可能性也不大（见4.12）。

表4.12　　2008~2011年国内主要石油公司国内原油产量　　单位：万吨

	2008年	2009年	2010年	2011年	2012年
中石化	4180	4242	4256	4273	4319
中石油	10825	10313	10541	10754	11033
中海油	2920	3179	4165	3895	3900
延长石油	1090	1121	1200	1232	1255
合　计	19015	18855	20162	20154	20507
占国内总产量比重（%）	97.5	99.5	99.3	99.0	—

资料来源：各公司年报及公开资料，其中中石化和中海油2012年产量均为估计值。

天然气开采领域，中石油仍保持行业绝对地位，但占全国产量的份额正逐年下降。2011年，中石油国内天然气产量为756亿立方米，占全国的份额由2009年的82.3%下降到73.8%，2012年进一步下滑，1~9月为68.2%。中石化和中海油的天然气产量增幅相对较高，在全国的份额也逐年提高，其中中石化的份额由2009年的10.2%提高到2012年1~9月的15.9%。随着页岩气市场化勘探开发模式的推进，大量地方国企、非石油类能源企业、非能源企业及民营企业的加入，未来我国天然气开采行业将形成更加分散的行业格局（见表4.13）。

表4.13　　2009~2012年三大石油集团天然气产量　　单位：亿立方米

		2009年	2010年	2011年	2012年1~9月
中石油	总　量	683	725	756	532
	份额（%）	82.3	76.7	73.8	68.2
中石化	总　量	85	125	146	124
	份额（%）	10.2	13.2	14.2	15.9
中海油	总　量	70	66	111	—
	份额（%）	8.4	7.0	10.8	

资料来源：各公司年报，2012年为中石油股份公司和中石化股份公司数据。

原油加工和炼制领域，行业集中度进一步提高，中石化和中石油继续保持双寡头地位，但两者占全国的份额已大幅下降。中石化、中石油2012年的原油加工量分别为22288万吨和15250万吨，合计占全国的比重为80.2%，与2007年近90%的比重相比已有较大幅度下降。中海油是我国炼油行业的新兴力量，至2010年中海油累计加工原油2785万吨，而通过近几年的快速扩张，尤其是随着中海油惠州炼油项目于2009年投产、2011年正式运行，以及前几年收购完成山东海化等地方炼厂，中海油的原油加工能力大幅增长，年炼油能力接近3500万吨，2011年一年原油加工量就达到2610万吨，接近2010年以前的总和。延长石油的原油加工量继续保持小幅增长，2011年达到1302万吨。从实际原油加工量看，我国原油加工行业向前四名企业集中的趋势非常显著，前四名企业的行业集中度从2009年的不到90%上升到2011年的近95%。其他地方炼油企业和民营炼油企业尽管有一定的炼油能力，但长期存在开工不足的局面（见表4.14）。

表4.14　2008～2011年国内主要石油公司原油加工量　单位：万吨

	2008年	2009年	2010年	2011年	2012年
中石化	17294	18428	21297	21872	22288
中石油	12530	12512	13529	14387	15250
中海油	—	—	—	2610	—
延长石油	1113	1189	1284	1302	—
合　计	30937	32129	36110	40171	—
占国内总原油加工量比重（%）	90.44	85.77	85.39	94.61	—

资料来源：各公司年报及公开资料，2012年数据为估计值。

4.2.3　石油石化大企业集团海外收购再创佳绩，全球型企业格局已初步形成

尽管2011年以来国际原油价格大幅上涨并在高位波动，但国内购买力的提升、巨大消费市场的存在以及国内供应缺口的扩大迫使三大石油公司继续加大海外油气资源的收购力度。2011年三大石油公司完成海外并购10笔共计190多亿美元，其中中石化6笔，中石油和中海油各2笔。2012年三大石油公司延续了近年来的海外并购势头，共完成海外并购6笔，总交易额达到253.8亿美元，同比增长1/3多。中海油以单笔151亿美元整体收购加拿大油企尼克森名列榜首，不仅创造了中国企业海外资源并购的新纪录，也开创了中国企业整体收购西方发达国家主要石油公司的新局面；中石化以三笔收购总额64.4亿美元位居第二；中石油收购两笔交易额38.8亿美元。与前几年立足于非洲、中东等发展中国家的油气资源不同，2011年以来，三大石油公司海外并购的主要目标集中在西方发达国家石油公司海内外资产的收购，重点区域是北美、拉美和北海地区，并把油砂项目和页岩油气资源作为重点收购资产（见表4.15）。

表 4.15　**2011～2012 年中国石油石化大企业（集团）海外并购项目**　单位：亿美元

企　业	收购时间	收购公司或资产	交易额
中石化	2011 年 1 月	美国德文能源公司在美国内布拉斯加奈厄布拉勒、密西西比、尤蒂卡俄亥俄、尤蒂卡密歇根和塔斯卡卢萨 5 个页岩油气资产权益的 1/3	22
中石化	2011 年 2 月	美国西方石油公司阿根廷子公司 100% 股份及其关联公司的勘探开发区块	24.5
中海油	2011 年 4 月	乌干达图洛石油公司在乌干达 1、2 和 3A 勘探区各 1/3 的权益	14.67
中石化	2011 年 5 月	壳牌持有的喀麦隆 Pecten 石油公司全部 80% 股份	5.38
中石油	2011 年 7 月	合资欧洲英力士投资公司旗下位于苏格兰格兰杰莫斯和法国拉瓦莱的两个炼厂	10.15
中海油	2011 年 7 月	加拿大油砂生产商 OPTI	21
中石化	2011 年 8 月	澳大利亚太平洋液化天气公司 15% 的股权	17.65
中石化	2011 年 10 月	加拿大日光能源公司	21.3
中石化	2011 年 11 月	葡萄牙最大石油公司高普公司下属巴西子公司 30% 的权益资产，获得高普巴西公司分布在巴西海上和陆上的 7 个盆地共 25 个许可证，并在 33 个区块中持有不同比例的权益	35.4
中石油	2011 年 12 月	加拿大阿萨巴斯卡公司位于艾伯塔省的麦肯河与 Dover 两个油砂项目 60% 的股份	18
中石化	2012 年 4 月	Devon 公司在美国 Niobrara、Mississippian、Utica Ohio、Utica Michigan 和 Tuscaloosa 等 5 大页岩油气盆地资产权益的 33.3%	24.4
中石化	2012 年 7 月	加拿大塔里斯曼能源公司英国子公司 49% 股份	15
中石化	2012 年 11 月	道达尔公司在 OML138 区块所占全部 20% 的权益	24.6
中海油	2012 年 12 月	加拿大尼克森公司	151
中石油	2012 年 12 月	必和必拓西澳大利亚海上天然气项目 West Browse20% 的权益和 East Browse8.33% 的权益	16.3
中石油	2012 年 12 月	加拿大能源公司 Duvernay 项目 49.9% 权益项目	22.5

资料来源：作者根据公开资料整理。

三大石油公司海外并购大踏步前进，不仅使得公司海外原油作业量和权益产量有大幅增长，而且初步形成了全球型企业格局（全球型企业是以本国或本地区业务为中心，但全球布局，当地化或本地化发展，能够整合全球资源的企业），不仅在全球具有油气资源，同时也具备在海外加工生产和销售的能力。2011 年，中石油海外油气作业产量实现快速增长，全年原油作业产量达到 8938 万吨，已接近国内原油产量，权益原油产量 4173 万吨；炼化环节，公司在乍得、苏丹、尼日尔、哈萨克斯坦等资源国及新加坡、日本等消费国都有炼化项目，2011 年，公司海外原油加工量达到 3478 万吨，约占国内原油加工量的1/4。截至2012年12月17日，中石油当年海外油气作业当量达到1.0015亿吨，权益当量为5035万吨。中石油计划到“十二五”末，海外油气作业产量达到2亿吨，占到中石油集团油气作业总产量的50%（见表4.16）。

表4.16　2007～2011年三大石油公司海外权益原油产量　单位：万吨

	2007年	2008年	2009年	2010年	2011年
中石化	687	901	1279	1840	2207
中石油	2992	3050	3432	3603	4173
中海油	366	324	517	793	766
合　计	4045	4275	5228	6236	7146

资料来源：各公司年报及公开资料，中海油为海外产量。

中石化除了加快收购海外油气资源外，也在积极向中下游布局，中石化占股37.5%、沙特阿美占股62.5%的沙特延布2000万吨/年炼厂已开工建设，这是中石化首个海外炼油项目；在新加坡投资建立一个年产能达10万吨的润滑油项目已破土动工；收购了俄罗斯西布尔公司合成橡胶厂股份公司25%股份+1股；收购了欧洲石油仓储码头Vesta Terminals的五成股权；南非Mthombo炼油项目也在积极推进中。

2011年，中海油的海外资产比重达到26.4%，海外收入比重达到26.2%，已成为一个具有代表性的全球型企业（全球型企业的当地化或本地化的境外业务占20%左右）。2012年，中海油收购加拿大尼克森公司，使公司整体实力大幅提升。尼克森拥有的油气资源主要是加拿大西部的油砂、页岩气及主要位于北海、西非海上及墨西哥湾深水海域的常规油气资源。截至2011年底，尼克森拥有9亿桶油当量的证实储量及11.2亿桶油当量的概算储量，还拥有以加拿大油砂为主的56亿桶油当量的潜在资源量，收购尼克森将使中海油净探明储量和净产量分别增长约30%和20%，并将带来油砂、页岩气等非常规油气资源方面的宝贵经验，可以大大增强中海油开发油砂、页岩气等新资源的能力。

4.2.4　三大石油公司国内页岩气开发进入快车道

随着页岩气开发成为行业发展焦点，三大石油公司加速了国内页岩气的勘探开发。中石油是国内页岩气勘探开发起步最早、进展最大的企业。2011年，中石油全面推进了四川威远—长宁、云南昭通页岩气产业化示范区建设，全年钻井8口，其中威201-H1井顺利完成钻探和储层压裂改造作业，日产量保持在1.15万～1.34万立方米，试气150天，累计生产天然气177万立方米，成为国内首个钻成并产气的页岩气水平井。为快速获得页岩气开发技术，2012年3月，中石油与壳牌签署富顺—永川区块产品分成合同，引进斯伦贝谢提供的多段压裂等关键技术，大大推进了中石油页岩气的开发进程。截至2013年1月10日，中石油已在“四川长宁—威远国家级页岩气示范区”完钻12口井，其中10口气井获得页岩气，采气1290万立方米，页岩气水平井开发的关键环节也得以突破。目前，中石油在该区块已开始进入页岩气开发工厂化作业试验阶段，预计很快将会进入商业化销售阶段。

在国土资源部2011年进行的首轮页岩气探矿权招标中，中石化一举中标渝黔南川页岩气勘查区块探矿权，由此加速了中石化页岩气开发进程。中石化于2012年5月正式启动首个“涪陵大安寨页岩（油）气产能示范区”项目建设，首选60平方公里作为一期产能建设区。截至2012年12月中旬，大安寨项目的6口评价井已完钻4口，2口井正在钻进。预计到2013年，中石化涪陵地区的页岩气年产能将达到10亿立方米。同时，为快速提升公司的页岩气勘探开发能力，中石化也加强了与国际跨国公司的合作：2010年，与英国BP在贵州凯里区块合作，与雪佛龙在贵州隆里区块合作，这两个区块目前都尚在风险勘探阶段；2011年，与埃克森美孚在川西南的五指山区块，开始联合地质研究；2012年，与康菲石油在四川盆地綦江区块开展页岩气勘探、开发和生产的联合研究。

相对于中石油和中石化而言，中海油国内页岩气勘探开发相对较慢。目前，中海油已经获得安徽芜湖下扬子西部区块页岩气探矿权，勘查面积为4840平方公里，该项目是中海油获得的首个陆上油气勘查项目。2011年底，安徽页岩气项目地震作业已正式开工，标志着中海油正式进军国内页岩气勘探领域。

4.3　未来发展展望

4.3.1　石油石化行业整体将保持低速增长

我国经济经过30余年高速增长之后，支撑经济增长的基础性条件已开始发生变化，经济增长从10%高速增长阶段转入到7%～8%中速增长阶段，整体工业化发展也将逐步由中期转入到后期。在工业化发展中期，以石油石化、钢铁、电力等为代表基础类重化产业是国民经济发展的领先产业和支柱产业，发展速度较国民经济增长率要高，大量资本投入及追求规模扩张是这个阶段的重要特点；到了工业化中后期，工业中心从基础类重化工业向以加工组装类重化工业演进，技术进步逐步取代资本投入和规模经济，汽车和电子信息等成为带头的主导产业。这种经济内生性的变化势必使得石油石化行业同样进入一个新的发展阶段。

对我国石油石化行业而言，未来将整体进入低速增长的发展阶段。从石油消费需求来看，我国经济结构调整和加大节能减排力度，部分城市和地区将陆续实施汽车限购、限行及“油改气”等措施，在这些因素的影响下，我国石油需求将难以维持之前两位数的增速，而将保持在一个相对较低的水平。而一些类别的石油石化产品仍会保持较快的增长，如天然气工业，随着城市居民用气的普及、各地环保要求的提高，天然气工业仍将会处于高速发展阶段。再比如下游一些技术密集型的合成材料、用于居民生活消费的有机化学原料等，也都将随着全社会消费的升级而继续保持快速增长势头。

4.3.2　行业市场化改革将会加快推进

市场化改革是石油石化行业发展的方向。2012 年党的十八大报告再次强调要坚持社会主义市场经济的改革方向，加快完善社会主义市场经济体制。针对石油石化行业而言，就是要加快推进市场化改革，国务院办公厅在 2013 年 1 月发布的《能源发展“十二五”规划》的主基调就是要推进行业市场化。具体表现在以下三个方面。

第一，打破行业垄断，允许非公有制经济进入石油石化行业参与竞争。2012 年 6 月，国家能源局发布了《关于鼓励和引导民间资本进一步扩大能源领域投资的实施意见》，明确指出，列入国家能源规划的项目，除法律法规明确禁止的以外，均向民间资本开放。具体到石油石化领域，要“支持民间资本进入油气勘探开发领域，与国有石油企业合作开展油气勘探开发，以多种形式投资煤层气、页岩气、油页岩等非常规油气资源勘探开发项目”，“鼓励民间资本参股建设大型炼油项目，以多种形式建设和运营大型炼油项目中的部分装置或特定生产环节”，“支持民间资本与国有石油企业合作，投资建设跨境、跨区石油和天然气干线管道项目”等。2011 年以来我国在页岩气勘探开发领域实施的探矿权招标，就是向市场化改革迈出的重要一步。在 2012 年第二轮的页岩气探矿权招标中，允许民营和外资企业参加竞标，并最终有两家民营企业中标。中石油、中石化也纷纷与壳牌、康菲等跨国石油公司合作，共同开发国内页岩气。

第二，加快推进价格市场化改革。十八大报告提出，要深化资源性产品价格改革。继 2009 年成品油实施了更加贴近市场的价格形成机制改革后，2011 年 12 月，我国又在广东、广西推进了天然气价格市场化改革试点，由“政府主导”变为“市场主导”。2012 年 12 月，国家发改委工作会议提出，2013 年将继续稳步推进资源性产品为重点的价格改革，完善成品油价格形成机制，推广实施天然气定价改革方案。

第三，加快推进国有石油石化大企业改革。深化国有企业改革将会是未来几年的另一改革重点。石油石化大企业集团的改革一方面要推进母公司层面的股权多元化改革和内部治理管理的商业化改革，使其尽快转型成为具有竞争力、创新力和影响力的全球型企业；另一方面要推进石油石化大企业集团与民营企业的合作，使其更多地将非核心业务外包给民营企业，并在技术创新、产品开发等方面更大地依赖外部企业。

4.3.3　深水油气开发和页岩油气开采将成为行业投资热点

近十几年全球大型油气田的勘探实践表明，陆上油气资源已日渐枯竭，60% ~70% 的新增石油储量均源自于海洋，其中深海中发现的储量大概占 45% ~50%，深水和超深水的油气资源的勘探开发已经成为世界油气开采的重点领域。据统计，2009 年海洋石油产量已经占世界石油总产量的 33%，预计到 2020 年将提高到 35%。2009 年海洋天然气产量占世界天然气总产量的 31%，预计 2020 年将会提高到 41%。我国海域油气资源量非常丰富，石油资源量为 275.3 亿吨，天然气资源量为 10.6 万亿立方米。目前我国已具备 300 米水深以内的海洋油气自主开发能力，深水油气开发也已迈出了重要一步。2012 年 5 月，中国首座自主设计、建造的第六代深水半潜式钻井平台“海洋石油 981”在南海荔湾 6-1 区域 1500 米深的水下探入地层成功开钻，标志着中国正式挺进海洋深水油气开发新领域。随着我国深水油气开发技术的日渐成熟，大规模深水油气开发必将成为可能。

美国页岩油气产业的革命性发展正在影响全球能源供给格局。2005 年以来，美国页岩气产量突飞猛进，至 2009 年，美国以 6240 亿立方米的产量首次成为世界第一天然气生产国。2012 年，美国页岩油产量又呈现爆发式增长，日产量达 72 万桶，相当于其国内石油日产量的 12.5%。随着页岩油气产量的增长，美国天然气价格大幅走低，石油对外依存度也已由 2005 年的 64.2% 下降到 2011 年的 45%。据国际能源署预计，美国将在 2017 年成为全球最大的产油国，到 2035 年左右基本实现能源自给自足。美国页岩油气的成功开发推动全球兴起了“页岩气革命”。我国富有机质页岩分布广泛，资源潜力较大。据预测，页岩气可采资源量为 25 万亿立方米，超过常规天然气资源。国家已出台了《页岩气发展规划（2011 ~2015 年）》和专门的鼓励性政策，在勘探开发模式上也走出了市场化步伐，石油石化大企业集团、其他能源类企业及非能源类企业都抱以极大热情，页岩油气勘探开发已进入快速道，预计未来几十年都将是行业投资热点。

4.3.4　全球原油供求趋于宽松，油价将继续高位震荡

在中国石油需求增长减缓，全球及欧洲经济缓慢复苏，美国原油产量大幅增长，伊

拉克石油复产，各国提高能源效率等因素的影响下，全球原油供求在未来很长时间都将会维持较为宽松的市场格局。

国际能源署发布的《2012世界能源展望》提出，到2035年全球石油需求仍将保持增长，但增速放缓，预计年均增长率仅为0.5%，且随着各国在提高能源效率上做出更大努力，全球能源需求增长还将减少一半。石油输出国组织（OPEC）在《世界石油展望2012》中也下调了对全球市场石油的中长期需求。报告认为，从长远角度看，全球市场的石油需求仍将持续增长，但受世界经济增长放缓、欧债危机及高油价的影响，中期全球石油需求增速将会有所下降。英国国家石油公司（BP）在2012年发布的《2030世界能源展望报告》中预计，受到近年来较高石油价格和石油进口国补贴逐渐下降的影响，石油（不含生物燃料）的市场份额将在相当长的时期内持续下降，消费量增长相对放缓，年均增幅仅0.6%，远低于全球一次能源1.7%的年均增长。

从供给面看，在高油价和新钻孔技术的驱动下，全球石油产量会有较大增长。美国页岩油产量将从2012年平均每天160万桶增加到2020年每天420万桶，原油产量将达到每天1500万桶，超过沙特成为全球最大产油国；伊拉克在经历了几十年的冲突和动荡后，将会大幅提升石油产量，2020年石油产量将超过600万桶/日，2035年超越800万桶/日；沙特等其他中东国家的石油产量仍将会保持平稳。

尽管国际石油市场呈现供求宽松的局面，但受欧佩克组织限产、地缘政治不稳定、各国宽松货币政策等因素的影响，未来几年国际原油价格仍将会维持高位震荡的态势。据国际能源署预计，到2035年国际原油的平均名义油价和实际油价（2011年价格水平）将分别达到215美元/桶和125美元/桶。

4.3.5 国内企业海外并购将会更加理性和更富价值

国际金融危机以来，中国石油石化企业集团加大了海外并购的力度，并购交易额连续多年保持在较高水平，而且在资产选择上也逐步从单一收购油气资源向收购关键要素转型，除了收购上游油气资源外，还向上下游延伸，形成海外一体化发展格局，通过对石油企业的整体收购获取关键技术、下游市场等要素，在区域选择上，也逐步将发达国家石油企业的传统区域作为目标，以提升企业在国际石油市场上的影响力。2012年中国石油石化企业进军英国北海油气区就是一个很好的例子，中海油收购尼克森、中石化收购塔里斯曼公司英国子公司49%股权，两起收购中的标的公司均在北海油田拥有大量油田，对每日布伦特现货基准价格有重要影响力。通过这两笔收购，两家油企在北海油田所能影响布伦特原油价格的油气日产量接近40万桶油当量，这无疑将令中国石油石化企业间接获取油价的定价权。

随着全球石油供应宽松局面的出现、国内石油需求消费增长趋缓及多年海外并购的经验积累，中国石油石化大企业集团未来海外并购在区域选择、资产选择、风险控制等方面将会更趋理性，将更加注重并购对企业整体实力和价值的提升，而并非仅仅是储量或权益产量的增加。

4.4　对大企业集团的若干建议

4.4.1　积极从规模扩张向质量效益提升转变

加快转变经济发展方式是我国新时期的一个历史重任。我国经济在经历了 30 多年的高速发展以后，暴露出了很多诸如环境破坏严重、资源消耗巨大问题，依靠大量资源投入的增长模式已难以为继，要使经济可持续发展，只有尽快转变经济发展方式。党的十八大报告进一步指出，我国下一步经济发展“要适应国内外经济形势新变化，加快形成新的经济发展方式，把推动发展的立足点转到提高质量和效益上来”。可见，提高经济发展质量、提升经济效益将是未来我国经济发展的主要目标。

我国石油石化行业经过多年的高速发展以后，自身也已进入了一个新的发展阶段，特点是行业投资低速增长、石油需求增长放缓、行业效益显著下降，石油石化大企业已失去了过去依靠规模扩张赢得市场的发展条件。在这双重因素的影响下，石油石化大企业必须尽早确立以质量效益为根本的发展思路，积极调整投资结构、产业结构、业务结构和区域结构，大力推进技术全面化、管理高效化和生产精细化等工作，提高生产效率，提升产品品质，促进节能减排，快速响应市场需求的变化，满足客户对产品品种、质量、服务等的要求，依靠技术、品质、创新来提升企业效益。

4.4.2　大力实施创新驱动战略

第一，党的十八大报告从全面建成小康社会宏伟目标出发，提出实施创新驱动发展战略，要求全国大中型企业提高核心竞争力，加快企业转型升级。石油石化大企业集团掌握着我国重要能源供应，是我国国民经济命脉所在，大力实施创新驱动战略，不仅是落实中央精神，更是企业生存发展之根本。石油石化大企业集团实施创新驱动战略，首先要根据国家发展的总体规划，找准自己的战略位置，认清本企业与世界一流企业的差距，选准技术创新方向，明确科技创新目标，确立科技创新体系，完善创新管理系统，并以科技创新带动企业转型升级，促进企业管理创新、机制创新。

第二，石油石化大企业集团实施创新驱动战略要以开放的态度，多渠道快速提升科技实力。与著名的国际石油公司相比，国内石油石化大企业在科技实力上还有很大差距，尤其是一些具有战略性和紧迫性的技术，如深水油气资源及页岩气的勘探开发能力，国内还处于探索阶段。如果仅仅依靠自主创新，很难满足紧迫性的要求。石油石化大企业应以开放的态度，加强与国际先进企业的合作，不仅要“走出去”——通过收购来获得技术，也要创新“引进来”的模式，以合资、分成等形式共同开发。

第三，要尽快确立创新驱动发展的人才战略。无论是自主创新、集成创新，还是引进技术消化吸收再创新，都需要有创新型人才。目前，石油石化的很多领域都缺乏尖端技术人才，如国内正如火如荼推进的页岩气勘探开发领域，人才和技术缺乏已成为了页岩气难以快速发展的两大障碍。我国石油石化大企业要借鉴国际石油公司的成功经验，尽快制定出人才培养的策略和实施方案。

4.4.3 率先转型成为全球型企业

所谓全球型企业，是指以本国业务为中心，积极进行全球布局、努力整合全球资源、有效提升全球竞争力、明显增强全球产业话语权的大型企业。党的十八大报告再次强调要“不断增强国有经济活力、控制力、影响力”，这种控制力及影响力不仅体现在国内经济，也要来自于对全球资源的配置力和对全球市场的影响力。从我国中央企业的集体使命和国民经济发展的需求来看，未来中央企业的发展更要体现其带动力和国际性，应发展成为具有全球视野和整合能力、对国内产业发展具有重要引导力和带动力、在国际产业竞争中有重要话语权的全球型企业。

国务院国资委也一直在强调要推动中国大型企业成为真正具有国际竞争力的世界企业，大力提升全球配置资源、开拓国际市场的能力。中国石油石化大企业集团，作为中国大企业集团的排头兵，应率先向全球型企业转型发展。在当前中国经济发展一枝独秀、全球石油市场供应持续宽松、传统国际石油公司逐步收缩的国际大环境下，中国石油石化大企业集团有条件、有机遇率先转型成为全球型企业。

4.4.4 以更加开放的姿态推进行业与企业的发展

石油行业的行政性垄断一直受到舆论的诟病，对行业自身的发展也非常不利。保障我国石油安全，不仅需要具有全球竞争力和话语权的综合性大企业集团，也需要在专业领域有专业特长的中小企业，而形成一个竞争相对充分的市场环境将会更加有利于行业发展。这也是我国一直在推进的市场化改革的方向。2005 年和 2010 年，国务院先后发布两个非公经济“36 条”，鼓励支持和引导非公有制参与国有经济结构调整和国有企业重组，为打破垄断、引入竞争创造条件；2012 年 6 月，国家能源局《关于鼓励和引导民间资本进一步扩大能源领域投资的实施意见》对民营企业参与石油石化行业做出了具体部署。2012 年 10 月，国务院国资委也提出要继续完善石油石化等特殊行业的改革措施，根据产业发展实际进一步放宽市场准入。2011 年我国在页岩气勘探开发所推行的一系列工作，就已越来越体现出行业的开放性。

作为掌握着行业内绝大部分资源的石油石化大企业集团，应积极响应国家号召，以更加开放的姿态落实国家政策。一是要加强业务外包，将企业的诸多非核心业务或环节外包给外部企业，积极整合外部资源为己所用；二是要加强与民营企业、外资企业的全面合作。不仅要对外开放，更要对内开放；不仅要在石油炼制、油品销售等下游环节与民企合作，也要在油气勘探开发、油气管道建设等上游领域与民企合作；三是要积极配合国家提出的行业开放性政策，不设障碍不设关卡，与民营企业、外资企业共同推进行业发展。

4.4.5　强化社会责任体系建设，践行绿色环保理念

石油石化产业是国民经济的支柱产业，石油石化大企业既是能源生产大户，也是能源消耗大户，石油石化大企业的发展对我国经济、社会、环境都有着巨大影响。我国石油石化大企业集团多为中央企业，企业的性质和经济地位决定了其必须不断强化社会责任体系建设，担当起履行社会责任的表率。在国家创建“资源节约型、环境友好型”社会的大潮中，石油石化大企业集团应践行绿色环保、节能降耗的理念，将其深入到每个业务环节，引领国内企业走低碳发展道路。在当前我国海洋油气开采和页岩气开采成为行业投资热点时，石油石化大企业尤其要做好两件事：一是要提高海洋油气开采的技术，规范内部管理，防止和杜绝漏油事件的频繁发生，尤其要加强事故处理能力建设，要站在对环境、对社会、对受损企业或民众负责任的角度加以应对；二是在大规模的页岩气开发中，要更加重视对资源与环境保护。我国页岩气田大多处于严重缺水的区域，而页岩气开采又需要大量的水资源，即使在不缺水的地区，经验不足或不负责任的开采同样会对当地的水资源造成很大污染。

执笔人：袁东明

第5章

中国电子信息产业大企业集团如何应对增速下滑

- 电子信息产业的发展状况和环境变化
- 电子信息产业大企业集团的发展态势
- 电子信息产业大企业集团如何应对新的挑战

我国电子信息产业增速下滑，企业竞争日趋激烈，转型升级、创新发展已经刻不容缓。尽管各界对这一点已经充分认识，但如何转型、如何不断提升在产业链中的位置和影响力、如何不断提升企业综合实力和抗风险能力，具体路径仍有许多困惑，电子信息产业大企业集团有效应对增速下滑和新挑战的战略举措仍在不断摸索之中。

5.1 电子信息产业的发展状况和环境变化

“十二五”以来，我国经济增速下滑，电子信息产业规模增长也逐步趋缓趋稳。产业规模增速明显回落，企业效益大幅波动。受国际市场需求下降影响，电子信息产品出口受到较大冲击，部分产品“两头在外”的生产经营模式进一步受到挑战。尽管如此，与其他产业相比，电子信息产业在整体经济中的比重和相对重要性并没有下降，我国电子信息产业“全球制造中心”的地位也没有动摇，在全球产业链分工中的比较优势还没有发生根本变化。

5.1.1 2011～2012年我国电子信息产业发展概况

根据工业和信息化部《2011年电子信息产业统计公报》和2012年发布的各类有关电子信息产业经济运行情况的统计数据信息，我国电子信息产业增速明显下滑，但下滑速度逐步企稳；产品外需市场增长依然乏力，企业出口不振，经济效益不佳。

1. 2011～2012年，我国电子信息产业增速明显下滑，企业微利运营

我国电子信息产业规模增长延续减速态势，增速不断下滑。2011年，我国电子信息产业实现销售收入9.3万亿元，比上年增长19.2%，增速下滑10.3个百分点。其中主要是制造业增速下滑，销售收入增速由上年的25.5%下降到17.1%，下滑8.4个百分点，软件业增速仍在小幅增加，由上年的31.3%提高到35.9%。2012年，我国电子信息制造业增速持续下滑。根据工信部《2012年1～11月电子信息产业运行情况》，1～11月，电子信息制造业实现内销产值34130亿元，同比增长14.4%，比去年同期下降17个百分点；出口交货值42201亿元，同比增长9.8%，比去年同期下降5.1个百分点。

我国电子信息制造业增长企稳态势有所显现。2012年1季度，规模以上制造业增加值增长11.2%，低于上年同期4.1个百分点；实现销售产值18047亿元，同比增长10.5%，低于去年同期13.2个百分点。2012年2季度以后电子制造业增速逐月走低，持续回落；直到8月后才逐步企稳并有小幅攀升，8～11月行业增加值分别同比增长

9.9%、10%、10.1%和12.6%，出现触底反弹迹象。

行业效益下滑，企业微利运营。企业收入增速逐季下滑，2012年前3个季度，全行业销售收入增速分别为10.7%、8.3%、7.7%，呈逐步放缓态势。企业生产经营成本居高不下，1~9月，全行业主营业务成本同比增长8.7%，与收入增速基本持平。同时，企业去库存临近尾声，1~9月，全行业产成品存货累计增长1.9%，较年初下降10.5个百分点，连续6个月呈下降态势。在此背景下，1~9月全行业利润同比下降6.5%，全行业共有亏损企业4015个，亏损面达到23%，亏损企业亏损额同比增长36.8%；1~9月全行业收入利润率仅为3.2%，低于去年同期0.6个百分点，低于全部工业平均水平2.2个百分点。

2. 产业内部分化明显，细分行业有增有降，变化较大

通信设备行业仍有较快增长，增速位居各子行业之首。2012年1~10月，通信设备行业实现销售产值和出口交货值10646亿元和5425亿元，分别增长16.8%和17.5%，高出全行业平均水平6.1和9.5个百分点。通信设备行业各细分领域的增长差别明显，1~10月国内共生产手机约9.2亿部，下降1.9%；移动通信基站9355.8万信道，增长36.7%；程控交换机2774.4万线，下降29.1%。

电子元器件行业增长先降后升，出现快速反弹。2012年上半年，电子元器件行业呈一路放缓态势，进入下半年，特别是8~10月，连续三个月销售产值、出口交货值月度增速均超过20%，出现快速反弹。电子元器件行业各细分领域增长也不尽相同，电子器件好于电子元件。2012年1~10月，电子器件行业销售产值和出口交货值为10356亿元和6714亿元，分别增长16.0%和13.6%，高出全行业平均水平5.3和5.6个百分点；电子元件行业销售产值和出口交货值分别增长9.1%和5.9%，低于全行业平均水平1.6和2.1个百分点；1~10月生产集成电路813.7亿块，增长10.3%；半导体分立器件3397.6亿只，下降2.6%；电子元件21241.7亿只，下降2.0%。

家用视听行业增长较为平稳，主导产品增长乏力。2012年1~10月，家用视听行业实现销售产值4322亿元，同比增长8.0%；出口交货值2098亿元，同比仅增长0.8%，低于全行业平均水平7.2个百分点。1~10月，生产彩色电视机11125.7万台，增长7.6%，其中：液晶电视增长9.5%，占比达到83.6%；CRT电视下降39.0%；PDP电视下降27.9%。

计算机行业增幅回落。2012年1~10月，计算机行业实现销售产值和出口交货值为17444亿元和13261亿元，分别增长9.5%和7.8%，低于全行业平均水平1.2和0.2个百分点。1~10月生产微型计算机27490万台，增长7.3%；笔记本电脑增长5.3%；数码相机6093.2万台，下降5.5%。

软件业保持较快增长，各细分领域都有较高增速。2012年1~10月，我国软件产业实现软件业务收入19551亿元，同比增长25.8%，低于去年同期7.1个百分点，但高出电子信息制造业15个百分点。其中，集成电路设计业实现收入609亿元，同比增长38.5%，高出去年同期17.8个百分点。软件服务化的不断发展，使数据处理和运营服务收入的增长持续处于高位，1~10月，数据处理和运营服务实现收入3325亿元，同比增长34%，增速高于全行业8.2个百分点。软件产品、信息系统集成服务、信息技术咨询服务及嵌入式系统软件增长平稳，分别实现收入6533亿元、4070亿元、2052亿元和2962亿元，同比分别增长23.3%、24.1%、25.4%和23.2%。

表5.1　2012年1~10月规模以上电子信息制造业主要产品产量完成情况

产品名称	单位	本月累计	2011年同期	增减（%）
移动通信手持机	万部	91561.8	93341.7	-1.9
程控交换机	万线	2774.4	3911.7	-29.1
移动通信基站设备	万信道	9355.8	6844.3	36.7
电话单机	万部	10559.6	11292.7	-6.5
传真机	万部	219.0	235.9	-7.2
彩色电视机	万台	11125.7	10340.9	7.6
其中：显像管彩色（CRT）电视机	万台	712.8	1168.3	-39.0
液晶（LCD）电视机	万台	9295.6	8491.4	9.5
等离子（PDP）电视机	万台	168.9	234.3	-27.9
微型电子计算机	万部	27490.1	25622.2	7.3
其中：笔记本计算机	万部	19559.8	18577.2	5.3
服务器	万部	103.4	417.3	-75.2
打印机	万部	5824.5	5969.9	-2.4
显示器	万台	10485.4	11352.1	-7.6
彩色显像管	万只	441.3	756.2	-41.6
半导体分立器件	亿只	3397.6	3489.3	-2.6
集成电路	亿块	813.7	738.0	10.3
数码相机	万台	6093.2	6446.9	-5.5
发光二极管（LED）	亿只	1112.6	798.0	39.4
液晶显示屏	万片	274638.0	311408.0	-11.8
电子元件	亿只	21241.7	21682.3	-2.0

资料来源：工业和信息化部运行监测协调局。

5.1.2　电子信息产业当前发展环境特点

1. 全球市场需求增长低于预期，中国制造的比较优势依然稳固

2012年，全球电子信息市场不增反降，没有达到预期的增长。2012年2月，工信部运行监测协调局与中国电子商会联合主办“2012年中国电子信息产业运行趋势及市场分析报告会”，会上捷孚凯（GfK）市场咨询（中国）有限公司发布预测，认为2012年全球消费电子产品市场规模将超1万亿美元，比2011年（9930亿美元）增长5%，但增幅将比上年放缓3个百分点。在2013年1月美国拉斯维加斯消费电子展上，美国消费电子协会和GFK发布调查结果显示，2012年全球消费电子市场没能实现预期的增长，实际上却出现了下滑。初步结果显示，北美市场几乎没有实现增长，西欧市场则急剧萎缩，新兴市场虽然实现了显著增长，但并不足以抵消发达国家下滑带来的负面影响，全球消费电子产品销售额非但没有实现先前预期5%的增长，而是下降了1%。

我国仍是电子信息产品第一制造大国。根据工信部发布的数据，2011年，我国彩电、手机、计算机等主要电子信息产品产量占全球出货量的比重分别达到48.8%、70.6%和90.6%，均名列世界第一。同时，电子信息制造业在工业中的支柱作用日益凸显，2011年，规模以上电子信息制造业增加值、投资增速分别高于工业平均水平2个和近20个百分点，行业收入、利润占全国工业比重分别达到8.9%和6.1%；从业人员940万人，新增60万人，占全国城镇新增就业人口的4.9%。电子信息产品进出口在我国外贸中占比都很高，2012年1～10月，我国电子信息产品出口5597亿美元，同比增长3.9%，占全国外贸出口的33.5%；进口3949亿美元，同比增长2.5%，占全国外贸进口的26.5%；通信设备、电子元器件、家用视听和计算机行业出口交货值占销售产值的比重分别为51%、65%、49%和76%，我国电子信息产业“两头在外”特征依然明显，中国制造的比较优势没有发生根本改变。

2. 产品结构不断升级，技术突破仍在孕育，新的产业增长点依然模糊

电子信息主导产品不断升级。计算机、彩电、手机等整机产品智能化、平板化、网络化、绿色化发展趋势日益明显，整机产品升级换代进程不断加快。根据工信部运行检测局《2012年1～10月规模以上电子信息制造业主要产品产量完成情况》计算，笔记本电脑产量占微型计算机产量比重超过70%；液晶电视产量占彩电产量比重达到83.6%，CRT电视占比仅剩6.4%，另外，3D电视、智能电视及智能手机等升级产品的市场份额也在不断提高，3D电视国内市场占比达23%，智能电视国内市场占比达19%；智能手机产量约占全球总产量的70%，国内销量占全球智能手机总出货量的17%以上。

虽然新技术、新概念不断涌现，但新的具有实质性意义的产业增长点并不十分明确。早在2001年“十五”规划中提出的电信、电视、计算机“三网融合”，2012年仍在“试点”，尽管取得一定进展，但实质性突破低于业界期盼。在“智慧地球”、“物联网”、“云计算”等概念基础上，“智慧城市”、“大数据”等又接连而至。实际上，一项真正实用的技术一旦获得应用，将会迅速突破市场，如LED背光源电视，2009年才开始进入市场，2012年的国内市场份额就已经超过61%，迅速成为液晶电视的主流产品。目前，国内从政府部门到企业和研究部门，对新一代信息技术加速成长，制造业、软件业、运营业与内容服务业加速融合，新技术、新产品、新模式不断涌现等概念性趋势性的认识十分充分，但受限于发展环境、技术积累、竞争实力等诸多不利因素，现有主力企业对技术变化和产业格局演变难有大的作为，总体上仍只能是较被动的跟随和应对，积极争取在细分领域有所突破和建树。

5.2 电子信息产业大企业集团的发展态势

在电子信息产业增速下滑、外需市场不振、新的增长点尚不明确的环境下，电子信息产业大企业集团经受了严峻挑战，在产品升级、技术创新、推进国际化战略和联盟战略方面又有新的进展，保持了稳步发展的态势。

5.2.1 电子信息产业大企业集团概况

2012年7月，工业和信息化部在河北邯郸发布了2012年（第26届）电子信息百强企业名单。本届百强企业不再按收入大小排序，而是从规模、效益和研发能力三个方面进行综合评价后确定的。其中，规模包括资产和收入规模；效益包括企业的盈利能力、发展能力、债务偿还能力以及经营能力四个方面；研发能力包括研发投入比例和专利数量两个方面。通过选取具有代表性的指标并赋予适当的权重进行加权计算，得出企业综合评分进行排名。与上年相比，排名前10的企业并没有变化，其中，前3的排名次序也没有变化，第4～10的排名次序虽有变化，但变化不大（见表5.2）。

1. 大企业集团收入规模增速出现下滑，效益略好于行业整体水平

根据工业和信息化部运行监测协调局《第26届电子信息百强企业发展评述》，电子信息产业大企业集团的收入规模持续扩大，但增速有所下滑。第26届电子信息百强企业主营业务收入合计17615亿元，比上年增长14.7%。这一增速既落后于当年行业整体

表5.2　2012年（第26届）电子信息百强企业名单（前30名）

排名	企　业	综合评分	排名	企　业	综合评分
1	华为技术有限公司	83.78	16	亨通集团有限公司	11.33
2	联想控股有限公司	72.66	17	上海贝尔股份有限公司	10.85
3	海尔集团	60.76	18	宝胜集团	10.25
4	中兴通讯股份有限公司	38.83	19	康佳集团股份有限公司	10.17
5	长城科技股份有限公司	36.52	20	永鼎集团有限公司	9.38
6	海信集团	34.05	21	武汉邮电科学研究院	8.91
7	四川长虹电子集团有限公司	33.50	22	南京南瑞集团公司	8.72
8	TCL集团股份有限公司	28.14	23	京东方科技集团股份有限公司	8.40
9	北大方正集团有限公司	26.30	24	江苏宏图高科技股份有限公司	7.94
10	比亚迪股份有限公司	23.40	25	许继集团有限公司	7.71
11	浪潮集团	20.17	26	四川九洲电器集团有限责任公司	7.43
12	南京中电熊猫信息产业集团有限公司	19.38	27	惠州市德赛集团有限公司	7.35
13	晶龙实业集团有限公司	15.58	28	航天信息股份有限公司	7.27
14	创维集团有限公司	13.69	29	南京联创科技集团股份有限公司	7.18
15	同方股份有限公司	12.78	30	上海飞乐股份有限公司	7.13

资料来源：工信部运行监测协调局。

19.2%的增速4.5个百分点，也比上年百强20%的增速下滑了5.3个百分点。当然，百强企业收入规模占全行业总量比重仍然达到24%，基本没有变化。同时，华为和联想继续入围2012年《财富》全球500强。本届百强企业主营业务收入最低水平为23.5亿元，比上届提高3.5亿元。百强企业中主营业务收入超过100亿元的企业有34家，比上届增加7家。本届百强企业资产总计达到17253亿元，比上届增长20%以上。百强企业共生产彩色电视机7688万台、手机24654万部、集成电路243亿块，分别比上年增长7.5%、33.5%和2.3%，占全行业总量的64.1%、21.8%和33.8%。

电子信息产业大企业集团的效益略好于行业整体水平。百强企业实现利润总额884亿元，占全行业总量的27%，高于收入占比3个百分点；利润率达到5.0%，比全行业平均水平高0.6个百分点。其中，利润总额超过10亿元的企业有23家，超过20亿元的企业有7家；利润率超过5%的企业有53家，超过10%的企业有12家。百强企业平均总资产周转率为1.2次，应收账款周转率为4.4次，存货周转率为12.4次，都好于行业整体水平。

2. 研发投入有大幅增加，部分企业技术创新有新的突破

电子信息百强企业研究开发人员共计27.6万人，比上届增加2.1万人，占全部员工数的19.6%，比上届提高0.6个百分点；研发经费投入合计达868亿元，比上届增长17.8%；研发投入占主营业务收入的比重达到4.9%，高于全行业平均水平2.0个百分点。百强企业中，有19家企业研发投入超过10亿元，比上届增加了6家；研发投入最高的华为达到228亿元，占其主营业务收入的比重达到11%。百强企业中，共有30家企业研发投入比例超过5%。

电子信息百强企业总计拥有专利数量10万件，比上年增加2.6万件，其中，发明专利5.2万件，占比超过50%。国家知识产权局发布的2011年发明专利授权量前10强企业中，中兴、华为、比亚迪、大唐移动、中芯国际分列第1、2、7、8和9位，在10强中占到一半，远远超过其他行业。2011年，在PCT国际专利申请量企业排名中，中兴通讯以2826件的申请量跃居首位，华为以1831件的申请量居第3位。在2011年度国家科学技术奖励大会上，武汉邮科院、海尔、华为和中兴等企业荣获国家科学技术进步奖，在光通信、研发创新平台、新一代通信网络等多个领域取得新的突破。

近年来，电子信息百强企业主持和参与我国多项技术标准的制定，涉及数字家庭、平板显示、汽车电子、新一代通信网络等领域。同时，电子信息百强企业还积极参与国际标准的制定工作，如华为已加入全球130个行业标准组织，在OMA、CCSA、ETSI和ATIS等权威组织担任董事会成员；中兴通讯加入全球80多个国际标准化组织和论坛，累计向这些组织提交提案1.2万余件，并积极参与物联网、云计算、4G等新兴领域国际标准的制定。另外，彩虹、长虹、京东方等企业参与成立中国OLED产业联盟，旨在推动技术合作和相关标准制定。

5.2.2　电子信息产业大企业集团的发展举措

1. 产品升级换代

技术变革和产品升级始终是电子信息产业发展的主旋律，产业的主要产品虽然还是彩电、计算机、手机，但每项产品的配置、功能乃至外观每时每刻都在变化，都在升级。视听娱乐电子产品更新换代速度进一步加快，以LED为背光源的TFT-LCD电视成为主流产品，3D电视快速进入市场。与此同时，新型显示器件技术面临新一轮突破，OLED电视有可能在未来几年中替代目前主流的TFT-LCD电视。电视厂商的境遇同10年竟如此相似，面对CRT电视的退出，当时多数企业认为不会很快。有的认为即使彩电走向平板化，传统彩电的某些技术及知识产权也不会失去价值。当前，多数企业同样认为OLED电视取代TFT-LCD电视还不太可能，即使有快速突破，也会是在TFT-LCD的基础上发展演进。

计算机、视听产品、通信终端等整机制造是电子信息产业大企业集团的优势领域。在产品创新方面，联想、同方、华为、中兴等企业推出基于移动互联网应用的计算机和通信终端设备；创维、TCL、长虹、海信、康佳等企业推出网络化、智能化、节能型的数字电视产品，并不断加大 3D 电视和数字家庭智能终端的研发和产业化力度。这些举措使这些企业能够跟上行业的主流，始终保持既有的竞争格局和自己的相对位置，不被在全球范围内的领先者落下太远。

电子信息产业大企业集团通过引进吸收与自主创新掌握核心关键技术，升级产品线。集成电路方面，中芯国际与上海华虹的多条 12 英寸生产线建成投产，8 英寸与 6 英寸生产线的制造工艺也在加快改造升级；在新型平板显示领域，京东方、创维和 TCL 等加快投资高世代面板生产线，2 条 8.5 代线建成投产。

2. 稳步推进国际化

电子信息是我国企业“走出去”的主要领域之一，电子信息产业大企业集团率先开展国际化战略，取得了积极成效。电子信息是全球性产业，国际分工格局不断变化。从全球看，业内领先企业都是国际化程度很高的跨国公司。从国内看，尽管市场规模很大，但开放程度高，电子信息产品消费与国际市场基本同步，也是跨国公司主要目标市场。本土企业的产品进入欧美发达国家市场是体现企业竞争力的重要标志，也对开拓国内市场有积极影响。欧美发达国家消费者购买力强，是电子信息产品，尤其是高端产品最主要的市场，引领全球消费热点，是我国电子信息产品的主要目标市场。全球电子信息产品市场增长乏力，尤其是欧美市场增长下滑，市场竞争进一步加剧，我国电子信息产业大企业集团的国际化战略面临更大挑战。

电子信息产业大企业集团在国际市场某些领域保持较强的竞争力。2011 年，电子信息百强企业实现出口交货值 4558 亿元，比上年增长近 10%，占主营业务收入的比重超过 25%。电子信息百强企业中，出口交货值超过 100 亿元的企业有华为、长城、中兴、海尔、联想和 TCL，其中华为达到 936 亿元，列电子信息百强企业首位；出口比例超过 50% 的企业共有 20 家，超过 30% 的企业有 32 家。从主要产品看，手机出口 15151 万部、彩电出口 3998 万台、集成电路出口 166 亿块，占产量比重均超过 50%。同时，华为、中兴、上海贝尔等企业一体化解决方案的出口规模不断扩大，由单纯硬件出口向技术和服务输出转变的趋势逐步显现。华为、联想、海尔、TCL、长虹、海信、康佳等企业在巩固原有市场的基础上，进一步拓展南非、南美、印度、巴基斯坦等新兴市场，取得一定成果。

全球电子信息领域兼并重组步伐加快，我国电子信息产业大企业集团也进一步推进“走出去”战略，稳步推进海外并购和重组。联想通过与 NEC 成立合资公司并购其 PC 业务，成为日本 PC 市场第一大厂商，进一步巩固在亚太市场的领导地位；通过收购梅迪昂公司（Medion）成为德国第三大 PC 供应商，在西欧的市场份额显著提升。华为通过收购华赛，完成了由运营商业务领域向企业业务领域的战略扩张。浪潮通过收购奇梦达公司资产，在济南建成了我国首条高端集成电路存储器封测生产线，借助并购建立起从芯片设计、芯片制造到芯片应用的完整产业链条，为浪潮在云计算基础装备实现芯片级的研发、制造提供了支撑。

3. 进一步推进战略联盟

战略联盟是电子信息产业大企业集团整合资源、拓展领域、提升实力的重要举措，近年来取得显著进展。战略联盟有利于企业发挥各自优势，做大蛋糕、共享收益。电子信息产业是充分竞争的领域，也是战略联盟发展较快的领域。产业链上下游之间、互补技术提供方、跨产业的优势企业之间都存在战略联盟的巨大空间，善用联盟有利于电子信息产业大企业集团把握机遇、应对挑战，创造良好的发展环境，进而塑造核心竞争力。

电子信息产业大企业集团为适应新形势下的发展需要，努力寻找合作机会，加快推进优势资源整合。一是在产业内部以优势互补为基础结成联盟。由电子信息产业大企业集团主导或参与的 TD、AVS、LED、OLED 等产业联盟的成立，有利于积聚优势资源、推进技术创新、完善产业链条、推动产业发展和企业共同发展。二是跨产业推行战略合作。大唐电信与新华社合作成立数字内容传播和数字文化产品交易公司，创新商业模式，推出社交型数字文化产品服务平台；海尔集团与青岛出版集团建立战略合作关系，为青岛市数字出版业的发展创造了良好环境；上海贝尔和上海建工以全球业务合作为基础建立战略合作伙伴关系，在全球范围内分享投资和承包机会。

4. 不断提升企业口碑和美誉度

电子信息终端产品直接面向广大消费者，品牌影响力是企业市场竞争力最直观的表现。联想、海尔、长虹、TCL、海信等终端产品制造商，一向重视品牌建设，较早形成了国内知名品牌，并努力尝试品牌国际化。华为、中兴等企业在加大终端产品推广同时，也着力开展品牌推广，品牌影响力迅速提升。“华为，不仅仅是 500 强”的广告宣传，反映出企业的雄厚实力，迅速提升了企业在手机终端市场的知名度。目前，我国电子信息产业大企业集团的品牌优势逐步形成，龙头企业的品牌价值不断提升。“世界品牌实验室”编制公布的 2012 年“中国 500 最具价值品牌”排行榜前 100 家企业中，有 7

家电子信息产业大企业集团，华为、联想、海尔、长虹、中兴、TCL、海信分列第 8 位、第 11 位、第 12 位、第 18 位、第 39 位、第 43 位和第 78 位。TCL、创维、海信、长虹和康佳在国内彩电市场的总占有率接近 80%，联想、华为、中兴等企业在国内手机市场上的总份额接近 40%，联想在国内 PC 市场的占有率超过 30%。

在绿色环保、节能减排、社会公益等方面，电子信息产业大企业集团继续紧跟社会潮流，努力树立企业良好社会形象。电子信息产业大企业集团继续积极推进节能降耗、绿色制造，并从设计源头将绿色理念贯穿于生产经营全过程，不断推出节能新产品。在废旧产品回收利用方面，TCL、海尔、长虹等企业积极筹备建立了配套的废弃产品拆解处理机构，并取得了相关资质，为完善电子信息产业“源头控制” + “末端治理”的全产业链“绿色制造”发挥了积极作用。电子信息产业大企业集团还积极参与各类公益慈善事业，践行企业社会责任，提高企业在社会各界的美誉度。

5.3　电子信息产业大企业集团如何应对新的挑战

我国电子信息产业发展进入平稳期，大企业集团基本格局和发展态势趋于稳定。面对增速下滑，如何进一步应对挑战，不同的企业可能会采取不同的策略，关键是如何重塑新的竞争优势，需要摒弃一些不切实际的概念和观念，不断探索和尝试行之有效的战略举措。

1. 明确定位，做实基础，争取少犯错、不掉队

全球电子信息产业格局不断调整。目前，处于产业引领地位的是以苹果为代表的美国企业和以三星为代表的韩国企业，曾经作为业界翘楚的日本企业索尼、松下、夏普等，均陷入巨额亏损，股价创 30 年新低，被迫裁员、出售资产和关闭工厂。中国企业中，华为和中兴发展势头正盛，能以自己的技术实力与跨国公司直接竞争，并已成为通信设备领域国际市场上不可忽视的力量；联想充分利用低成本比较优势和主要跨国公司相继退出 PC 业务的机遇，不断扩大国际市场份额和企业规模，不断提升品牌并延伸到智能手机等相关产品领域；海尔、海信、TCL 等企业在本土主流产品市场上始终保持较高份额，并通过房地产等多元化业务维持企业整体盈利。近年来，日本电子企业的相对衰落、美国企业的复兴和韩国企业的崛起对国内企业有重要启示。首先，过去的成功经验往往不能适应新的挑战，索尼公司积累了大量音乐资源和电子产品技术，但在互联网时代被苹果公司以全新的商业模式彻底颠覆。其次，电子信息产业是典型的技术推动型产业，企业不仅要有技术，还要有不断升级技术的速度，这是韩国三星之所以能后来居上的重要原因。本土企业虽然没有日本企业雄厚的积累，但也有在国内市场比较成功的经验，有些在高速增长期十分有效的经验，如通过房地产等非相关多元化业务快速获取利润，在增速下滑期就不一定有效了。面对新的挑战，大企业集团应当未雨绸缪，重新明确自己的战略定位，集中资源，做实基础，确保在新一轮竞争中少犯一般错误、不犯致命错误，争取不掉队。

2. 集中资源，局部突破，在擅长的领域精耕细作

电子信息产业是一个变化迅速的领域，新技术、新概念、新模式层出不穷，大企业集团的发展往往受到很多诱惑，常会得出一些似是而非的判断。“微笑曲线”是电子信息领域经常提及的一个概念，跨国公司之所以放弃“微笑曲线”底端而控制另外两端，是与其资源优势和能力相匹配的，或者说根本就没有条件做底端。而国内业界普遍认为本土企业的劣势和差距完全在于产业链定位的不同，且不论是否有能力控制高端，即使控制了“微笑曲线”的两端，在市场竞争中一样会输得很惨。美国柯达公司申请破产保护、日本三洋电机被松下收购，说明即使在“微笑曲线”的两端，竞争依然残酷，同样会败下阵来。相反，富士康恰是因为固守低端，坚持做“微利”的代工，逐步确立了自己独特的低成本竞争优势。不能简单地认为国内企业的差距和不足是产业链定位不同造成的，恰恰相反，正是因为定位不同，才有利于塑造核心竞争力，这也是华为和联想率先成为世界500强的重要原因。国内企业如果不顾实际情况，简单模仿跨国公司向“微笑曲线”两端延伸，不但不能取得预期效果，还会失去已有的优势。

还有一种经常听到的论调就是所谓的“受制于人”，从芯片到操作系统，从以前的显像管到后来的液晶面板，从网络传输协议到移动通信标准，都被认为是“受制于人”。于是我们看到在政府的大力支持和“自主创新”的口号下，国内确实出现了一批批、一代代的替代品，但往往总是“国内领先”，与“国际先进”总有一步差距，因而也总是改变不了所谓“受制于人”的局面，除非技术路线发生了重大变革，如液晶取代了不再“受制于人”的显像管。曾几何时，国内彩电企业“自主创新”，一夜之间都换上了自己的“芯”，结果仍然在面板上“受制于人”，又开始致力于用上自己的“屏”。实际上，试图用“自给自足”的思路解决所谓“受制于人”无异于缘木求鱼，而成功企业往往是集中资源、局部突破、在擅长的领域精耕细作，与资源互补的企业紧密合作，共同推动产业发展。同时，政府也应当转变思路和管理方式，如果确实发现跨国公司有垄断行为

而导致本土企业利益受损，可以通过法律手段解决，而不是补贴本土企业搞“自给自足”。2012年9月，美国法院判决台湾液晶面板企业友达光电违反反垄断法，判罚5亿美元，两名前高管分别判处3年监禁。此前，控制液晶面板行业的台湾的奇美、中华映管、翰宇彩晶，韩国的三星电子、LG，日本的夏普、日立和爱普生都已认罪，除三星因率先认罪并配合调查获得赦免外，其他7家企业共判罚8.9亿美元罚金。日本、韩国、欧盟也对液晶面板企业的价格垄断行为处以罚款。2013年1月，国家发改委也对操纵液晶面板价格的6家企业开出3.53亿元罚单，这标志着我国政府在解决所谓“受制于人”问题方面开始做政府该做的事情了。

3. 着力引进海归人才，贴近本土消费者开发产品和服务

留学归国人员已经成为电子信息领域重要的创新推动者。与传统科研院所的研究人员相比，海归人才思路开阔、知识新颖、更富有创造力，特别是能与国外研究机构保持紧密联系，技术创新路线符合国际潮流。近年来，海归人才自主创业不断增多，相应的风险投资活动也进一步活跃。电子信息领域许多新的增长点都有海归创业者的身影，海归人才被各地政府和各类企业都普遍看重。与此同时，国内电子信息产品市场日趋成熟，市场竞争比拼的是更贴近消费者的产品设计。国内市场上成功的产品既要符合国际技术潮流，又能满足国内消费者特定需求。本土电子信息产业大企业集团已经积累了广大的消费群体，但普遍重视速度和渠道，对消费者体验重视不够，认识不到已形成的众多用户的潜在价值。海归人才符合国际潮流的创意如果能更进一步贴近本土消费者，将会开发出有良好市场前景的产品和服务。大企业集团可以进一步加大对海归人才创业企业及创业团队的投资与收购，丰富或升级产品和服务，发掘新的增长点。

执笔人：肖庆文

第6章

中国设备制造业大企业集团如何应对增速下滑

- 设备制造业大企业集团经济状况
- 设备制造业大企业集团发展分析：增速下滑视角
- 设备制造业大企业集团的发展趋势
- 设备制造业大企业集团应对增速下滑的关键措施

6.1 设备制造业大企业集团经济状况

6.1.1 设备制造业大企业集团基本经济状况：基于1000家样本

设备制造业状况是一国制造业水平的集中体现。“中国制造”从制造大国走向制造强国，需要设备制造业的强力支撑。大企业集团是一国经济实力和经济增长的主干。故此，在全球经济竞争和合作中，大企业集团的角色、经营状况和绩效至关重要。基于中国制造业1000家样本，本节对1000家制造业大企业集团中的设备制造业经营状况进行剖析。

由表6.1可见，2011年，全国层面和各经济圈的设备制造业大企业集团经营状况均优于2010年。2011年，全国层面，设备制造业大企业集团的企业数、营业收入和营业收入户均值比2010年，分别多出37户、250398532万元和533137万元/户；增长率分别为19.79%、37.83%和15.06%。经济圈层面，从企业数和营业收入增长率来看，珠三角增长率最高，分别为42.86%和57.22%。从营业收入和营业收入户均值来看，环渤海

表6.1　　各经济圈①中设备制造业大企业集团概况（2010~2011年）

指标	年份	珠三角	长三角	环渤海	西三角	其他地区	合计
企业数（户）	2010年	14	69	53	17	34	187
	2011年	20	87	60	19	38	224
	增加数	6	18	7	2	4	37
营业收入（万元）	2010年	63739448	143484650	293202094	29429152	132103149	661958493
	2011年	100210516	199677828	417038215	36059390	159371076	912357025
	增加额	36471068	56193178	123836121	6630238	27267927	250398532
户均值（万元/户）	2010年	4552818	2079488	5532115	1731127	3885387	3539885
	2011年	5010526	2295147	6950637	1897863	4193976	4073022
	增加额	457708	215659	1418522	166736	308589	533137
增长率（%）	企业数	42.86	26.09	13.21	11.76	11.76	19.79
	收　入	57.22	39.16	42.24	22.53	20.64	37.83
	户均值	10.05	10.37	25.64	9.63	7.94	15.06

资料来源：国家统计局提供。

① 经济圈包括珠三角、长三角、环渤海和西三角四大经济圈。其中，珠三角经济圈包括广东省；长三角经济圈包括上海、江苏、浙江；环渤海经济圈包括北京、天津、山东、河北、山西、辽宁、内蒙古中东部；西三角经济圈包括重庆、四川、陕西。

增加最多，增加额分别为 123836121 万元和 1418522 万元/户，增长率分别为 42.24% 和 25.64%。从绝对值来看，西部地区各项指标均居末位。从增长率来看，其他地区各项指标均居末位。

从图 6.1 可知，从企业数增长占比来看，2011 年，长三角和珠三角设备制造业的企业数占比较 2010 年均有上升，上升幅度分别为 1.94% 和 1.44%。环渤海地区设备制造业的企业数占比降幅最大，达 1.56%；西三角和其他地区次之，降幅分别为 0.61% 和 1.22%。从营业收入占比增长来看，长三角和珠三角设备制造业大企业集团的营业收入占比分别上升 0.21% 和 1.35%，环渤海设备制造业大企业集团的营业收入占比上升 1.42%。其他地区和西三角营业收入占比均下降，降幅分别为 2.47% 和 0.5%。综合营业收入占比和企业数占比的变动，可判断环渤海设备制造业大企业集团经营状况优于珠三角、长三角、西三角及其他地区。

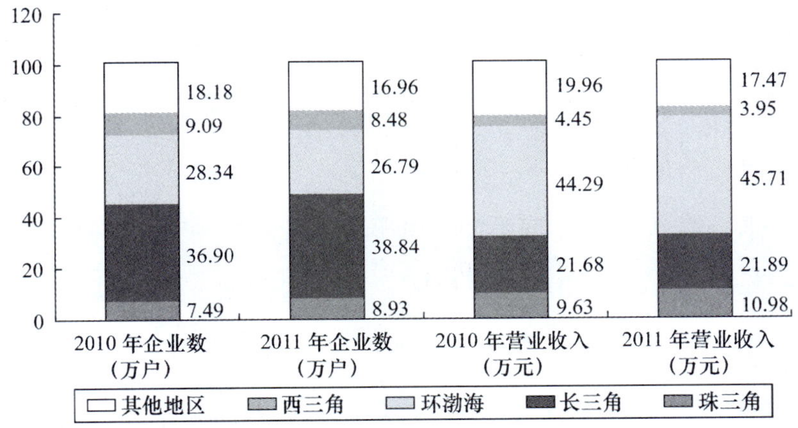

图 6.1　各经济圈设备制造业大企业集团企业数和营业收入占比（2010～2011 年）

通过营业收入户均值与全国的比较，可对四地区的设备制造业大企业集团的营业状况有进一步的了解。

由图 6.2 可知悉，2011 年，设备制造业大企业集团的营业收入户均值与全国的比较，环渤海增长最多，为 14.37%；其他经济圈和地区均呈负增长，珠三角、长三角、西三角和其他地区户均值的降幅分别为 5.59%、2.39%、2.3% 和 6.79%。由此说明，2011 年，就企业层面而言，仅环渤海设备制造业大企业集团的营业收入增长高于全国平均水平，其他经济圈和地区营业收入的户均值增长幅度均低于全国平均水平。但是，就营业收入而言，环渤海、珠三角和其他地区设备制造业大企业集团的营业收入户均值高于全国平均水平，长三角和西三角低于全国平均水平。

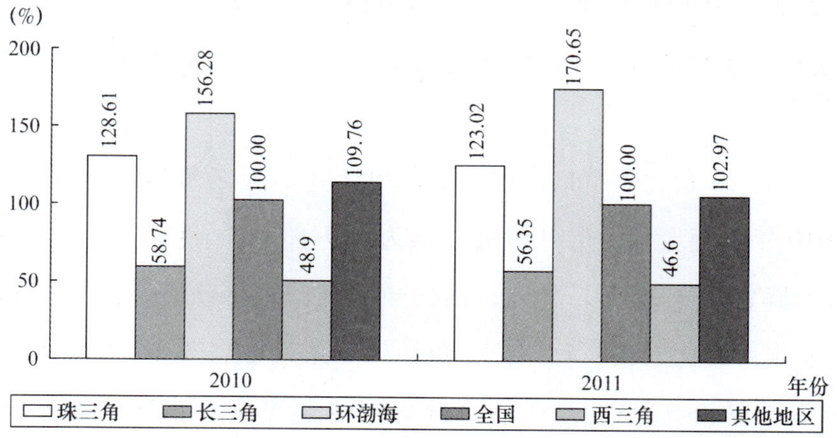

图 6.2　各经济圈设备制造业大企业集团营业收入户均值与全国的比较（2010～2011 年）

综合表6.1、图6.1和图6.2的信息，可见各经济圈设备制造业大企业集团的发展仍表现出较高的稳定性。2011年，四大经济圈及其他地区设备制造业大企业集团的营业收入和营业收入户均值的排名基本延续2010年的格局。企业数排名仅有珠三角和西三角的次序发生互换。四大经济圈及其他地区设备制造业大企业集团的营业收入从高到低依次为：环渤海、长三角、其他地区、珠三角和西三角。其中，环渤海的营业收入占据了全国设备制造业营业收入的近50%，西三角占比在4%左右波动。户均值及户均值与全国比较的排名均为：环渤海、珠三角、其他地区、长三角和西三角。其中，前三个地区设备制造业大企业集团的户均值高于全国平均水平，环渤海地区的户均值是全国水平的1.5倍以上，西三角地区不到全国平均水平的50%。2011年，设备制造业大企业集团的企业数排名依次为：长三角、环渤海、其他地区、珠三角、西三角。其中，前两大经济圈的企业数占比合计超过60%。

上述各维度比较的结果显示，环渤海经济圈居各对比地区的首位。长三角经济圈的设备制造业大企业集团呈现多而不强的特点，珠三角经济圈的设备制造业大企业集团呈现少而精的特点。在各对比地区中，其他地区的设备制造业大企业集团表现居中等水平，西三角地区居末位。

2011年，仪器仪表及文化、办公用机械制造业无大企业集团入围1000家样本，故下文仅对设备制造业的6个行业进行讨论。

由表6.2和图6.3可见，2010～2011年，设备制造业6个行业大企业集团的企业数量具有如下特点。

表 6.2　各经济圈设备制造业 6 行业大企业集团分布（2010～2011 年）　单位：户

年份	经济圈	金属制品业	通用设备制造业	专用设备制造业	交通运输设备制造业	电气机械及器材制造业	通信设备、计算机及其他电子设备制造业	合计
2010 年企业数	珠三角	1	0	0	2	6	5	14
	长三角	4	15	6	14	30	0	69
	环渤海	4	9	8	16	9	7	53
	西三角	0	3	2	8	2	2	17
	其他地区	1	4	6	14	8	1	34
	全　国	10	31	22	54	55	15	187
2011 年企业数	珠三角	1	0	0	4	7	8	20
	长三角	8	13	4	18	41	3	87
	环渤海	5	8	11	19	9	8	60
	西三角	0	2	2	9	3	3	19
	其他地区	2	3	7	16	8	2	38
	全　国	16	26	24	66	68	24	224

资料来源：国家统计局提供。

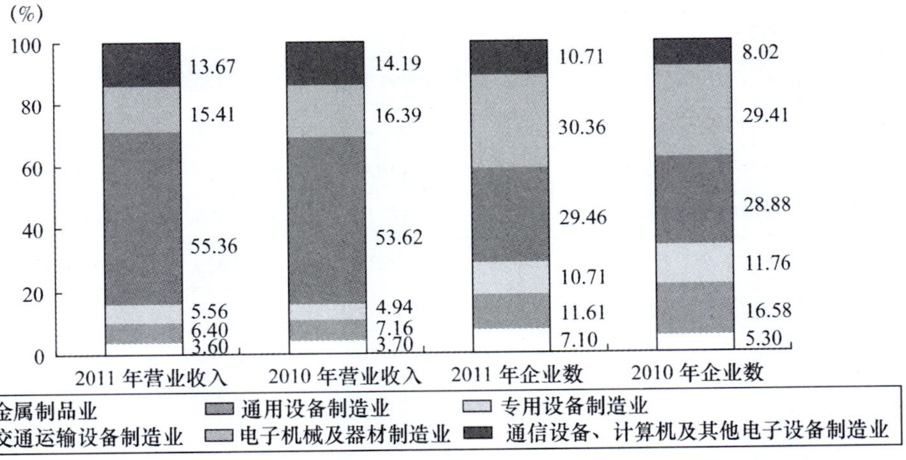

图 6.3　设备制造业大企业集团 6 行业营业收入和企业数占比（2010～2011 年）

①2011 年，1000 家样本中，全国设备制造业大企业集团的数量较 2010 年增加 37 户，增长率为 19.79%。除通用设备制造业，全国设备制造业 5 个行业的企业数量均有增长。增幅最大的是通信设备、计算机及其他电子设备制造业和金属制品业，增长率高达 60%。增加数最多的是电气机械及器材制造业，增加 13 户，其次为交通运输设备制造业，增加 12 户。通信设备、计算机及其他电子设备制造业和金属制品业分别增加 9 户和 6 户。通用设备制造业减少 5 户。

②2011年，各行业的企业数量排名较2010年基本未发生变动，依次为：电气机械及器材制造业、交通运输设备制造业、通用设备制造业、专用设备制造业、计算机及其他电子设备制造业和金属制品业。其中，前两行业的企业数量占比均在30%左右，两行业合计，约占据样本总数的60%。金属制品业占比不到5%。

③交通运输设备制造业、电气机械及器材制造业和通信设备、计算机及其他电子设备制造业大企业集团在全国均有分布。金属制品业、通用设备制造业和专用设备制造业的大企业集团分布呈现较明显的地域特点。珠三角经济圈无通用设备制造业和专用设备制造业大企业集团，西三角经济圈无金属制品业大企业集团。

表6.3　各经济圈设备制造业6行业大企业集团营业收入（2010～2011年）　单位：万元

年份	经济圈	金属制品业	通用设备制造业	专用设备制造业	交通运输设备制造业	电气机械及器材制造业	通信设备、计算机及其他电子设备制造业	合　计
2010年营业收入	珠三角	5176832	0	0	17521509	25619161	15421946	63739448
	长三角	4361190	27188323	6391818	66893263	38650056	0	143484650
	环渤海	12635083	17317955	10408904	165343215	25378020	62118917	293202094
	西三角	0	1264054	2247309	13158187	5872063	6887539	29429152
	其他地区	2329025	1628713	13674315	92027221	12963168	9480707	132103149
	全　国	24502130	47399045	32722346	354943395	108482468	93909109	661958493
2011年营业收入	珠三角	6412505	0	0	22771949	31617331	39408731	100210516
	长三角	8538930	34248345	5681777	90001850	58507250	2699676	199677828
	环渤海	13034026	19965861	19164281	269777880	30277054	64819113	417038215
	西三角	0	1831546	2030926	15252664	7060809	9883445	36059390
	其他地区	5017750	1991501	23836994	107280670	13377427	7866734	159371076
	全　国	33003211	58037253	50713978	505085013	140839871	124677699	912357025

资料来源：国家统计局提供。

由表6.3和图6.3可知，2010～2011年，设备制造业6个行业的大企业集团营业收入的如下特点。

①2011年，1000家样本中，全国设备制造业大企业集团的营业收入较2010年增加250398532万元，增长率为37.83%。各行业的营业收入均有增长，从高到低的排序为：交通运输设备制造业、电气机械及器材制造业、通信设备、计算机及其他电子设备制造业、专用设备制造业、通用设备制造业和金属制品业，增长额依次为：150141618万元、32357403万元、30768590万元、17991632万元、10638208万元和8501081万元，增幅依次为42.30%、29.83%、32.76%、54.98%、22.44%和34.70%。

②2011年，各行业的营业收入排名依次为：交通运输设备制造业、电气机械及器材制造业、计算机及其他电子设备制造业、通用设备制造业、金属制品业和专用设备制造业。交通运输设备制造业的营业收入大幅增长，在6个行业中的占比超过50%。金属制品业和专用设备制造业在5%左右波动。

③金属制品业的营业收入增加8501081万元，增幅为34.70%，但在6个行业中的收入占比减少0.08%。珠三角、长三角、环渤海三大经济圈及其他地区金属制品业的营业收入增加额度依次为：1235673万元、4177740万元、398943万元和2688725万元，增幅分别为23.97%、95.79%、3.16%和115.44%。

④通用设备制造业的营业收入增加10638208万元，增幅为22.44%，但在6个行业中的收入占比减少0.8%。长三角、环渤海、西三角和其他地区通用设备制造业的营业收入增加依次为：7060022万元、2647906万元、567492万元和362788万元，增幅分别为25.97%、15.29%、44.89%和22.27%。

⑤专用设备制造业的营业收入增加17991632万元，增幅为54.98%，在6个行业中的占比增加0.62%。长三角和西三角专用设备制造业的营业收入分别减少710041万元和216383万元，降幅分别为11.11%和8.64%。环渤海和其他地区专用设备制造业的营业收入分别增加8755377万元和10162679万元，增幅分别为84.11%和74.32%。

⑥交通运输设备制造业的营业收入增加150141618万元，增幅为42.3%，占比增加1.74%。珠三角、长三角、环渤海、西三角四大经济圈和其他地区交通运输设备制造业的营业收入增加额度依次为：5250440万元、23108587万元、104434665万元、2094477万元和15253449万元，增长率分别为29.97%、34.55%、63.16%、15.92%和16.57%。

⑦电气机械及器材制造业的营业收入增加32357403万元，增幅为29.83%，但在6行业中的占比减少0.95%。珠三角、长三角、环渤海、西三角四大经济圈和其他地区电气机械及器材制造业的营业收入增加额度依次为：5998170万元、19857194万元、4899034万元、1188746万元和414259万元，增长率分别为23.41%、51.38%、19.3%、20.24%和3.2%。

⑧通信设备、计算机及其他电子设备制造业营业收入增加额为30768590万元，增幅为32.76%，但在6行业中的占比减少0.52%。珠三角、长三角、环渤海、西三角四大经济圈通信设备、计算机及其他电子设备制造业的营业收入增加额度依次为：23986785万元、2699676万元、2700196万元、2995906万元，其他地区的营业收入减少1613973万元。长三角的营业收入从0增长到2699676万元。珠三角、环渤海、西三角营业收入

增长率分别为155.54%、4.35%、43.5%。其他地区营业收入降低17.02%。

⑨金属制品业、通用设备制造业、交通运输设备制造业和电气机械及器材制造业大企业集团在各地区的营业收入均有不同幅度的增长。专用设备制造业和通信设备、计算机及其他电子设备制造业在不同地区或升或降。但位于环渤海和珠三角两大经济圈的各行业大企业集团均有增长。长三角、西三角、其他地区的设备制造业大企业集团的营业收入增长因行业而异。其中，前两地的专用设备制造业出现降幅，其他地区的通信设备、计算机及其他电子设备制造业大企业集团营业收入出现较大降幅。除通用设备制造业和电气机械及器材制造业，环渤海地区四行业的营业收入显著高于其他三大经济圈。长三角经济圈的通用设备制造业和电气机械及器材制造业营业收入位居各地首位。

为便于了解企业层面的营业收入状况，下面对设备制造业各行业企业的营业收入户均值进行计算和讨论。

表6.4　各经济圈设备制造业6行业大企业集团营业收入户均值（2010～2011年）　单位：万元/户

年份	经济圈	金属制品业	通用设备制造业	专用设备制造业	交通运输设备制造业	电气机械及器材制造业	通信设备、计算机及其他电子设备制造业	全国平均
2010年户均值	珠三角	5176832	0	0	8760755	4269860	3084389	4552818
	长三角	1090298	1812555	1065303	4778090	1288335	0	2079488
	环渤海	3158771	1924217	1301113	10333951	2819780	8874131	5532115
	西三角	0	421351	1123655	1644773	2936032	3443770	1731127
	其他地区	2329025	407178	2279053	6573373	1620396	9480707	3885387
	行业平均	2450213	1529001	1487379	6573026	1972409	6260607	3539885
2011年户均值	珠三角	6412505	0	0	5692987	4516762	4926091	5010526
	长三角	1067366	2634488	1420444	5000103	1427006	899892	2295147
	环渤海	2606805	2495733	1742207	14198836	3364117	8102389	6950637
	西三角	0	915773	1015463	1694740	2353603	3294482	1897863
	其他地区	2508875	663834	3405285	6705042	1672178	3933367	4193976
	行业平均	2062701	2232202	2113082	7652803	2071175	5194904	4073022

资料来源：国家统计局提供。

根据表6.4和图6.4，可将2010～2011年各个行业大企业集团营业收入户均值的特点归纳入如下。

①2011年，1000家样本中，全国设备制造业大企业集团营业收入户均值较2010年增加533137万元/户，增幅为15.06%。金属制品业和通信设备、计算机及其他电子设备制造业户均值分别降低387512万元/户和1065703万元/户，降幅为15.82%和

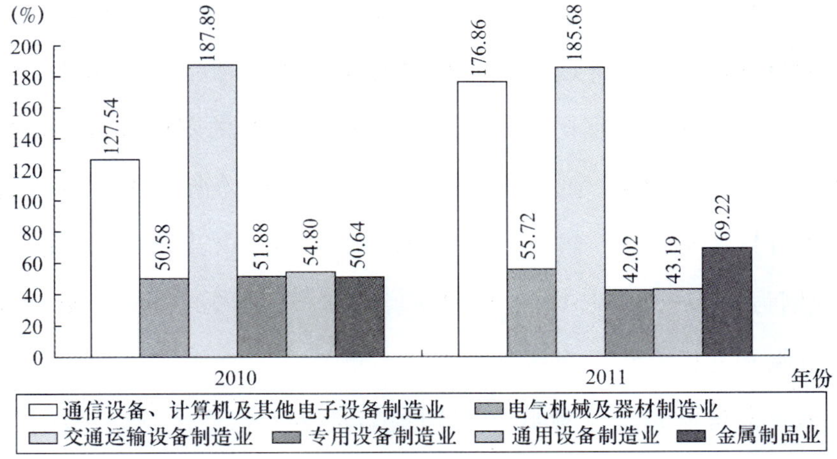

图 6.4　各行业设备制造业大企业集团户均值与全国的比较（2010～2011 年）

17.02%。通用设备制造业、专用设备制造业、交通运输设备制造业和电气机械及器材制造业户均值分别增加 703201 万元/户、625703 万元/户、1079777 万元/户和 98766 万元/户，增幅分别为 45.99%、45.02%、16.43% 和 5.01%。除交通运输设备制造业和通信设备、计算机及其他电子设备制造业，其他 4 个行业营业收入户均值出现均等化趋势。

②交通运输设备制造业和通信设备、计算机及其他电子设备制造业的户均值显著高于全国平均水平。2011 年，这两个行业营业收入的户均值分别是全国均值的近 1.9 倍和 1.3 倍。与全国均值比较，其他 4 个行业营业收入的户均值在 50% 左右波动。

③金属制品业营业收入户均值减少 387512 万元/户，降幅为 15.82%，营业收入户均值与全国比较，降低 18.57%。珠三角和其他地区金属制品业的营业收入户均值增加额度分别为 1235673 万元/户和 179850 万元/户，增长率分别为 23.87% 和 7.72%。长三角和环渤海同类行业的营业收入户均值分别下降 22931 万元/户和 551966 万元/户，降幅分别为 2.1% 和 17.45%。珠三角经济圈金属制品业的营业收入户均值是其他地区同类行业平均水平的近 3 倍。

④通用设备制造业营业收入户均值增加 703201 万元/户，增幅为 45.99%；与全国比较，营业收入户均值增加 14.61%。长三角、环渤海、西三角和其他地区户均值分别增加 821933 万元/户、571515 万元/户、494422 万元/户和 256655 万元/户，增幅分别为 45.35%、29.70%、117.34% 和 63.03%。

⑤专用设备制造业营业收入户均值增加 625703 万元/户，增幅为 42.07%；与全国比较，营业收入户均值增加 9.86%。长三角、环渤海和其他地区户均值分别增加 355141 万元/户、441094 万元/户和 1126232 万元/户，增幅分别为 33.345%、33.905% 和

49.425%，西三角营业收入户均值减少108192万元/户，降幅为9.63%。

⑥交通运输设备制造业营业收入户均值增加1079777万元/户，增幅为16.43%；与全国比较，营业收入户均值增加2.21%。珠三角同类行业的营业收入户均值下降，降低额为：3067767万元/户，降幅为：35.02%。长三角、环渤海、西三角四大经济圈和其他地区营业收入分别增加222013万元/户、3864885万元/户、49967万元/户、131669万元/户，增幅分别为4.65%、37.4%、3.04%、2%。环渤海经济圈同类行业的户均值显著高于其他经济圈和地区，约是全国均值的1.8倍。

⑦电气机械及器材制造业营业收入户均值增加98766万元/户，增幅为5.01%，但与全国比较，营业收入户均值减少4.87%。珠三角、长三角、环渤海和其他地区的营业收入户均值分别增加246901万元/户、138671万元/户、544337万元/户、51782万元/户，增长率分别为5.78%、10.76%、19.30%、3.20%。西三角的户均值减少582429万元/户，降幅为19.84%。珠三角和环渤海电气机械及器材制造业的户均值显著高于其他经济圈和地区的同类行业，分别是全国均值的2倍和1.6倍。

⑧通信设备、计算机及其他电子设备制造业营业收入减少1065703万元/户，降幅为17.02%；与全国比较，营业收入户均值减少49.31%。但珠三角和长三角同类行业的户均值分别增加1841702万元/户和899892万元/户，前者增幅为59.71%，后者从无到有，快速增长。环渤海、西三角和其他地区同类行业的户均值均下降，降低额度为：771742万元/户、149288万元/户和5547340万元/户，降幅分别为：8.7%、4.34%、58.51%。环渤海经济圈通信设备、计算机及其他电子设备制造业营业收入的户均值显著高于其他经济圈的同类行业，约是全国均值的1.6倍。

为剖析设备制造业大企业集团各行业的市场结构，下面对中国设备制造业大企业集团的行业集中度进行测算和分析。

由表6.5可见，2010～2011年，设备制造业大企业集团的行业集中度具有如下特点。

①2011年，1000家样本中，金属制品业、通用设备制造业和电气机械及器材制造业C1、C4、C8均下降。专用设备制造业的C1、C4、C8均上升。交通运输设备制造业C1下降，C4和C8上升。通信设备、计算机及其他电子设备制造业C1上升，C4和C8下降。

②2011年，6个行业按C1排序，前两名基本延续2010年的态势。C1最高的是交通运输业，为8.39%；其次为金属制品业，为4.42%。后四位行业排序有小幅变动。

表6.5　设备制造业6行业的企业集中度（C1、C4、C8）①（2010～2011年）　单位：亿元

年份	行　业	全　国	前1位	前4位	前8位	C1（%）	C4（%）	C8（%）
2010年企业集中度	金属制品业	15499.20	985.22	1921.10	2385.06	6.36	12.39	15.39
	通用设备制造业	26636.42	994.20	2840.43	3509.02	3.73	10.66	13.17
	专用设备制造业	16480.15	508.58	1487.50	2164.14	3.09	9.03	13.13
	交通运输设备制造业	41090.49	3688.34	12873.31	20583.41	8.98	31.33	50.09
	电气机械及器材制造业	32386.51	1405.36	3609.02	4978.87	4.34	11.14	15.37
	通信设备、计算机及其他电子设备制造业	44215.94	1608.45	5615.50	8062.95	3.64	12.70	18.24
2010年企业集中度	金属制品业	19642.38	868.96	2081.08	2660.36	4.42	10.59	13.54
	通用设备制造业	34400.11	982.62	3241.7	4064.3	2.86	9.42	11.81
	专用设备制造业	21312.97	848.06	2247.82	3067.96	3.98	10.55	14.39
	交通运输设备制造业	55058.68	4618.83	17641.28	29869.95	8.39	32.04	54.25
	电气机械及器材制造业	42152.59	1509.3	4252.23	5755.04	3.58	10.09	13.65
	通信设备、计算机及其他电子设备制造业	55161.16	2039.29	6655.24	9673.8	3.70	12.07	17.54
企业集中度增加值	金属制品业	4143.18	-116.26	159.98	275.3	-1.94	-1.80	-1.85
	通用设备制造业	7763.69	-11.58	401.27	555.28	-0.87	-1.24	-1.36
	专用设备制造业	4832.82	339.48	760.32	903.82	0.89	1.52	1.26
	交通运输设备制造业	13968.19	930.49	4767.97	9286.54	-0.59	0.71	4.16
	电气机械及器材制造业	9766.08	103.94	643.21	776.17	-0.76	-1.05	-1.72
	通信设备、计算机及其他电子设备制造业	10945.22	430.84	1039.74	1610.85	0.06	-0.63	-0.70

资料来源：根据国家统计局数据整理。

③6个行业按C4排序，前两名基本延续2010年的态势。最高的是交通运输业，为32.04%，其次为通信设备、计算机及其他电子设备制造业，为12.07%。

④6个行业按C8排序，前两名基本延续2010年的态势。最高的是交通运输业，为54.25%，其次为通信设备、计算机及其他电子设备制造业，为17.54%。

⑤表6.5显示，交通运输设备制造业的C1、C4和C8显著高于其他行业集中度，并呈持续集中趋势。2011年，交通运输设备制造业前八家企业营业收入占该行业的比例已近55%。

① C1、C4、C8分别指选取每个行业当年营业收入最高首位、前四位和前八位的企业，计算其营业收入总和占当年全国该行业营业收入总和的比重。

6.1.2 各经济圈设备制造业大企业集团的基本状况：基于前30家上市公司样本

以下基于设备制造业前30家上市公司样本，对设备制造业大企业集团2010年和2011年的主要经济指标进行比较分析。

由表6.6可知，2010年，设备制造业前30家上市公司中，环渤海经济圈的企业数最多，占比超过50%；珠三角和长三角两经济圈企业数占比分别为20%和13.3%；其他地区的占比为10%。西三角无大企业集团入选样本。

表6.6 各经济圈设备制造业大企业集团前30家上市公司企业数及占比（2010~2011年）

指标	年份	珠三角	长三角	环渤海	西三角	其他地区	全国
企业数（户）	2010	6	4	17	0	3	30
	2011	5	6	15	0	4	30
	增加额	-1	2	-2	0	1	0
占比（%）	2010	20	13.3	56.7	0	10	100
	2011	16.7	20	50	0	13.3	100
	增加额	-3.3	6.7	-6.7	0	3.3	0

资料来源：国家统计局提供。

对比2010年，2011年各经济圈企业数的变化如下：珠三角减少1户，降幅为16.7%；长三角增加2户，增幅为50%；环渤海减少2户，降幅为11.7%；西三角无变化；其他地区增加1户，增幅为33.3%。2011年，设备制造业前30家上市企业中，环渤海经济圈的企业数仍为第一，长三角的企业户数跃居第二位，超过珠三角。

接下来对2010~2011年各经济圈企业的基本状况进行分析。因西三角经济圈无大企业集团入选样本，故仅分析珠三角、长三角、环渤海经济圈和其他地区企业的基本状况。

由表6.7和表6.8，可知各经济圈设备制造业大企业集团的盈利状况：

表6.7 各经济圈设备制造业大企业集团前30家上市公司盈利状况三项指标（2010~2011年）单位：万元

指标	年份	珠三角	长三角	环渤海	其他地区	合计
营业成本	2010	25905342	6168721	116577888	4963302	153615252
	2011	33138925	6525524	168137426	6551164	214353039
	增加额	7233583	356803	51559539	1587862	60737787
营业利润	2010	4200723	494859	8710364	799643	14205589
	2011	2922363	616801	11065043	1073230	15677437
	增加额	-1278360	121941	2354679	273587	1471847

续表

指　标	年　份	珠三角	长三角	环渤海	其他地区	合　计
所得税费用	2010	338052	46935	1255993	5749643	7390623
	2011	380659	93630	1549923	6547438	8571650
	增加额	42607	46696	293929	797795	1181027

资料来源：根据前 30 家上市公司 2010 和 2011 年年报整理。

表 6.8　各经济圈设备制造业大企业集团前 30 家上市公司盈利状况三项指标占比（2010～2011 年） 单位:%

指　标	年　份	珠三角	长三角	环渤海	其他地区
营业成本占比	2010	16.86	4.02	75.89	3.23
	2011	15.46	3.04	78.44	3.06
	增加额	-1.40	-0.97	2.55	-0.17
营业利润占比	2010	29.57	3.48	61.32	5.63
	2011	18.64	3.93	70.58	6.85
	增加额	-10.93	0.45	9.26	1.22
所得税费用占比	2010	4.57	0.64	16.99	77.80
	2011	4.44	1.09	18.08	76.38
	增加额	-0.13	0.46	1.09	-1.41

资料来源：根据前 30 家上市公司 2010 和 2011 年年报整理。

①营业成本方面。各经济圈中，环渤海经济圈企业的营业成本最高：2010 年为 116577888 万元，2011 年上升到 168137426 万元，增幅为 44%。珠三角经济圈位居第二：2010 年为 25905324 万元，2011 年达到 33138925 万元，增幅为 28%。长三角和其他地区企业的营业成本增幅分别为 5.78% 和 332%。

从全国来看，2010 年，环渤海经济圈企业的营业成本占比高达 75.89%，珠三角经济圈为 16.86%，二者合计超过 90%。长三角和其他地区的占比合计为 7.25%。2011 年，除环渤海企业的营业成本占比有所上升，其余三地企业的营业成本均下降。可见：环渤海经济圈设备制造业的营业成本占比大，营业成本增幅亦大。两项指标排名位居第二的是珠三角经济圈。

②营业利润方面。环渤海经济圈的营业利润由 2010 年的 8710364 万元上升到 2011 年的 11065043 万元，增长率为 27%。珠三角经济圈的营业利润由 2010 年的 4200723 万元下降到 2011 年的 2922363 万元，降幅为 30%。长三角经济圈和其他地区的营业利润增长率分别为 25% 和 34%。

从全国范围看，2010 年和 2011 年，环渤海和珠三角的企业的营业利润分别位于第一位和第二位。2010 年环渤海的营业利润占比为 61.32%，珠三角地区为 29.57%，长三角为3.48%，其他地区为5.63%。2011年环渤海的营业利润占比与2010年相比，升幅为9.26%。长三角和其他地区的升幅依次为0.45%和1.22%。珠三角经济圈占比的下降幅度为10.93%。环渤海经济圈营业利润及占比表现位居各地区首位。珠三角地区利润占比位居第二位，但2011年出现大幅下降。

③所得税费用方面。值得注意的是：2011年与2010年相比，所有地区的所得税费用均有所上升。环渤海、珠三角、长三角及其他地区的增长率分别为13%、99%、23%和14%。2010年，其他地区所得税费用占样本数总额的78%，2011年进一步上升到76.38%。环渤海居于第二位，2010年占比为16.99%，2011年上升为18.08%。珠三角和长三角的占比分别在5%和1%左右波动。

表6.9 各经济圈设备制造业大企业集团前30家上市公司资产负债三项指标（2010～2011年） 单位：万元

指标	年份	珠三角	长三角	环渤海	其他地区	合计
资产总额	2010	42492542	13865834	154254554	178753786	389366717
	2011	50777458	15838060	182933014	8272710	257821242
	增加额	8284916	1972225	28678460	-170481076	-131545475
负债总额	2010	28096232	7090864	112364837	5171055	152722988
	2011	35011783	7746738	135713927	6409303	184881751
	增加额	6915551	655874	23349089	1238247	32158762
所有者权益	2010	14027031	5462610	42049664	72083094	133622399
	2011	15401494	6134174	47284429	3282471	72102568
	增加额	1374464	671564	5234765	-68800624	-61519830

资料来源：根据前30家上市公司2010和2011年年报整理。

表6.10 各经济圈设备制造业大企业集团前30家上市公司资产负债三项指标占比（2010～2011年） 单位：%

指标	年份	珠三角	长三角	环渤海	其他地区
资产总额占比	2010	10.91	3.56	39.62	45.91
	2011	19.69	6.14	70.95	3.21
	增加额	8.78	2.58	31.34	-42.70
负债总额占比	2010	18.40	4.64	73.57	3.39
	2011	18.94	4.19	73.41	3.47
	增加额	0.54	-0.45	-0.17	0.08
所有者权益占比	2010	10.50	4.09	31.47	53.95
	2011	21.36	8.51	65.58	4.55
	增加额	10.86	4.42	34.11	-49.39

资料来源：根据前30家上市公司2010和2011年年报整理。

由表6.9和表6.10可知，各经济圈内设备制造业企业的资产负债具有如下特点。

①资产总额。环渤海经济圈和其他地区企业的资产总额居于前列。环渤海经济圈企业2010年的资产总额为154254554万元，2011年为182933014万元，增长率为19%。其他地区2010年的资产总额为178753786万元，2011年为8272710万元，降幅高达95%。与2010年相比，2011年，珠三角和长三角的资产总额均有所上升，增长率分别是19%和14%。

各地区在比例上的变化是：其他地区2010年为45.91%，2011年为3.21%；环渤海的资产总额2010年为39.62%，2011年为70.95%。珠三角由2010年10.91%上升到2011年的19.69%；长三角由2010年的3.56上升到2011年6.14%。

②负债总额。环渤海经济圈的负债总额最大，2010年为112364837万元，2011年为135713927万元，增长率为21%。珠三角次之，其负债总额由2010年的28096232万元上升到2011年的35011783万元，增长率为25%。长三角和其他地区的负债总额虽小但也有所上升，增长率分别为9%和24%。

从负债占比看，环渤海的占比最大，2010和2011年的占比分别为73.57%和73.41%。珠三角的占比分别为18.4%和18.94%。长三角和其他地区的占比均不足5%。

③所有者权益。2010年，环渤海经济圈的所有者权益为42049664万元，2011年为47284429万元，增长率为12%。2010年珠三角的所有者权益为14027031万元，2011年的为15401494万元，增长率为10%。其他地区的所有者权益呈下降趋势，2011年比2010年下降了95%。

从相对比例看，环渤海的所有者权益占比在2010年和2011年分别是31.47%和65.58%。珠三角的占比从2010年的10.5%到2011年的21.36%。相比于2010年，2011年长三角地区的占比上升了4.42%。只有其他地区的占比有所下降，由2010年的53.95%下降到2010年的4.55%。

6.1.3　分行业的设备制造业大企业集团基本状况：基于前30家上市公司样本

以下基于前30家上市公司样本，从行业角度分析设备制造业大企业集团运营情况。

由表6.11可见，2010年，前30家上市公司中，交通运输设备制造业的企业数最多，为13户；其次是通信设备、计算机及其他电子设备制造业，为7户；通用设备制造业和专用设备制造业分别是3户和2户；金属制品业有1户。相比2010年，2011年，设备制造业各行业的企业数量变化不大。交通运输设备制造业增加2户，增幅为15.3%；通用设备制造业增加1户，增幅为33.3%；金属制品业企业的户数没有变化；电气机械及器材制造业企业数减少1户，降幅为25%；通信设备、计算机及其他电子设备制造业

表 6.11　　分行业的设备制造业大企业集团前 30 家上市公司企业数及占比（2010～2011 年）

指　标	年　份	金属制品业	通用设备制造业	专用设备制造业	交通运输设备制造业	电气机械及器材制造业	通信设备、计算机及其他电子设备制造业
企业数（户）	2010	1	3	2	13	4	7
	2011	1	4	2	15	3	5
	增加额	0	1	0	2	-1	-2
占　比（%）	2010	3.3	10	6.7	43.3	13.3	23.3
	2011	3.3	13.3	6.7	50	10	16.7
	增加额	0	3.3	0	6.7	-3.3	-6.6

资料来源：国家统计局提供。

表 6.12　分行业的设备制造业大企业集团前 30 家上市公司盈利状况三项指标（2010～2011 年）单位：万元

指标	年份	金属制品业	通用设备制造业	专用设备制造业	交通运输设备制造业	电气机械及器材制造业	通信设备、计算机及其他电子设备制造业	合　计
营业成本	2010	—①	5701288	3502950	98733597	1100113	26984110	136022058
	2011	—	5996000	4623062	143635553	14432436	35214700	203901751
	增加额	—	294712	1120112	44901956	133332323	8230589	187879692
营业利润	2010	364450	471035	785598	7515800	854082	4760130	14751095
	2011	490332	580605	1153633	6345429	959664	4005193	13534856
	增加额	125882	109570	368035	1170371	105582	-754937	1124503
所得税费用	2010	82374	42735	100636	7808014	168274	143257	8345290
	2011	136376	85064	185794	6819540	206783	106807	7540364
	增加额	54002	42329	85158	988474	38509	-36450	1172022

资料来源：各上市公司年报。

企业数减少 2 户，降幅为 28.5%。

从表 6.12、图 6.5、图 6.6 和图 6.7 可知，相比 2010 年，2011 年，总体来看，设备制造业企业前 30 家上市公司的营业利润呈上升趋势。但通信设备制造业的营业利润和所得税费用较 2010 年出现较大幅度的下滑，营业利润下滑的幅度为 16%，在全行业②中的占比由 2010 年的 32.3% 下降到 2011 年的 29.6%。所得税费用下降的幅度为 25%，在整个行业中的占比由 1.7% 降至 1.4%。

① 表示无相关数据。

② 此处的“全行业”指设备制造业大企业集团前 30 家上市公司。

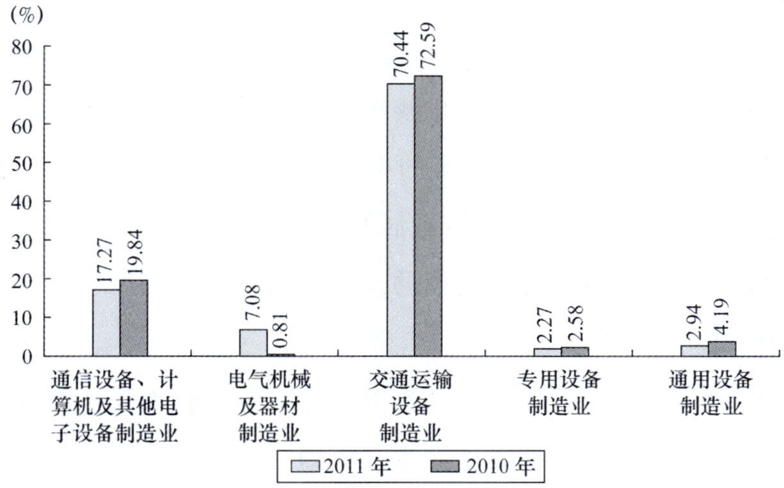

图 6.5　分行业的设备制造业前 30 家上市公司营业成本占比（2010～2011 年）

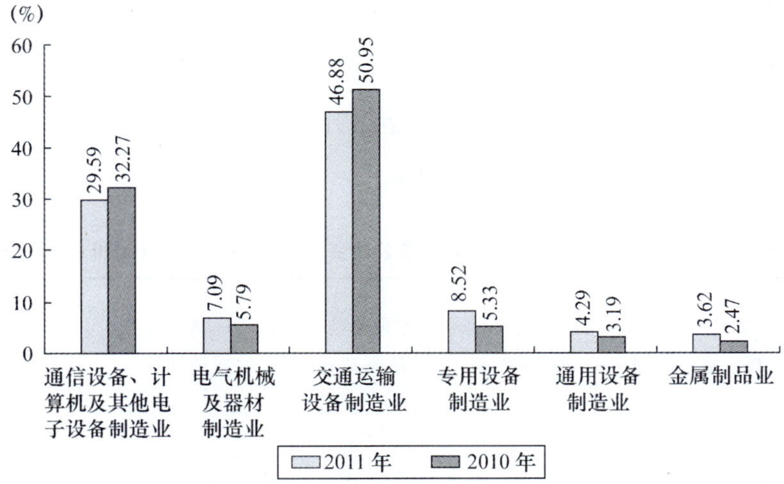

图 6.6　分行业的设备制造业前 30 家上市公司营业利润占比（2010～2011 年）

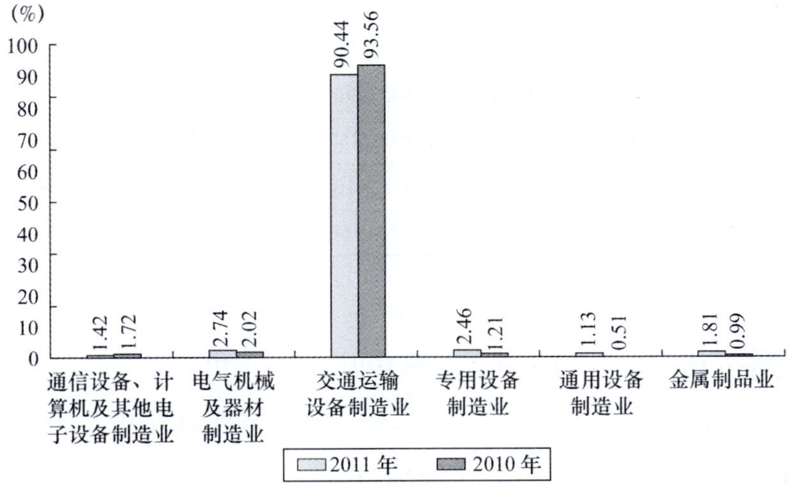

图 6.7　分行业的设备制造业前 30 家上市公司所得税费用占比（2010～2011 年）

2010 年，设备制造业大企业集团前 30 家上市企业中，交通运输设备制造业的盈利状况在 6 个行业中居于首位，各项指标均达在 50% 以上，营业利润占整个行业的 51%。通信设备制造业次之，其营业利润占比为 32.3%。电气机械及器材制造业企业的营业利润为 5.8%，居第三位。专用设备制造业的营业利润占整个行业的 5.3%，居第四位。通用设备制造业的营业利润占整个行业的 3.2%，居第五位。金属制品业居末位，营业利润占比为 2.5%。

从所得税费来看，交通运输设备制造业的税费占 93.6%；其电气机械与通信设备制造业次之，分别为 2.0% 和 1.7%。

2011 年，从营业成本上看，6 个行业的绝对营业成本均有不同程度的上升。但除机械设备制造业，其他 5 个行业的相对营业成本，也即是营业成本在整个行业中所占的比重均有下降。占比下降幅度最大的是通信设备制造业，交通运输设备制造业次之。从营业利润上看，与 2010 年相比，交通运输设备制造业的利润占比下降了 4.1%，通信设备制造业下降了 2.7%。专用设备制造业的营业利润有所上升。从所得税费看，交通运输设备制造业的占比最高，达到 90.3%；通信设备制造业的占比略有下降，降幅为 0.3%。其余 4 个行业的所得税费均有不同程度的上升。

表 6.13　分行业的设备制造业大企业集团前 30 家上市公司资产负债三项指标（2010 ~ 2011 年） 单位：万元

指标	年　份	金属制品业	通用设备制造业	专用设备制造业	交通运输设备制造业	电气机械及器材制造业	通信设备、计算机及其他电子设备制造业	合　计
资产总额	2010	5413065	13215563	4939062	316965664	14041616	33692247	388267218
	2011	6436171	15109146	7145768	167472063	18574015	40712128	255449291
	增加额	1023107	1893583	2206706	-149493601	4532398	7019881	-132817927
负债总额	2010	4629978	6809083	3030189	104407934	9907935	22425263	151210383
	2011	5511918	7385505	4201618	122861730	13001642	29260910	182223323
	增加额	881940	576422	1171429	18453796	3093707	6835647	31012941
所有者权益	2010	1795087	5094121	1908871	109907857	3811785	11009392	133527113
	2011	2045265	5766493	2944149	44762410	5186118	11127865	71832299
	增加额	250178	672372	1035278	-65145447	1374333	118473	-61694813

资料来源：各上市公司年报。

从表 6.13 和表 6.14 可以看出，设备制造业前 30 家上市公司资产负债的如下变化。

①2010 年，交通运输设备制造业的资产总额与所有者权益在 6 大行业中居首位，占 81.54%；2011 年下降为 65.56%，占比下降 16.08%。但仍居 6 大行业之首。2010 年和 2011 年负债总额占比在 6 大行业中最高，但由 2010 年的 69.5% 下降到 2010 年的 67.42%。

表6.14　分行业的设备制造业大企业集团前30家上市公司资产负债三项指标占比（2010～2011年）　单位:%

指　标	年　份	金属制品业	通用设备制造业	专用设备制造业	交通运输设备制造业	电气机械及器材制造业	通信设备、计算机及其他电子设备制造业
资产总额占比	2010	1.39	3.40	1.27	81.64	3.62	8.68
	2011	2.52	5.91	2.80	65.56	7.27	15.94
	增加额	1.13	2.51	1.53	-16.08	3.65	7.26
负债总额占比	2010	3.06	4.50	2.00	69.05	6.55	14.83
	2011	3.02	4.05	2.31	67.42	7.14	16.06
	增加额	-0.04	-0.45	0.30	-1.62	0.58	1.23
所有者权益占比	2010	1.34	3.82	1.43	82.31	2.85	8.25
	2011	2.85	8.03	4.10	62.32	7.22	15.49
	增加额	1.50	4.21	2.67	-20.00	4.37	7.25

资料来源：各上市公司年报。

交通运输设备制造业的资产负债及所有者权益状况对设备制造业全行业具有决定性影响。

②2010年，通信设备、计算机及其他电子设备制造业资产总额为33692247万元，占全行业的8.68%，居第二位。2011年，其资产总额占比达到15.94%，增幅高达90%；其负债总额居第二位，负债占比由2010年的14.83%上升为2011年的16.06%。其余各行业的占比均在10%以下。所有者权益方面，由2010年的8.25%增加到2011年的15.49%，增长7.25%，增加幅度高达90%，处于增长状态。

③通用设备制造业的资产总额与负债总额及所有者权益居第三位，其资产和所有者权益均在增长，且负债在减少。在6大行业中，负债占比减少的有交通运输设备制造业和通用设备制造业，金属制造业略有下降，比率为0.04%。金属制品制造业的所有者权益占比由2010年的3.82%上升到2011年的8.03%，所有者权益总额增长率为14%，低于专用设备54%的增长率和电气机械设备制造业的36%。

④电气机械及器材设备制造业的资产负债及所有者权益在行业中所占的比重居第四位。相比2010年，其资产增长率为32%，负债增长率为31%，所有者权益的增长率为36%。其所有者权益的增长率在行业中居于第二位，仅次于专用设备制造业的54%。此三项指标在行业中的占比方面。相比2010年，三项指标均有所增加，所有者权益的增加为4.37%，资产占比增幅为3.65%，负债的增幅为0.57%。

⑤专用设备制造业的三项指标在行业中的占比居第五位；其所有者权益的行业占比：2010年为1.43%，2011年为4.10%；资产占比：2011年为2.80%。其各项指标的绝对值变化情况：所有者权益的增幅为54%，资产总额为45%，负债总额为39%。

⑥金属设备制造业的所有者权益在行业中的占比居末位；其所有者权益在行业中的占比：2010 年为 1.34%，2011 年为 2.85%。其三项指标的绝对值的变化情况：所有者权益为 14%，资产总额增加 19%，负债总额增加 19%。

由上可见，2011 年，设备制造业 6 大行业的资产总额均比 2010 年有所增加。在负债和所有者权益方面，除交通运输设备制造业，各行业均有增加。交通运输设备制造业的资产、负债及所有者权益总额在全行业中居首位，通信设备、计算机及其他设备制造业次之，金属设备制造业排在末位。

表 6.15　分行业的设备制造业大企业集团前 30 家上市公司现金流量三项指标（2010～2011 年） 单位：万元

指标	年　份	金属制品业	通用设备制造业	专用设备制造业	交通运输设备制造业	电气机械及器材制造业	通信设备、计算机及其他电子设备制造业	合　计
经营活动现金净额	2010	253834	588484	816650	4591871	1210133	3832076	11293049
	2011	38983	169992	410949	1321187	1256534	3279404	6477049
	增加额	－214851	－418492	－405701	－3270683	46400	－552672	－4816000
投资活动现金净额	2010	－28502	367090	－788151	1258033	245373	1773119	2826962
	2011	－38444	9246	－898174	399294	252061	874805	598788
	增加额	－9942	－357844	－110023	－858739	6688	－898314	－2228174
筹资活动现金净额	2010	－106455	223935	179802	4241528	－136739	1554032	5956103
	2011	242429	－13564	957166	11186412	573045	1955998	14901487
	增加额	348884	－237499	777364	6944884	709784	401966	8945384

资料来源：各上市公司年报。

表 6.16　分行业的设备制造业大企业集团前 30 家上市公司三项指标户均值（2010～2011 年） 单位：万元/户

指标	年　份	金属制品业	通用设备制造业	专用设备制造业	交通运输设备制造业	电气机械及器材制造业	通信设备、计算机及其他电子设备制造业	全国平均
经营活动现金净额	2010	253834	196161.33	408325	353220.85	302533.25	547439.43	376434.97
	2011	38983	42498	205474.5	88079.13	418844.67	655880.8	215901.63
	增加值	－214851	－153663.33	－202850.5	－265141.72	116311.42	108441.37	－160533.36
投资活动现金净额	2010	－28502	122363.33	－394075.5	96771.77	61343.25	253302.71	94232.07
	2011	－38444	2311.5	－449087	26619.6	84020.33	174961	19959.6
	增加值	－9942	－120051.83	－55011.5	－70152.17	22677.08	－78341.71	－74272.47
筹资活动现金净额	2010	－106455	74645	89901	326271.38	－34184.75	222004.57	198536.77
	2011	242429	－3391	478583	745760.8	191015	391199.6	496716.23
	增加值	348884	－78036	388682	419489.42	225199.75	169195.03	298179.46

资料来源：各上市公司年报。

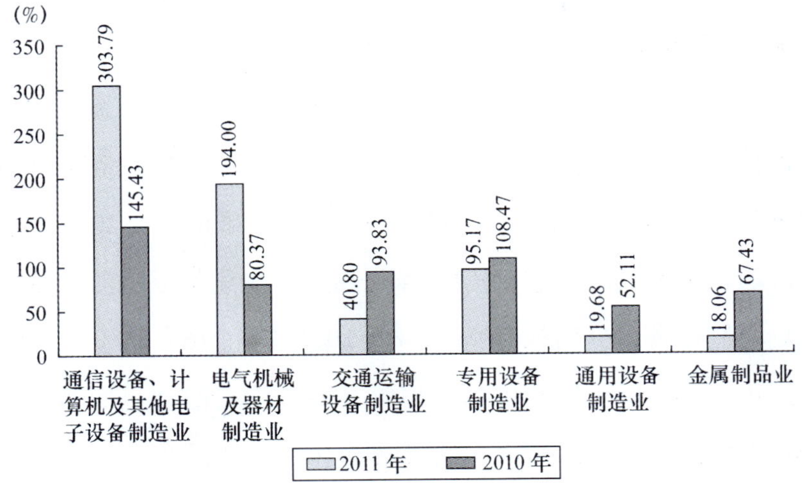

图 6.8　分行业的设备制造业前 30 家上市公司经营活动现金净额户均值与全行业比较（2010～2011 年）

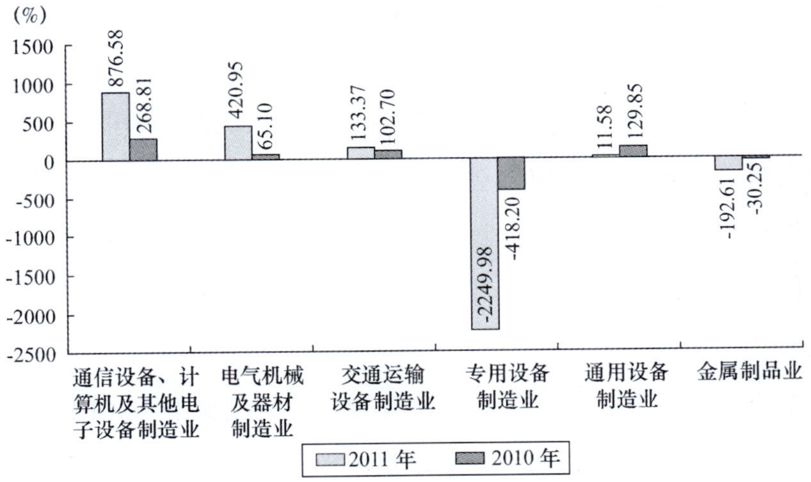

图 6.9　分行业的设备制造业前 30 家上市公司投资活动现金净额户均值与全行业比较（2010～2011 年）

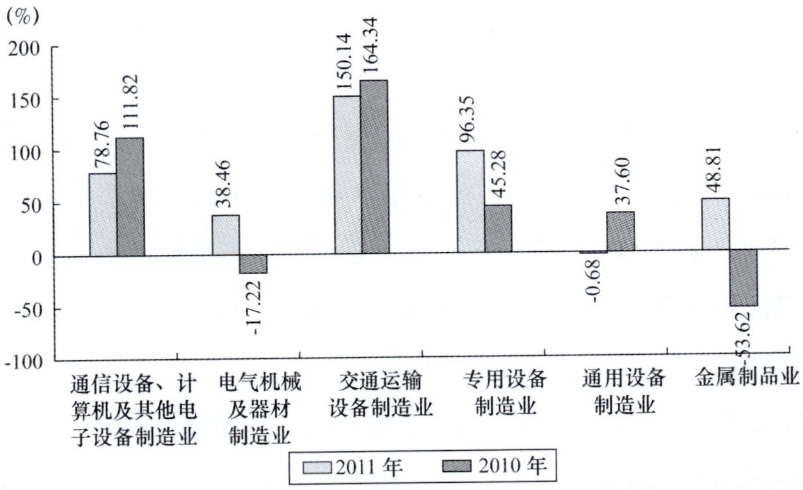

图 6.10　分行业的设备制造业前 30 家上市公司筹资活动现金净额户均值与全行业比较（2010～2011 年）

由表6.15、表6.16和图6.9、图6.10可知，分行业的设备制造业大企业集团前30家上市公司现金流量指标的如下变化。

①从交通运输设备制造业的经营活动现金流量净额、投资活动现金流量净额及筹资活动现金流量净额的绝对值变化看，2011年与2010年相比，其筹资活动的净额有所增加，增长率为164%，其他两项指标的下降率分别为71%和68%。2010年，交通运输设备制造业的经营活动现金流量净额、投资活动现金流量净额及筹资活动现金流量净额的户均值与全行业户均值比较，分别为：93.83%、102.7%和164.34%。2011年，三项指标的占比分别为：40.8%、133.37%和150.14%。筹资活动的现金净额有所增加。经营活动和投资活动的净额有大幅度的减少。经营活动和筹资活动现金净额与全行业比较有所减少，但后者仍显著高于全行业平均水平。投资活动的比较值增加。

②2010～2011年，通信设备、计算机及其他电子设备制造业的三项现金流量净额中，筹资活动的现金流量净额有所增加，增幅为26%。经营活动与投资活动的现金流量净额均下降，降幅分别为14%和51%。从全行业对比角度看，2010年，通信设备制造业的经营活动和投资活动现金流量净额对比值均居首位，分别为145.43%和268.81%。筹资活动净额流量对比值居第二位，为111.82%。2011年，其经营活动和投资活动的现金流量净额对比值分别增加至303.79%和876.58%。但筹资活动现金流量净额对比值下降至全行业均值水平以下。

③通用设备制造业三类现金流量指标绝对值的变化情况如下：2010～2011年，经营活动现金流量净额下降71%，投资活动现金流量净额下降97%，筹资活动现金流量净额下降106%。从全行业对比角度看，本行业经营活动、投资活动和筹资活动现金流量净额对比值均下降，依次由2010年的52.11%、129.85%和37.6%降至2011年的19.68%、11.58%和-0.68%。

④电气机械及器材设备制造业三类现金流量指标绝对值的变化情况如下：2010～2011年，本行业经营活动和投资活动现金流量净额的绝对值分别增加4%和3%。其筹资活动现金流量净额下降519%。从全行业对比看，三项指标对比值均增加。经营活动、投资活动和筹资活动现金流量净额对比值依次由2010年的80.37%、65.1%和-17.22%增加至2011年的194%、420.95%和38.46%。

⑤2010～2011年，专用设备制造业的经营活动现金流量净额绝对值下降50%，投资活动现金流量净额绝对值增加14%，筹资活动现金流量净额的增幅高达432%。从全行业的角度看，经营活动和投资活动现金流量净额对比值下降，分别由2010年的

108.47% 和 -418.2% 降至 2011 年的 95.17% 和 -2249.98%。筹资活动现金流量净额对比值由 45.28% 升至 96.38%，但仍低于行业均值。

⑥2010～2011 年，金属制品业的经营活动现金流量和筹资活动净额绝对值分别下降 85% 和 328%，投资活动现金流量净额绝对值增加 35%。从全行业角度看，经营活动和投资活动现金流量净额与行业平均对比值降低，分别由 2010 年的 67.43% 和 -30.25% 降至 2011 年的 18.06% 和 -192.61%。筹资活动现金流量净额与行业平均水平的对比值由 2010 年的 -53.62% 升至 2011 年的 48.81%。

由此可见，2011 年，设备制造业 6 大行业中，除电气机械及器材制造业，全行业及其他 5 行业的经营活动现金流量净额总值以及户均值比 2010 年均有所减少。除电气机械及器材制造业和通信设备、计算机及其他电子设备制造业，其他行业及 30 家样本企业的投资活动现金流量净额比 2010 年有所减少。除通用设备制造业，其他行业的筹资活动现金流量净额均增加。显见，2011 年，多数行业加强筹资活动支出，减少经营活动和投资活动支出。交通运输设备制造业和通信设备制造业的三项现金流量指标总额分居全行业的第一位和第二位，但两行业三项指标的户均值水平均不及通信设备、计算机及其他电子设备制造业。

6.2　设备制造业大企业集团发展分析：增速下滑视角

6.2.1　对设备制造业大企业集团的扶持政策

第一，引导产业转型升级和产业转移。为进一步提升产业竞争力，推动产业转型升级，提高装备制造业创新发展水平，培育战略性新兴产业，促进传统产业转型升级，满足国民经济和国家重点建设工程对装备产品的需求，2011 年底，国务院出台《工业转型升级规划（2011～2015 年）》（以下简称《规划》），并于 2012 年 1 月正式印发。《规划》明确提出八大转型升级的任务和六大重点行业及其升级路径。任务：一是增强自主创新能力；二是加强企业技术改造；三是提高工业信息化水平；四是促进工业绿色低碳发展；五是实施质量和品牌战略；六是发展一批核心竞争力强的大企业大集团，促进中小企业向专精特新发展，提高企业管理现代化水平，推动大企业和中小企业协调发展；七是促进区域产业协调发展；八是提升对外开放层次和水平。重点行业及升级路径：一是发展先进装备制造业；二是调整优化原材料工业；三是改造提升消费品工业；四是增强电子信息产业核心竞争力；五是提升国防科技工业现代化水平；六是加快发展面向工业生产的相关服务业。

为推进产业有序转移，加快工业转型升级，促进区域协调发展，2012 年 7 月 26 日，工信部发布《产业转移指导目录（2012 年本）》（以下简称《目录》）。《目录》在坚持“四个结合”的原则基础上，对四大类产业和 15 个传统行业提出了转移的方向和重点。四个结合：一是国家区域发展战略与地方发展需求相结合；二是坚持现有产业基础和比较优势相结合；三是坚持产业分工与区域协作相结合；四是坚持政府引导与市场机制相结合。四大类产业：一是原材料工业；二是装备制造业；三是消费品工业；四是电子信息产业。

第二，大力推动战略性新兴产业和高端装备制造业发展。为加快培育战略性新兴产业和推动传统产业优化升级对重大技术装备的新需求，引导装备制造业企业提升创新水平，2012 年 2 月 22 日，四部委联合发布《重大技术装备自主创新指导目录（2012 年版）》（以下简称《指导目录》）。《指导目录》根据四大标准选取了 19 类重大技术装备产品。四大标准：一是符合国家战略性新兴产业及传统产业升级的需要；二是重大工程和国民经济建设急需；三是节能、节材潜力大，环保，经济效益和社会效益显著；四是下游制造业产业发展需要。19 类重大装备制造业包括：新型纺织机械、清洁高效发电设备、轨道交通装备、大型环保及资源综合利用设备、电子及光伏制造装备、智能控制系统及精密测量仪器、关键基础件等。为提升中国高端装备制造业整体发展水平和国际竞争力，2012 年 5 月初，工业和信息化部印发《高端装备制造业“十二五”发展规划》（以下简称《规划》）。《规划》明确了航空装备、卫星及应用、轨道交通装备、海洋工程装备、智能制造装备等装备制造业五大领域的重点方向，并提出八大措施保障《规划》的组织实施。2012 年 7 月 9 日，国务院印发《“十二五”国家战略性新兴产业发展规划》，提出了节能环保产业、新一代信息技术产业、生物产业、高端装备制造产业、新能源产业、新材料产业和新能源汽车产业等七大战略性新兴产业的重点发展方向和主要任务。

第三，提升电子信息产业和集成电路产业的发展效益。为促进电子信息制造业和集成电路制造业的增强核心竞争力，提升发展质量效益，2012 年工业和信息化部发布了《电子信息制造业“十二五”发展规划》和《集成电路产业“十二五”发展规划》。两份《发展规划》均由发展回顾、面临的形势、发展思路和目标、主要任务与发展重点、保障措施五部分组成。前者明确“十二五”发展八大任务：一是集中突破核心关键技术，全面提升产业核心竞争力；二是着力发展战略性新兴领域，培育产业新增长点；三是推动企业做大做强，构建合理分工体系；四是优化产业空间布局，加快形成区域新增长极；五是统筹利用国内外市场资源，促进产业均衡发展；六是积极推进绿色制造，实现产业持续健康发展；七是深化信息技术应用，服务经济社会发展；八是完善公共服务体系，优化产业发展环境。提出了计算机、通信设备、数字视听等产业的发展重点。后者明确集成电路产业四大主要任务和发展重点，提出推进资源整合，培育具有国际竞争力的大企业等六项措施。

第四，鼓励外商进入高端装备制造业和战略性新兴产业。经国务院批准，国家发改委、商务部 12 月 24 日发布第 12 号令，全文公布《外商投资产业指导目录（2011 年修订)》，新《目录》增加了鼓励类条目，减少了限制类和禁止类条目，并取消部分领域对外资的股比限制。将高端制造业作为鼓励外商投资的重点领域，促进外商投资使用新技术、新工艺、新材料、新设备，改造和提升传统产业。同时，鼓励外商投资节能环保、新一代信息技术、生物、高端装备制造、新能源、新材料、新能源汽车等战略性新兴产业。

第五，加强行业规范。为加强钢铁行业规范管理，引导钢铁企业不断转变发展方式，优化产业结构，加快钢铁工业转型升级，2012 年 9 月，工业和信息化部发布《钢铁行业规范条件（2012 年修订)》（以下简称《条件》)，与《条件（2010)》相比，本次修订的《条件》在环境保护、能源消耗和资源利用、工艺和装备方面提出了更高的要求，加强了对能耗高、污染重、规模小等基本不达标的企业整改力度，积极推动此类企业与大企业兼并重组。

第六，引导机电产品出口。为应对机电和高新技术产品进出口面临的外部环境趋紧、低成本竞争优势逐渐减弱的挑战，抓住世界经济结构加速转型、国内产业结构调整的机遇，发挥进出口对国民经济发展的促进作用，2012 年 6 月 4 日，商务部制定了《机电和高新技术产品进出口“十二五”发展规划》（以下简称《规划》)，确立了“十二五”时期机电和高新技术产品进出口的指导思想、基本原则、主要目标及重点任务，明确指出“十二五”期间要实现进出口企业组织结构明显优化。支持汽车、机床、工程机械等 25 个带动性强、产业集聚明显行业的 100 家排头兵企业在境外建立营销网络，培育若干个拥有国际知名品牌和核心竞争力的跨国机电企业集团。发展战略性新兴产业，培育新的出口增长点。提出汽车、新能源、工程机械等 25 个行业的进出口主要任务和目标，制定八项保障措施。

第七，引导装备制造业实现绿色化发展。为全面提升环保装备产业水平，为建设资源节约型、环境友好型社会提供有效支撑和保障，工业和信息化部、财政部制定了《环保装备“十二五”发展规划》（以下简称《规划》）和“十二五”期间重点发展的环保装备目录。《规划》支持和鼓励研发大气污染治理装备、水污染治理装备、固体废物处理装备、噪声与振动控制装备、资源综合利用装备、环境监测专用仪器仪表、环境污染治理配套材料和药剂和环境应急装备等八个类别的产品和技术。为全面推进解决全局性、普遍性环境问题所需环保技术装备的推广应用提供指导。提出推进技术创新和产业化发展、优化产业组织结构和布局、完善环保装备标准、健全和优化发展环境、建立多渠道投入支持机制等五大重点任务和措施。

6.2.2 中国设备制造业大企业集团取得的主要成绩

第一，积极拓展海外市场，扩大市场份额。积极拓展海外市场是国内设备制造业大企业集团应对增速下滑的有效途径之一。中国设备制造业大企业集团坚持走出去战略、积极主动地参与到国际同行业甚至跨行业企业间的合作、兼并已是必然趋势。以中联重科为例。2011 年，中联重科加速全球市场网络的扩张，优化海外平台布局，优化海外产品配置，将市场拓展与品牌传播紧密有效结合，稳步推进海外投资建设。将 12.27 亿元用于补充海外业务营运资金，34.37 亿元用于建立海外销售网络及开展海外租赁业务，海外销售同比增幅达到 46.24%，超过公司主营业务收入增长速度。重点产品（塔机、履带吊）、重点市场（南亚、中东、CIS 区域）的销售额远超行业平均水平；实施本地化战略，重点开发以非洲、亚洲和南美洲为代表的新兴市场，加速布局营销网络；2011 年，销售和服务网络覆盖中国工程机械出口的前 40 个重点国家。2011 年 9 月，中联重科与日本客户签署 30 台泵车出口合同，首开中国工程机械产品批量出口日本的先河。加强技术收购，独家买断全球顶尖水平的德国 JOST 平头塔系列产品的全套技术，使公司的塔机技术迅速实现了从中国领先到国际领先的跨越。再以华为为例。2011 年，华为继续完善全球化均衡布局，使公司在运营商网络、企业业务和消费者业务领域，均获得了健康的发展；全年实现销售收入人民币 2039.29 亿元，同比增长 11.7%。海外市场实现销售收入人民币 1383.64 亿元，同比增长 14.9%，占销售收入总额的 67.85%。欧美和独联体市场持续高速增长。其中，欧洲专业服务增长超过 60%，美国消费者业务连续两年增长超过 100%。

第二，适时调整业务结构，创新管理制度。调整业务结构是中国设备制造业大企业集团应对增速下滑的重要措施，推进中国设备制造业企业管理制度创新是有效促进设备制造业大企业集团应对增速下滑的重要制度保障。以华为为例。2011年，华为明确提出立足电信运营商网络，向企业业务和消费者领域延伸，强调“云—管—端”协同发展，将企业、消费者纳入核心客户，组建运营商、企业客户、消费者客户三大核心业务板块，将战略目标由单纯服务电信运营商变成“为电信运营商、企业和消费者提供ICT解决方案、产品和服务”；同时推出颇具个性的“轮值CEO”制度，即由“小团队”行使CEO职能。除CEO任正非、董事长孙亚芳，增设轮值CEO一职，由高级经理人轮流担任，任期6个月。“小团队”制度既避免出现权力过于集中，又能防止出现责任人太多以至于无人负责、效率低下的局面。

第三，注重技术研发，提升生产工艺。科技创新是企业应对增速下滑形式的重要举措。一是变革研发体系，推动自主创新。以中联重科为例。2011年，中联重科变革研发机制，推行IPD项目管理制，实现项目团队从“对研发成果负责”到“对产品商业化成功负责”的转变；变革研发激励体系，实现跨职能团队薪酬与产品销售紧密挂钩；加大科研公共平台建设。在一系列改革措施之下，中联重科科研开发取得新突破。2011年，公司成功入选国家工信部、财政部联合认定的“2011年国家技术创新示范企业”。不断推出具有国际领先水平的重大产品。公司自主研发出融合CIFA最新技术的80米碳纤维臂架泵车刷新了吉尼斯世界纪录，标志着中联重科攀上了世界泵车臂架技术的最高峰。推出全球起重能力最强的超大吨位履带起重机ZCC3200NP，再次刷新国产履带起重机的最大起重量纪录，打破国外企业在超大吨位起重产品领域的市场垄断地位。研发出全球最大上回转D5200-240塔式起重机，被业内认为是中国工程施工装备制造技术的重大突破，是全球塔机技术发展的里程碑。融合CIFA轻量化设计技术，研发出63米碳纤维复合品牌泵车，成为世界五桥底盘最长臂架泵车；推出50米碳纤维泵车，成为世界三桥底盘最长臂架泵车。二是增加研发投入，积极拓展新业务领域。以比亚迪股份有限公司为例。2011年，该公司在研发资金投入方面较上年增长38.34%，用于锂电池、新能源汽车、电动车等项目的研发。通过研发提升产品质量，赢得市场。

第四，加强研发合作，解决技术难题。加强合作，共同开发新技术是大企业集团应对增速下滑的又一重要举措。一是加强与高校、研发机构的合作。以京东方为例。2010年，京东方与成都电子科技大学合作共建国内唯一配备有机无机复合薄膜封装设备的OLED实验室：“电子科技大学、京东方OLED联合实验室”，极大地提高了京东方的研发能力。2012年初，京东方生产出第一片18.5英寸HD Oxide TFT-LCD面板、4英寸WQVGA分辨率Oxide AMOLED面板，跨进面板生产行业的领先行列。又如，北汽集团与清华大学、北京理工大学、中国北方车辆研究所进行广泛的合作，与生产电池、电机以及控制系统的厂家成立合资公司，共同推动新能源汽车的研发。二是加强与外资企业的技术合作。以比亚迪为例。2011 年，比亚迪与戴姆勒合资成立深圳比亚迪戴姆勒新技术有限公司，利用戴姆勒在电动车结构和安全性方面的专长以及比亚迪在电池技术和电力驱动系统的优势，致力于研发针对中国市场的新能源汽车。

第五，整合上下游产业链，形成战略联盟。与上下游企业合作，构筑产业链，形成战略联盟，打造核心竞争力网络。一是注重供应商合作，打造零部件供应体系，形成完整产业链。以上汽集团为例。2011 年 4 月，上汽集团与 Volvo 集团宣布建立第二家合资公司，主要生产用于混合动力客车和纯电动客车的新能源传动系统。2011 年第一季度，上海汽车将独立零部件业务、新能源汽车业务相关公司股权及其他资产整合，构筑完整的新能源汽车产业链；同时，上海汽车与通用汽车、宝钢、贵州航天、美国 A123、博世等公司，分别开发动力总成、汽车用钢、电子控制系统、电池、电机等诸多核心部件，尝试构建完整的新能源汽车生产体系。二是注重与其他行业的企业进行广泛合作，建立创新性的产品使用环境与使用模式。以广汽集团为例。为推动电动汽车发展，2011 年 4 月 19 日，广汽集团宣布与中国移动等电信运营商建立战略合作关系，就自主品牌车型在集成无线网络服务方面进行合作，共同开发车载移动互联网业务，为车主提供咨询与娱乐等服务。此举将切实加速中国汽车数字化生活发展进程，加快“智慧汽车”市场化步伐。三是加强产业内企业合作，形成产业联盟，共同应对增速下滑。2011 年 6 月，彩虹、长虹、京东方等国内 19 家 OLED 企、事业单位成立中国 OLED 产业联盟，整合优化资源，加强合作，聚集材料、装备、器件、整机全产业链优势，统筹开展核心技术研发，推动 OLED 产业快速、健康发展。

6.2.3 增速下滑对中国设备制造业大企业集团的冲击

采购经理人指数（PMI）是经济监测先行指标中非常重要的一项综合性指标，由新订单指数、生产指数、从业人员指数、供应商配送时间指数和原材料库存指数，共五个扩散指数加权而成，用以反映宏观经济的发展趋势，PMI 荣枯分界线为 50%。制造业 PMI 的变动反映出制造业的发展趋势。中国制造业采购经理调查问卷涉及生产、新订单、新出口订单、积压订单、产成品库存、采购量、进口、购进价格、原材料库存、从业人员、供应商配送时间，共 11 个问题。就每个问题分别计算出对应的 11 个分项扩散指数。若制造业 PMI 大于 50%，表明制造业处于增长或扩张阶段；PMI 小于 50%，则表明制造业的发展进入偏紧或下行过程。

由图6.11可知，2011年1月~2012年11月，制造业PMI（下称“PMI”）呈波动下行趋势。2011年1~12月，PMI呈下降趋势：自1月份的52.9%降至11月份的年度最低点49%；12月回升至50.3%，但仍低于3月份的年度最高值53.4%。2012年1~11月，PMI呈“N”型：自1月份的50.5%持续上升至4月份的53.3%；4月之后，急转直下，降至8月份的49.17；9~11月有回升，但在50%左右浮动。过去23个月的PMI表明，中国制造业有回暖迹象，但未走出下行趋势，上升基础不稳固。分项指标更清楚的反映出这种趋势。

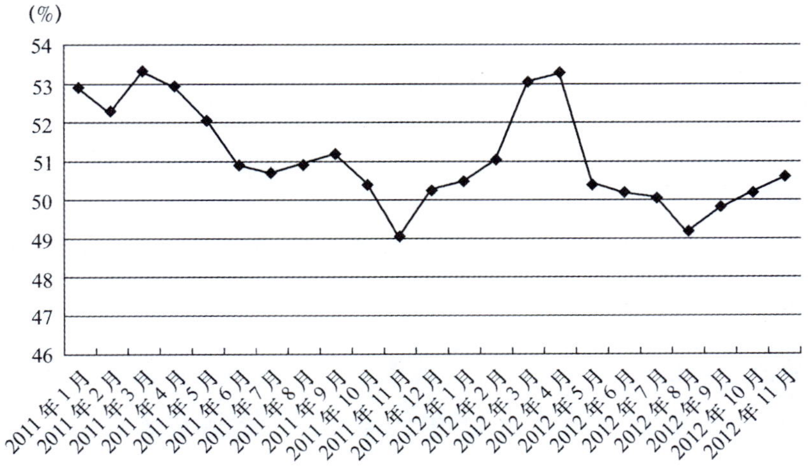

图6.11　2011年1~12月及2012年1~11月的中国制造业采购经理人指数

由图6.12显见，2011年1~12月，PMI11项指标中，生产、新订单和采购量的指标值大于50%。2012年1~11月，仅有生产的指标值大于50%。2012年1~11月的各项指标均值均低于2011年1~12月的对应值。过去23个月，PMI11项指标中，均值最大的是生产指数，均值最小的是积压订单指数，变动最大的是购进价格指数。2012年8~11月，各项指标值均有回升，但仅有生产、新订单、新出口订单、采购量的指标值回升至50%以上，其余指标值均低于50%。因此，可以判断：中国制造业仍处于下行趋势；今后一段时间，可能有小幅回升，但能否延续以及延续多久，尚难预料。

上述数据和分析表明，2011年以来，中国制造业面临的宏观环境处于下行状态，近期企稳，但企稳的持续能力难以料定。但从中国设备制造业大企业集团营业收入总额来看，设备制造业大企业集团受到的影响并不明显：2011年，从全国层面和分经济圈层面来看，入围1000家样本的设备制造业大企业集团企业数、营业收入和营业收入户均值均优于2010年。其中，全国层面的三项指标均以两位数增长，营业收入增长率高达37.83%。分经济圈层面的三项指标均有增长。其中，营业收入较上年增长幅度均超过

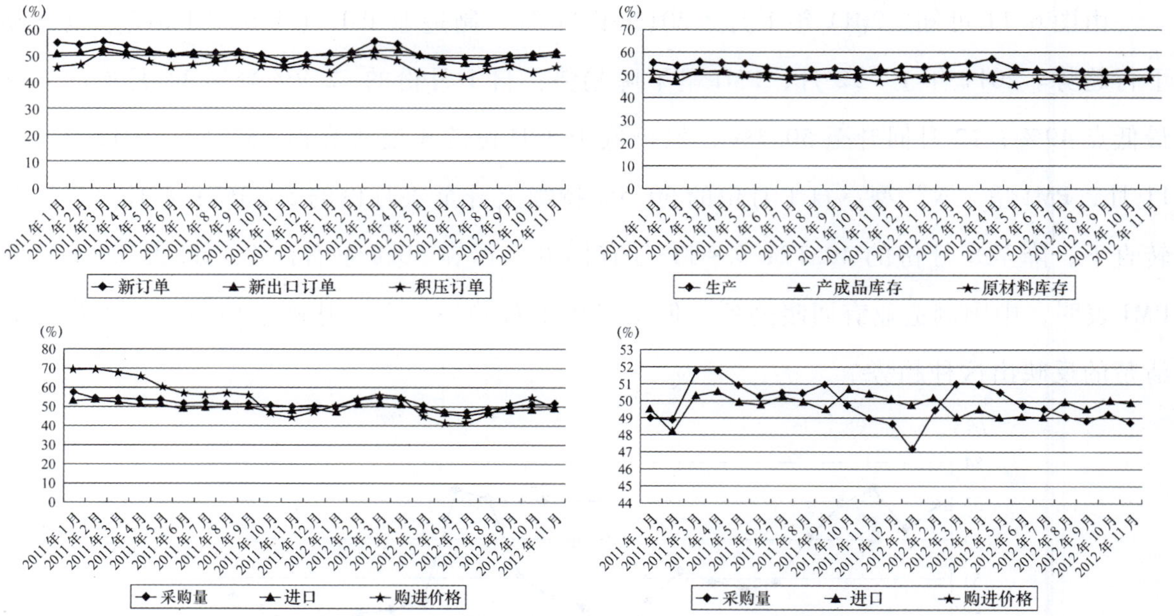

图 6.12　2011 年 1～12 月及 2012 年 1～11 月中国制造业采购经理人指数分项指标

20%，珠三角经济圈该项指标增长率高达 57.22%。分行业的影响主要体现在企业户一级水平：金属制品业和通信设备、计算机及其他电子设备制造业两个行业的营业收入户均值较上年降低 15.82% 和 17.02%。2011 年，两个行业企业数的增长率均高于营业收入增长率，即入围前 1000 家样本的企业数增长幅度高于其产生的营业收入的增长幅度，拉低了企业户一级水平的营业收入表现。

其原因在于：设备制造业始终是国民经济的支柱产业。美、日、德等发达国家一直将设备制造业作为本国经济的主要支柱和强大国力的后盾。日本把机电工业称为经济起飞的先导部门，作为提高国民福利的“发动机产业”。大企业集团拥有雄厚的资本和一流的技术水平、高水平的经营管理能力和一流的人才群体，抗风险能力强。例如，2012 年，世界经济增长下滑，发达国家经济复苏乏力。但世界 500 强表现依然出色，总收入达 29.5 万亿美元，比 2011 年增长了 13%；总利润达 1.6 万亿美元，比 2011 增长了 7%；入围门槛提高了 25 亿美元，达 220 亿美元。但丰田、日产、本田、松下、索尼等日本大型设备制造业集团在世界 500 强中的排名不降反升。部分上游行业投资增加，市场空间巨大，带动设备制造业需求增加。以专用设备制造业为例。2012 年，国际油价高位运行，石油勘探开发市场趋好，带动了钻采设备需求的强势增长。1～7 月，中国石油和石油化工装备制造业累计完成工业总产值 2032.59 亿元，同比增长 19.66%。再以固定资产投资为例。2011 年，中国全社会固定资产投资达 311485.13 亿元，增速高达 23.76%。建筑业和房地产业的投资增速分别高达 19.8% 和 25.91%。相关行业的投资带动制造业投资，2011年制造业投资增速为15.9%。

凡事预则立，不预则废。面对增速下滑，尽管设备制造业受到的影响并不明显，但仍须未雨绸缪，关注宏观经济走势，助力设备制造业的持续发展。

2012年，设备制造业主要经济指标的增幅延续2011年的下行趋势。从中经装备制造业景气指数来看，2012年第二和第三季度，中经装备制造业景气指数分别为95.8点和95.6点，均比上季度回落0.2点。持续下行的经济形势将会对设备制造业大企业集团造成以下冲击：

第一，设备制造业行业内竞争加剧。从企业集中度来看，2011年，除专用设备制造业，其他5个行业的企业集中度均有下降。除交通运输设备制造业，其他5个行业的市场结构均是“原子型”①。与2010年比较，个别行业原子型市场结构趋势更为明显，存在竞争过度的风险。例如，三一重工和中联重科就处于白热化的竞争状态。2011年，为抢占市场，两家公司竞相推出零首付、低首付的过激销售策略。中联重科的应收账款高达116.58亿元，较当年年初大幅飙升67.81%。2012年，为抢占中级车市场份额，交通运输设备制造业行业内众多车企放弃垂直换代策略，采用“两代同堂”或“多代同堂”的生产方式。与之伴随的是随之而来的价格大战。东风日产将新轩逸1.6L排量车型售价定为12万元，活动区间为11.9万~16.9万元；处于同一细分市场的车型如卡罗拉、速腾等，官方指导价基本在12.5万~18万元之间。两代同堂的老款轩逸售价活动范围为9.98万~12.08万元，直接将中级车价格区间拉入9万元一档，直逼经济型家庭用轿车市场。

第二，设备制造业产品订单减少。受全球经济低迷影响，设备制造业企业产品订单减少，市场价格被迫走低，企业效益大幅下滑。以风电设备制造业为例，2012年前三季度，国内两大风电设备制造商：新疆金风科技股份有限公司和华锐风电科技（集团）股份有限公司的盈利空间不断被压缩，净利润持续下滑。前三季度营业收入较去年同比减少36.89%和55.68%。其中，华锐风电科技（集团）股份有限公司第三季度净利率出现负值。

第三，设备制造业成本激增。面对增速下滑，人民币对美元的汇率持续走高，劳动力成本不断上升，极大压缩了设备制造业大企业集团的利润空间。2012年第一季度人民币对美元的汇率为6.29，较2011年的6.46下降2.63%。美国的量化宽松政策势必继续

① 根据企业集中度，考虑行业前4位企业的市场占有率，市场占有率高于75%的称为极高寡占型；市场占有率位于65%~75%之间，称为高度集中寡占型；市场占有率位于50%~65%之间，称为中（上）集中寡占型；市场占有率位于30%~35%之间，称为低集中寡占型；小于30%，称为原子型。本报告以营业收入占比来计算企业集中度。

导致人民币升值，加大设备制造业的出口难度。随着多省市最低工资标准的上调，劳动力成本必将进一步上升。2007 年初至今，中国的平均工资提高了一倍多。原材料成本上升。2011 年，原材料购进价格指数的均值高达 58.2%。部分上游行业提价，导致设备制造业成本激增。以柳工为例。2011 年，由于橡胶、提价，导致该集团装载机的轮胎成本上升 60% 左右，净利润较上年减少 14.41%。

第四，设备制造业贸易摩擦增多。在世界经济不景气的大背景下，为保护本民族产业，发达国家相继采取不同的贸易保护措施，导致中国设备制造业出口贸易摩擦增多。以不锈钢产品为例。2011 年和 2012 年，美国和欧盟相继对中国不锈钢产品，如不锈钢紧固件、不锈钢水槽和钢制车轮等采取反倾销措施。受反倾销影响，日上集团 2011 年的年报显示，该集团载重钢轮、无内胎钢轮等行业主营业务毛利率分别比上年减少 1.95% 和 1.14%，2012 年第二、第三季度的净利润率分别比上季度减少 1.22% 和 1.28%，第三季度营业收入较上年同期减少 18.65%。

6.3 设备制造业大企业集团的发展趋势

尽管全球经济动荡不定，国内经济发展模式转型的压力逐步凸显，但中国设备制造业大企业集团的发展业绩仍颇多可圈可点，迸发出强劲的发展活力，展现出亮丽的发展趋势。

6.3.1 设备制造业绿色化发展

随着环保意识的增强以及自然资源的日趋紧缺，对能源、资源的高效和清洁利用将逐步成为生产过程中的主导因素。设备制造业一方面是制造财富的支柱产业，另一方面又会产生大量废弃物。绿色制造是一种综合考虑环境影响和资源效率的现代制造模式。其目标是使得产品设计、翩造、包装、运输、销售、使用乃至最后的废弃物处理处置对环境的负面影响为最小，资源利用率最高，并使企业经济效益和社会效益协调优化。3D 打印模式有望在不远的将来成为绿色制造的主导模式。

6.3.2 设备制造业融合化发展

多学科交叉、多技术融合的兴起预示着产业融合已成为设备制造业发展的必然趋势。高新技术的广泛渗透、产业内部的重组融合是设备制造业融合化发展的重要方式。纳米电子、三网融合（即计算机、通讯和媒体的融合）、机械仿生、光机电一体化、机械电子等新型设备制造业产业的出现为日常生活提供极大便利，为制造业发展提供了坚实的设备保障。

6.3.3　设备制造业集群化发展

产业的集群化发展蔚为大观。目前，中国已在全国各地初步形成各行业的制造基地和中心。以OLED行业为例，中国已经形成了昆山、成都、佛山、厦门等AMOLED产业基地。中国设备制造业已初步形成以环渤海、长三角、珠三角、西三角为中心，中部地区迅速发展的产业格局。环渤海和长三角是中国重要的高端设备研发、设计和制造基地。北京、天津依托人才优势，已形成了通用设备、机械制造产业集群。辽冀鲁依托良好的工业基础，已形成工程机械、矿产设备、船舶制造、机床制造等产业集群。长三角依托承接国际产业转移的地域优势，已形成电力设备制造、工程机械、精密机械、数控机床制造等产业集群。珠三角是中国重要的高端设备制造基地，其依托改革开放的政策优势，已形成电子信息设备、通信设备产业集群。西三角依托资源优势，已形成重型技术装备、航空航天装备等产业集群。

今后若干年内，中国设备制造业的集群化发展趋势将愈加明显。一方面，设备制造业发展离不开原有的发展基础。环渤海将借助北京的人才、科研和教育优势，利用辽宁、山东的装备制造业的雄厚基础优势，利用渤海湾的地理优势，构建装备制造业的研究、设计、制造中心；建设具有国际竞争力的高档机床、盾构机等大型成套装备基地，轨道交通及关键零部件等先进制造业基地，发展高技术、高附加值船舶和海洋工程装备。长三角将形成高端装备制造业的研究和制造基地，重点建设高档数控机床、电力装备、工程机械、环保装备等产业中心，发展重大成套和技术装备制造业基地；以上海、南通、舟山等为重点，打造世界级高技术船舶、海洋工程装备及配套产品产业集群。另一方面，设备制造业的发展需符合产业转型升级规律。西三角继续发展型技术装备、航空航天装备，同时，将承接东部转移产业，重点发展新能源装备、轨道交通车辆配套设备、工程机械等产业。

6.3.4　设备制造业服务化发展

设备制造业服务化已成为引领设备制造业产业升级和保持可持续发展的重要力量。随着信息技术的发展和深入的融合，中国以产品为中心的设备制造业正在向服务增值延伸，迈向以提供产品和增值服务为中心。服务化的发展趋势推动中国设备制造业从价值链低端向价值链高端发展，构筑价值链差异，打造中国设备制造业企业的竞争优势，降低环境污染、减少资源浪费，破解资源和环境约束难题。

6.4 设备制造业大企业集团应对增速下滑的关键措施

面对增速下滑的经济形势以及全球设备制造业的竞争态势，应从国家、产业和企业层面采取有力措施，助力中国设备制造业大企业集团的持续发展。

6.4.1 国家层面

第一，加强设备制造业市场培育力度，充分发挥市场的基础性作用。营造良好的市场环境是缓解由增速下滑导致企业运营困境的有效手段。建立依托重大工程发展高端设备的机制，鼓励由设备使用单位和制造单位共同开发高端设备。建立高端设备首台套保险机制和示范应用制度，加大对首台套及配套系统推广应用的支持。探索建立高端装备发展与重大项目审批的联动机制，对于重点领域工程项目的所需装备，组织使用单位、制造企业联合制定装备联合攻关方案，并加快实施，以应用拉动产业发展。

第二，加大设备制造业科技创新投入，提高资金使用效率。面对增速下滑态势和国际市场的动荡变幻，应大力开拓市场需求空间巨大的高端装备市场。国家应鼓励设备制造业大企业集团加大技术研发力度，加快自主创新步伐，提高自主创新效率：一是支持创新基地建设。以国家级和省级技术中心为载体，政府投资建设一些创新基地，以开放、流动、竞争、协作为运行机制，鼓励共性、基础性技术研发，促进各优质资源集成。二是支持重大成套装备研发专项。加大前瞻性技术研究，加速引入创新要素，从政策上和资金上大力支持设备制造业企业研发重大成套装备，并制定优先采购国产设备制度、使用国产首台（套）装备风险补偿机制以及财税补贴等政策的实施细则。三是支持大型零部件集团建设。引导和支持企业通过资产重组或并购等方式，组建数家大型基础零部件企业集团，增强我国重要基础装备生产企业的市场开拓和研发能力。四是健全产学研一体化机制。鼓励高校、企业、科研院所、中介机构进行技术资源整合，建立高技术成果转化机制，实现科技连和产业链的有机融合。五是引导国内技术联盟发展和跨国技术联盟建设。以创新平台为载体，以共性技术研发为纽带，整合上下游企业或行业内企业，加快研发资源共享与海外研发基地建设。六是建立研发项目评估制度。以企业为主体，配套环境和政策支持，鼓励创新及自主品牌发展。建立研发项目前期评估、中期控制、后期跟进制度，保证研发资金落到实处、发挥实效。

第三，提高设备制造业对外合作水平，加快振兴装备制造业。为应对当前设备制造业增速下滑的聚局面，应积极开拓国外市场，学习、消化、吸收、应用国外先进设备制造业技术，提升我国设备制造业产品竞争力：一是充分利用各种渠道和平台，积极探索合作新模式，融入全球产业链。鼓励境外企业和科研机构在我国设立研发机构，支持国外企业和国内企业开展高端装备联合研发和创新。二是支持国内企业“走出去”，并购或参股国外高端装备制造企业和研发机构，支持国内企业培育国际化品牌，开展国际化经营，多层次参与国际合作。三是鼓励金融机构加大对设备制造业的信贷投入，增加出口信贷额度，支持设备产品出口，支持国内设备制造业企业承揽国外重大工程，带动成套设备和施工机械出口。

第四，健全节能减排约束与激励机制，引导设备制造业绿色化发展。设备制造业大企业集团应进一步落实节能减排政策，完善节能减排、淘汰落后、质量安全等方面的绩效评价和责任制。建立工业产品能效标识、节能产品认证、能源管理体系认证制度，制定行业清洁生产评价指标体系。加强重点用能企业节能管理，完善重点行业节能减排统计监测和考核体系。对购买高效节能降耗装备产品的终端用户给予适当补贴，刺激相关装备的发展。加大对节能、清洁能源、碳捕集利用与封存等技术和设备的研发和产业化投入。

第五，制定国家产业发展技术路线，引导企业积极应对增速下滑。增速下滑对制造业的影响并未消失。有必要制定产业发展技术路线，引导企业在下滑形势下蓄势待发，应对增速下滑，谋求长远发展：一是明确重点产业，营造软硬件环境，积极培育重点产业发展。二是明确重点产业领域中的重点行业。在对重大的、前瞻性的、战略性的科学技术领域进行评估基础上，明确未来技术发展方向，对重点的产业领域进行重点行业部属，优先分配研究与开发资源。三是明确关键技术和关键零部件的突破方向及创新目标。配套资金和政策支持，引导企业开展技术攻关。四是鼓励配套产品发展。以主机为核心，以产业集聚为形式，鼓励高性能测试仪器、高档优质原材料等配套产品的研发和生产，实现主机和功能配件研发能力同步提升。五是明确区域发展重点。以各区域现有经济、技术实力为基础，以环境承载力为约束力，出台产业转移实施细则，引导各地发展异质化项目。

第六，建立对外贸易预警机制，应对贸易摩擦。中国设备制造业出口份额逐年扩大，贸易摩擦在短期内并不会减少，且随着中国制造向中国创造的转变，今后的贸易形势会更为严峻。有必要建立预警机制，引导相关产业提早做好准备：一是建立国别出口监测制度。对出口增长过快的国家和相关产业进行统计预警，针对该国产业特点，预先制定防范措施。二是建立产业出口预警机制。及时掌握我国重点行业、重点产品的出口情况，关注海外市场依赖性高的产业以及出口贸易过快增长的产业，了解相关国家的贸易壁垒和国际市场动向，采取有效措施，防范贸易风险。

6.4.2　产业层面

第一，积极推动行业协会发展，发挥行业协会桥梁和纽带作用。在产业集中度低，市场竞争激烈的情况下，急需行业协会来协调企业间关系，代表行业向政府建言献策，组织企业积极应诉反倾销，减少行业在国内外市场的损失：一是建立设备制造业市场供求、生产能力、技术发展、经济指标等方面的信息定期发布制度，及时反映设备制造业发展的新动向，提出政策建议，帮助企业协调解决有关问题。二是制定设备制造业自律性行规，逐步形成健康有序的设备制造业市场。三是建立行业反倾销应诉规则，组织本行业企业分摊成本，积极应诉反倾销。

第二，深化设备制造业企业服务，完善设备制造业企业发展服务环境。继续完善企业服务直通车、三级重点服务企业、首席服务员等制度，指导企业用足用好政策，千方百计帮助企业解决生产经营中遇到的各种难题。对重点企业和列入计划的重点项目，相关部门要在立项审批、资金支持、土地审批、环评等方面开辟“绿色”通道，保障项目建设顺利进行和生产要素供应。积极开展银企对接和产销对接活动，满足企业融资需求，帮助企业开拓市场。加强在建重大项目和企业周边环境综合治理，减少和规范涉企审批，优化固化流程，提高行政效能，为企业健康发展营造良好外部环境。

第三，完善设备制造业政策体系及功能，优化设备制造业发展政策环境。一是动态修订设备制造业政策，加强其与财税、金融、贸易、政府采购、环保、知识产权、质量监督等政策的协调配合。二是完善设备制造业技术标准和技术规范，加强健全能源资源消耗、污染物排放、生产安全等方面的强制性标准。三是依法实施反垄断审查，建立产业安全监测预警指标体系和联动机制。

第四，优化产业组织结构，促进设备制造业产业发展。一是建立集“产、学、研、用”为一体的高端设备产业联盟。促进高端设备制造规模化、集约化发展，在科研开发、市场开拓、业务分包等方面组织和引导高端设备制造领域的骨干力量，实现重大技术突破和科技成果产业化。二是积极开拓海内外市场，强强联合，跨国跨地区并购重组。大力推动优势企业实施品牌强企、国际化发展战略，加快培育形成一批拥有知识产权的知名品牌、主业突出、带动明显、具有国际竞争力的跨国大企业集团。三是鼓励规模经济效益显著的基础零部件、工艺辅具和适宜专业化发展的配套产品制造企业开展专业化协作配套，形成具有竞争优势的“专、精、特、新”产业链。

第五，促进产业联盟发展，优化资源配置。面对日益激烈的国际竞争、发达国家掌握核心技术以及国内产业集中度低的现实，有必要推动产业联盟发展，利用各方优势，应对共同的国际竞争者：一是构建研发合作产业联盟。支持行业领先的大企业集团组建跨行业研发合作联盟，攻克相关行业共性技术问题。二是构建产业链合作联盟。形成从高端原材料供应、高端测试仪器生产、高端主体设备生产到关键零部件、配套设备生产集一体的产业链。共同推动相关标准和商品的市场化。三是建立市场合作产业联盟。通过联合采购、共享基础设施等方式降低生产和研发成本。四是建立技术标准产业联盟，参与制定国际标准，提高国际话语权。

6.4.3　企业层面

第一，优化企业资本结构，提高企业规避财务风险能力。加强企业内部控制管理，规范企业治理结构。内部控制的有效性对管理的有序性、财务数据的安全性和可靠性均起到了一定的保障作用。完善的内部控制制度，可以让企业的管理者及时掌握可靠真实的财务信息，并对收到的预警内容予以反馈，同时提出相应的对策，从而控制财务危险，防范和避免财务危机的发生。优化企业资本结构，合理筹集和运用资金。设备制造业企业应将权益资本和债务资本始终保持在一个合理的水平之间，树立正确的财务观念，根据企业的风险承受能力来选择对企业最有利的资本结构，降低资本成本，取得尽可能大的投资收益。提高企业产品竞争力，保持良好的盈利水平。为了避免企业陷入财务危机，必然要保持并提高主营业务产品的盈利能力，才能保证企业有稳定的收入，可以长期持续经营下去。

第二，加强设备制造业企业人才队伍建设。人才的竞争是设备制造业竞争的关键。专业技术人才的素质是提升设备制造业企业技术和产业升级的主要动力。因此，设备制造业企业应根据设备制造业发展现状及未来发展趋势，建立一支由带头人才、高级人才、高级技师、普通工人组成的结构合理、梯度完善的设备制造业企业人才队伍；制定长期有效的人才培养规划，加快培养并吸引海内外高水平的创新型人才：一是建立人才开发机制，拓宽纳才途径，建立留才机制，使人才创业有机会、做事有平台、发展有空间。二是企业主管部门应实行人才的战略管理，推进人才库建设，加快制定人才工作的系列制度。同时还要特别重视对后备梯队人才的培养，建立以学历教育、岗位培训、委托培养、联合办学等为主的分级分类人才继续教育培训体制。三是企业应加大人才培养力度，培养出企业急需的高技能人才以及复合型、综合性人才。加强人才的培训和教育，不断提高各类人才的素质和能力，完善并提升企业的人才结构。四是加强引智工作力度。坚持“引进来”与“走出去”相结合。在引进国外人才的同时，注意选派符合条件人员赴境外培训，学习国际知名企业的管理方式。

第三，变革和优化管理模式，提高决策效率。一是构建符合国际化发展的组织架构和管理模式，为培育国际性大企业集团奠定组织基础。推进三维矩阵管理模式，以市场为中心，以人才和技术为两个根本，搭建新的组织机构。在搭建新框架的同时，迅速理顺流程，构建新型高效的运行体系。二是优化管理流程，提高决策效率。借助 IT 技术，构建企业决策、组织文化等内部管理交流系统，提高办事效率。三是组建研发、市场、营销人员“三位一体”团队，实现研发与市场的无缝对接。四是健全员工激励管理机制，树立快乐管理理念，营造轻松、和谐的工作氛围。为员工保持良好的精神状态提供外部环境保障。五是构建轻型化管理模式，通过转变业务形态，将非核心的重资产业务外包，输出品牌与管理，为管理减负。

执笔人：杨永福　王　茜

第7章

中国食品工业大企业集团如何应对增速下滑

- 食品工业发展状况
- 增速下滑环境下的食品工业大企业集团：影响和冲击
- 食品工业大企业集团应对增速下滑及食品安全事件冲击的实践：经验与教训
- 食品工业大企业集团的未来发展：趋势和建议

7.1 食品工业发展状况

7.1.1 2012年我国食品工业总体发展特点

2012年，受到宏观经济不景气和食品安全问题的影响，食品工业近年来也出现了增长速度放缓的现象。但不同于大部分其他工业，食品工业属于生活必需品消费行业，需求刚性强，受经济波动的影响较小。总体上看，我国食品工业在经济增速下滑的环境中依然保持了稳定、健康的发展态势，增速比国内工业的平均增速高。2012年前三季度，食品工业增加值在工业大类中保持最快的增速，拉动整个工业增长1.3个百分点。其年总产值已从2006年的2万亿元增加到2011年的7.8万亿元，2012年预计将接近10万亿元。

第一，中国的食品工业在亚洲地区保持了龙头地位，食品饮料市场的吸引力居亚太第一。

根据BMI集团的一份关于中国食品饮料行业的研究报告显示。2012年中国的在亚太地区的总体市场吸引力排名第一位（见表7.1）。同时，由于中国的恩格尔系数还相对比较低，中国的食品饮料消费还有很大的增长空间。英国《经济学家》杂志预计，2012～2015年中国的食品饮料市场规模将平均每年增长2.7%～3.6%，位居亚太第二（普华永道，2012）。

表7.1 亚太地区食品饮料市场的吸引力排名（2012年第一季度）

排　名	国　家	回报潜力	市场风险	总体吸引力
1	中　国	61.5	60.00	61.31
2	日　本	45.67	85.00	59.23
3	韩　国	45.17	80.00	57.01
4	澳大利亚	44.17	75.00	56.54
5	泰　国	46.50	65.00	55.35

资料来源：BMI China Food and beverage Report，1Q 2012.

第二，食品工业的增幅高于全国工业，食品工业对经济的贡献度有所提高。根据国家统计局提供数据，截止2012年第三季度，全国规模以上食品工业企业33199家，比第二季度增加257家，完成现价食品工业总产值64393.33亿元，同比增长21.6%；占全国工业比重达到9.6%。规模以上食品工业增加值按可比价格计算同比增长12.6%，虽然比上年同期回落2.2个百分点，但仍比全国工业增速高出2.6个百分点。其中，农副食品加工业增长14.6%，食品制造业增长12.1%，酒、饮料和精制茶制造业增长13.5%，烟草制品业增长9.5%，增幅分别比上年同期提高1.2、回落5.0、4.9、3.9个百分点。第三季度食品工业增加值增长11.2%，分别比第一、第二季度回落4.4、提高0.8个百分点。

2012年前三季度食品工业对全国工业增长贡献率13.3%，拉动全国工业增长1.3个百分点。农副食品加工业完成工业总产值37171.22亿元，同比增长23.4%，占食品工业总产值比重57.7%；食品制造业完成11360.09亿元，增长20.3%，占比17.6%；酒、饮料和精制茶制造业完成9816.47亿元，增长20.8%，占比15.2%；烟草制品业完成6045.55亿元，增长14.8%，占比9.4%。从季度完成食品工业产值看，总量逐季上升，第三季度达到最高值。从发展速度看，第一季度工业规模快速增长，第二季度增速减缓，第三季度开始回升。

在固定资产投资方面，2012年前三季度食品工业固定资产投资项目21000项，其中当年新开工项目14514项。食品工业完成固定资产投资9031.0亿元，同比增长32.9%，增速比全国高12.4个百分点，占全国固定资产投资3.5%，比上年同期提高0.3个百分点。从类别构成看，农副食品加工业完成投资4838.54亿元，占全国食品工业完成投资额的53.6%；食品制造业完成2209.96亿元，占24.5%；酒、饮料和精制茶制造业完成1823.17亿元，占20.2%；烟草制品业完成159.33亿元，占1.8%。从投资资金来源构成看，国家预算资金占0.5%，国内贷款占7.2%，自筹资金占88.2%，利用外资占1.8%，其他资金占2.4%。

第三，虽然整个行业的发展相对健康，成长性好，但规模以上企业的数量少，上市公司群体少，知名企业和知名品牌比较少。就食品工业的上市公司而言，存在着上市公司群体数量少，发展不快，成长能力不强、合规性较差，地域分布不均衡等缺陷。存在此缺陷的内因在于食品加工类上市公司本身的弱质性和发展动力不足，外因在于资本的逐利性和国家政策扶持不够均衡。

第四，食品工业的地区发展不平衡。如表7.2所示，东部省份在工业产值、投资额和销售额方面遥遥领先，但在增长速度方面，中部、东北部领先。

按1~9月完成食品工业产值计，山东、河南、广东、辽宁、江苏、湖北、四川、湖南、吉林、福建位列前十，完成产值42607.33亿元，占全国食品工业66.2%。

从完成食品投资看，前十省份分别是：山东、河南、辽宁、吉林、湖北、河北、湖南、四川、黑龙江、江苏，累计完成投资占全国食品工业投资额66.8%。

从消费能力和企业销售地区统计，前几名分别是：广东、山东、江苏、河南、浙江、湖北、云南、四川、河北。城市统计，排前几名的是：广州、北京、上海、南京、济南、杭州、郑州、武汉等。

表7.2　　2012年1~9月，我国食品市场产值情况　　单位：亿元

	企业数（个）	工业总产值	同比增长（%）	销售产值	同比增长（%）
食品工业总计	33199	64393.33	21.60	63487.60	21.10
东部地区	13829	27787.85	19.94	27746.29	20.04
中部地区	8990	15739.38	23.91	15476.48	23.85
西部地区	6182	11964.50	21.53	11555.99	19.51
东北地区	4198	8901.60	22.80	8708.84	22.23

资料来源：中国食品工业协会统计。

7.1.2　2012年我国食品工业发展中存在的问题

第一，食品安全事故仍然频频发生，而且有愈治愈多的趋势。

随着生活水平的提高，食品安全问题越来越受到人们的关注。在历经一次次食品安全的恐慌后，人们对食品的安全事件犹如“惊弓之鸟”，以至于只要有任何“风吹草动”，都很可能爆发一次大危机，这显示了食品行业的歪风盛行和食品安全监管部门的不作为。据不完全统计，2008~2012年可列数的食品安全事件共37起，其中由食品加工企业引起的共23起，占总数的62%；而由其他各种原因引发14起，占38%。食品加工企业引起的安全事件占据了一大半（见表7.3）。

作为一个事关民生健康的行业，食品安全是食品工业的生命，而食品监管和规制是阻止食品安全事故的关键。目前中国食品工业中安全事故大量发生的根本原因在于违法成本低。我国现行法律对于食品生产经营者恶意违法行为的震慑力较小，特别是对于一些主观故意违法、但危害后果轻微的行为，在如何定性、量刑，以及如何实现惩戒的目的方面，还需要对相关配套法规进行进一步的细化完善。按《食品安全法》规定，罚款上限是“货值金额十倍以下罚款”或“十万元以下罚款”。由于罚款的惩治威慑力较小，不能使违法经营者伤筋动骨，即便一些违法企业被吊销许可证，也能“打一枪换一个地方”，重新开张一家新企业。挣的钱远远多于罚的钱，一些企业被罚后还接着违法。此外，监管不到位也使《食品安全法》的震慑力大打折扣。目前我国登记注册的食品生产

表 7.3 中国 2008 年以来发生的部分食品安全事件一览

年份	食品安全事件
2008	1. 多美滋奶粉中出现小蛆 2. 三鹿奶粉事件 3. 日本毒饺子事件 4. 人造新鲜红枣事件
2009	1. 多美滋婴儿奶粉问题 2. 蒙牛特仑苏 OMP 奶事件 3. 韩国的好丽友食品、海太饮料
2010	1. 三聚氰胺超标奶粉事件“卷土重来” 2. 天然紫砂煲事件 3. 地沟油事件 4. 注糖水大枣事件 5. 假蜂胶事件 6. 注水羊肉事件 7. 毒蘑菇事件 8. 面粉增白剂事件
2011	1. “皮革奶”事件 2. “胶面条”、“可燃面条”事件 3. “瘦肉精”事件 4. “毒血旺”事件 5. 染色馒头事件 6. “牛肉膏”事件 7. “毒豆芽”事件 8. “染色血燕”事件
2012	1. 红牛“添加门”事件 2. 螺旋藻超标事件 3. 药品胶囊的“明胶门”事件 4. 立顿茶叶农药残留事件 5. 可口可乐含氯事件 6. 黄酒含有致癌物 7. 今麦郎酸价超标 8. 荧光物质超标事件 9. 皮鞋制老酸奶事件 10. 张裕葡萄酒农药残留 11. 面粉添加硼砂事件 12. 光明奶酪宝宝杯 13. 茅台酒塑化剂事件 14. 肯德基“速成鸡”事件

资料来源：作者根据近年来的相关报道整理。

加工企业有44万8000家，其中10个人以下的小作坊小工厂占了80%，而全国质监系统从事食品生产加工监管的行政人员6210人，且绝大多数监管人员不是专业人员，缺少专业知识，无法监管到位；甚至有无编人员从事执法工作，也影响行政执法的合法性。

2012年虽然没有出现像“三聚氰胺”之类的重大食品安全事故，但食品安全的事件却一直没有间断过，从皮鞋制老酸奶、张裕葡萄酒农药残留、白酒塑化剂，到肯德基“速成鸡”，都在一定程度上给消费者的心理造成了恐慌。

第二，食品工业外贸进出口失衡加大，外贸逆差加剧。

2012年我国食品工业外贸进出口延续了2011年的态势，外贸保持逆差，而且有扩大的趋势。2011年我国食品进出口总值1256.1亿美元，同比增长26.0%。其中出口530.8亿美元，增长23.3%；进口725.3亿美元，增长28.0%。进出口相抵，逆差194.5亿美元（见表7.4）。

表7.4　2011年我国主要出、进口食品种类表　单位：亿美元

商品		单位	数量	数量同比（%）	金额	金额同比（%）
主要出口食品	水海产品	万吨	288.3	18.6	109.8	24.8
	蔬菜	万吨	768.2	17.9	91.6	16.9
	鲜、干水果及坚果	万吨	288.7	-3.9	28.4	17.7
	肉及杂碎	万吨	42.3	-4.7	21.8	19.3
	粮食	万吨	179.2	7.3	14.1	18.9
	果蔬汁	万吨	71.1	-20.6	12.2	41.7
	肠衣	万吨	8.6	15.3	11	32.7
	茶叶	万吨	32.3	6.6	9.7	23.1
	制作或保藏的鳗鱼	万吨	3.5	-3.7	9	37
主要进口食品	食用植物油	万吨	656.8	-4.4	77.1	28
	水海产品	万吨	266.5	8.4	55.8	28
	肉及杂碎	万吨	202.6	20.3	36.5	46
	其中：猪肉	万吨	46.8	132.3	8.5	305.5
	鲜、干水果及坚果	万吨	320.1	22.6	29.3	41.9
	乳品	万吨	90.6	21.6	26.2	33
	酒类	千万升	51.2	29.6	24.7	57.3
	食糖	万吨	291.9	65.3	19.4	114.5
	冻鸡	万吨	38.5	-25.2	8	-12.5

资料来源：根据中国海关总署统计数据整理。

2012年前三季度，根据海关总署统计，我国食品进出口总值1028亿美元，同比增长

14.7%；其中出口388.7亿美元，增长2.2%；进口639.3亿美元，增长23.9%。进出口逆差250.6亿美元。其中，以一般贸易方式进出口食品840.8亿美元，增长15.3%，占同期我国食品进出口总额的81.8%；以加工贸易方式进出口105.7亿美元，增长7.0%，占比10.3%（见表7.5）。食品出口量普遍减少，进口量明显增加。我国食品出口的主要市场是日本、东盟和欧盟，前三季度月对上述国家和地区食品出口分别增长10.7%、下降1.8%和增长9.1%。以上三个市场出口额占同期我国食品出口总额的48.4%。食品进口的主要来源国家和地区是巴西、美国、东盟，进口食品分别增长37.6%、12.7%和8.8%，这三大进口来源地进口的食品总额占同期我国食品进口总额的63.7%。

表7.5　2012年1~9月进口增长比较大的几类食品统计一览

品　种	粮　食	葡萄酒、烈酒及含酒精饮品	休闲食品（食糖）	营养食品（乳制品、保健品）	安全、环保、有机食品	食品油及调味品
进口量（万吨）	6189.9	56万升	3126	136	17	23.5
进口总值（亿美元）	313	30	19.4	98.9	32.6	18.6
增长率（%）	28.70	30.30	65.30	31.20	26.30	16.35

资料来源：根据中国海关总署统计数据整理。

第三，食品加工业行业结构不合理。

我国食品资源丰富，粮食、油料、蔬菜、水果、肉类和水产品等产量均位列世界前茅，但是以这些农产品为基础原料的食品加工，转化增值程度偏低。在加工量方面，目前我国加工食品占消费食品的比重仅为30%，远低于发达国家60%~80%的水平。其中，我国经商品化处理的蔬菜仅占30%，而欧盟、美国、日本等发达国家占90%以上；我国柑橘加工量仅为10%左右，而美国、巴西达到70%以上；我国肉类工厂化屠宰率仅占上市成交量的25%左右，肉制品产量占肉类总产量只有11%，而欧盟、美国、日本等发达国家和地区已经全部实现工厂化屠宰，肉制品占肉类产量的比重达到50%。

此外，我国食品饮料行业的结构比例为：食品制造业、饮料制造业和烟草加工业分别为57.5%、12.4%和23.6%，而发达国家这三者的比例是78%~83%、12%~16%和4%~6%。我国食品工业总产值与农业总产值的比值为0.4∶1，而发达国家约为2~4∶1；食品制成品占居民食物消费支出不到40%，而发达国家则高达80%以上（见表7.6）。

另外我国食品加工业企业规模偏小、效益差、技术装备水平低，食品工业的集中度很低。比如，我国的猪肉加工业的4家企业集中度仅为10%，而美国则为50%以上，荷兰为74%以上。丹麦最大的猪肉加工企业的加工能力高达全国的80%。

表 7.6　　我国食品工业结构与发达国家的差距

项　目	中　国	发达国家
1. 加工食品占食品消费的比重	30%	60% ~80%
其中：经商品化处理的蔬菜	30%	90%
柑橘加工量	10%	70%
加工肉制品比率	11%	50%
2. 食品、饮料、烟草加工业的比例	57.5∶12.4∶23.6	80∶15∶5
3. 食品工业市场集中度		
猪肉加工业 4 家企业集中度	10%	美国（50%），荷兰（74%），丹麦（90%）

资料来源：根据中国食品工业协会相关统计整理。

食品工业布局也不尽合理，食品工业主要分布在东部发达地区的格局几十年来没有发生大的变化，中部地区没有把丰富的原料资源优势转化成产业优势，食品工业布局与农业生产布局衔接也不够紧密，造成了原料供应与食品工业发展的要求不相适应，增加了农产品长途运输的成本和损失，导致资源浪费。比如，我国虽然有 300 多个小麦品种，但是适合加工优质面包和饼干的专用品种缺乏，每年不得不从国外进口上千万吨加工专用小麦。再如，我国是世界上主要的土豆生产国，但土豆的种子，高品质的土豆则还需要大量进口。

7.2　增速下滑环境下的食品工业大企业集团：影响和冲击

7.2.1　食品工业大企业集团的抗压能力较强，增速放缓对其影响甚微

在此轮经济回调中，国内很多行业已经或即将出现利润负增长甚至亏损。而食品饮料行业由于属于弱周期性行业，受到刚性需求的推动，所以受增速减缓的影响相对较小。我国食品饮料行业的负债率相对较低，资产负债率总体为 40.28%，是 23 个行业中最低的。行业内众多上市公司资产负债率均不高，比如贵州茅台、五粮液、洋河股份 2012 年第三季报显示企资产负债率仅分别为 17.62%、25% 和 39.99%。与其他工业企业大集团相比，各主要食品企业集团的盈利能力较好尤其是白酒行业，贵州茅台酒业集团、江苏洋河集团、四川泸州老窖集团的营业收入增长率度超过 50%。2012 年唯一下降的企业是受丑闻影响的双汇集团，其 2012 年的营业收入总额比上一年减少 1%（见表 7.7）。

表 7.7　2011 年全国主要食品工业大企业集团营业收入一览　单位：万元

行业	企业名称	营业收入总额		增长率（%）
		2011 年	2012 年	
农副食品加工业	三河汇福粮油集团有限公司	1503658	1835019	22
	北京顺鑫农业发展集团	626840	758020	21
	广西南华糖业集团有限公司	1240027	1374980	11
	双汇实业集团有限责任公司	5066989	5032467	-1
	唐人神集团股份有限公司	787491	1041771	32
	雨润控股集团有限公司	6475546	9074651	40
	正邦集团有限公司	1325443	2018954	52
	山东六和集团有限公司	5068613	5473446	8
	临沂新程金锣肉制品集团有限公司	3423996	3982268	16
	西王集团有限公司	1974421	2489802	26
	诸城外贸有限责任公司	966299	1108606	15
	山东鲁花集团有限公司	856255	1023267	20
	新希望集团有限公司	5595767	7538106	35
	通威集团有限公司	3063896	3525196	15
食品制造业	和润集团有限公司	1083359	1618682	49
	内蒙古伊利实业集团股份有限公司	2966498	3745137	26
	天狮集团有限公司	2856380	2890657	1
	杭州娃哈哈集团有限公司	5487355	6785504	24
	北京燕京啤酒集团公司	1441961	1716231	19
饮料制造业	厦门银鹭集团有限公司	625902	908463	45
	中国贵州茅台酒厂有限责任公司	1550241	2429810	57
	维维集团股份有限公司	1516718	2017836	33
	江苏洋河酒厂股份有限公司	761909	1274092	67
	青岛啤酒股份有限公司（青岛啤酒集团）	1989783	2315805	16
	四川省宜宾五粮液集团有限公司	4029684	4872960	21
	泸州老窖集团有限责任公司	1227086	2462383	101

资料来源：根据上市公司数据和财政部统计资料整理。

7.2.2　行业的整合升级，大企业集团间并购加速

随着食品安全等众多问题的持续爆发，食品行业的发展遇到瓶颈，行业整合正在加速进行，食品饮料行业并购事件呈上升趋势。2011 年，我国食品饮料行业已经披露的并购事件为 29 起，其中知名的有：雀巢并购徐福记及银鹭集团，三元并购太子奶集团，华润雪花相继并购湖州啤酒、西湖啤酒、蓝牌啤酒、墨尼啤酒、三泰啤酒及奥克啤酒等。2012 年上半年中国食品饮料行业共完成 8 起并购案例，其中 7 起披露金额的案例共涉及

5.32 亿美元。

在食品安全形势逼迫下，我国食品行业大企业集团开始谋求收购国外高端品牌及上游产业链资源，以加强产业链控制及自身竞争力，海外并购逐渐活跃。2012 年下半年，由光明食品集团完成对企业价值高达 12 亿英镑的英国维他麦公司（Weetabix）60% 股份的并购和股权交割的海外并购案，被认为是“中国食品业有史以来最大宗的海外并购案”称号。

7.2.3 大企业集团物流成本较高

根据 2012 年国家发改委、国家统计局和中国物流与采购联合会开展的全国重点企业物流统计调查显示，2011 年，农副食品加工业物流总额达到 4.6 万亿元，成本费用率为 11.8%，2012 年的形势略有改观，但变化不大。食品加工业企业的物流成本构成中占 56% 的运输成本有所下降，但下降的幅度不到 1%。而保管成本，管理成本等继续保持快速增长（见图 7.1），大企业集团的物流成本压力增大。

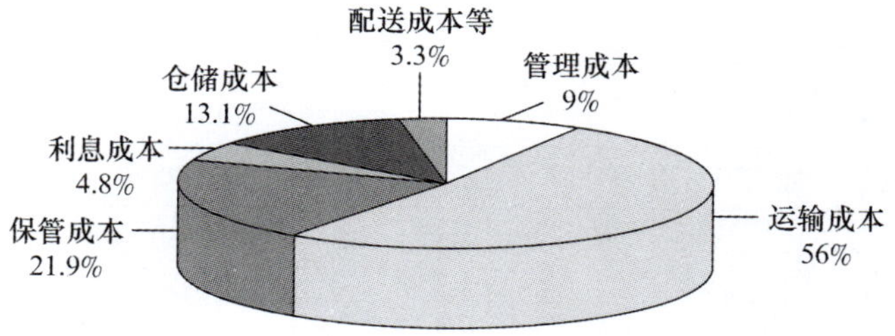

图 7.1 2011 年农副食品加工业调查企业物流成本构成

资料来源：根据国家发改委、国家统计局和中国物流与采购联合会开展的全国重点企业物流统计调查数据整理。

7.2.4 食品工业大企业集团的研发投入低，粗放式扩张仍在延续[①]

中国食品饮料企业过去以数量扩张的粗放型发展方式仍未得到改变，食品工业的加工深度不够，研发投入有限。特别是食品加工转化增值程度较低，加工食品占消费食品的比重比发达国家低 20 ~ 40 个百分点左右，初级产品多，高科技含量和高附加值产品比重偏低。资源综合利用水平不高，能耗物耗高，污染较为严重。因此要提升食品行业的产品竞争力必须依靠科技创新，提升产业附加值。但现状是，我国食品工业大企业在科技研发上的投入非常有限。多年来，我国大中型食品企业每年的研发经费投入都不到产品销售收入的 1%，低于其他行业，而目前发达国家的大中型食品企业的 R&D/GDP 投入强度占 2% ~ 3%。我国大中型食品企业科技研发投入情况如表 7.8 ~ 表 7.10 所示。

① 由于最新的研发投入数据不可得，所以用 2010 年的数据代替。但因为研发投入的增长变化不会太大，所以不影响本报告的判断。

表 7.8　**我国大中型食品企业研发机构及研发活动情况**　单位：个

行　业	企业数	有研发机构的企业	比例（%）	有 R&D 活动的企业	比例（%）
农副食品加工业	1778	307	17.3	263	14.8
食品制造业	1033	233	22.6	231	22.4
饮料制造业	768	215	28.0	196	25.5
烟草制品业	99	32	32.3	40	40.4

资料来源：作者根据《中国科技统计年鉴（2011）》整理。

表 7.9　**我国大中型食品工业企业 R&D 项目情况**

行　业	R&D 项目数（项）	R&D 项目人员数（人）	R&D 项目经费支出（万元）
农副食品加工业	1622	17002	408221
食品制造业	1826	14297	330255
饮料制造业	1665	17999	370064
烟草制品业	689	4716	75654

资料来源：《中国科技统计年鉴（2011）》。

表 7.10　**我国大中型食品企业技术获取和技术改造支出**　单位：万元

行　业	引进技术经费支出	消化吸收经费支出	购买国内技术经费支出
农副食品加工业	1622	17002	408221
食品制造业	1826	14297	330255
饮料制造业	1665	17999	370064
烟草制品业	689	4716	75654

资料来源：《中国科技统计年鉴（2011）》。

从表7.8可以看出，我国3678家大中型食品工业企业中，有研发机构的只有787家，而有R&D活动的也只有730家，比例只有20%左右。这3678家大中型食品工业企业的食品科技研发经费占食品工业产值的比例（R&D/GDP）仅为0.4%，远低于发达国家2%和新兴工业化国家1.5%的水平。由此可见，我国食品科技研发投入不论从总额上还是相对比例上都和发达国家有很大的差距。如美国对于玉米的加工产品近四千多种，其中深加工的品种达三千多种，而我国玉米深加工产品只有几十种。由于加工产品品种的缺少，使我国食品加工业发展速度缓慢，在国际竞争中处于劣势。

7.3 食品工业大企业集团应对增速下滑及食品安全事件冲击的实践：经验与教训

与其他工业不同，中国的食品工业在增速下滑的宏观经济环境中受到的影响相对较小。尽管增速有所下降，但总体形势良好：消费市场稳定，销售率较高；利润保持增长，投资增长也较快，比国内全社会投资平均增速高出13个百分点。但是，食品工业也遇到了其他大多数工业所没有的"丑闻"的冲击。"毒奶粉"、"地沟油"、"皮革奶"、"塑化剂"、"药残鸡"等一波接一波的丑闻，使中国食品工业臭名昭著。一些食品工业大企业集团和知名企业也牵涉其中。这些事件，不仅可以迅速击垮一家企业，甚至可以摧毁一个行业。如何学会在这种弱环境中生存，是中国食品工业大企业集团面临的一个巨大挑战。在这种丑闻迭出的行业洗牌过程中，有很多企业遭受重创，而有的则或者重生。

7.3.1 "圣农发展"案例："药残鸡"、"速成鸡"事件中的受益者

"圣农发展"是我国规模最大的一体化自养自宰肉鸡生产企业，已形成了集饲料加工、种鸡养殖、种蛋孵化、肉鸡饲养和屠宰加工于一体的完整的肉鸡生产链。公司主要产品是鸡肉，是肯德基、德克士的国内前三大供应商之一。公司控股子公司福建欧圣农牧发展有限公司是福喜和铭基之后的第三家中国区直供麦当劳的供应商，也是唯一一家鸡肉生产一条龙的原料供应商。"圣农"是福建省著名商标和中国驰名商标，"圣农"牌鸡肉是福建名牌产品。

1. "圣农发展"所在的鸡肉生产行业概况

我国肉鸡饲养主要包括白羽肉鸡和黄羽肉鸡两大类。白羽鸡从国外引进，具有生长快、体型大和饲料报酬率高等特点，约占我国肉鸡产量的80%；黄羽鸡主要是我国地方性品种，生长周期较长，消费与饲养区域主要在长江以南。近年来我国鸡肉产量保持稳定增长的趋势，2011年鸡肉产量达到1320万吨，已成为世界第二大鸡肉生产国。随着收入水平和城市化率的不断提升，我国鸡肉消费量稳步增长。同时，由于鸡肉具有高蛋白、低脂肪、低胆固醇和低热量的特点，随着人们对饮食质量的注重，鸡肉有望获得更多的青睐，在消费结构中的比重有望进一步提升。

与其他农产品类似，肉鸡饲养企业产品同质性的特点决定了规模经济是企业取得超

额收益最重要的途径，行业演进的方向是市场份额不断集中。尽管我国肉鸡养殖行业经过近30年的发展，产业规模化比例已较高，但同国外相比，我国肉鸡养殖企业规模还处于较低水平。2011年我国规模化养殖的出栏量占总出栏量比例接近86%，但鸡肉生产行业的市场集中度比较低。我国前十大肉鸡产商产量仅占全国总产量的13.37%；而美国前十家肉鸡公司的总体市场份额在2008年就已经超过70%，其中龙头企业Pilgrim's Pride和Tyson Foods的市场占有率分别达到了23.53%和21.60%。与国外相比，我国肉鸡规模养殖企业尚有较大的提升空间。

2. 增速下滑对“圣农发展”的影响

受经济减速大环境影响，“圣农发展”2012年第三季度单季的表现差强人意，出现了亏损的情况（这在公司历史上是相当罕见的）。2012年第三季度“圣农发展”共实现归属上市公司股东净利润9573万元，同比下降69.33%；综合毛利率7.77%，同比下滑7.24个百分点。预计2012年全年归属母公司净利润将会下降70%～100%。经济增速下滑，宏观环境不稳定，对“圣农发展”的影响主要来自于两个方面：一是鸡肉价格的持续低迷。由于鸡价低迷，前三季度公司鸡肉的平均销售价格仅约在10500元/吨，直接导致三季度单季单羽鸡的盈利更是降为负值，仅为－0.58元/羽（上半年尚且有1.57元/羽的水平），出现亏损。二是饲料成本，尤其是玉米价格的大幅飙升。2012年由于美国出现了历史罕见的大干旱，使得鸡饲料原材料的价格飙涨。尽管公司在采购与储备上做的较同行业其他公司更为积极，但仍无可避免的承受较大压力，最终Q3单季毛利率在价格低迷和成本上升的双重挤压下，大幅下降。

3. “速成鸡”事件对“圣农发展”的影响：“危”与“机”的并存

2012年11月23日，媒体曝光了山西粟海集团养殖的一只鸡从孵出到端上餐桌，只需要45天，是用饲料和药物喂养的，而粟海集团正是肯德基与麦当劳的大供货商。之后，这件事在各大媒体和网络上被广泛传播和讨论，成为街头巷尾的热门话题，也成为食品饮料行业又一大丑闻。其实，早在2012年2月，粟海集团将家禽养殖工业化的消息就已经见诸报端。报道称，仅在养殖的一个阶段11天中，就有多达11种药物喂给肉鸡。而喂食药物的原因是，肉鸡被放在狭小的空间高密度地喂养，并且在45天的喂养周期中，甚至不会清理养殖场。只有通过不断地喂药才能提高鸡的抗病能力，只要45天内，鸡不发病，就能顺利地被拉走屠宰，并且流入市场被人食用。

食品安全事件对食品行业而言，短期利空，但长期利好。2012年下半年爆发的“速成鸡”、“药残鸡”事件，从性质恶劣上堪比三聚氰胺、瘦肉精事件，但长期看对行业是一次非常好的净化。首先利好消费者，也促使消费者加大对食品安全的诉求；其次利好严格律己的龙头企业，坚持高品质将会得到合理的溢价和回报。食品行业将在“药残鸡”事件中食品安全水平得到较大提升，对于一体化高品质的鸡肉供应商“圣农发展”来说，安全鸡肉溢价将再次得到认可，是公司又一次跨越发展的大机遇。

在这次“速成鸡”、“药残鸡”事件中，“圣农发展”虽然受到消费者拒食鸡肉，鸡肉市场低迷的冲击，但总体影响有限。相反，由于其长期以来的经营模式和质量控制措施，“圣农发展”在这次事件中成为受益者。

首先，“圣农发展”采用自繁自养自宰的一体化模式，保证了鸡肉品质的可控性。目前我国国内企业化运作的肉鸡饲养主要存在三种模式：即“公司 + 农户”、“公司 + 合作社”与“公司自养”。从发展趋势上看，无绑定的“公司 + 农户”将逐渐淘汰，紧密的“公司 + 合作社”和“公司自养”是未来的发展趋势，而自养模式在食品安全方面是控制力最强的。

其次，“圣农发展”极其重视产品质量，加上其养殖地所处的武夷山天然的环境优势，使其产品品质非常突出。这一优势不仅使“圣农发展”在食品行业危机中能够独善其身，而且为其提供了发展超越的契机。作为国内最大的自繁自养的白鸡养殖企业，“圣农发展”将享受食品安全带来的溢价以及对安全鸡肉的迫切需求。2011 年的双汇“瘦肉精事件”，使市场对“圣农发展”采购量翻了几番，此次“药残鸡事件”预计将进一步大幅提升肯德基、麦当劳、德克士等餐饮企业对安全鸡肉的需求量，这也为“圣农鸡肉”的发展带来契机。公司 2012 年三季度屠宰量约为 5000 万羽，同比增长 50% 左右，前三季度的总屠宰量已有万羽，同比增长 55% 以上，显示出较为良性的扩张节奏。公司现有产能 2.5 亿羽；蒲城项目屠宰和饲料加工厂已完工，目前正迅速推进养殖场建设。公司债仍有 7 亿元的待发余额和较高的银行授信额度，保证了公司逆势扩张所需资金。

7.3.2 酒鬼酒案例：危机中的自救与整改

1. 酒鬼酒简介

酒鬼酒股份有限公司前身为始建于 1956 年的吉首酒厂，1997 年 7 月上市，公司股票上市地为深圳证券交易所，证券代码为 000799，股票简称“酒鬼酒”。酒鬼为“中国驰名商标”，公司曾先后荣获“全国酒文化优秀企业”、全国“五一劳动奖状”、“全国轻工业系统先进集体”、“全国先进集体”、“中国公众形象优秀企业”、“全国质量效益企业”、“全国酿酒行业优秀企业”、“全国酒文化优秀企业”、“中国公众形象优良企业”、“全国食品行业质量效益型先进企业”、“全国食品工业科技进步优秀企业”等多项荣誉。公司主营业务为生产、销售湘泉酒、内参酒等系列白酒产品，产品畅销全国30多个省、市、自治区，远销美国、日本、俄罗斯、韩国、东南亚及中国港澳台等20多个国家和地区。

2. 酒鬼酒的塑化剂超标事件

2012年11月19日，21世纪网发表《致命危机：酒鬼酒塑化剂超标260%》，该文披露酒鬼酒“塑化剂超标”。当日，酒鬼酒临时停牌，酒类板块应声下跌，一日市值蒸发高达300多亿元。11月21日，国家质检总局证实50度酒鬼酒塑化剂超标247%。塑化剂，又称增塑剂，是工业上被广泛使用的高分子材料助剂，在塑料加工中添加这种物质，可以使其柔韧性增强，容易加工，可合法用于工业用途。而塑化剂加入白酒之中，会使酒类粘性更强，留香更久，看上去提升了白酒的档次和品质。

塑化剂事件之前，酒鬼酒为盈利能力最强的白酒上市公司。受益良好的业绩，酒鬼酒在二级市场上走势强劲，股价从2012年年初的23.51元稳步上扬，至10月19日创下61.45元的最高价，股价涨幅逾160%，成为A股大牛股之一。11月16日即塑化剂事件爆发前一交易日，酒鬼酒报收47.58元，11月23日复牌后连续4个交易日跌停，随后继续下挫，跌破30元关口，最低跌至27元价位，市值蒸发逾65亿，并带动白酒板块全线重挫。

3. 酒鬼酒的应急整改

在2012年11月份，酒鬼酒被曝“塑化剂超标”，随后湖南省产商品质量监督检验院对50度酒鬼酒样品进行检测，检验结果发现，其中DBP（邻苯二甲酸酯类物质，俗称塑化剂）最高检出值为1.04mg/kg。而卫生部相关规定DBP的最大残留量限定为0.3mg/kg，即50度酒鬼酒塑化剂超标247%。11月21日，国家质检总局证实了50度酒鬼酒塑化剂超标247%这一消息并要求其进行整改。此后酒鬼酒进行停产整顿，股市同时也停盘，直至12月3日。

2012年12月4日，酒鬼酒公告宣布公司50度酒鬼酒被质监部门检测出“塑化剂”DBP成分以来，公司严格按照省、州质监部门的整改要求，对公司采购、基酒生产、贮藏、勾兑、包装、运输等生产经营中每个环节进行了全面排查和整改。11月27日，排查、整改至产品包装生产环节，对所有包装生产线实施了停产整改，对有可能导致酒类中邻苯二甲酸酯类物质感染、迁移的工具、包装材料、设备、设施进行彻底更换，以彻底消除邻苯二甲酸酯类物质的感染源和迁移源。其具体做法是将可能导致酒类中邻苯二甲酸酯类物质迁移的“塑料输酒管”全面更换为不锈钢材料。

12月3日、4日，公司提供的酒鬼酒全系列产品的最新《检验报告》显示，16项与塑化剂相关检验项目的检验结果一栏均显示“未检出（<0.05）”字样。12月5日，酒鬼酒公司在吉首向来自全国的800多家经销商公布的50度酒鬼酒的最新检验报告也显示未检出塑化剂。同时出示的酒鬼酒其他产品的检验报告也显示包括52度酒鬼酒、红坛、紫坛、内参、洞藏、湘泉等酒鬼酒全系列主要产品均未检出塑化剂。

4. “酒鬼酒”的启示

塑化剂事件曝光后，大量酒鬼酒产品下架，销售量急剧下滑。有研究机构预计，酒鬼酒清除塑化剂的负面影响可能需要2~3个季度，即公司单月销售收入可能到2013年第三季度才会逐渐恢复到塑化剂事件前的水平。

事件发生后，酒鬼酒迅速做出正面反应，积极进行整改，并大幅增加销售费用，加大宣传，恢复消费信心。同时，大幅增加经销商返利，以消化经销商的大量积压退货。尽管经过一系列的整改和应急措施，塑化剂事件的影响逐渐减退，酒鬼酒的市场表现也开始出现企稳，但是从长远来看，塑化剂事件给食品饮料行业带来了一系列的启示：

首先，食品安全是食品工业企业的命脉，市场高成长的过程中绝对不能忽视消费者的利益，尤其是食品饮料行业。大企业集团如果只重视商业利益，而忽视了其必须承担的社会责任，其发展是不可持续的。当今世界经济交往日趋密切，广大消费者对提高生活质量日趋关心，保障食品安全已成为国际社会共同的责任。在白酒业的塑化剂事件中，酒鬼酒虽然比之贵州茅台等企业的反应积极、整改有效，从而避免了更大的负面冲击，但从长远来讲，必须改变只重视眼前商业利益而忽视了其必须承担的社会责任的短视作法，否则也就只能落得像三鹿集团那样的下场。

其次，必须改变粗放式的扩张策略。中国白酒市场经历了10年的高速扩张。但这种扩张已经接近尾声，未来的市场虽然会保持成长性，但不会再像以前那样快速。其实，对酒鬼酒或者整个白酒行业而言，塑化剂事件只是导火索，经济增速减缓才是影响白酒行业的关键因素。白酒的“黄金十年”与固定资产投资高速增长密切相关。在中国经济增速逐渐下降的大趋势下，白酒行业整体发展速度下降是大概率事件。加上国家抑制“三公”消费和中央军委的“限酒令”，对于白酒政务消费将产生影响。因此，从中长期大的方向来看，白酒行业景气度在未来几年将进入回落过程，整个行业进入较低增长的概率较大，超额收益会收窄。由于未来我国经济发展增速将维持在较低水准上，而目前白酒人均消费量已经较大，白酒行业发展减速属正常现象，反腐力度加大只是催化剂而非决定因素。

此外，大企业集团承担社会责任的方式有待改进。企业承担社会责任的最主要方式就是对消费者负责，尤其是食品行业，它密切关系到消费者的健康和生命安全，必须保证产品的安全，才是真正做到了承担社会责任。现在的很多大企业，更多是从自身利益出发，遇到食品安全问题时更多的是“灭火”，而不是从深层次考虑企业的社会责任和发展战略。这种“短视”的行为最终的结局可能是企业的“短命”。

7.4　食品工业大企业集团的未来发展：趋势和建议

7.4.1　与全球食品工业一致，中国食品工业将继续保持健康增长态势

从全球食品工业的发展趋势来看，未来一二十年间，食品工业仍将保持高于一般工业平均增长速度的态势。根据普华永道的一项针对美国大型食品饮料企业高管的问卷调查，大多数的公司高管对食品饮料业的未来增长保持乐观，但对增长率持相对保守态度。有82%的人认为食品饮料业在2013年将继续增长，但60%的人认为增长率会在10%以内（见图7.2）。同时，57%的高管表示该公司2012年的经营好于2011年，更有72%的人认为2013年收益会更好。由于对市场有乐观的预测，68%的公司高管表示其公司将在2013、2014年扩大投资。

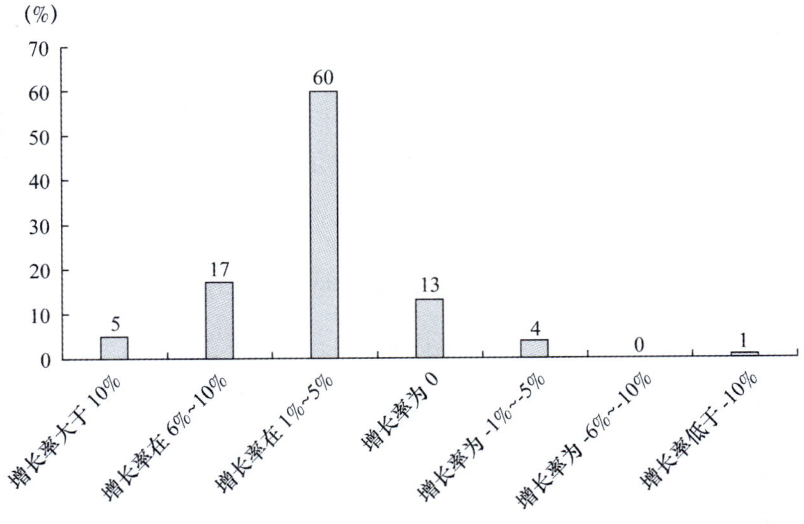

图7.2　美国食品饮料大企业集团高管对2013年市场的预测

由此可见，从全球范围来看，食品饮料行业在2013年仍将保持良好的增长态势。中

国作为新兴的经济体，虽然经济增速下滑，但食品饮料行业的相对高增长态势将不会改变。“十一五”时期，我国食品工业的快速增长，有力带动了农业、流通服务业及相关制造业发展。未来几年，我国食品工业发展仍处于战略机遇期，将继续保持快速健康发展。预计到2015年，食品工业总产值达到12.3万亿元，较2011年增长57.5%，年均增长14%左右。食品工业总产值与农业总产值之比提高到1.5:1。

7.4.2 成本上升和通胀压力仍将是主要挑战和不稳定因素

2012年食品工业虽然保持了相对快速的增长，但食品饮料的价格一直是一个敏感因素。一方面，食品价格是我国物价稳定的一个关键；另一方面，食品饮料工业的发展也受到成本上升压力的制约。

事实上，原料成本上升一直是近年来影响食品工业收入增长和利润空间的重要因素。大部分的美国的主要食品饮料企业集团都把大宗农产品价格上涨和投入品的价格上涨视为影响企业利润空间的主要因素（见表7.11）。我国的食品工业也不例外，粮食价格、生猪、活禽价格等仍将会是影响食品工业增长和利润空间的主要因素。

表7.11 威胁美国食品工业利润空间的五大因素

2012年	2011年
1. 投入品价格（大宗农产品价格）	1. 投入品价格（大宗农产品价格）
2. 折扣和销售让利措施	2. 折扣和销售让利措施
3. 销量下滑	3. 销量下滑
4. 法规成本（regulatory compliance）	4. 管理和营销成本
5. 存货周转成本（库存成本）	5. 法规成本

资料来源：普华永道《食品饮料工业展望（2013）》。

7.4.3 食品企业要继续受到大众对功能食品缺乏安全信心的考验，质量安全管理水平有待提高

与美国食品工业不同，中国的食品工业饱受食品安全事故和丑闻的影响，食品工业的公众形象和公众信用很低。因此，对于我国的食品饮料企业集团来讲，最大的挑战是如果接受公众对食品安全的信心考验，是如何提高食品安全和食品安全的管理水平。

提升食品企业质量安全管理水平首先要从完善我国食品企业安全体系入手。要构建一个立体完善的食品质量安全体系需从以下几个方面入手：①要从人的意识着手。一个食品企业无论是普通员工还是中高层管理者都要主动树立食品质量安全意识。②要主动去熟悉各种食品法律法规，从消费者的利益出发，在质量体系上主动做出调整。③要落

表 7.12　影响美国食品工业成长的 8 大障碍

2012 年	2011 年
1. 定价压力（提价压力）	1. 定价压力（pricing pressures）
2. 原材料价格上涨压力	2. 原材料价格上涨压力（volatile commodity/input prices）
3. 需求增长压力	3. 劳动力成本压力（labor costs）
4. 劳动力成本压力	4. 需求增长压力（lack of customer demand）
5. 能源价格	5. 能源价格（energy prices）
6. 缺乏高素质劳动力压力	6. 规则和法治压力（regulatory and legislative pressures）
7. 规则和法治压力	7. 通货膨胀压力（inflation）
8. 通货膨胀压力	8. 缺乏高素质劳动力压力（lack of a qualified workforce）

资料来源：普华永道《食品饮料工业展望（2013）》。

实全程人员责任制。从食品企业的原材料采购，到生产、加工、包装、储存、运输等流程，都要落实岗位责任制，要对每批产品、每个流程作记录并保存。④要在硬件上舍得投入，比如引进先进的生产检测设备。⑤要建立现代化的网络信息共享识别程序。从而使得产品的产地，原材料的成分，生产加工的时间、运输的路径，产品真伪的识别号等信息都能在同一条信息数据链上，以便于行政部门的检查，和消费者的核实验证。

食品企业健全售后跟踪反馈体系是完善其质量安全体系的一种延续，同时反过来对完善质量安全体系起到补充作用。食品企业健全售后跟踪反馈体系的具体做法，是在企业层通过企业直接布局设点以及对客户关系的管理，建立和完善“销售、服务、信息”三位一体的售后体系。加强售后队伍建设，招聘一批懂得专业知识，了解生产技术的售后专业人才。同时组织售后人员定期进行专业技术知识、售后知识培训，造就新一代售后队伍。加强网络建设，建立三网——信息网、销售网（如 SCM 系统）和服务网（如卓越系统）。同时注重对国内外市场信息的收集，并及时发布产品、服务信息。加强售前、售中、售后服务。

7.4.4　食品安全的政府监管有待进一步完善

我国原先食品安全监管体制属于“多部门型”监管体制的典型。在这种类型的监管体制下，食品安全监管由若干政府部门共同负责，每一部门在食品安全监管体制中发挥不同的作用。在这种监管体制下，尽管从表面上看来对每一个参与监管的部门都作了明确的职责规定，但在实际工作中，往往缺乏在国家一级的总体协调，容易发生监管机构重叠、监管权限不清、监管力量分散、监管成本增加以及沟通不畅和协调不利等问题。因此国务院根据《中华人民共和国食品安全法》的规定，与 2010 年设立国务院食品安全委员会，其主要职责有：分析食品安全形势，研究部署、统筹指导食品安全工作；提出食品安全监管的重大政策措施；督促落实食品安全监管责任。

建立统一高效、权责明确的食品安全监管机构是构建合理的食品安全监管体制最关键的一环，除此之外，明确中央和地方监管职能、破除地方保护主义和进一步完善独立监管制度都是必不可少的。而我国食品安全监管法律法规及相关政策和食品安全监管技术水平的仍需进一步完善和提高。

7.4.5　食品大企业集团的科技开发投入力度有待提升

食品加工业的科技研发和技术创新具有极其重要的现实意义。国际上，发达国家的大型食品加工企业注重食品加工过程中的研发与创新活动。其中大型食品加工企业的研发经费一般占销售额的2%～3%；而我国大中型食品工业企业2010年的食品科技研发经费占销售额的比例仅为0.4%。根据普华永道2012年的调查，美国食品工业大企业在2013年的投资扩张计划中，有39%的企业打算增加新产品开发投入，有36%的企业打算增加信息技术投入，而有16%的企业打算增加研发投入（见图7.3）。

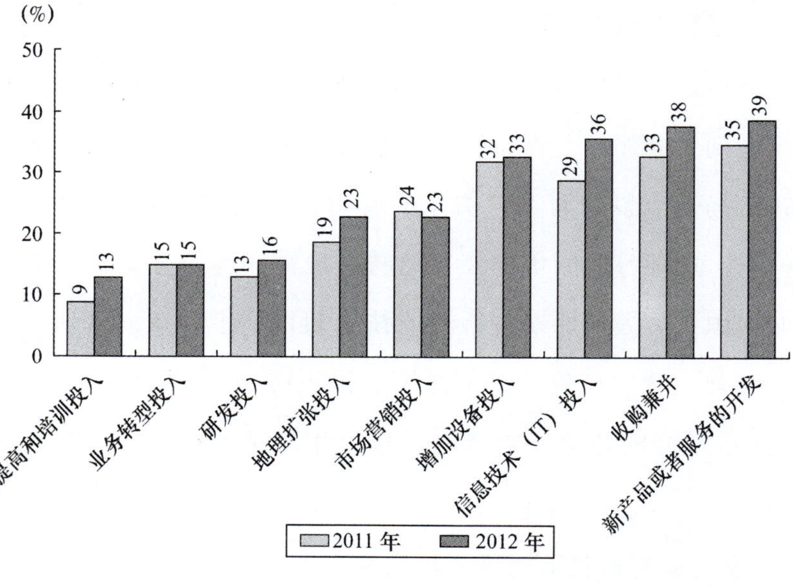

图7.3　美国食品工业大企业的投入增加倾向和趋势

同时，国外政府对食品工业的技术和研发的重视程度也值得我国食品加工行业学习和借鉴。从国家经济层面看，食品加工业是对农产品的进一步加工处理，因此食品加工业科技开发对我国农村经济结构的调整、解决农村就业问题和增加农民收入均有积极作用。同时科技开发创新也能有效地提高食品深加工的程度，增加了食品的种类，给消费者提供更多的选择机会，有利于扩大消费需求，从而形成新的经济增长点。从消费者方面讲，2012年全国城镇居民人均总收入26959元。其中，城镇居民人均可支配收入24565元，比上年名义增长12.6%；扣除价格因素实际增长9.6%。2012年全国农村居民人均纯收入7917元，比上年名义增长13.5%；扣除价格因素实际增长10.7%。随着人们收入水平的不断提高，对加工后食品的种类、品味、安全有了更高的要求，实施食品加工业科技创新才可以更好地满足消费者的需求。

从策略上讲，加大食品产业科技开发力度，首先应有效整合分散在各单位的食品加工研究力量。在国家层面上，应在国家级农业科技系统中建立精干的国家级农产品加工研究机构，作为非盈利性机构统一纳入国家科技创新体系，给予重点支持。同时，国家应积极扶持规模食品企业建立研发机构，引导、帮助企业加强产品研发和技术装备的研发，积极推进产学研相结合的机制建立和健全，促进企业真正成为食品产业技术创新的主体。企业自身也要加强与各科研院所、大专院校以及推广机构的合作，走农科教相结合和产学研相结合的路子。有条件的食品龙头企业要组建自己的研究开发机构，加速科技成果的转化，逐步发展成为有自主知识产权、创新能力强的现代化农业企业或企业集团。同时国家应加大对食品加工业的技术创新的专项投入；加大食品产业节能减排的研究力度，促使食品产业的废弃物能够循环利用，做到“吃干榨净”，比如用食品产业的废弃水来制沼气等等。对节能减排的企业，应当给予奖励。

执笔人：杨来科　林　基　廖　春

第8章

中国钢铁行业大集团如何应对增速下滑

- 钢铁行业整体状况
- 钢铁行业出现困难的主要原因
- 重点钢铁企业应对困难形势的做法
- 对钢铁行业和企业发展的建议

8.1 钢铁行业整体状况

2012 年我国钢铁行业景气度大幅下降，钢铁企业在产量增长的同时，企业的利润额却大幅减少，企业亏损数量和亏损额均明显上升，这表明我国钢铁行业仍未摆脱依靠规模扩张和低价竞争的传统发展路径。

8.1.1 行业景气性走低

2012 年第三季度，我国钢铁行业的景气性较去年同期大幅下降 28.5%，较第二季度也骤降 17.2%，这说明全行业在一年中基本处于低迷状态（见表 8.1）。

表 8.1 2011 年三季度至 2012 年三季度全国企业、钢铁行业、工业行业企业景气指数及环比情况

时期	全国企业		钢铁企业		工业企业	
	景气指数（点）	较上一季度增减（%）	景气指数（点）	较上一季度增减（%）	景气指数（点）	较上一季度增减（%）
2011 - Q3	133.4	-2.2	115.2	-3.3	128.8	-3.4
2011 - Q4	128.2	-5.2	85.3	-29.9	123.3	-5.5
2012 - Q1	127.3	-0.9	94.9	9.6	123.2	-0.1
2012 - Q2	126.9	-0.4	99.6	4.7	129.2	6.0
2012 - Q3	122.8	-4.1	82.4	-17.2	122.7	-6.5

数据来源：国家统计局，国研网行业研究部加工整理。

8.1.2 固定资产投资持续小幅增长

2012 年前三季度，钢铁行业固定资产投资额为 3696.46 亿元，同比增长 3.9%；占同期全国固定资产投资总额的 1.4%，占比较 2012 年二季度下降 0.1 个百分点，比 2011 年同期下降 0.3 个百分点。固定资产投资增速与比重的双下降，也反映出目前钢铁行业已经呈下行趋势，2013 年钢铁行业固定资产投资增速可能会持续放缓（见表 8.2、图 8.1）。

表 8.2 2011 年 9 月 ~ 2012 年 9 月钢铁行业固定资产投资完成额变化情况

时间		当月投资额（亿元）	累计投资额（亿元）	累计投资额同比增长（亿元）	累计投资额占全国投资额比重	
					当年（%）	上年同期（%）
2011 年	1 ~ 9 月	436.79	2811.76	20.0	1.3	1.4
	1 ~ 10 月	324.58	3136.35	18.9	1.3	1.4
	1 ~ 11 月	356.19	3492.54	18.6	1.3	1.4
	1 ~ 12 月	367.96	3860.50	14.6	1.3	1.4

续表

时间		当月投资额（亿元）	累计投资额（亿元）	累计投资额同比增长（亿元）	累计投资额占全国投资额比重	
					当年（%）	上年同期（%）
2012年	1~2月	299.51	299.51	3.2	1.4	1.7
	1~3月	413.39	712.90	8.0	1.5	1.7
	1~4月	388.70	1011.60	8.2	1.5	1.6
	1~5月	510.90	1612.50	8.0	1.5	1.6
	1~6月	668.25	2280.75	9.4	1.5	1.7
	1~7月	435.79	2716.54	6.9	1.5	1.7
	1~8月	508.60	3225.14	7.7	1.5	1.7
	1~9月	471.36	3696.50	3.9	1.4	1.7

资料来源：国家统计局，国研网行业研究部加工整理。

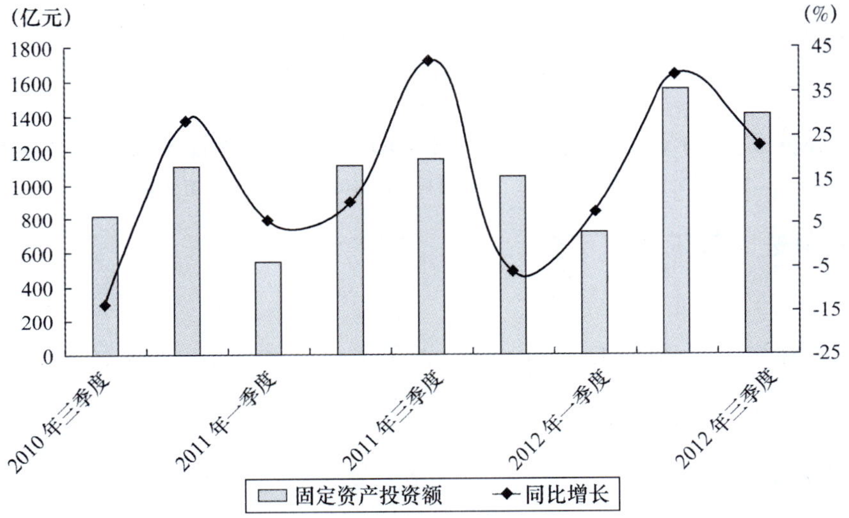

图8.1　2010年第三季度至2012年第三季度钢铁行业固定资产投资额及同比增长率变动趋势

资料来源：国家统计局，国研网行业研究部加工整理。

8.1.3　钢材产量环比下降

2012年前三季度，我国钢材产量继续保持同比增长态势。分品种来看，生铁方面，前三季度我国累计生产生铁50277.8万吨，同比增加1726.1万吨，同比增长2.7%；三季度产量较二季度减少687万吨，季度环比降幅为4.0%。粗钢方面，前三季度我国累计生产粗钢54234.3万吨，同比增加1660.8万吨，同比增长1.7%；三季度粗钢产量较二季度减少368万吨，季度环比降幅为2.0%。钢材方面，前三季度我国累计生产钢材70828.3万吨，同比增加4099.4万吨，同比增长5.7%；三季度钢材产量较二季度减少675万吨，季度环比降幅为2.7%（见表8.3）。

8.1.4 钢材消费量下降

2012 年三季度，我国钢材消费量为 23033.5 万吨，比二季度减少 530.9 万吨，环比下降 2.3%；同比增长 4.2%，同比增幅较二季度下降 2.6 个百分点（见图 8.2）。

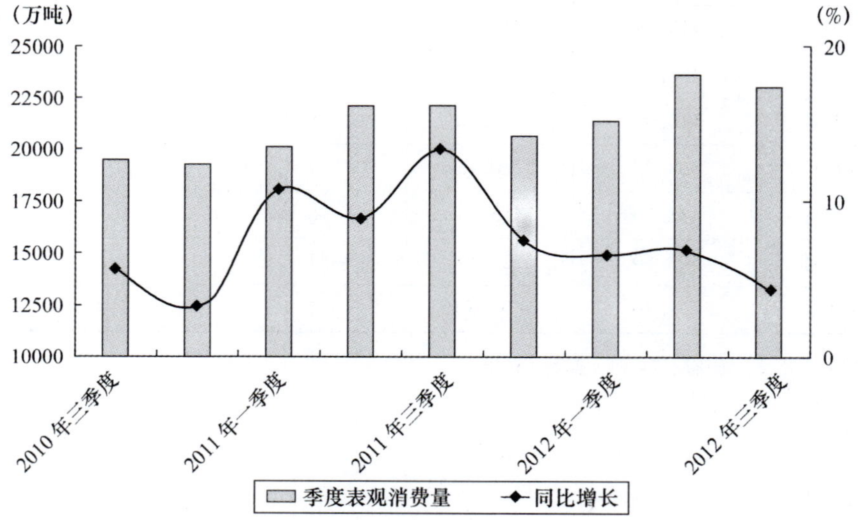

图 8.2 2010 年三季度至 2012 年三季度我国成品钢材季度表观消费量及同比增长率变动趋势

资料来源：国家统计局、海关总署，国研网行业研究部加工整理。

8.1.5 钢材进出口环比双下降

1. 出口

2012 年前三季度，我国钢材累计出口 4094 万吨，累计出口金额达 389.71 亿美元，较去年同期分别上升 10.2% 和 0.4%。三季度出口量较二季度下降 143 万吨，环比为 -9.5%（见图 8.3）。

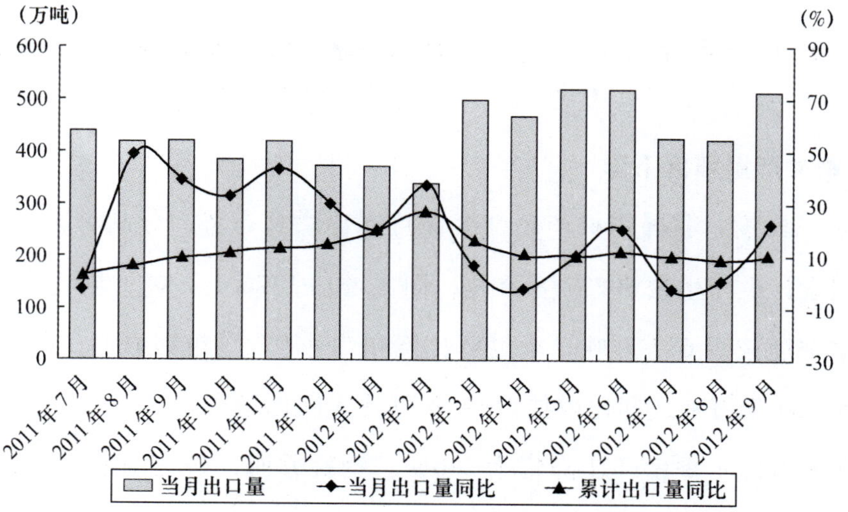

图 8.3 2011 年 7 月 ~ 2012 年 9 月钢材出口量及同比增长率变动趋势

资料来源：海关总署，国研网行业研究部加工整理。

2. 进口

2012年1~9月，我国共进口钢材1052万吨，较去年同期下降12.0%；累计进口额为138.5亿美元，较去年同期下降16.2%。三季度刚才进口量与二季度基本持平。钢坯及粗锻件方面，2012年前三季度我国累计进口钢坯及粗锻件27万吨，同比下降37.1%；累计进口金额为3.78亿美元，同比下降23.9%。在我国进口钢材品种中，多以高级别钢产品为主（见图8.4~图8.6）。

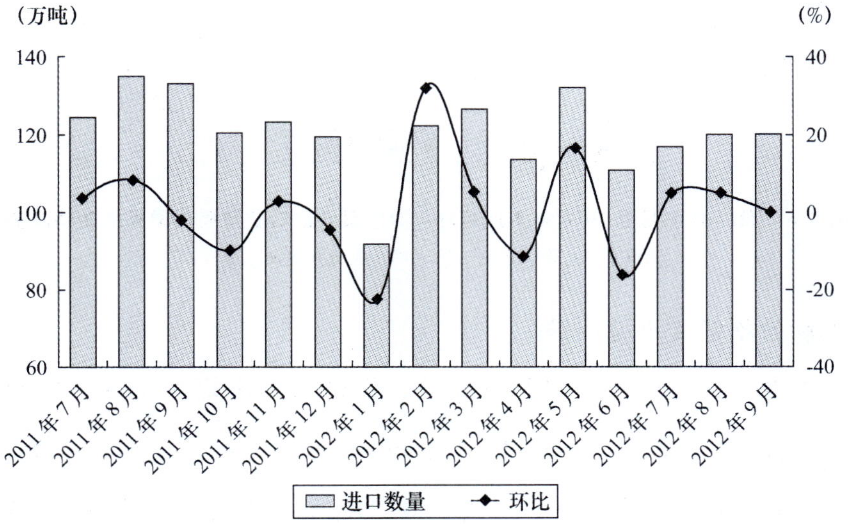

图8.4 2011年7月至2012年9月钢材进口量及环比增长率变动趋势

资料来源：海关总署，国研网行业研究部加工整理。

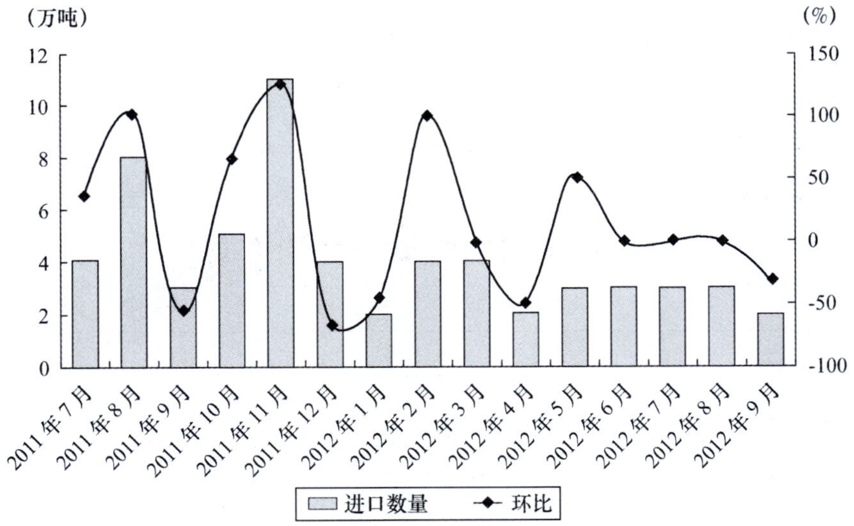

图8.5 2011年7月至2012年9月钢坯及粗锻件进口量及环比增长率变动趋势

资料来源：海关总署，国研网行业研究部加工整理。

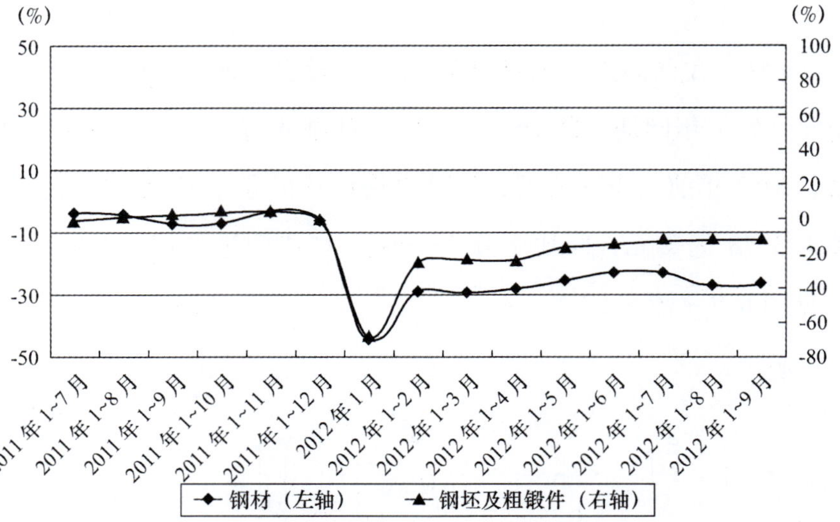

图 8.6　2011 年 7 月至 2012 年 9 月钢材、钢坯累计进口数量同比增长率变动趋势

资料来源：海关总署，国研网行业研究部加工整理。

8.1.6　钢材价格触底小幅回升

2012 年三季度末，在经过长时间下跌后，钢价出现小幅度反弹。据中国钢铁工业协会统计数据显示，9 月份，中国钢铁工业协会 CSPI 钢材综合价格指数达到了 2011 年以来的最低点 99.24 点，之后出现反弹，至 9 月末，综合价格指数为 102.45 点，较二季度末下降 13.03 点，降幅为 11.3%；长材价格指数为 105.94 点，较二季度末下降 13.6 点，降幅为 11.4%；板材价格指数为 100.08 点，较 2 季度末下降 13.1 点，降幅为 11.6%（见图 8.7）。

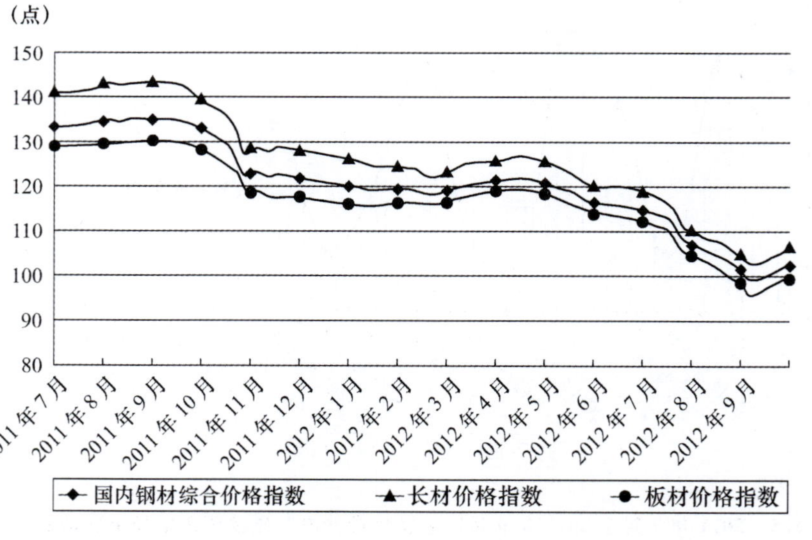

图 8.7　2011 年 7 月至 2012 年 9 月我国钢材价格指数走势

资料来源：中国钢铁工业协会，国研网行业研究部加工整理。

8.1.7　钢企盈利大幅减少，亏损数量和亏损额双增长

2012 年前三季度，钢铁行业盈利大幅下降、深陷亏损深渊，部分钢企更是报出巨额亏损。

从盈利状况看，2012 年前三季度，我国钢铁行业累计实现利润 427.75 亿元，同比减少 906.82 亿元，同比下降 67.9%。分企业规模类型看，2012 年前三季度大型钢企盈利为负 47.86 亿元，同比减少 906.82 亿元，同比下降 105.79%；中型钢企实现盈利 154.3 亿元，同比减少 29.61 亿元，同比下降 16.1%；小型钢企实现盈利 321.32 亿元，同比减少 2.7 亿元，同比下降 0.83%（见表 8.3）。对比来看，小型钢企利润下降幅度最小，且主营业务利润率、成本费用利润率仍然是行业最高水平，盈利能力明显好于大、中型钢企。其中原因，一方面小型钢企的收入来源较大中型钢企较易转换，在钢铁主业低迷时可以从其他渠道加以补充，另外小型钢企的管理成本要比前者小很多。

表 8.3　2011 年、2012 年同期钢铁行业利润总额对比

规模类型	2011 年前三季度（亿元）	2012 年前三季度（亿元）	同比增幅（%）	同比增减（%）
全国	1334.57	427.75	-67.9	-906.82
大型	826.64	-47.86	-105.8	-874.51
中型	183.91	154.30	-16.1	-29.61
小型	324.02	321.32	-0.8	-2.70

数据来源：国家统计局，国研网行业研究部加工整理。

从亏损情况看，2012 年前三季度我国钢铁行业亏损企业数量同比增加，特别是大型钢企，亏损企业数量同比增长 100% 以上；而全行业亏损额同比增幅在 300% 以上，最高的仍是大型钢企，亏损额同比上升 400% 以上（见表 8.4）。

在亏损的钢铁企业中，鞍钢单季亏损 11.94 亿元，马钢集团、华菱钢铁均亏损 12.45 亿元，安阳钢铁亏损 10.12 亿元，山东钢铁亏损 9.61 亿元，上述 5 家企业三季度单季亏损 56.57 亿元，累计亏损 132.75 亿元，俨然已是亏损的主力军。

表 8.4　2012 年前三季度各规模类型企业亏损情况

规模类型	企业单位数（个）	亏损企业			亏损面（%）	亏损企业亏损额（亿元）	同比增幅（%）
		数量（个）	数量同比增减（个）	同比增幅（%）			
全　国	10926	2575	849	49.19	23.57	726.75	317.68
大　型	423	165	98	146.27	39.01	548.33	476.95
中　型	1242	387	127	48.85	31.16	76.95	135.92
小　型	9261	2023	624	44.60	21.84	101.46	118.96

数据来源：国家统计局，国研网行业研究部加工整理。

8.1.8 钢企负债增加，大型钢企负债率最高

截至2012年三季度末，我国钢铁业负债总额为38347.0亿元，同比增加3372.0亿元，同比增长9.64%。行业资产负债率为68.4%，同比提高1.29个百分点。按规模来看，截至2012年三季度末，大型钢企负债总额为29585.9亿元，同比增加2118.2亿元，同比增长7.71%；大型钢企资产负债率为69.1%，同比提高1.93个百分点。中型钢企共负债3803.2亿元，同比增加284.2亿元，同比增长8.08%；中型钢企资产负债率为68.2%，同比下降0.87个百分点。小型钢企共负债4958.0亿元，同比增加969.6亿元，同比增长24.31%；小型钢企资产负债率为64.5%，同比下降0.4个百分点（见图8.8）。钢铁企业负债率上升意味着企业的债务压力加大。同时也意味着银行体系在发放贷款时会才采取更加严格的审查标准，同时会严控企业的信贷规模。企业融资压力加大，资金链断裂的风险增高。

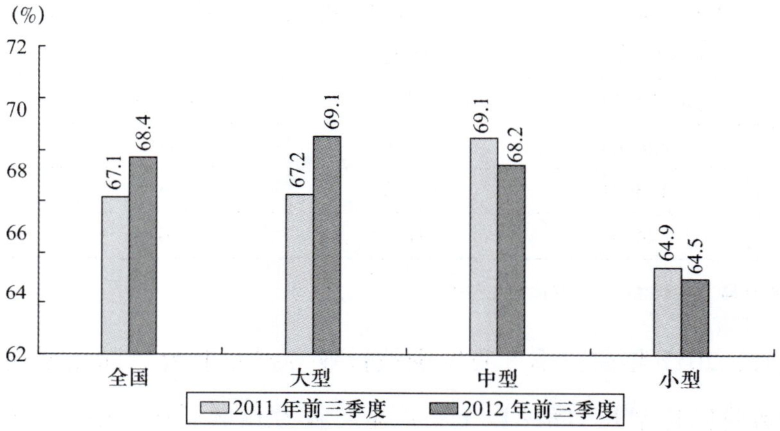

图8.8 2011年、2012年同期钢铁行业资产负债率情况对比

资料来源：国家统计局，国研网行业研究部加工整理。

8.2 钢铁行业出现困难的主要原因

钢铁行业出现困难的原因大体上可以归结为：市场需求不旺、生产成本过高，产能过剩加剧、产品竞争力差和产业集中度低。

8.2.1 市场需求不旺，销售价格疲软

为了抑制全国城市房价的过快成长，国务院颁布了历史上最严厉的调控政策，简称“国八条”，这使得房地产行业的发展受到了限制。受政策影响，我国房地产行业的景气

性处于下行区间，2011～2012 年前三季度，尽管房地产行业的固定资产投资的绝对额仍处于上升趋势，但是增幅已经明显下降。同时，新屋开工面积与销售面积的增幅均呈现大幅下降。作为钢铁行业的主要下游行业，房地产行业的景气不振，行业发展缓慢会直接降低钢材的市场需求。

除房地产行业外，作为钢铁行业的另一个主要下游用户，汽车工业的钢材需求也呈现了逐步下降的趋势。我国多个城市出台了汽车限购、牌照摇号、牌照拍卖等政策。这些政策无疑会使汽车的销售受到一定程度的影响。车市难以拉动钢铁行业的成长。

钢铁产业的另一个大用户是造船业。受经济危机的影响，国际航运市场状态低迷，致使我国造船业新接订单量明显下滑，船企倒闭数量大增，造船业陷入困境。2012 年造船业新接订单量为 3622 万载重吨，同比下降 51.9%，其钢材消耗量的下降也造成了整个钢铁行业的下游需求降低。

需求减少导致价格走低。据中国钢铁工业协会统计数据显示，9 月份，中国钢铁工业协会 CSPI 钢材综合价格指数达到了 2011 年以来的最低点 99.24 点，之后出现反弹，至 9 月末，综合价格指数为 102.45 点，较二季度末下降 13.03 点，降幅为 11.3%，价格的疲软进一步加剧了钢铁企业的亏损（见图 8.9、图 8.10）。

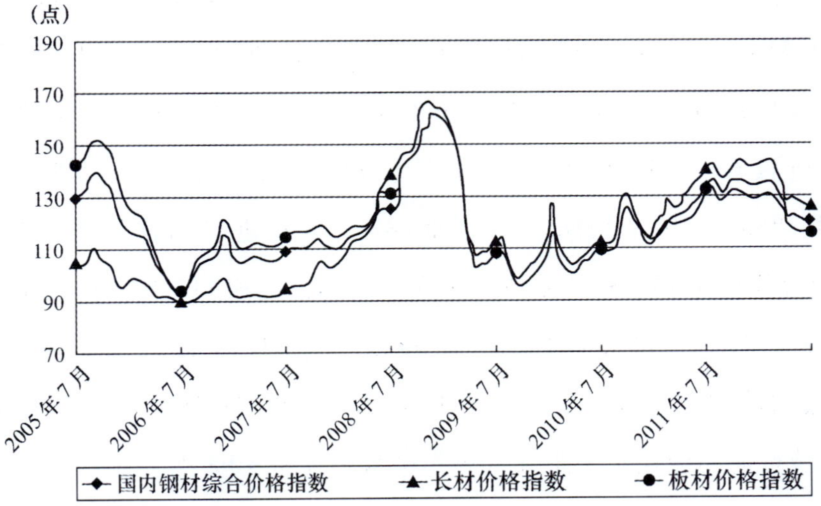

图 8.9　2005～2011 年钢材价格指数走势

资料来源：中国钢铁工业协会，国研网行业研究部加工整理。

8.2.2　生产成本高于销售价格

钢铁行业对资源依赖性很高，这些资源包括：铁矿石、燃料以及能源动力等。

在铁矿石方面，尽管我国整体铁矿石储量不低，但是我国铁矿石品位较低，因此我国的钢体企业主要依靠进口国外高品位的铁矿石来支持生产，我国铁矿石 60% 依赖进

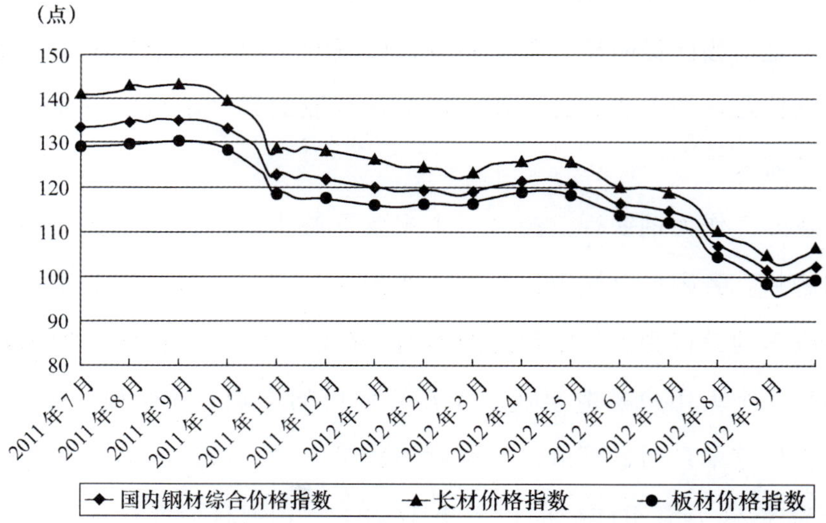

图 8.10 2011 年 7 月至 2012 年 9 月我国钢材价格指数走势

资料来源：中国钢铁工业协会，国研网行业研究部加工整理。

口。国际铁矿石市场以必和必拓、淡水河谷和力拓三家公司为主要卖方，三大矿山垄断了全球铁矿石供应总量的70%左右，从而由垄断地位形成了其定价方面的话语权。这导致我国的钢铁企业背负了沉重的原材料价格压力，进而削弱了企业的盈利能力，部分钢铁企业由于原材料价格上涨而导致亏损。2011 年，我国进口铁矿石的均价已经达到 163 美元/吨，涨幅为 554%，很多企业在 2012 年主要是消化 2011 年的高价铁矿石，在 2012 年销价下跌后迅速出现亏损。2012 年铁矿石的价格开始走低，国内企业的进口开始增加，成本压力有所缓解。2012 年 7～9 月我国分别进口铁矿石 5787 万吨、6245 万吨、6501 万吨，共计 18533 万吨，较两季度增加 549 万吨；进口均价呈现逐月下降走势，7～9 月份进口均价分别为 134.8 美元/吨、129.83 美元/吨和 115.84 美元/吨。截至 2012 年三季度末，铁矿石进口均价较 2012 年二季度末下降 23.22 美元/吨，降幅为 16.7%。随着全球经济增速的放缓，铁矿石的价格还将进一步走低（见图 8.11、图 8.12）。

目前我国钢铁行业的能耗水平距离世界先进水平还有 10% 的差距。我国在二次能源利用方面做得最好的宝钢也仅达到了 68%，而在这方面保持世界纪录的新日铁，能够将 92% 的二次能源回收利用。至于国内的其他钢铁企业，只能达到 50% 的水平。能耗过高与二次能源流失所带来的浪费加重了钢铁企业在资源方面的负担。

尽管铁矿石价格与焦炭价格呈现双下降的趋势，但是仍然高于更加疲软的钢材销售价格。因此，即便钢铁企业可以节省采购成本，但是仍然无法弥补由于销售价格造成的损失（见图 8.13）。所以采购成本高于销售价格，也是我国钢铁企业亏损的一个原因。

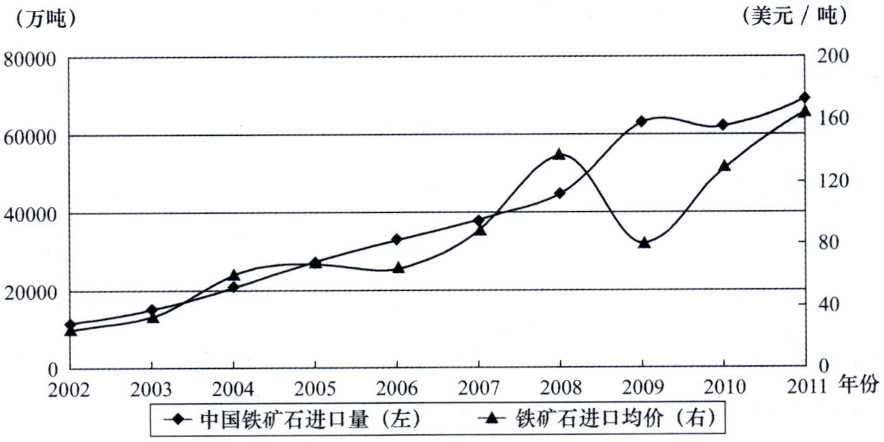

图 8.11　2002～2011 年中国铁矿石进口量及均价走势

资料来源：中国海关，国研网行业研究部加工整理。

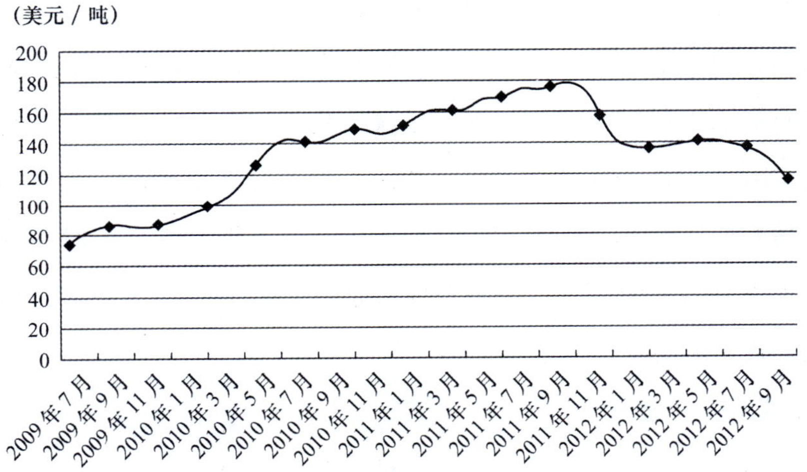

图 8.12　2009 年 7 月～2012 年 9 月铁矿石进口单价走势

资料来源：海关总署，国研网行业研究部加工整理。

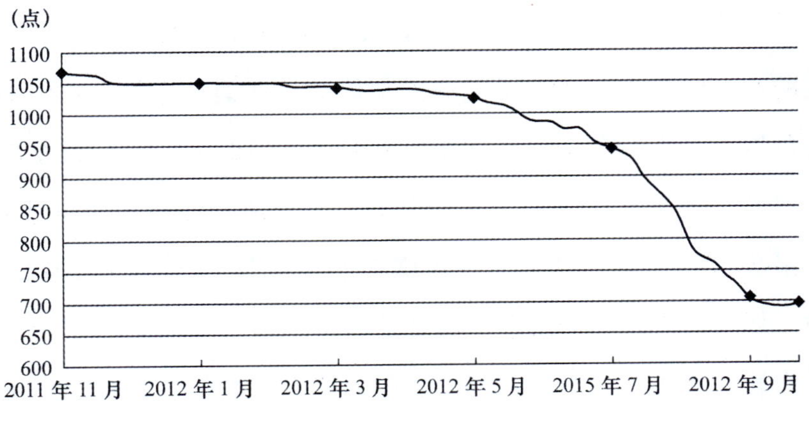

图 8.13　2011 年 11 月～2012 年 9 月焦炭价格指数

资料来源：卓创资讯网，国研网行业研究部加工整理。

8.2.3 固定资产投资增加，产能过剩未得到缓解

产能过剩是钢铁行业结构调整的核心问题。2011～2012年前三季度，全国钢铁行业的固定资产投资尽管增速在下降，但是绝对投资额仍然在上升。因此我国钢铁行业的产能仍然在提升。但是由于内外部市场的需求疲软，因此产能与市场需求之间的不匹配仍然十分明显，企业库存在增加。为什么在利润减少的情况下，企业还要保产能，甚至增加产能？有三个方面原因：首先，部分钢铁企业将市场份额看得非常重，担心减产之后会将市场份额出让给竞争对手。因此很多钢企不愿意缩减产能。这使得我国的钢铁行业陷入了一个怪圈，越是亏损，越是要提高产能以扩大市场份额，但是这样的结果是带来了更大的亏损。其次，资金链的压力促使钢铁企业不得不维持目前的产能。如果钢铁企业开始减产，那么银行也将缩减企业的信贷规模。作为资金密集型产业，维护银行的持续信贷非常重要。因此，企业在明知产能过剩的情况下，仍然要维持生产，以便取得银行的持续信贷支持。在目前融资渠道单一的情况下，维持产能成了部分钢企无奈的选择。第三，地方政府的干预也是钢铁企业无法减产的原因。一些钢铁企业是地方上的纳税大户。出于保GDP、税收和就业的考虑，政府会劝说或者干脆阻止钢企削减产能。第四，四万亿的滞后效应不容忽视。四万亿当时的投资对于钢材需求短时间内有比较大的放大，进而拉动了钢铁行业的投资，但随着四万亿进入后期，需求减弱，但新增投资却刚开始形成产能，进而出现新的产能过剩。①

8.2.4 产品结构不合理

和发达钢铁强国相比，我国钢铁产品中高科技含量高附加值的产品比例偏低。目前我国的钢铁产品主要集中在低端和低附加值区间，易受市场风险影响。而抗风险能力较高的高技术和高附加值产品的生产能力还有待提高。而在日本，大型钢铁企业的产品中附加值高的钢材产量高，附加值低的所占比例小，比如建筑用的棒线材占总量的10%以下。日本新日铁的产品中有20%的产品是高附加值的特殊钢。近年来韩国钢铁企业的低端产品生产呈现负增长，高端产品的比重逐步加大。韩国的标杆钢铁企业浦项钢铁，其产品中高附加值产品比例高达60%以上、特别是世界顶级产品所占比例达到了17.8%。而作为我国技术最先进的宝钢，其产品中特殊钢的比例仅为3.6%。2012年第三季度，我国钢铁产品中，低附加值的建筑用钢比例更是高达33.3%。目前，我国热轧及其他表面处理的薄板、冷轧、镀锌、硅钢板等钢材生产的技术水平仍然较低，产量和质量无法

① 根据国研网公布的有关资料整理。。

满足国内需求。

8.2.5　行业集中度低，行业抗风险能力差

对比世界先进国家，我国钢铁行业的行业集中度还较低。1961 年，日本 6 大钢铁企业的合计出钢产量占日本全部钢铁企业的 68.33%。到了 2007 年，日本最大的 4 家钢铁企业，新日铁、JFE、住友金属和神户制铁的粗钢产量已占到日本全国粗钢产量的 74.77%，若再加上排名 5、6 的日新制铁和东京制铁，日本前 6 大钢铁企业的粗钢产量将占日本全国钢铁产量的 81.06%。韩国的第一大钢铁企业浦项钢铁的产量占韩国全部产量的 70%。2008 年，全美最大的钢铁企业美国钢铁公司的粗钢产量占全国总产量的 25.4%。同期，最大的 3 家钢铁企业的粗钢产量产全美粗钢年产量的 54.1%。我国 2011 年产量前十的钢铁企业粗钢产量之和占当年全国粗钢产量的比重仅为 49.4%，仍处于较低水平，未来还具有较大上升空间（见图 8.14）。

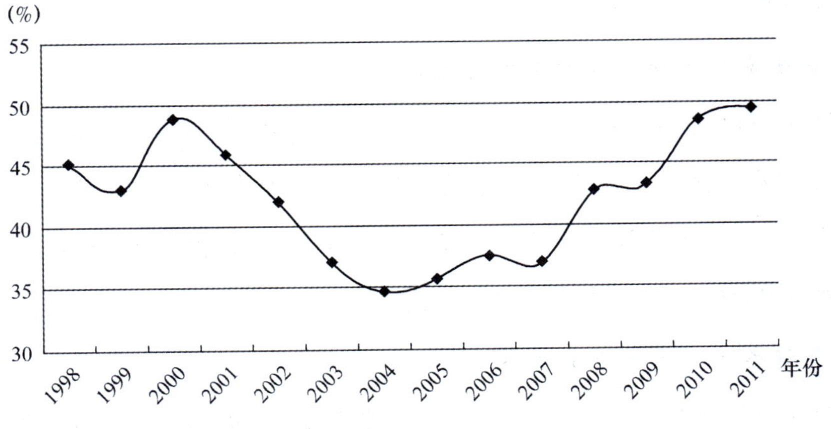

图 8.14　1998～2011 年我国钢铁业产量前十家钢企粗钢产量占当年全国粗钢产量比重（CR10）

资料来源：国研数据，国研网行业研究部加工整理。

8.3　重点钢铁企业应对困难形势的做法

1. 加大技术创新力度，大力发展新产品

作为我国钢铁行业技术水平最先进的钢铁企业之一，宝钢在技术创新上下了很大的力气。2012 年，宝钢共取得了 28 项重大技术创新。其中，《高等级无取向硅钢制造技术的开发与产业化》、《高效 RH 真空精炼关键技术及工业应用》、《汽车排气系统用铁素体不锈钢系列产品开发》等 3 项技术更是达到了国际先进水平。鞍钢鲅鱼圈项目以“流程

紧凑化、设备大型化、操作自动化、管理信息化”为目标，采用先进的钢铁技术和装备，使该项目整体技术水平达到国际先进标准，同时鲅鱼圈项目还注重自主创新，生产建设过程中大量运用鞍钢自主创新的成果，实现了重点领域和关键环节的一系列新突破。为鞍钢未来的产业升级打下基础。

2. 大力发展循环经济，提升环保水平

大力发展循环经济，提升资源利用效率，可以帮助钢铁企业深度发掘利润，同时也可以有效将降低钢铁行业对环境的污染。目前，宝钢已经拥有了一批钢渣处理利用知识产权，其中发明专利40余项、实用新型30余项。鞍钢为减少亏损，在循环经济方面采取了新措施，公司创新性地实行“负能炼钢”措施，所谓“负能炼钢”就是指转炉在冶炼过程中电、水、煤气等能源的消耗与转炉煤气、蒸气的回收折算成吨钢能耗标准煤后的总和为负值，这种方法大幅节省了能源、降低了冶炼成本，并且最大限度地利用了再生能源、有效地保护了大气环境。

3. 积极拓展海外市场，践行走出去战略

面对着铁矿石价格的高涨，钢铁企业必须想办法降低自身的采购承购。因此，控制源头的铁矿石开采，就成了一个比较好的选项。武钢在加拿大的矿产一年实现盈利3.5亿元，占其全年17亿元总利润的20%。2013年，武钢将持续增加在海外矿产项目上的投资，集团将在2016年实现铁矿石的全面自给。

4. 提升管理水平，向管理要效益

宝钢的企业管理经历了以生产为中心、以财务管理为中心、以用户为中心和以提升竞争力为中心的几个阶段，每一次管理创新都使公司得到新的飞跃；在经济全球化趋势下，为了应对激烈的国际竞争，宝钢还不断学习国外先进企业的管理经验，并将先进方法向集团子公司加以推进，使集团整体实现一体的管理方法。通过不断地管理创新，宝钢形成了现代的用户管理体系，进一步加强了公司的领先地位。

武钢集团一直致力于管理方面的创新，公司围绕“成为具有国际竞争力企业”的战略目标，建立了完善的创新机制，公司实行“立项－计划－评审－推介”的管理过程，取得了丰富的管理创新成果，例如形成了具有特色的“集团式公司集中资金管理”模式，并获得了国家级企业管理创新成果一等奖。

5. 多元化经营策略，找到新的利润点

多元化的经营策略使得企业摆脱了对单一产品和产业的依赖。武钢公司在做强钢铁主业的同时，通过参照国际先进钢铁企业的经营经验，制定了自身的多元化经营战略。

武钢的非钢产业已经包括较多领域，既涉及矿产业、煤化工、工业气体、金属资源等传统产业，还涉及耐火材料、磁性材料、自动化信息、农产品养殖以及钢贸物流等产业，在钢铁行业低迷的2011年，武钢非钢产业实现利润超过20亿元，占年度全部利润的70%左右。武钢计划，“十二五”末总收入将达到3600亿元以上，非钢产业收入1100亿元以上，收入占比要从现在的8%提高到30%。

沙钢的多元化经营更加侧重对非钢产业的参股而非控股。这样避免了由于不熟悉相关业务而贸然涉足所带来的风险。为此，沙钢成立了中科沙钢基金，同时又参股上海金浦基金。在选择投资项目时，沙钢更加注重选择市盈率高的非传统产业项目。目前沙钢的非钢投资包括参股江苏银行、苏州银行、内蒙古银行、华泰证券等。沙钢计划“十二五”期间实现年销售收入3000亿元，其中非钢产业营业收入达到1000亿元。通过5～10年努力，非钢产业收益要超过钢铁主业。

目前宝钢的非钢业务涉及资源开发及物流、钢材延伸加工、工程技术服务、煤化工业、金融投资、生产服务等多个业务板块。河北钢铁横跨钢铁、制造、金融、物流四大板块；首钢非钢业务涉及房地产、建筑工程、机电、煤矿、高新技术、教育、实业等多个板块。

8.4　对钢铁行业和企业发展的建议

1. 推进减能增效，鼓励兼并重组

要借助国家将钢铁行业列位削减产能重点行业的契机，努力促使钢铁行业将过剩产能削减，缓解目前钢铁市场的供需矛盾，帮助企业实现盈利。与此同时要鼓励钢铁行业间的并购重组，提升行业集中度，将整体竞争力提升到一个新的水平。但是，在兼并过程中，要坚持市场导向原则，防止出现由于行政干预而出现的非市场导向的兼并重组，防止部分地方和企业通过兼并重组，变相的扩大产能。应鼓励相关企业通过资本市场完成企业间的兼并重组。

2. 注重生产技术升级，调整钢铁产品结构

充分利用“十二五”调整产业结构的时机，鼓励钢铁企业投入足够的研发与维护费用。加大科研投入，在产品结构上进行扩展和升级，结合战略性新兴产业对原料的需求，调整产品结构，使生产过程和产品在更符合节能减排相关要求的同时，满足市场对高端钢铁产品的需求。

3. 适当扶持国内矿山发展，保障铁矿石供应安全

一直以来，我国国产矿石因为开采成本大等原因，其开发一直受到制约。目前我国铁矿石进口很大程度上受国际三大铁矿石企业操纵下的进口矿石市场影响。政府相关部门可以税收或补贴的方式对国内从事矿山开发的企业给予扶持，以缓解我国对进口铁矿石的高度依赖。

4. 大力发展循环经济，注重生产过程中的资源回收

以日本 JFE 钢铁公司为例，该公司资源再回收利用的状况是年产生 1560 吨的副产品，其中高炉渣主要用于生产水泥和作为路基材料，炼钢渣一半用于重新炼钢，另一半用于生产建筑材料，泥渣可以用来成为不锈钢生产过中的添加剂。我国有条件的钢铁企业应该加大在这方面的投入，提升资源循环利用的水平。

5. 适度发展非钢产业

在钢铁主业不能盈利的情况下，非钢产业或将成为钢铁业度过目前行业寒冬的一个途径。目前，武钢、宝钢等大型钢铁集团都已经加大了非钢产业的投入，非钢产业占企业盈利的比重逐渐加大。钢铁企业可根据自身情况发展一些相关多元化的非钢产业，如钢贸物流、钢材深加工、煤化工、煤矿、房地产等。

6. 积极开拓海外市场

从日、韩两国的钢铁业发展历程看，海外市场的开拓是钢铁企业发展的一个重要战略。海外战略可有助于企业获取国际先进技术和管理方式，也能为企业找到新的产品销售市场。2013 年，国内钢铁企业可借助欧美经济有望缓慢复苏的时机，可积极扩大海外销售，并探索在海外的兼并重组或直接投资。

执笔人：张永伟

第 9 章

中国物流大企业集团如何应对增速下滑

- 物流行业发展状况
- 物流大企业集团现状与问题
- 物流大企业集团应对增速下滑的经验与教训
- 物流大企业集团应对增速下滑的对策建议

9.1　物流行业发展状况

9.1.1　社会物流总额减速增长

改革开放以来中国物流业增长迅速，2004 年一度曾达到 29.9% 的增长率。但不可否认的是，2008 年金融危机以来，物流业遭遇了前所未有的寒冬。虽然从 2009 年开始有复苏倾向，但是仍显后劲不足。从图 9.1 可以看出，我国社会物流总额从 2003 年的 29.55 万亿元增长到 2011 年的 158.4 万亿元。总的来看，2008 年金融危机之前物流业发展一直保持强劲势头。之后，物流业保持减速增长，2009 年跌至 7.4%，但从 2010 年开始，物流业开始缓慢复苏。2011 年社会物流总额增长幅度为 12.3%，与 2010 年的 15% 相比，增幅比上年回落 2.7%。2012 年上半年，我国社会物流总额达到 83.6 万亿元，按可比价格计算，同比增长 10%，增幅比上年同期回落 3.7%。

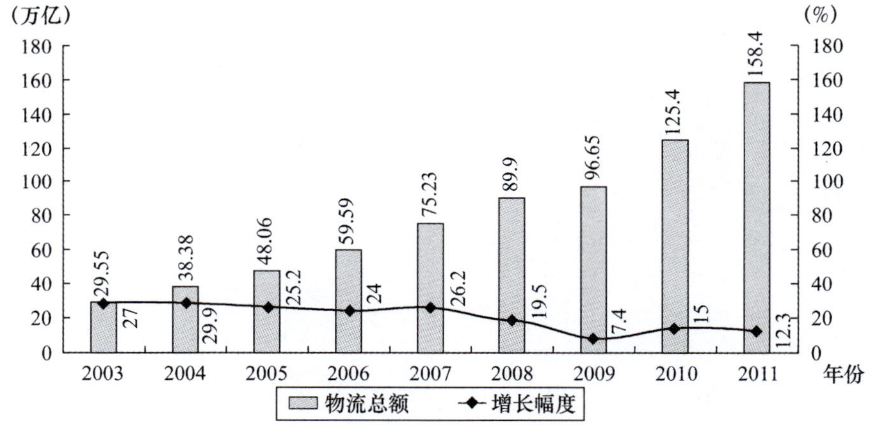

图 9.1　中国社会物流总额增长情况

资料来源：根据历年《全国物流运行情况通报》整理。

2012 年上半年社会物流总额为 83.6 万亿。从各月情况看，除年初两月以外，其他月份社会物流总额均超过 13 万亿元，6 月当月社会物流总额达到 16.3 万亿元，增速呈现缓中趋稳之势，回落幅度逐月收窄。从图 9.2 可见，工业品物流仍然在社会物流总额中占绝大比重，达到 91.20%，进口货物物流总额所占社会物流总额为 6.6%，而农产品物流总额、再生资源物流总额及单位与居民用品物流总额总计占约 2.2%。较之 2011 年，上述五种物流总额都有不同幅度的上升，如图 9.3 所示，其中再生资源物流及单位与居民物流总额增长较多，分别为 16.30% 和 18.30%。

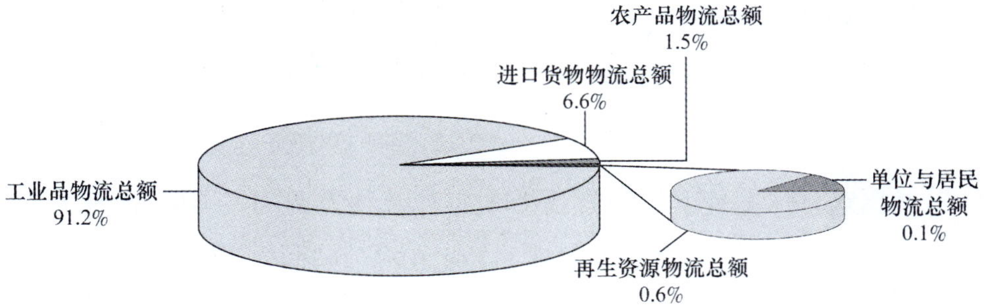

图9.2 2012年1~8月份社会物流总额构成情况

资料来源：根据《2012年上半年全国物流运行情况通报》整理。

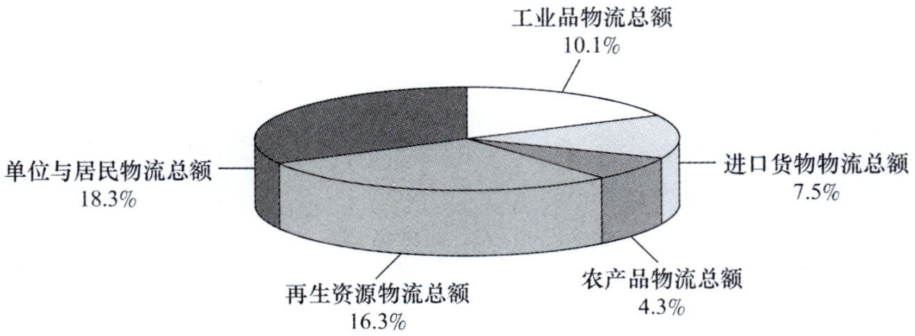

图9.3 2012年1~8月份社会物流总额增长变化情况

资料来源：根据《2012年上半年全国物流运行情况通报》整理。

9.1.2 物流业增加值增速明显放缓

从图9.4可以看出，2011年全国物流业增加值为320百亿，比2007年增长13.9%，较之于2010年的增幅，略微有所增加，增加约0.8%。虽然有小幅上升，但是2011年物流业增加值占整个服务业增加值的比重为15.7%。，比2010回落0.3%，虽然增速放缓，但增势依然强劲。

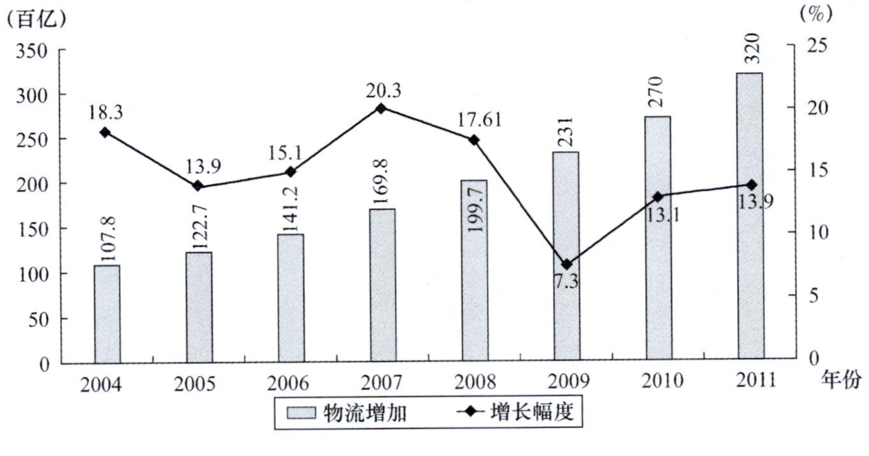

图9.4 2004~2011年全国物流业增加值及同比增长情况

资料来源：根据历年《全国物流运行情况通报》整理。

9.1.3 社会物流总费用持续增加，总额占GDP比重稳中有降

2011年社会物流总费用为84000亿元，比2010年增加13000亿元，增幅为18.3%（以现价计算）。从图9.5可以看出，2004~2011年社会物流总费用持续增加，但社会物流费用占GDP比重总体上呈下降趋势，2011年社会物流费用占GDP比重为17.8%，和2010年持平。整体来看，全社会每创造1单位GDP的物流成本是不断降低的。但同时从该图中也不难发现，社会物流费用占GDP比重逐年变化幅度很小，幅度变化基本上维持在0.3%。虽然社会物流费用占GDP比重在下降，但仍停留在18%左右，相比较于发达国家，差距还是很大，我国物流业亟待优化和调整。

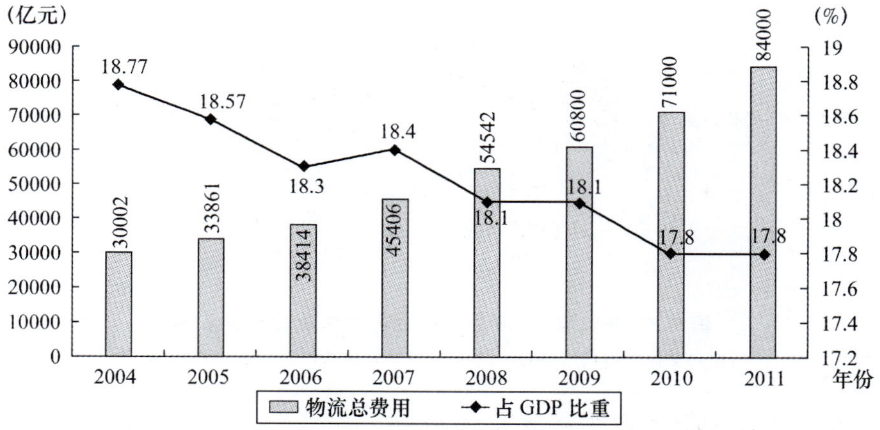

图9.5 2004~2011年社会物流总费用及其占GDP变化趋势

资料来源：根据历年《全国物流运行情况通报》整理。

从社会物流总费用的结构来看，2011年运输费用为44000亿元，比2010年的38000亿元增加了6000亿元，增幅达15.8%。其占社会物流总费用比重为52.8%，比2010年下降1.2%；保管费用为29000亿元，比2010年的24000亿元增加了5000亿元，增幅达22.6%，占社会物流总费用比重为35%，比2010年增加1.1%；管理费用为10000亿元，同比增长18.7%，占社会物流总费用的比重为12.2%，同比提高0.1%。综合来看，

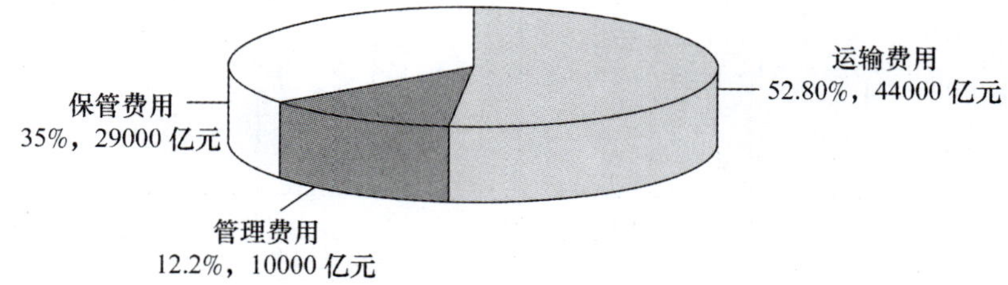

图9.6 2011年社会物流费用结构图

资料来源：2011年《全国物流运行情况通报》。

社会物流总费用中储运费用占绝大部分，达到87.8%。其中运费所占比重下降，保管费用所占比重上升，说明2011年我国企业有一部分产品库存。因为经济形势的持续不景气，增速下滑，物流需求相对不足（具体社会物流费用结构见图9.6）。

9.2 物流大企业集团现状与问题

9.2.1 中国物流大企业集团发展现状

2011年国务院发展研究中心公布的数据显示营业收入前500的大企业集团中，物流行业占了18家，数量上比2010年增加2家。从表9.1可看出，500强俱乐部中的物流大企业集团成员没有变化。2011年18家物流大企业集团的平均营业收入为812.9亿元，同比增长13.4%。在全国经济增速下滑的情形下，物流大企业的数量稳中有升，而且营业收入仍有较高速度的增加。这一方面得益于国家积极出台一些有利于物流业健康发展的各项政策；另一方面也说明，物流大企业在经济形势不看好的情况下，积极发挥核心优势及进行整合的潜力巨大。

表9.1　2011年营业收入排在前500位大企业集团中的物流大企业集团　单位：万元

序号	排名	企业名称	行业大类	营业收入	地区
1	26	中国邮政集团公司	邮政业	25875158	北京
2	34	中国航空油料集团公司	航空运输	22208907	北京
3	49	中国远洋运输（集团）总公司	水上运输	18616997	北京
4	97	中国外运长航集团有限公司	水上运输	10311252	北京
5	100	中国航空集团公司	航空运输	9926836	北京
6	104	海航集团有限公司	航空运输	9389178	海南
7	105	中国南方航空集团公司	航空运输	9322152	广东
8	112	中国东方航空集团公司	航空运输	8889947	上海
9	158	中国海运（集团）总公司	水上运输	6331566	上海
10	167	广州铁路（集团）公司	铁路运输	5938111	广东
11	208	大秦铁路股份有限公司	铁路运输	4500704	山西
12	294	广东省交通集团有限公司	道路运输	3088660	广东
13	380	浙江省交通投资集团有限公司	道路运输	2445751	浙江
14	411	天津港（集团）有限公司	水上运输	2211000	天津
15	419	上海国际港务股份有限公司	水上运输	2177886	上海

续表

序号	排名	企业名称	行业大类	营业收入	地区
16	441	山东高速集团有限公司	道路运输	2070570	山东
17	452	广西北部湾国际港务集团有限公司	水上运输	2028587	广西
18	495	青岛港集团	水上运输	1002286	山东

资料来源：国家统计局 2012 年 1000 家大型企业集团综合指标数据整理。

1. 物流大企业集团区域分布

（1）行政区域分布。2011 年营业收入排在前 500 的物流大企业集团主要分布在经济发达的省份或直辖市，其中北京最多。有 5 家上榜；上海和广东次之，有 3 家；山东 2 家；山西、广西、浙江、海南、天津各一席，见表 9.2。

表 9.2　2011 年营业收入前 500 的物流大企业集团行政区域分布　单位：家

省市	北京	上海	广东	山东	山西	广西	浙江	海南	天津
数量	5	3	3	2	1	1	1	1	1

资料来源：国务院发展研究中心。

（2）经济区域分布。从图 9.7 可以看出，营业收入前 500 的物流大企业集团多分布在经济较为活跃的东部沿海区域。其中环渤海经济带（包括北京、天津、山东）8 家，占到所有上榜物流大企业集团总数的 44.44%；长三角地区（包括上海、浙江）4 家，占物流大企业集团总数的 22.22%；珠三角地区 3 家（包括广东）；其他 3 家，占总数的 16.67%。相比较于 2010～2011 年进入 500 强的企业经济分布变动不大。在经济增速减慢的情形下，环渤海经济带仍保持和去年持平的物流大企业数量，主要是因为该地区由来已久的地理区位优势，优越的政策环境。

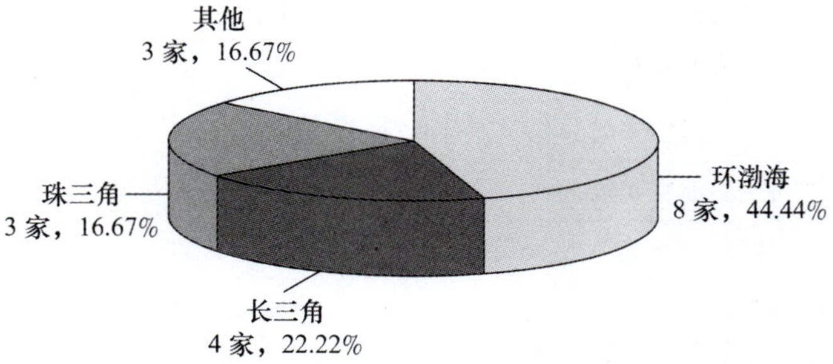

图 9.7 物流大企业集团经济区域分布情况

资料来源：根据国务院发展研究中心大企业集团数据资料整理。

2. 物流大企业集团行业分布

2011 年中国营业收入前 500 位的 18 个物流大企业集团中，其中运输业 17 家：水上运输 7 家，铁路运输 2 家，道路运输 3 家，航空运输 5 家；邮政业 1 家。从表 9.3 中各行业所占百分比可以看出，水上运输和航空运输占物流企业近七成，然后依次是道路运输业、铁路运输业和邮政业。增速下滑的情形下，由于原材料价格上涨，导致物流成本上升，铁路运输、道路运输以及邮政业受影响较大，只有少数企业跻身 500 强之列，而航空运输和水上运输因与行业进入规模有直接的关联，收入仍是很高。

表 9.3　2011 年营业收入 500 强中物流大企业集团行业分布

子行业	铁路运输业	道路运输业	水上运输业	航空运输业	邮政业
企业数量（家）	2	3	7	5	1
所占比重（%）	11.11	16.67	38.89	27.78	5.56

资料来源：国务院发展研究中心。

3. 物流大企业集团的规模分布

从图 9.8 可以看出，就 2011 年营业收入而言，1000 亿元以上的物流大企业集团有 4 家，比较分散。营业收入排在物流行业前三位的分别为：中国邮政集团公司、中国航空油料集团公司和中国远洋运输集团有限公司；中国邮政集团公司继去年首次超越中国远洋运输集团有限公司成为物流大企业集团的“老大”之后，继续保持领先地位，且营业收入超 2500 亿元。营业收入排名前三的物流企业相对集中；排名第 4 至第 8 名，排名第 9 到第 18 名的物流大企业营业收入相对集中。

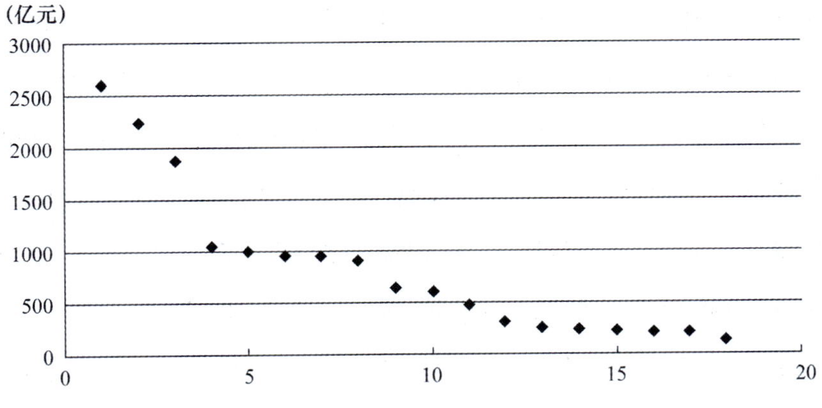

图 9.8　2011 年 18 家物流大企业集团营业收入散点图

资料来源：根据国家统计局 2011 年大企业集团综合指标数据整理绘制。

9.2.2　中国物流大企业集团发展存在问题

当前我国经济发展中不平衡、不协调、不可持续的矛盾和问题仍很突出，经济增长下行压力和物价上涨压力并存，部分企业生产经营困难，面临突围困境，经济金融等领域也存在一些不容忽视的潜在风险。与此同时，我国物流业发展也面临诸多挑战，首先出口下滑。世界经济增长放缓，国际贸易增速回落，国际金融市场剧烈动荡，欧债危机愈演愈烈，《美国制造业促进法案》的通过，令中国的出口企业雪上加霜。当前出口企业面临多重压力：外需减少、国际贸易保护主义抬头、劳动力成本增加、原材料价格上涨、来自东盟拉美等的竞争加剧等等，出口增幅下滑；其次国内经济增速放缓趋稳，物流业发展不可避免受到波及，需求下降，发展疲软，而市场主体庞杂的局面和要素成本上升的趋势，短期内难以改变，物流企业经营困难进一步加剧。再者，我国物流成本过高。我国物流总成本占当年 GDP 的比重一直保持在 18% 左右，居高不下，而西方发达国家同类指标是 8% ~10%。另一方面，物流管理方式落后。在这种大背景下，物流大企业集团发展存在着以下突出问题：

1. 物流大企业增速下滑

物流大企业增速下滑，首当其冲的就是水上运输业。2012 年上半年，在低迷的经济背景下，干散货市场延续低位调整态势，反应国际干散货市场运价水平的波罗的海指数（BDI）第二季度均值为 1024 点。虽然较第一季度均值 867 点有所回升，但仍处于历史低谷，市场供求矛盾始终存在。集装箱市场二季度主干航线的涨价计划总体得到了较成功的实施，上海出口集装箱运价综合指数（SCFI）6 月底比年初增长 50%，但大船的上线将对旺季市场运价形成较大压力。港口业整体情况堪忧。2012 年上半年我国十大港口的集装箱吞吐量增长 7.9%，增幅明显低于上年同期的 11.3%。其中深圳港增幅最低，降至 1.7%，其次是上海港，仅增长 4.8%。相对来说，天津港在艰难的情形下，仍取得了小幅的增长。2012 年上半年，天津港完成吞吐量总计 14707 万吨，比上年同期增长 9.11%。其中：散杂货吞吐量 11635 万吨，比上年同期增长 6.86%；集装箱吞吐量 292.6 万 TEU，比上年同期增长 4.46%。船舶代理 8509 艘次，较去年同期减少 2.29%；货物代理量 4235 万吨，较去年同期增长 0.09%；理货量 5556 万吨，较去年同期增长 14.09%；船舶拖带 25470 艘次，较去年同期增长 3.18%。2012 年上半年，中国远洋集团实现营业收入人民币 34647188359.46 元，较去年同期上升 1.2%；但同期干散货航运业务累计完成货运量 11215.87 万吨，同比下降 17.7%，货运周转量 5751.59 亿吨海里，同比下降 16.36%。营业收入 8300951946.06 元，同比下降 32.1%，从而使得中国远洋集团呈现出亏损严重的情况。整个中国海运 2011 年营业收入为 633.16 亿元，相比较于 2010 年的 648.11 亿元，下降了 2.3%。

2. 物流大企业成本居高不下

受欧债危机、经济增速放缓、需求明显回落等诸多因素影响，物流价格继续低位运行，而同期的物流运营成本却持续走高，导致物流大企业整体效益不高。以中远集团为例，近三年中远集团的物流成本一直在上升，且上涨幅度较快，在经济增速下滑的情况下，中远集团营业成本继续上涨。2011年中远集团营业成本支出为718.88亿元，同比增加人民币55.82亿元，增幅达8.4%。其中由于集装箱运载量增加及油价上升，燃油费用支出同比增加约29.89亿元，增幅为36.6%，高出去年同比增幅10.1%。2011年，燃油成本占集装箱航运及相关业务营运成本的比例为27.8%。2012年，受经济增速下滑的影响，公司船用重油平均采购价为705.05美元/吨，比上年同期上升15.21%；船用轻油平均采购价为995.75美元/吨，比上年同期上升10.49%；燃油成本占船舶运输成本比例为39.82%，同比增加2.51%。除燃油成本上升外，货物及中转费、港口费等项目支出也有一定幅度的增加，从而使得物流业务营业成本同比增长高达67.3%（见表9.4）。

表9.4　　中国远洋控股2011年营业成本情况表

成本类型	营业成本（亿元）	同比增长（%）
集装箱运输及相关营业成本	401.56	13.6
其中：燃油费用支出	27.28	36.6
散货运输及相关营业成本	261.02	-4.2
其中：燃油成本	60.77	31.7
物流业务营业成本	46.97	67.3
码头及相关业务营业成本	14.17	31.7

3. 物流大企业利润减少

经济增速下滑及运行成本加大，使得对外依存度高的水上运输大企业等处境比较困难。以水上巨头中远集团为例，2012年上半年，中国远洋航运营业收入为人民币346亿元，较去年同期上升1.2%；归属于母公司所有者的净利润为负的48.7亿元，较去年同期下降80%，基本每股盈利为负的0.48元；公司实现归属于上市公司股东的净利润为70.41万元，同比下滑99.52%。每股收益只有0.0004元。上半年，中远航运实现营业收入29.18亿元，同比增长18.85%；营业利润为2941.1万元，同比下滑80.19%，而亏损48.7亿元，这也超越了巨亏32亿元的中国铝业，让中国远洋成为上半年的亏损王。单就中远集团第三季度分析，公司净利润较上年同期下降72.67%，至798.72万元。前三季公司营业收入为45.42亿元，同比增长18.92%，净利润为884.79万元，同比下降94.96%，每股收益为0.0052元。因国际航运市场持续低迷，燃油价格高位震荡，中远集团继2008年第四季度以来，除了2010年出现正利润之外，一直深陷利润负值的泥潭。经济增速下滑，给中远集团未来发展增添了不小的难题和挑战。具体见图 9. 11。

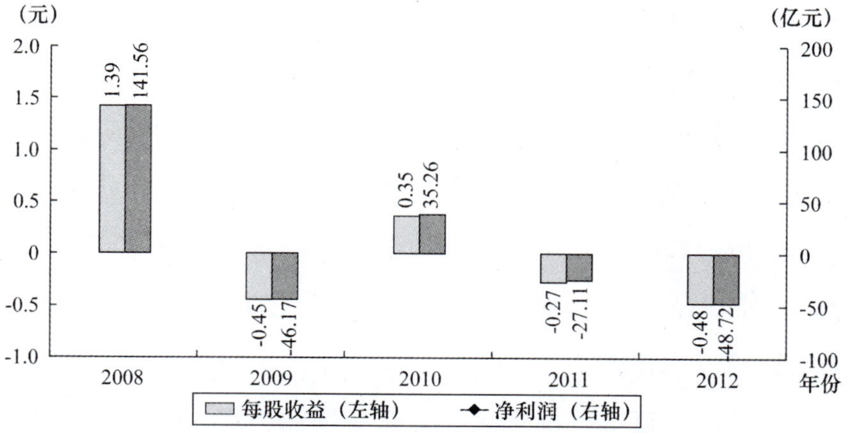

报告期		一季度（1～3 月）	半月度（1－6 月）	三季度（1～9 月）	年度（1～12 月）
每股收益	2012 年	－0. 26	－0. 48		
	2011 年	－0. 05	－0. 27	－0. 47	－1. 02
	2010 年	0. 09	0. 35	0. 55	0. 66
	2009 年	－0. 33	－0. 45	－0. 52	－0. 74
	2008 年	0. 60	1. 39	1. 93	1. 06
净利润	2012 年	－26. 95	－48. 72		
	2011 年	－5. 03	－27. 11	－47. 77	－104. 49
	2010 年	8. 82	35. 26	56. 39	67. 61
	2009 年	－33. 51	－46. 71	－53. 08	－75. 41
	2008 年	61. 32	141. 56	197. 12	108. 3

图 9. 11 2008～2012 年中国远洋运输集团公司近 5 年基本每股收益和净利润比较

资料来源：上市公司发布的财务报表整理。

9. 3 物流大企业集团应对增速下滑的经验与教训

9. 3. 1 水上运输大企业集团面对增速下滑的对策

面对增速下滑，500 强中的水上运输大企业集团纷纷采取措施应对。几乎所有水上运输业的物流大企业集团都通过采取深化内部改革，推进产业转型升级的战略措施来应对危机，都尽其所能地建立和完善信息技术平台，努力以其特有的竞争优势扼制增速下滑，参见表 9. 5。这里着重从业内比较典型的中国远洋运输（集团）总公司与天津港股份有限公司来进行说明。

1. 中国远洋运输（集团）总公司：深化改革，降本增效

近两年国际形势跌宕起伏——经济增长十分低迷，贸易保护主义不时抬头，等等，这些都对干散货、油轮、集装箱运输需求造成直接性冲击。作为航运的龙头企业中远集团，自然也难逃业务量下滑的厄运。而这些情况，也更好地反映出了该公司业已存在的内部问题。若以“全球 500 强”的成熟标准来衡量，中远集团目前所暴露出来的问题，只能说明中远仍然处于“野蛮生长、粗放经营”的状态。比如在 2008 年 4 月，中国远洋宣布将订造 25 艘新船，为集团增加 10.68 万标准箱运力和 211.3 万载重吨运力，总共耗资将达 22.961 亿美元，而现在造船价格跌到了近三年的低点。中远集团总是寄希望于市场波动，捕捉租入和租出的差价。虽然在“年景”好的时候，能够取得十分骄人的业绩，但是这一模式却不具备可持续性，且风险控制难度也更为巨大。尤其在干散货市场上，中国远洋非常偏好波段操作。早在 2008 年危机爆发前，当时正处于全球资产泡沫最癫狂的时刻，航运业在实体经济非理性繁荣之下，更是呈现前所未有的扩张态势。就在那时，中远在现货和期货市场都大量买入锁定费用的租船合约，他们看不到未来租金会急跌的风险。如今大型货轮的租金已跌幅过半，中远因此大伤元气。现在的巨亏，中远的“赌王”恶名再度被市场坐实。若中远不能成功转型，只怕未来会不断重复这些错误。

作为国际成熟的航运企业，追求的经营目标必然是以稳健为核心。像日本、欧洲等国际航运巨头，多是和重要客户签订长期协议合同，如此才能够规避大起大落的风险，这也是他们业绩能够长期稳定的关键所在。未来几年中国远洋应该着力提升利润水平，或者通过资本、资产等手段改善财务状况以应对“戴帽”风险。而目前的当务之急是合理控制船队规模。中国远洋需要抓紧拆解老旧船，优化船队结构。在集装箱航运方面，将调控运力投放，稳定运价，优化航线和货源结构。干散货航运方面，则要发挥统一经营的规模优势，以货源为中心，推进大客户战略，继续控制船队规模，努力减亏。同时，中国远洋将重点支持物流、码头和租赁业务的发展，并在这几个方面加大投入。另外，要以整合旗下的干散货业务，成立中远散货运输（集团）有限公司为契机，致力于提高决策效率、议价能力与市场反应能力。

2. 天津港股份有限公司：优化结构，协调发展

2012 年上半年天津港股份有限公司存在的问题表现在：公司经济运行面临较大压

力，装卸主业增速低于沿海港口平均增长水平，特别是低于周边港口的增长水平；销售业务中供油量大幅减少致使销售收入减少，销售毛利有所降低，对整个公司总体经营经营业绩产生影响；内部工作效率和质量还需进一步改进和提升。对此，公司致力于抓好各项工作的推动和落实，深入开展"调结构、惠民生、上水平"活动，加快调整结构，积极推进改革，努力提高公司的盈利能力。经过努力，2012 年天津港货物吞吐量完成 4.76 亿吨，集装箱吞吐量完成 1230 万标准箱，分别同比增长 5.3% 和 6.2%，双创历史最好水平。2012 年天津港生产经营成效显著，各业务板块协调发展，装卸物流业务的主体地位进一步巩固。年内新增集装箱航线 15 条，促成 9 条航线的船型升级和航班加密；促成 4 家船公司新开环渤海内支线，运量增长 30%；散杂货钢材班轮航线增至 5 条，发运量增长 24%；新建 2 个区域营销中心和 3 个无水港，初步形成了包括 4 个区域营销中心和 23 个无水港的较为完善的内陆物流网络；促成了呼和浩特直达班列的开通，启动了至惠农口岸的铁水联运示范项目，积极开展了汽车物流、冷链物流、矿石配送、煤炭水中转等业务，进一步拓展了港口功能；着力加强了生产组织管理和生产布局调整，强化了通航、堆存和集疏运能力，服务质量进一步提升。除此之外，该公司国际物流业、港口地产业、工程建设板块、装备制造业、金融业务和综合服务业等新兴业务板块发展进一步加快，多元化协调发展的格局初步形成；整体运行质量进一步提高，经济效益稳步增长。

表 9.5　　主要水上运输业大企业集团的应对策略

公司名称	应对策略
中国远洋运输（集团）总公司	1. 围绕公司战略推进重点工作，加强资金集中管理，确保资金安全。不断完善境内外资金集中管理体系，加快推进境外集中管理平台建设，加强境内结算中心日常管理，提高资金使用效率；拓展融资渠道，做好资金储备。在严格控制债务规模的同时，积极协调各公司与银行的贷款项目，发挥整体融资优势和规模效应，加强银企合作 2. 进一步深化散货体制改革，初步建立了"一个决策中心、两个操作平台、三个管理公司"的组织架构，为"统一经营，统一品牌，统一形象"奠定了良好基础 3. 通过与业界先进企业对标，了解竞争对手的经营情况，分析经营思路、营销策略及发展战略，深入开展对标，查找差距和不足，明确了持续改善的方向，为做强做优打下了坚实基础
中国外运长航有限公司	1. 继续整合内部资源，保持船队的适度规模，增强其余公司相关业务的协同性 2. 继续推进重组整合工作，实现中外运与长航集团联合重组，加强业务层面和资金层面的整合，利用各业务之间的协同性和互补性，增强公司整体竞争力 3. 按照"专业化、集约化、扁平化、一体化"的要求，实现滚装业务和游轮业务的整合，消除同行业竞争，推进综合物流、水上运输、修造船等业务协同以及内部资源的有效共享

续表

公司名称	应对策略
中海发展股份有限公司	1. 在干散货运输业务上，以市场开拓、船队优化和人才培养等措施应对运输需求不旺的困境，促进沿海、远洋、联营三大板块协调发展 2. 在沿海运输方面，坚持以电煤COA合同为中心，积极开拓客户资源。远洋运输方面以新型设备的投产增加铁矿石周转量；在联营合作所方面，继续落实大货主合作战略，扩大合作范围 3. 油品运输业务方面加强与政府主管部门及大货主的沟通，稳定重点客户，注重培养潜在客户和中小客户，开拓新的效益增长点 4. 围绕“增收节支，降本增效”的宗旨，深入推进精细化管理、稳步推进全面预算管理，加大对各项经营成本的控制力度，控制燃油费、港口费、修理费等运输成本
上海国际港务股份有限公司	1. 积极推进“信息化、系统化、精益化”建设试点单位逐步迈入以完善机制、细化计划、拓展范围等为主的规范推进阶段 2. 健全完善全面预算管理体系、资金管控系统和内部决策分析系统，积极创新融资方式，有效降低融资成本 3. 开展大型装卸设备防雷暴影响对策研究、支航道回淤分析及疏浚土利用、大型装卸设备防突风灾害措施研究等科技成果的推广和新技术的研究应用
天津港股份有限公司	1. 主动与中国石油、中国海洋石油、中国石化等大型能源企业进行及时的信息交流和沟通，最大限度的满足顾客的需求；通过实施五日滚动互动计划，加强作业组织，提高作业效率 2. 为腹地物流企业提供铁海联运服务，积极推动环渤海内支线网络化运营，减少了集装箱运输的物流环节，节约运输成本 3. 以网络营销创新为突破口，致力于打造码头行业的全新“体验式服务”；搭建了“陆运物流协同平台”，优化与外部堆场的网络衔接，启动“网上码头”项目，搭建“网上营业厅”，不断推出创新型网络服务产品
中国国际海运集装箱股份有限公司	1. 针对2012年全球集装箱市场波动较大的情况，集装箱业务板块管理层审时度势，调整战略，同时提升板块核心能力 2. 积极发展新兴产业——冷链物流产业，发挥集团在冷链装备方面的相对发展优势，将在多式联运冷藏箱、冷藏车、相关冷机等具有基础和优势的环节整合资源，寻求协调发展 3. 海洋工程业务重点推进了原有订单的建造、交付进度，并调整了管理体系，改善和提升了基础管理水平，同时大力拓展新的市场订单

资料来源：根据各公司年度报告整理。

9.3.2 航空运输大企业集团面对增速下滑的对策

面对复杂的国际国内经济形势和社会环境，各大航空运输企业一般都采取开辟新的国际、国内航线，加密航班密度，加强枢纽建设等举措。一些航空运输大企业集团的具体应对措施见参见表9.6。由于航空运输业更加偏重于对客户、货物的运输提供服务，因此提升服务品质，转变营销策略也是各航空公司赢得客户的一个重要砝码。此外，各公司也纷纷注重安全工作的加强。比较有代表性的企业做法如下。

1. 东方航空集团公司：以灵活的策略促发展

东方航空集团积极实施客运营销和货运营销策略。在客运营销方面，东方航空集团积灵活调整运力布局，加大在上海、西安和昆明等核心市场、重点市场的运力投放，通过丰富国际航线销售产品，推进国际旅游产品的业务合作，培养直销团队客源，努力提升国际航线经营能力；在国内市场上，东方航空集团努力推动“长三角”市场一体化建设，重点发展空铁联运业务，深化与上海航空有限公司、中国联合航空有限公司的一体化合作业务，努力推进营销业务整合，较好地实现了优势资源互补。此外新开和加开国际国内航线，增加平均航距以及加强淡旺季运力调配，提高了飞机日利用率。在货运营销方面，东方航空集团完成了三家货运航空公司（中国货运航空有限公司、上海国际货运航空有限公司、长城航空有限公司）的重组，成立了新中货航，不断调整货物产品结构，努力开辟快线、航班快件等项目，积极进行枢纽建设工程，较好地实现了以灵活策略谋求企业发展的目的。

2. 南方航空集团公司：加大结构调整，推进战略转型

南方航空集团紧抓安全工作，加强安全管理体系建设，安全品质显著提升。据统计，2012 年南航共完成运输飞行 150.7 万小时，同比增加 115.78 万小时，连续保证了 146 个月的飞行安全和 210 个月的空防安全。继续保持中国航空公司最好的安全记录，并首次实现零公司责任事故、零人为原因事故的“双零”佳绩。同时南航抢抓市场机遇，加大结构调整。面对民航市场增速下滑以及货运市场低迷等不利因素，加强高端营销，持续提升客运经营品质，积极开拓货运市场，有效减少货运亏损。此外加强枢纽建设也是南方航空集团公司应对增速下滑的重要举措。2012 年，南航加快了国际化进程，先后开通广州直飞奥克兰、温哥华、珀斯等国际航线，加密广州至悉尼、墨尔本、洛杉矶等国际航线，国际和地区航班数量快速增加。

表 9.6　增速下滑环境下主要航空运输业大企业集团的应对策略

公司名称	应对策略
中国航空油料集团公司	1. 实施多元互补的资源战略。立足国内，放眼海外，积极寻求与境内外石油石化企业在资源供应方面的长期战略合作，以及沿产业链向生产和实业环节延伸，打破资源瓶颈，力争实现资源自主控制能力的突破 2. 实施领先高效的市场战略，不断加强航油市场控制力和影响力，充分发挥在资源配置、规模经营、专业管理等方面的竞争优势 3. 完善客户关系管理，在巩固现有市场基础上，开拓和培育新市场，扩大市场份额 4. 推进机场供油工程建设和输油管线建设布局，加快推进四大基地建设和运营，完善航油配送体系，积极推进精细化管理，进一步优化组织结构，理顺业务流程，切实提高管理效率和成本控制力

续表

公司名称	应对策略
中国国际航空股份有限公司	1. 大力开展电子商务，着力提高核心客户的管理效率，大客户开发和维系工作，升级软硬件产品，深入挖掘客户资源 2. 构建贯穿航空旅客服务链的服务管理体系（CSM），围绕电子商务、客舱服务设施设备、休息室服务等开展服务提升项目，改善旅客服务体验 3. 整合公司服务热线，统一服务界面；改版对外门户网站，完善网站的服务功能；引进更舒适的新机型，完成已有机型的客舱服务设施，实现航班信息内部无缝隙传递 4. 谋求多元化发展，成立国内、国际公务专、包机飞行等为主的北京航空有限责任公司，拓展公务机托管业务，提升销售业务能力，协调运力投入
中国东方航空集团公司	1. 新开国际国内航线，加密航班密度 2. 以安全管理体系（SMS）为抓手，加强安全文化建设，深入细化安全绩效考核，继续提升 SMS 运行质量 3. 加大对核心市场、重点市场的运力投放，根据国际形势调整航线。丰富国际航线销售产品，推进国际旅游产品的业务合作，培养直销团队客源，提升国际航线经营能力 4. 加强业务整合，调整航线布局，推进货物产品结构调整，稳步推进上海、西安、昆明三大枢纽建设
中国南方航空集团公司	1. 推进枢纽建设，逐步显现枢纽的集中效应，提升枢纽的知名度和竞争力 2. 加密国际航线和地区航班数量，加快推进国际化进程，开通新的国际航线。提升中转保障和销售能力 3. 加强安全管理体系建设，实行严格的规范化管理，有效规避安全风险 4. 全面开展对标，积极改进流程，提升服务水平
海南航空股份有限公司	1. 积极贯彻国家方针政策，塑造海南国际形象 2. 稳步推进国际航线的开辟，完善国际网络布局；以创新思维实施业务及管理流程再造，全面提高企业经营收益和抗风险能力，持续提升公司服务质量 3. 推动游乐园、特色旅游与度假区建设，打造多元化旅游市场；加快博鳌机场、游轮码头等基础设施建设
中外运空运发展股份有限公司	1. 坚持经营结构调整，重视进口业务，优先重点发展进口 FCA 业务；公司努力提高直客业务在各项传统业务中的比重，平衡和优化公司传统业务经营结构，调整经营结构 2. 大力进行营销队伍的建立和建设，积极推行和实施公司的大客户营销战略，进一步提升公司自营业务盈利水平 3. 重视各类创新型物流业务的探索和开展：大力发展公司自有品牌国际快件业务；创新服务方式，实现与航空公司合作，为客户提供紧急运输业务，开展卡车航班等创新型物流业务，实现传统业务与创新型业务之间互动

资料来源：根据各公司年度报告整理

9.3.3 道路运输大企业集团面对增速下滑的对策

在全球经济放缓，国内经济发展疲软，各行业景气度普遍不佳的情况下，国家采取了逐步取消部分路段收费等政策。例如 2012 年国庆期间政府为确保道路运输的畅通无阻，首次实施小型客车免费通行的政策，这对道路运输企业来说是一个极大的调整，也是一项新的挑战。面临这种挑战，各高速公路企业在国家政策的引导下，努力开拓现有业务，利用已有优势和核心业务，以参股、控股的形式进行资本投资，力求在逆境中实现多元化发展，也取得了不凡的成绩（见表9.7）。比较有代表性的如下几个。

1. 山东高速集团有限公司：主业与多元化发展并举

山东高速集团坚持以资本运作推动收费公路快速发展的战略，力争实现资本运作和企业发展的相互促进，共同发展。2012 年是山东高速推进“十二五”发展战略的关键年，也是提升公司社会责任体系建设的关键年。山东高速在全面总结 2011 年履行社会责任工作的基础上，继续秉承“服务大众、奉献社会、回报股东、成就员工”的企业宗旨，深入贯彻落实科学发展观，将企业社会责任理念深入贯彻企业每一个经营环节，努力将公司发展成为全国品牌第一、实力最强的路桥投资运营专业公司和全国有影响力的城市运营公司，完美诠释“惠风和畅、大道行远”的企业文化，为企业的可持续发展带来了新的活力和利润增长点。

2. 浙江省交通投资集团：以安全促发展

在新形势下，浙江省交通投资集团有限公司集团始终将“三个安全”作为集团公司经营管理的基础和核心，主要体现在四个方面：一是“三个安全”意识不断增强，安全发展理念逐步树立；二是“三个安全”组织不断健全，安全管理责任逐步落实；三是“三个安全”制度不断完善，安全管理工作逐步规范；四是“三个安全”措施不断加强，安全管理力度日益加大。在这一指导思想的引导下，浙江省交通投资集团紧紧围绕“十二五”发展规划，积极推进高速公路管理标准化、规范化建设，全面推动自主投资项目的滚动发展，充分发挥衍生业务平台“双示范”效应，不断完善经营性公司市场竞争机制；进一步加强内部风险管控和能力建设。同时集团公司强调突出重点工作，高效推进高速公路项目建设，努力突破高速公路竣工验收难题，全力推进三大投资项目进程，有力地促进了企业安全运行与平稳发展。

表 9.7　增速下滑环境下主要道路运输业大企业集团的应对策略

公司名称	应对策略
广东省高速公路发展股份有限公司	1. 制定“抢机遇谋发展，抓主业解难题，练内功强机制，保稳定促和谐”为工作方针，深化公司内部改革 2. 围绕公司的主要经营业务，做好重大项目的建设、养护和收费工作，同时积极投身于投资科技产业及相关的咨询业务 3. 积极寻找好的投资机会，参股京珠高速公路广珠段有限公司、广东江中高速公路有限公司、赣州康大高速公路有限责任公司、赣州赣康高速公路有限责任公司等，积极实施走出去战略，提高公司集团的影响力和公司业绩

续表

公司名称	应对策略
山东高速公路股份有限公司	1. 以强化高速公路运营管理为基础，实施多元化发展战略和人才强企战略；进一步提升精细化管理水平，稳步实施各项改革举措，精简运营机构 2. 加强资本运作及市场开拓，稳步推进主业拓展和多元发展工作：积极跟踪国家收费公路政策，适时收购优质主业项目；加强与省地矿局等单位合作，确保收购优质矿产项目；加强与各专业机构合作，继续考察分析并择优运作金融股权投资项目；积极推进战略合作，不断提高城市运营投资水平 3. 加强人才发展规划，实现人才队伍建设规划与公司总体战略相适应；持续推动“数字化高速公路”建设工程，加强科研创新工作力度；丰富“和畅”文化内涵
浙江沪杭甬高速公路股份有限公司	1. 围绕高速公路投资、建设、经营和管理等核心业务，大力发展高速公路相关服务业、物流业、房地产、酒店等衍生业务 2. 与政府合作，进行主要高速公路线的延伸线建设，同时积极进行资本投资，以参股的形式实现公司的变大变强 3. 加强对主要运营路段的监管、维护和收费，积极与政府机关建立良好的关系，获取政府相关的资金支持

资料来源：根据各公司年度报告整理。

9.3.4　铁路运输大企业集团面对增速下滑的对策

面对增速下滑的不利情况，我国政府明确提出了“继续实施积极的财政政策和稳健的货币政策，保持宏观经济政策的连续性和稳定性，增强调控的针对性、灵活性、前瞻性”的总体要求和“稳中求进”的工作总基调。力求在转变经济发展方式上取得新进展，在深化改革开放上取得新突破，在改善民生上取得新成效。与此相呼应，铁路行业明确致力于在“确保运输安全稳定”的前提下，加快转变铁路发展方式，全面实施多元化经营战略，致力于科学有序推进铁路建设，大力提升服务质量，开创铁路科学发展新局面。例如广铁集团紧跟世界一流铁路科技发展趋势，大力研发有利于铁路运输生产力发展的前沿技术，使全集团技术装备水平居全国铁路前列。2012 年广州铁路（集团）公司实现营业收入 593.8111 亿，在中国国内 500 强企业中排名第 167 位，同时也是 500 强企业中铁路运输行业中的佼佼者。表 9.8 是 2009 年金融危机以来，该公司制定的一些重要发展战略。

表 9.8　　广深铁路股份有限公司 2009～2012 年发展战略

年　份	发展战略
2009	1. 加强安全基础建设，强化安全管理，加大安全设备投入，确保公司运输长治久安 2. 继续优化整合广深段和广坪段铁路运营资产，挖潜提效，降低经营成本，有效发挥规模效应，促进公司综合竞争能力和整体经营业绩提升，为公司快速发展和持续融资奠定基础

续表

年　份	发展战略
2009	3. 强化客货营销，加强运输组织协调，提高服务质量，并根据市场需求及时调整运输组织，合理配置运输资源，提高运输效率 4. 推进公司内部控制体系建设，完善公司法人治理结构，规范公司经营管理
2010	1. 完善安全监督机制，强化安全生产基础。坚持“高标准、讲科学、不懈怠、严管理、建机制、强基础”的要求，实现安全生产有序可控 2. 强化增运创收措施，积极开拓新的客货运输业务，包括证券增开新的长途客车、加强货运营销争取更多货源 3. 进一步完善广深城际“公交化”方案，继续完善和推广广深城际列车电子化客票和“金融 IC 卡”、“快通卡”，更好地树立广深城际列车的品牌形象 4. 继续加强增收节支工作，将增收节支作为一项长期工作
2011	1. 完善安全监督机制，强化安全生产基础 2. 积极开展客运市场调研，努力开拓新的客运业务增长点 3. 继续利用京广铁路武汉至广州区间运能释放的有力条件，进一步加强货运营销工作，努力开发新的货源，争取开行更多的直达货运列车 4. 进一步加强预算管理，在保证运输安全和服务质量的前提下，努力做好节支工作 5. 适时加强对境内外资本市场的研究，争取将公司进一步做强做大
2012	1. 全面推行安全风险管理，强化安全基础建设，加强安全协调机制，加大安全设施投入 2. 客运方面：一是针对广深港客运专线广深段开通运营的情况，加强广深城际列车客流分析和市场营销，继续提升服务质量；二是认真研究广深城际列车营业站点布局，在加快推进增设平湖城际客运站及其站房改造工程的同时，积极做好增加新塘城际客运站规划设计工作；三是加快推进布吉辅助客运站的建设，尽快形成运输能力；四是加强长途车客流调研分析，适时提出增开长途车的可行性方案，争取增开有效益的长途车 3. 货运方面：一是继续利用京广铁路武汉至广州区间运能释放的机会，重点优化管内货运资源，探讨改革传统货运经营模式，推动联营货场的物流化、市场化和实体化，引入新的营销机制，使铁路货运真正融入市场，融入社会物流体系；二是深化货运经营发展的调研与分析，利用平湖南站靠近深圳平湖华南城的便利条件，积极探索公司货运融入现代物流大系统的可行性 4. 强化预算管理，在保证运输安全和服务质量的前提下，严格按照“轻重缓急、统筹兼顾、突出重点、量入为出”的原则合理安排预算支出 5. 适时加强对境内外资本市场的研究，争取将公司进一步做强做大

资料来源：根据公司年度报告整理。

9.4 物流大企业集团应对增速下滑的对策建议

9.4.1 物流大企业集团需苦练内功并积极寻求合作共赢

我国物流行业运行整体呈现缓中趋稳的状态，面对经济增速放缓和经营成本上升的中长期趋势，物流大企业要在内部挖潜方面上下足功夫。针对成本上升速度快于业务收入增速的尴尬处境，要设法降低物流成本，破解“物流堵在最后一公里物流”的难题。这除了需要发达的交通基础设施之外，还需要智能化的物流程序管理。在致力于节约成本的同时，物流大企业应主动转变发展模式，用标准化、精益化、高效率的供应链物流替代传统低投入、粗放式传统物流，提高企业可持续发展能力。针对高成本、低成效的突出窘境，道路运输业要积极优化资源，降低单位成本，真正实现降本增效的目标，实现效率的跃进；航空运输在竞争压力逐渐加大的情况下，应优化服务意识并充分挖掘国内潜在需求，从细节处赢得顾客，获取消费者信赖，拓展市场。

物流园区作为联系产业链上下游的纽带，是各项物流活动开展的重要载体。面对整个经济增速下滑的不良局面，物流大企业应在专注于本身竞争力提高的基础上，谋求专长基础上的合作。通过物流园区产业的空间集聚、资源的有效整合、业务的流程优化，努力提升物流服务水平，提高土地集约化程度，减轻道路、环境和能源的压力，促进区域经济发展等。在努力谋求政府部门政策支持的同时，物流大企业应致力于发挥其在产业与品牌聚集过程中的龙头作用，促使整个生产、仓储、物流、消费等一体化运作。

9.4.2 政府应进一步发挥政策的引导、保障与促进作用

在经济增速下滑，全球经济不景气的情况下，如何进一步改善体制问题，填补政策漏洞，为物流企业进一步降本增效，发展壮大扫清障碍，则是国家宏观调控的重要内容。为此国家应积极优化国内政策环境、法律环境，在积极发挥市场机制作用的基础上发挥必要的政府调控作用；积极出台相应政策，完善物流业税制，建立适应物流业一体化运作的税费体系等。同时要进一步降低过路过桥收费，优化收费公路结构，切实减轻物流企业税收负担。最后要加强政府部门之间协调，打破条块分割的传统管理格局，体制和政策安排上要突出整合的概念，为物流产业的发展营造良好的体制环境。在加快传统产业转型升级，推动服务业特别是现代服务业发展壮大的同时，为物流业发展明确方向。针对现行物流运行中的问题，经济政策应坚持调整宏观经济结构和提高微观经济活力并举，为物流业可持续发展创造有利条件。物流业涉及面广，跨度大，政策的落实需要增强统筹性和协调性。政府部门、企业、社会组织要形成合力，共同推动。接下来一段时间要巩固前期扩内需、调结构、促发展的政策效果，特别要加快已出台政策的落实和细化，使政策真正惠及物流企业，促进发展。

9.4.3 物流行业协会要发挥好服务、协调和监督作用

物流行业协会倡导并希望与生产、物流、零售行业间、企业间结成牢固稳定的战略

联盟，致力引进经营管理理念、集成丰富的行业资源、发挥高素质的人才优势、利用现代化科学技术为生产企业、流通企业以及消费者提供高质量的综合物流服务，共同建立中国现代物流体系；要努力实现观念更新突破，促进物流企业上规模、上台阶，协助政府营造有利现代物流发展的软环境，为行业、为企业解决物流发展重点问题和关键问题，以创新突破，带动整个协会工作的全面开展。为大力推进服务业特别是物流行业的健康发展，交流、推介各会员单位间的成熟经验，扩大物流企业的品牌形象提供了一个良好的平台，物流行业协会首先要紧紧抓住物流行业的重点和中心工作，深入开展调查研究。围绕行业发展和广大物流企业关心的诸多问题和工作难点，组织人员到各地开展调查研究，分析探讨行业、企业发展中遇到的新情况、新问题，研究分析对策。其次要充分利用协会这张“名片”，加强对外交流合作，通过建立友好关系等形式，密切与国内外其他商会、协会的联系，不断扩大对外交流合作的渠道；组织企业参加国内外的各类经贸合作洽谈会、博览会、招商会，走出去、请进来，帮助企业开拓市场、争引项目，拓宽经营领域，提高市场竞争能力；通过组织专家授课、物流发展高峰论坛等形式，广泛开展现代物流的理论研究和经验交流，引进推广先进管理理念，不断提高我国物流企业经营者的素质和经营管理水平，为我国物流业的快速发展发挥更加重要的作用。再者，要发挥好政企桥梁和纽带作用。物流行业协会是广大物流企业参政议政的平台，是企业加强与各级政府联系沟通的桥梁和纽带。协会要积极组织会员认真学习关于促进物流业发展的各项方针政策，吃透精神，把握大局，抓住机遇，争取支持，为政府决策提供科学依据。同时要积极承担政府交办的各项事务，充分发挥好自己作为民间社团组织的优势和作用，为物流企业实现更好更快的跨越发展做足服务。

执笔人：吴志华　娄钰莹

附　　录

- 附录一：2012 年中国大企业集团数据
- 附录二：按地区划分
- 附录三：按行业划分

附录一：2012 年中国大企业集团数据

序号	企业名称	营业收入（万元）	行业	地区
1	中国石油化工集团公司	255195093	石油加工、炼焦及核燃料加工业	北京
2	中国石油天然气集团公司	238127823	石油和天然气开采业	北京
3	国家电网公司	167535929	电力、热力的生产和供应业	北京
4	中国移动通信集团公司	56597234	电信和其他信息传输服务业	北京
5	中国建筑工程总公司	49149463	房屋和土木工程建筑业	北京
6	中国海洋石油总公司	48819940	石油和天然气开采业	北京
7	中国铁道建筑总公司	46188331	交通运输设备制造业	北京
8	中国中铁股份有限公司	46072022	交通运输设备制造业	北京
9	中国中化集团公司	45895329	批发业	北京
10	中国人寿保险（集团）公司	43492820	保险业	北京
11	上海汽车集团股份有限公司	43480395	交通运输设备制造业	上海
12	东风汽车公司	40672043	交通运输设备制造业	湖北
13	中国南方电网有限责任公司	39138167	电力、热力的生产和供应业	广东
14	中国第一汽车集团公司	36852527	交通运输设备制造业	吉林
15	中国五矿集团公司	35240263	批发业	北京
16	中国中信集团有限公司	31897579	其他金融活动	北京
17	宝钢集团有限公司	31624500	黑色金属冶炼及压延加工业	上海
18	中国兵器工业集团公司	31131604	交通运输设备制造业	北京
19	中国交通建设股份有限公司	29537049	房屋和土木工程建筑业	北京
20	中国电信集团公司	29202423	电信和其他信息传输服务业	北京
21	中国华润总公司	28084506	批发业	北京
22	神华集团有限责任公司	28029695	煤炭开采和洗选业	北京
23	中国兵器装备集团公司	27902743	交通运输设备制造业	北京
24	中国华能集团公司	26817338	电力、热力的生产和供应业	北京
25	中国航空工业集团公司	26399877	交通运输设备制造业	北京
26	中国邮政集团公司	25875158	邮政业	北京
27	河北钢铁集团有限公司	25034171	黑色金属冶炼及压延加工业	河北
28	中国平安保险（集团）股份有限公司	24891500	保险业	广东
29	中国冶金科工集团有限公司	24316627	房屋和土木工程建筑业	北京
30	首钢总公司	23349783	黑色金属冶炼及压延加工业	北京
31	中国铝业公司	23170175	有色金属冶炼及压延加工业	北京
32	百联集团有限公司	22741719	零售业	上海
33	中国人民保险集团股份有限公司	22558820	保险业	北京
34	中国航空油料集团公司	22208907	航空运输业	北京
35	武汉钢铁（集团）公司	22148880	黑色金属冶炼及压延加工业	湖北
36	冀中能源集团有限责任公司	21761831	煤炭开采和洗选业	河北
37	中国联合网络通信集团有限公司	21627705	电信和其他信息传输服务业	北京
38	中国国电集团公司	21063069	电力、热力的生产和供应业	北京
39	江苏沙钢集团有限公司	20750672	黑色金属冶炼及压延加工业	江苏

续表

序号	企业名称	营业收入（万元）	行　业	地区
40	中国铁路物资股份有限公司	20682328	批发业	北　京
41	华为技术有限公司	20392900	通信设备、计算机及其他电子设备制造业	广　东
42	北京汽车集团有限公司	20077517	交通运输设备制造业	北　京
43	天津物产集团有限公司	19703668	有色金属冶炼及压延加工业	天　津
44	国美电器有限公司	19600000	零售业	香　港
45	苏宁电器集团有限公司	19473387	零售业	江　苏
46	中国建筑材料集团有限公司	19409221	非金属矿物制品业	北　京
47	中国机械工业集团有限公司	19295713	批发业	北　京
48	中国大唐集团公司	19116766	电力、热力的生产和供应业	北　京
49	中国远洋运输（集团）总公司	18616997	水上运输业	北　京
50	联想控股有限公司	18307801	通信设备、计算机及其他电子设备制造业	北　京
51	中国电力建设集团有限公司	18288685	电力、热力的生产和供应业	北　京
52	中粮集团有限公司	18225205	批发业	北　京
53	河南煤业化工集团有限责任公司	18049846	煤炭开采和洗选业	河　南
54	中国化工集团公司	17912484	化学原料及化学制品制造业	北　京
55	中国电子信息产业集团有限公司	16823613	通信设备、计算机及其他电子设备制造业	北　京
56	浙江省物产集团公司	16701187	批发业	浙　江
57	中国华电集团公司	16337131	电力、热力的生产和供应业	北　京
58	中国船舶重工集团公司	16255968	交通运输设备制造业	北　京
59	山东魏桥创业集团有限公司	16101478	纺织业	山　东
60	广州汽车工业集团有限公司	15998660	交通运输设备制造业	广　东
61	山西煤炭运销集团有限公司	15860928	批发业	山　西
62	中国太平洋保险（集团）股份有限公司	15793400	保险业	上　海
63	中国电力投资集团公司	15774566	电力、热力的生产和供应业	北　京
64	山东能源集团有限公司	15600946	煤炭开采和洗选业	山　东
65	鞍钢集团公司	15573577	黑色金属冶炼及压延加工业	辽　宁
66	浙江吉利控股集团有限公司	15099498	交通运输设备制造业	浙　江
67	海尔集团公司	15092957	电气机械及器材制造业	山　东
68	绿地控股集团有限公司	14787372	房地产业	上　海
69	新兴际华集团有限公司	14761161	黑色金属冶炼及压延加工业	北　京
70	开滦（集团）有限责任公司	14558782	煤炭开采和洗选业	河　北

续表

序号	企业名称	营业收入（万元）	行 业	地区
71	江西铜业集团公司	13549328	有色金属冶炼及压延加工业	江 西
72	美的集团有限公司	13411615	电气机械及器材制造业	广 东
73	中国通用技术（集团）控股有限责任公司	12984580	商务服务业	北 京
74	正威国际集团有限公司	12801904	有色金属冶炼及压延加工业	广 东
75	太原钢铁（集团）有限公司	12702036	黑色金属冶炼及压延加工业	山 西
76	山西焦煤集团有限责任公司	12538413	煤炭开采和洗选业	山 西
77	山西潞安矿业（集团）有限责任公司	12538411	煤炭开采和洗选业	山 西
78	山西晋城无烟煤矿业集团有限责任公司	12537059	煤炭开采和洗选业	山 西
79	中国医药集团总公司	12501324	批发业	北 京
80	光明食品（集团）有限公司	12455402	零售业	上 海
81	山东钢铁集团有限公司	12433831	黑色金属冶炼及压延加工业	山 东
82	陕西延长石油（集团）有限责任公司	12365267	石油和天然气开采业	陕 西
83	中国能源建设集团有限公司	12220893	电力、热力的生产和供应业	北 京
84	金川集团股份有限公司	12182333	有色金属冶炼及压延加工业	甘 肃
85	大同煤矿集团有限责任公司	11998656	煤炭开采和洗选业	山 西
86	阳泉煤业（集团）有限责任公司	11976128	煤炭开采和洗选业	山 西
87	中国平煤神马能源化工集团有限责任公司	11921921	化学原料及化学制品制造业	河 南
88	中国中煤能源集团有限公司	11538699	煤炭开采和洗选业	北 京
89	中国航天科工集团公司	11191632	交通运输设备制造业	北 京
90	天津中环电子信息集团有限公司	11028125	通信设备、计算机及其他电子设备制造业	天 津
91	大连大商集团有限公司	11010716	零售业	辽 宁
92	新华人寿保险股份有限公司	10920900	保险业	北 京
93	大连万达集团股份有限公司	10510228	房地产业	辽 宁
94	天津钢管集团股份有限公司	10409205	黑色金属冶炼及压延加工业	天 津
95	黑龙江北大荒农垦集团总公司	10400731	农业	黑龙江
96	上海建工集团股份有限公司	10390000	房屋和土木工程建筑业	上 海
97	中国外运长航集团有限公司	10311252	水上运输业	北 京
98	天津天钢集团有限公司	10300017	黑色金属冶炼及压延加工业	天 津
99	陕西煤业化工集团有限责任公司	10074123	煤炭开采和洗选业	陕 西
100	中国航空集团公司	9926836	航空运输业	北 京
101	潍柴控股集团有限公司	9826166	通用设备制造业	山 东

续表

序号	企业名称	营业收入（万元）	行业	地区
102	天津汽车工业（集团）有限公司	9696768	交通运输设备制造业	天津
103	铜陵有色金属集团控股有限公司	9403158	有色金属矿采选业	安徽
104	海航集团有限公司	9389178	航空运输业	海南
105	中国南方航空集团公司	9322152	航空运输业	广东
106	上海电气（集团）总公司	9284032	通用设备制造业	上海
107	马钢（集团）控股有限公司	9229817	黑色金属冶炼及压延加工业	安徽
108	本钢集团有限公司	9193926	黑色金属冶炼及压延加工业	辽宁
109	上海烟草集团有限责任公司	9110435	烟草制品业	上海
110	雨润控股集团有限公司	9074651	农副食品加工业	江苏
111	中国北方机车车辆工业集团公司	8923411	交通运输设备制造业	北京
112	中国东方航空集团公司	8889947	航空运输业	上海
113	华晨汽车集团控股有限公司	8750507	交通运输设备制造业	辽宁
114	徐州工程机械集团有限公司	8713785	通用设备制造业	江苏
115	天津冶金集团有限公司	8689609	金属制品业	天津
116	中兴通讯股份有限公司	8625446	通信设备、计算机及其他电子设备制造业	广东
117	天津天铁冶金集团有限公司	8525589	黑色金属冶炼及压延加工业	天津
118	中联重科股份有限公司	8480577	专用设备制造业	湖南
119	酒泉钢铁（集团）有限责任公司	8442378	黑色金属冶炼及压延加工业	甘肃
120	兖矿集团有限公司	8400427	煤炭开采和洗选业	山东
121	湖南华菱钢铁集团有限责任公司	8396468	黑色金属冶炼及压延加工业	湖南
122	万向集团公司	8354223	交通运输设备制造业	浙江
123	珠海格力电器股份有限公司	8351725	电气机械及器材制造业	广东
124	厦门建发集团有限公司	8285683	批发业	福建
125	杭州钢铁集团公司	8284861	黑色金属冶炼及压延加工业	浙江
126	中国南车集团公司	8263113	交通运输设备制造业	北京
127	泰康人寿保险股份有限公司	8028546	保险业	北京
128	新疆广汇实业投资（集团）有限责任公司	8020696	零售业	新疆
129	三一集团有限公司	8020000	专用设备制造业	湖南
130	中国黄金集团公司	7912335	有色金属矿采选业	北京
131	南京钢铁集团有限公司	7844459	黑色金属冶炼及压延加工业	江苏
132	江苏悦达集团有限公司	7824522	交通运输设备制造业	江苏
133	国家开发投资公司	7738102	商务服务业	北京
134	红塔烟草（集团）有限责任公司	7726123	烟草制品业	云南

续表

序号	企业名称	营业收入（万元）	行　业	地区
135	四川长虹电子集团有限公司	7655369	通信设备、计算机及其他电子设备制造业	四　川
136	珠海振戎公司	7574454	批发业	广　东
137	新希望集团有限公司	7538106	农副食品加工业	四　川
138	安徽海螺集团有限责任公司	7271887	非金属矿物制品业	安　徽
139	湖南中烟工业有限责任公司	7251504	烟草制品业	湖　南
140	北京建龙重工集团有限公司	7212870	黑色金属冶炼及压延加工业	北　京
141	万科企业股份有限公司	7178275	房地产业	广　东
142	海信集团有限公司	7157576	通信设备、计算机及其他电子设备制造业	山　东
143	山西煤炭进出口集团有限公司	7116297	批发业	山　西
144	广厦控股集团有限公司	7103764	房屋和土木工程建筑业	浙　江
145	淮南矿业（集团）有限责任公司	6960140	煤炭开采和洗选业	安　徽
146	中国保利集团公司	6879579	房地产业	北　京
147	杭州娃哈哈集团有限公司	6785504	饮料制造业	浙　江
148	海亮集团有限公司	6779700	有色金属冶炼及压延加工业	浙　江
149	神州数码控股有限公司	6747188	通信设备、计算机及其他电子设备制造业	香　港
150	山东大王集团有限公司	6605515	橡胶制品业	山　东
151	红云红河烟草（集团）有限责任公司	6605405	烟草制品业	云　南
152	厦门国贸控股有限公司	6584846	批发业	福　建
153	广东物资集团公司	6559131	批发业	广　东
154	中国诚通控股集团有限公司	6500944	其他服务业	北　京
155	中国国际海运集装箱（集团）股份有限公司	6412505	金属制品业	广　东
156	中国有色矿业集团有限公司	6408199	有色金属矿采选业	北　京
157	南山集团有限公司	6360389	纺织业	山　东
158	中国海运（集团）总公司	6331566	水上运输业	上　海
159	广东省广新控股集团有限公司	6323500	批发业	广　东
160	中天钢铁集团有限公司	6265259	黑色金属冶炼及压延加工业	江　苏
161	恒大地产集团有限公司	6191819	房地产业	广　东
162	武汉商联（集团）股份有限公司	6145372	零售业	湖　北
163	陕西有色金属控股集团有限责任公司	6127444	有色金属矿采选业	陕　西
164	TCL 集团股份有限公司	6075155	通信设备、计算机及其他电子设备制造业	广　东

续表

序号	企业名称	营业收入（万元）	行 业	地区
165	天津市一轻集团（控股）有限公司	6015152	化学原料及化学制品制造业	天 津
166	中国中材集团有限公司	6001024	非金属矿物制品业	北 京
167	广州铁路（集团）公司	5938111	铁路运输业	广 东
168	浙江省能源集团有限公司	5934469	电力、热力的生产和供应业	浙 江
169	包头钢铁（集团）有限责任公司	5880885	黑色金属冶炼及压延加工业	内蒙古
170	福建联合石油化工有限公司	5842851	石油加工、炼焦及核燃料加工业	福 建
171	安徽省徽商集团有限公司	5800207	批发业	安 徽
172	上海复星高科技（集团）有限公司	5798111	医药制造业	上 海
173	上海复星高科技（集团）有限公司	5798111	医药制造业	上 海
174	天津渤海化工集团公司	5782479	化学原料及化学制品制造业	天 津
175	北大方正集团有限公司	5765741	通信设备、计算机及其他电子设备制造业	北 京
176	天津百利机电控股集团有限公司	5666007	电气机械及器材制造业	天 津
177	浙江恒逸集团有限公司	5629501	化学纤维制造业	浙 江
178	湖北宜化集团有限责任公司	5604919	化学原料及化学制品制造业	湖 北
179	庞大汽贸集团股份有限公司	5545514	批发业	河 北
180	中国港中旅集团公司	5515152	商务服务业	北 京
181	上海东浩国际服务贸易（集团）有限公司	5501946	商务服务业	上 海
182	上海医药集团股份有限公司	5489987	批发业	上 海
183	山东新希望六和集团有限公司	5473446	农副食品加工业	山 东
184	内蒙古电力（集团）有限责任公司	5444412	电力、热力的生产和供应业	内蒙古
185	浙江省兴合集团公司	5428860	批发业	浙 江
186	江苏华西集团公司	5384760	黑色金属冶炼及压延加工业	江 苏
187	广东省粤电集团有限公司	5342692	电力、热力的生产和供应业	广 东
188	东方希望集团有限公司	5315000	有色金属冶炼及压延加工业	上 海
189	河北津西钢铁集团股份有限公司	5296009	黑色金属冶炼及压延加工业	北 京
190	恒力集团有限公司	5229566	化学纤维制造业	江 苏
191	日照钢铁控股集团有限公司	5177050	黑色金属冶炼及压延加工业	山 东
192	无锡产业发展集团有限公司	5163102	商务服务业	江 苏
193	新华联合冶金控股集团有限公司	5149035	黑色金属冶炼及压延加工业	河 北
194	河南省漯河市双汇实业集团有限责任公司	5032467	农副食品加工业	河 南
195	山东省商业集团有限公司	5029869	批发业	山 东
196	江苏新长江实业集团有限公司	5007567	黑色金属冶炼及压延加工业	江 苏

续表

序号	企业名称	营业收入（万元）	行　业	地区
197	湖北中烟工业有限责任公司	4950378	烟草制品业	湖　北
198	中国东方电气集团有限公司	4908802	电气机械及器材制造业	四　川
199	比亚迪股份有限公司	4882690	交通运输设备制造业	广　东
200	四川省宜宾五粮液集团有限公司	4872960	饮料制造业	四　川
201	安阳钢铁集团有限责任公司	4856940	黑色金属冶炼及压延加工业	河　南
202	三胞集团有限公司	4820320	零售业	江　苏
203	北京建工集团有限责任公司	4794807	房屋和土木工程建筑业	北　京
204	天津荣程联合钢铁集团有限公司	4626240	黑色金属冶炼及压延加工业	天　津
205	中国核工业集团公司	4618671	石油加工、炼焦及核燃料加工业	北　京
206	云天化集团有限责任公司	4613894	化学原料及化学制品制造业	云　南
207	杭州汽轮动力集团有限公司	4592990	通用设备制造业	浙　江
208	大秦铁路股份有限公司	4500704	铁路运输业	山　西
209	江苏汇鸿国际集团有限公司	4464024	批发业	江　苏
210	新余钢铁集团有限公司	4421302	黑色金属冶炼及压延加工业	江　西
211	青岛钢铁控股集团有限责任公司	4361364	黑色金属冶炼及压延加工业	山　东
212	中国化学工程股份有限公司	4353800	化学原料及化学制品制造业	北　京
213	山东黄金集团有限公司	4348309	有色金属矿采选业	山　东
214	中金再生资源（中国）投资有限公司	4345043	废弃资源和废旧材料回收加工业	上　海
215	碧桂园控股有限公司	4320245	房地产业	广　东
216	浙江中烟工业有限责任公司	4315413	烟草制品业	浙　江
217	上海城建（集团）公司	4310000	房屋和土木工程建筑业	上　海
218	上海纺织（集团）有限公司	4299799	纺织服装、鞋、帽制造业	上　海
219	上海华谊（集团）公司	4299642	化学原料及化学制品制造业	上　海
220	广西玉柴机器集团有限公司	4292060	交通运输设备制造业	广　西
221	淮北矿业（集团）有限责任公司	4287851	煤炭开采和洗选业	安　徽
222	奇瑞汽车股份有限公司	4270954	交通运输设备制造业	安　徽
223	重庆建工集团股份有限公司	4264581	房屋和土木工程建筑业	重　庆
224	河北敬业企业集团有限责任公司	4257824	黑色金属冶炼及压延加工业	河　北
225	浙江省国际贸易集团有限公司	4228172	批发业	浙　江
226	江苏三房巷集团有限公司	4192708	化学纤维制造业	江　苏
227	江苏西城三联控股集团有限公司	4173937	黑色金属冶炼及压延加工业	江　苏
228	江西萍钢实业股份有限公司	4109451	黑色金属冶炼及压延加工业	江　西
229	物美控股集团有限公司	4107499	零售业	北　京
230	江苏苏宁环球集团有限公司	4102800	房地产业	江　苏
231	大冶有色金属集团控股有限公司	4063253	有色金属矿采选业	湖　北

续表

序号	企业名称	营业收入（万元）	行业	地区
232	内蒙古伊泰集团有限公司	4024572	煤炭开采和洗选业	内蒙古
233	重庆商社（集团）有限公司	4008678	零售业	重庆
234	厦门海翼集团有限公司	4007330	交通运输设备制造业	福建
235	临沂新程金锣肉制品集团有限公司	3982268	农副食品加工业	山东
236	紫金矿业集团股份有限公司	3976392	有色金属矿采选业	福建
237	黑龙江龙煤矿业控股集团有限责任公司	3929141	煤炭开采和洗选业	黑龙江
238	隆基泰和实业有限公司	3860158	房地产业	河北
239	四川华西集团有限公司	3772125	房屋和土木工程建筑业	四川
240	中国工艺（集团）公司	3765347	批发业	北京
241	内蒙古伊利实业集团股份有限公司	3745137	食品制造业	内蒙古
242	江苏申特钢铁有限公司	3703425	黑色金属冶炼及压延加工业	江苏
243	浪潮电子信息产业股份有限公司	3668253	通信设备、计算机及其他电子设备制造业	山东
244	安徽江淮汽车集团有限公司	3664316	交通运输设备制造业	安徽
245	江苏永钢集团有限公司	3626752	黑色金属冶炼及压延加工业	江苏
246	太平人寿保险有限公司	3625401	保险业	上海
247	广东省广晟资产经营有限公司	3608244	有色金属矿采选业	广东
248	雅戈尔集团股份有限公司	3603107	纺织服装、鞋、帽制造业	浙江
249	厦门象屿集团有限公司	3597454	批发业	福建
250	滨化集团公司	3581864	石油加工、炼焦及核燃料加工业	山东
251	北京控股集团有限公司	3555879	燃气生产和供应业	北京
252	北京金隅集团有限责任公司	3543837	非金属矿物制品业	北京
253	浙江省建设投资集团有限公司	3532060	房屋和土木工程建筑业	浙江
254	绿城房地产集团有限公司	3530000	房地产业	浙江
255	通威集团有限公司	3525196	农副食品加工业	四川
256	山东晨曦集团有限公司	3520001	石油加工、炼焦及核燃料加工业	山东
257	广东格兰仕集团有限公司	3517642	电气机械及器材制造业	广东
258	红豆集团有限公司	3517139	纺织服装、鞋、帽制造业	江苏
259	新华联控股有限公司	3516633	有色金属矿采选业	湖南
260	金龙精密铜管集团股份有限公司	3505197	金属制品业	河南
261	中天发展控股集团有限公司	3495609	房屋和土木工程建筑业	浙江
262	浙江荣盛控股集团有限公司	3485658	化学纤维制造业	浙江
263	中国中纺集团公司	3483519	批发业	北京
264	浙江省商业集团有限公司	3474645	其他金融活动	浙江

续表

序号	企业名称	营业收入（万元）	行 业	地区
265	北京首都旅游集团有限责任公司	3462653	旅游业	北 京
266	江苏扬子江船业集团公司	3461903	船舶制造业	江 苏
267	吉林亚泰（集团）股份有限公司	3390318	其他金融活动	吉 林
268	盾安控股集团有限公司	3383134	电气机械及器材制造业	浙 江
269	广西建工集团有限责任公司	3368893	房屋和土木工程建筑业	广 西
270	中国恒天集团有限公司	3362386	专用设备制造业	北 京
271	华侨城集团公司	3355300	房地产业	广 东
272	南方石化集团有限公司	3345223	石油加工、炼焦及核燃料加工业	广 东
273	广州医药集团有限公司	3307758	医药制造业	广 东
274	新奥集团股份有限公司	3303286	燃气生产和供应业	河 北
275	四川省川威集团有限公司	3295502	黑色金属冶炼及压延加工业	四 川
276	唐山国丰钢铁有限公司	3293478	黑色金属冶炼及压延加工业	河 北
277	广东振戎能源有限公司	3253530	批发业	广 东
278	北京市政路桥集团有限公司	3250590	房屋和土木工程建筑业	北 京
279	海南大印集团有限公司	3250024	批发业	海 南
280	哈尔滨电气集团公司	3218506	电气机械及器材制造业	黑龙江
281	义马煤业集团股份有限公司	3217603	煤炭开采和洗选业	河 南
282	奥克斯集团股份有限公司	3209693	电气机械及器材制造业	浙 江
283	青山控股集团有限公司	3200000	黑色金属冶炼及压延加工业	浙 江
284	天津一商集团有限公司	3199774	零售业	天 津
285	广东省丝绸纺织集团有限公司	3195849	批发业	广 东
286	宁波金田投资控股有限公司	3150260	有色金属冶炼及压延加工业	浙 江
287	湖南省建筑工程集团总公司	3138910	房屋和土木工程建筑业	湖 南
288	陕西汽车集团有限责任公司	3136574	交通运输设备制造业	陕 西
289	重庆钢铁（集团）有限责任公司	3134818	黑色金属冶炼及压延加工业	重 庆
290	江苏阳光集团有限公司	3132445	纺织业	江 苏
291	远大物产集团有限公司	3128623	批发业	浙 江
292	江铃汽车集团公司	3110904	交通运输设备制造业	江 西
293	四川宏达（集团）有限公司	3090273	有色金属冶炼及压延加工业	四 川
294	广东省交通集团有限公司	3088660	道路运输业	广 东
295	北京城建集团有限责任公司	3082122	房屋和土木工程建筑业	北 京
296	河南神火集团有限公司	3081679	煤炭开采和洗选业	河 南
297	广州市建筑集团有限公司	3076281	房屋和土木工程建筑业	广 东
298	郑州煤炭工业（集团）有限责任公司	3064417	煤炭开采和洗选业	河 南
299	唐山瑞丰钢铁（集团）有限公司	3064204	黑色金属冶炼及压延加工业	河 北

续表

序号	企业名称	营业收入（万元）	行　业	地区
300	江阴澄星实业集团有限公司	3056368	化学原料及化学制品制造业	江　苏
301	广西投资集团有限公司	3054523	商务服务业	广　西
302	成都建筑工程集团总公司	3047944	房屋和土木工程建筑业	四　川
303	青建集团股份公司	3042666	房屋和土木工程建筑业	山　东
304	陕西东岭工贸集团股份有限公司	3030988	批发业	陕　西
305	山东泰山钢铁集团有限公司	3030960	黑色金属冶炼及压延加工业	山　东
306	合肥百货大楼集团股份有限公司	3030000	零售业	安　徽
307	山东招金集团有限公司	3028718	有色金属矿采选业	山　东
308	阳光保险集团股份有限公司	3025797	保险业	广　东
309	长城汽车股份有限公司	3008948	交通运输设备制造业	河　北
310	中国盐业总公司	2990465	非金属矿采选业	北　京
311	中国轻工业品进出口总公司	2970108	批发业	北　京
312	中国煤炭科工集团有限公司	2962654	研究与试验发展	北　京
313	申能（集团）有限公司	2919784	电力、热力的生产和供应业	上　海
314	山东金诚石化集团有限公司	2903978	石油加工、炼焦及核燃料加工业	山　东
315	桐昆集团股份有限公司	2903279	化学纤维制造业	浙　江
316	中国国际技术智力合作公司	2896600	其他服务业	北　京
317	天狮集团有限公司	2890657	食品制造业	天　津
318	杭州橡胶（集团）公司	2871992	橡胶制品业	浙　江
319	陕西建工集团总公司	2852235	房屋和土木工程建筑业	陕　西
320	腾讯控股有限公司	2849607	计算机服务业	广　东
321	扬子江药业集团	2835824	医药制造业	江　苏
322	唐山港陆钢铁有限公司	2834638	黑色金属冶炼及压延加工业	河　北
323	中国广东核电集团有限公司	2831461	电力、热力的生产和供应业	广　东
324	张家港保税区日祥贸易有限公司	2828153	批发业	江　苏
325	修正药业集团	2810051	医药制造业	吉　林
326	海澜集团有限公司	2801268	纺织服装、鞋、帽制造业	江　苏
327	山东京博控股股份有限公司	2800372	石油加工、炼焦及核燃料加工业	山　东
328	江苏南通三建集团有限公司	2772000	房屋和土木工程建筑业	江　苏
329	中南控股集团有限公司	2750000	房地产业	江　苏
330	重庆机电控股（集团）公司	2746262	交通运输设备制造业	重　庆
331	广州富力地产股份有限公司	2737009	房地产业	广　东
332	河北普阳钢铁有限公司	2735432	黑色金属冶炼及压延加工业	河　北
333	华泰集团有限公司	2720066	造纸及纸制品业	山　东
334	江苏南通二建集团有限公司	2712983	房屋和土木工程建筑业	江　苏

续表

序号	企业名称	营业收入（万元）	行　业	地区
335	重庆化医控股（集团）公司	2694469	化学原料及化学制品制造业	重　庆
336	福建省三钢（集团）有限责任公司	2693169	黑色金属冶炼及压延加工业	福　建
337	玖龙纸业（控股）有限公司	2690584	造纸及纸制品业	广　东
338	科创控股集团有限公司	2690000	医药制造业	四　川
339	山东晨鸣纸业集团股份有限公司	2688961	造纸及纸制品业	山　东
340	世纪金源投资集团有限公司	2688906	房地产业	北　京
341	安徽省皖北煤电集团有限责任公司	2673782	煤炭开采和洗选业	安　徽
342	万基控股集团有限公司	2668122	有色金属冶炼及压延加工业	河　南
343	昆明钢铁控股有限公司	2666719	黑色金属冶炼及压延加工业	云　南
344	百兴集团有限公司	2663325	房地产业	江　苏
345	人民电器集团有限公司	2657124	电气机械及器材制造业	浙　江
346	盛虹集团有限公司	2650231	纺织业	江　苏
347	华盛江泉集团有限公司	2632688	黑色金属冶炼及压延加工业	山　东
348	云南煤化工集团有限公司	2619587	化学原料及化学制品制造业	云　南
349	四川德胜集团钢铁有限公司	2619416	黑色金属冶炼及压延加工业	四　川
350	晶龙实业集团有限公司	2618725	电气机械及器材制造业	河　北
351	山东时风（集团）有限责任公司	2615282	专用设备制造业	山　东
352	旭阳控股有限公司	2610381	煤炭开采和洗选业	北　京
353	江苏国泰国际集团有限公司	2609515	批发业	江　苏
354	重庆市能源投资集团公司	2607722	煤炭开采和洗选业	重　庆
355	河北省物流产业集团有限公司	2605480	批发业	河　北
356	华芳集团有限公司	2605193	纺织业	江　苏
357	北京京城机电控股有限责任公司	2602824	通用设备制造业	北　京
358	山东太阳纸业股份有限公司	2585783	造纸及纸制品业	山　东
359	湖南晟通科技集团有限公司	2584006	有色金属冶炼及压延加工业	湖　南
360	湖南博长控股集团有限公司	2568853	黑色金属冶炼及压延加工业	湖　北
361	广东美的集团芜湖制冷设备有限公司	2554579	电气机械及器材制造业	安　徽
362	东营方圆有色金属有限公司	2554060	有色金属冶炼及压延加工业	山　东
363	重庆龙湖企业拓展有限公司	2530133	房地产业	重　庆
364	南京医药产业（集团）有限责任公司	2529861	医药制造业	江　苏
365	山东中烟工业有限责任公司	2521379	烟草制品业	山　东
366	重庆轻纺控股（集团）公司	2520496	饮料制造业	重　庆
367	浙江前程投资股份有限公司	2518800	批发业	浙　江
368	正泰集团股份有限公司	2515732	电气机械及器材制造业	浙　江
369	西部矿业集团有限公司	2500703	有色金属矿采选业	青　海

续表

序号	企业名称	营业收入（万元）	行　业	地区
370	海城市西洋镁矿有限公司	2500000	有色金属矿采选业	辽　宁
371	中国新世纪控股集团有限公司	2497183	批发业	浙　江
372	新世纪控股集团有限公司	2497183	批发业	浙　江
373	天津友发钢管集团有限公司	2497149	黑色金属冶炼及压延加工业	天　津
374	贵州中烟工业有限责任公司	2496829	烟草制品业	贵　州
375	西王集团有限公司	2489802	农副食品加工业	山　东
376	河北文丰钢铁有限公司	2484514	黑色金属冶炼及压延加工业	河　北
377	九州通医药集团股份有限公司	2483868	批发业	湖　北
378	上海龙昂国际贸易有限公司	2469503	其他金融活动	上　海
379	泸州老窖集团有限责任公司	2462383	饮料制造业	四　川
380	浙江省交通投资集团有限公司	2445751	道路运输业	浙　江
381	中国贵州茅台酒厂（集团）有限责任公司	2429810	饮料制造业	贵　州
382	云南建工集团有限公司	2429521	房屋和土木工程建筑业	云　南
383	上海人民企业（集团）有限公司	2413666	电气机械及器材制造业	上　海
384	天津二轻集团（控股）有限公司	2412039	家具制造业	天　津
385	福建省能源集团有限责任公司	2391485	煤炭开采和洗选业	福　建
386	上海华冶钢铁集团有限公司	2374837	批发业	上　海
387	徐州矿务集团有限公司	2362996	煤炭开采和洗选业	江　苏
388	天音通信有限公司	2353700	电信和其他信息传输服务业	广　东
389	四川金广实业（集团）股份有限公司	2345661	黑色金属冶炼及压延加工业	四　川
390	安徽国贸集团控股有限公司	2344526	批发业	安　徽
391	河南豫联能源集团有限责任公司	2343163	有色金属冶炼及压延加工业	河　南
392	广东省建筑工程集团有限公司	2323889	房屋和土木工程建筑业	广　东
393	青岛啤酒股份有限公司	2315805	饮料制造业	山　东
394	东北特殊钢集团有限责任公司	2315199	黑色金属冶炼及压延加工业	辽　宁
395	沈阳煤业（集团）有限责任公司	2315060	煤炭开采和洗选业	辽　宁
396	天正集团有限公司	2310051	电气机械及器材制造业	浙　江
397	天津市医药集团有限公司	2308748	医药制造业	天　津
398	北京外企服务集团有限责任公司	2303171	商务服务业	北　京
399	亚邦投资控股集团有限公司	2302923	化学原料及化学制品制造业	江　苏
400	南金兆集团有限公司	2297778	黑色金属冶炼及压延加工业	山　东
401	四川公路桥梁建设集团有限公司	2296702	房屋和土木工程建筑业	四　川
402	安徽建工集团有限公司	2288571	房屋和土木工程建筑业	安　徽
403	亿利资源集团有限公司	2280372	医药制造业	内蒙古

续表

序号	企业名称	营业收入（万元）	行 业	地区
404	山东如意科技集团有限公司	2275501	纺织业	山 东
405	东方集团实业股份有限公司	2267584	批发业	黑龙江
406	华勤橡胶工业集团有限公司	2264099	橡胶制品业	山 东
407	宁波银亿集团有限公司	2259246	房地产业	浙 江
408	新疆特变电工集团有限公司	2253721	电气机械及器材制造业	新 疆
409	东方国际（集团）有限公司	2228308	批发业	上 海
410	北京能源投资（集团）有限公司	2225958	电力、热力的生产和供应业	北 京
411	天津港（集团）有限公司	2211000	水上运输业	天 津
412	丰立集团有限公司	2209692	批发业	江 苏
413	浙江中成控股集团有限公司	2208876	房屋和土木工程建筑业	浙 江
414	德力西集团有限公司	2208842	电气机械及器材制造业	浙 江
415	春风实业集团有限责任公司	2203483	金属制品业	河 北
416	山西省国新能源发展集团有限公司	2190414	燃气生产和供应业	山 西
417	石家庄北国人百集团有限责任公司	2187276	零售业	河 北
418	白银有色集团股份有限公司	2185429	有色金属冶炼及压延加工业	甘 肃
419	上海国际港务（集团）股份有限公司	2177886	水上运输业	上 海
420	中太建设集团股份有限公司	2168205	房屋和土木工程建筑业	河 北
421	广西柳工集团有限公司	2157159	专用设备制造业	广 西
422	辽宁铁法能源有限责任公司	2151142	电力、热力的生产和供应业	辽 宁
423	阜新矿业（集团）有限责任公司	2150426	煤炭开采和洗选业	辽 宁
424	江苏省苏中建设集团股份有限公司	2139315	房屋和土木工程建筑业	江 苏
425	广州万宝集团有限公司	2133479	电气机械及器材制造业	广 东
426	山东博汇集团有限公司	2123890	造纸及纸制品业	山 东
427	云南锡业集团（控股）有限责任公司	2116237	有色金属冶炼及压延加工业	云 南
428	河北建工集团有限责任公司	2112999	房屋和土木工程建筑业	河 北
429	老凤祥股份有限公司	2112640	零售业	上 海
430	江苏金浦集团有限公司	2103148	石油加工、炼焦及核燃料加工业	江 苏
431	福佳集团有限公司	2101800	房地产业	辽 宁
432	山东石横特钢集团有限公司	2099539	黑色金属冶炼及压延加工业	山 东
433	同方股份有限公司	2096205	计算机服务业	北 京
434	郑州宇通集团有限公司	2095208	交通运输设备制造业	河 南
435	利华益集团股份有限公司	2091663	石油加工、炼焦及核燃料加工业	山 东
436	黑龙江省建设集团有限公司	2088357	房屋和土木工程建筑业	黑龙江
437	山东东明石化集团有限公司	2080062	石油加工、炼焦及核燃料加工业	山 东
438	传化集团有限公司	2079132	化学原料及化学制品制造业	浙 江

续表

序号	企业名称	营业收入（万元）	行　业	地区
439	亨通集团有限公司	2074786	电气机械及器材制造业	江　苏
440	河北建设集团有限公司	2074164	房屋和土木工程建筑业	河　北
441	山东高速集团有限公司	2070570	道路运输业	山　东
442	中国长江电力股份有限公司	2070038	电力、热力的生产和供应业	北　京
443	山东胜通集团股份有限公司	2064332	专用设备制造业	山　东
444	苏州创元投资发展（集团）有限公司	2059404	交通运输设备制造业	江　苏
445	江苏省苏豪控股集团有限公司	2059192	其他金融活动	江　苏
446	万达控股集团有限公司	2056319	电气机械及器材制造业	山　东
447	冀东发展集团有限责任公司	2050480	非金属矿物制品业	河　北
448	新疆天业（集团）有限公司	2042809	化学原料及化学制品制造业	新　疆
449	四川省达州钢铁集团有限责任公司	2040650	黑色金属冶炼及压延加工业	四　川
450	江苏双良集团有限公司	2036762	通用设备制造业	江　苏
451	江苏高力集团有限公司	2029466	商务服务业	江　苏
452	广西北部湾国际港务集团有限公司	2028587	水上运输业	广　西
453	无锡尚德太阳能电力有限公司	2026749	电力、热力的生产和供应业	江　苏
454	沈阳远大企业集团	2024443	建筑业	辽　宁
455	江苏文峰集团有限公司	2021800	零售业	江　苏
456	甘肃省建设投资（控股）集团总公司	2020003	房屋和土木工程建筑业	甘　肃
457	正邦集团有限公司	2018954	农副食品加工业	江　西
458	维维集团股份有限公司	2017836	饮料制造业	江　苏
459	精功集团有限公司	2017818	专用设备制造业	浙　江
460	云南冶金集团股份有限公司	2008235	有色金属冶炼及压延加工业	云　南
461	山东西水橡胶集团有限公司	1994944	橡胶制品业	山　东
462	长春欧亚集团股份有限公司	1990319	其他金融活动	吉　林
463	山西建筑工程（集团）总公司	1979123	房屋和土木工程建筑业	山　西
464	常林工程机械集团	1962014	专用设备制造业	江　苏
465	内蒙古鄂尔多斯羊绒集团有限责任公司	1958837	纺织业	内蒙古
466	内蒙古伊东资源集团股份有限公司	1952233	煤炭开采和洗选业	内蒙古
467	沂州集团有限公司	1942497	非金属矿物制品业	山　东
468	西林钢铁集团有限公司	1939398	黑色金属冶炼及压延加工业	黑龙江
469	大汉控股集团有限公司	1936912	批发业	湖　南
470	浙江宝业建设集团有限公司	1936233	房屋和土木工程建筑业	浙　江
471	江苏法尔胜泓升集团有限公司	1926051	电气机械及器材制造业	江　苏
472	远东控股集团有限公司	1925335	电气机械及器材制造业	江　苏

续表

序号	企业名称	营业收入（万元）	行业	地区
473	内蒙古伊东投资集团有限公司	1922949	煤炭开采和洗选业	内蒙古
474	山东科达集团有限公司	1921025	房屋和土木工程建筑业	山东
475	浙江八达建设集团有限公司	1913338	房屋和土木工程建筑业	浙江
476	上海外高桥造船有限公司	1908827	船舶制造业	上海
477	江苏华厦融创置地集团有限公司	1906715	房地产业	江苏
478	利群集团股份有限公司	1905687	零售业	山东
479	嘉晨集团有限公司	1900016	非金属矿物制品业	辽宁
480	弘阳集团有限公司	1897848	房地产业	江苏
481	杉杉控股有限公司	1892041	纺织服装、鞋、帽制造业	上海
482	天津市津能投资公司	1880770	其他金融活动	天津
483	北京首都创业集团有限公司	1873198	商务服务业	北京
484	内蒙古鄂尔多斯投资控股集团有限公司	1872902	商务服务业	内蒙古
485	深圳市中金岭南有色金属股份有限公司	1866905	有色金属冶炼及压延加工业	广东
486	山东大海集团有限公司	1860235	纺织业	山东
487	兴华财富集团有限公司	1857676	批发业	河北
488	河北兴华钢铁有限公司	1857676	黑色金属冶炼及压延加工业	河北
489	隆鑫控股有限公司	1839548	交通运输设备制造业	重庆
490	全威（铜陵）铜业科技有限公司	1838329	有色金属冶炼及压延加工业	安徽
491	江西省煤炭集团公司	1835923	煤炭开采和洗选业	江西
492	三河汇福粮油集团有限公司	1835019	农副食品加工业	北京
493	浙江昆仑控股集团有限公司	1834575	房屋和土木工程建筑业	浙江
494	宜昌三峡全通涂镀板有限公司	1832998	专用设备制造业	湖北
495	青岛港（集团）有限公司	1827548	水上运输业	山东
496	澳洋集团有限公司	1821685	纺织业	江苏
497	河南豫光金铅集团有限责任公司	1821497	有色金属冶炼及压延加工业	河南
498	波司登股份有限公司	1821341	纺织服装、鞋、帽制造业	江苏
499	重庆力帆控股有限公司	1819979	交通运输设备制造业	重庆
500	重庆华南物资（集团）有限公司	1814852	批发业	重庆
501	宁波富邦控股集团有限公司	1812280	电气机械及器材制造业	浙江
502	河北新金钢铁有限公司	1806371	黑色金属冶炼及压延加工业	河北
503	新华锦集团有限公司	1803929	批发业	山东
504	香江集团有限公司	1802180	房地产业	广东
505	山东淄博傅山企业集团有限公司	1801934	有色金属冶炼及压延加工业	山东

续表

序号	企业名称	营业收入（万元）	行　业	地区
506	沈阳机床（集团）有限责任公司	1801128	通用设备制造业	辽　宁
507	天瑞集团有限公司	1792252	非金属矿物制品业	河　南
508	山东昊龙集团有限公司	1786123	纺织业	山　东
509	大连机床集团有限责任公司	1785273	通用设备制造业	辽　宁
510	江苏金辉集团公司	1779431	有色金属冶炼及压延加工业	江　苏
511	广州轻工工贸集团有限公司	1773397	电气机械及器材制造业	广　东
512	南京丰盛产业控股集团有限公司	1772479	房屋和土木工程建筑业	江　苏
513	武安市裕华钢铁有限公司	1763688	黑色金属冶炼及压延加工业	湖　北
514	河北省武安市裕华钢铁有限公司	1763688	黑色金属冶炼及压延加工业	河　北
515	河南龙成集团有限公司	1751154	黑色金属冶炼及压延加工业	河　南
516	哈药集团有限公司	1750696	医药制造业	黑龙江
517	山东渤海实业股份有限公司	1728834	农副食品加工业	山　东
518	攀枝花钢城集团有限公司	1722662	黑色金属冶炼及压延加工业	四　川
519	四平红嘴集团总公司	1722256	黑色金属冶炼及压延加工业	吉　林
520	北京燕京啤酒集团公司	1716231	饮料制造业	北　京
521	福建恒安集团有限公司	1705056	造纸及纸制品业	福　建
522	浙江元立金属制品集团有限公司	1704473	金属制品业	浙　江
523	宝胜集团有限公司	1699240	电气机械及器材制造业	江　苏
524	三角集团有限公司	1683275	橡胶制品业	山　东
525	中基宁波集团股份有限公司	1677343	商务服务业	浙　江
526	天津纺织集团（控股）有限公司	1676839	纺织业	天　津
527	上海良友（集团）有限公司	1672855	批发业	上　海
528	广西有色金属集团有限公司	1669036	有色金属冶炼及压延加工业	广　西
529	玲珑集团有限公司	1661503	橡胶制品业	山　东
530	北京二商集团有限责任公司	1657379	批发业	北　京
531	浙江龙盛控股有限公司	1654089	化学原料及化学制品制造业	浙　江
532	南通化工轻工股份有限公司	1652379	化学原料及化学制品制造业	江　苏
533	太极集团有限公司	1650315	医药制造业	重　庆
534	江苏新世纪造船有限公司	1642408	交通运输设备制造业	江　苏
535	西子联合控股有限公司	1633851	通用设备制造业	浙　江
536	江苏三木集团有限公司	1632347	化学原料及化学制品制造业	江　苏
537	江苏熔盛重工有限公司	1624336	交通运输设备制造业	江　苏
538	和润集团有限公司	1618682	食品制造业	浙　江
539	太原重型机械集团有限公司	1613368	专用设备制造业	山　西
540	杭州富春江冶炼有限公司	1612810	有色金属冶炼及压延加工业	浙　江

续表

序号	企业名称	营业收入（万元）	行　业	地区
541	维科控股集团股份有限公司	1608204	纺织业	浙　江
542	福田雷沃国际重工股份有限公司	1600232	专用设备制造业	山　东
543	凌源钢铁集团有限责任公司	1593851	黑色金属冶炼及压延加工业	辽　宁
544	山西常平钢铁有限公司	1579000	黑色金属冶炼及压延加工业	山　西
545	深圳市庆鹏实业集团有限公司	1578081	房地产业	广　东
546	江苏华宏实业集团有限公司	1569986	化学纤维制造业	江　苏
547	杭州华东医药集团有限公司	1565202	医药制造业	浙　江
548	山东汇丰石化集团有限公司	1563026	石油加工、炼焦及核燃料加工业	山　东
549	海鑫钢铁集团有限公司	1558620	黑色金属冶炼及压延加工业	山　东
550	海城市后英经贸集团有限公司	1543640	非金属矿物制品业	辽　宁
551	富海集团有限公司	1530727	石油加工、炼焦及核燃料加工业	山　东
552	四川科伦实业集团有限公司	1529474	医药制造业	四　川
553	天能电池集团有限公司	1526364	电气机械及器材制造业	浙　江
554	永鼎集团有限公司	1526155	电气机械及器材制造业	江　苏
555	逸盛大化石化有限公司	1515670	石油加工、炼焦及核燃料加工业	辽　宁
556	杭州锦江集团有限公司	1514953	有色金属冶炼及压延加工业	浙　江
557	福星集团控股有限公司	1512553	金属制品业	湖　北
558	金科地产集团股份有限公司	1510000	房地产业	重　庆
559	东兆长泰投资集团有限公司	1505040	建筑业	北　京
560	宁波神化化学品经营有限责任公司	1504414	批发业	浙　江
561	上海美特斯邦威股份有限公司	1502262	纺织服装、鞋、帽制造业	上　海
562	双胞胎（集团）股份有限公司	1487749	农副食品加工业	江　西
563	白云电气集团有限公司	1482200	电气机械及器材制造业	广　东
564	南京金鹰国际集团有限公司	1479324	零售业	江　苏
565	三环集团公司	1477637	交通运输设备制造业	湖　北
566	浙江新湖集团股份有限公司	1471978	房地产业	浙　江
567	山推工程机械股份有限公司	1470205	专用设备制造业	山　东
568	北方重工集团有限公司	1459830	专用设备制造业	辽　宁
569	中国西电集团公司	1452030	电气机械及器材制造业	陕　西
570	广西农垦集团有限责任公司	1451211	农业	广　西
571	百度在线网络技术（北京）有限公司	1450100	信息传输、软件和信息技术服务业	北　京
572	环宇集团有限公司	1448862	电气机械及器材制造业	浙　江
573	德龙钢铁有限公司	1447792	黑色金属冶炼及压延加工业	河　北
574	庆铃汽车（集团）有限公司	1446896	交通运输设备制造业	重　庆
575	河南济源钢铁（集团）有限公司	1434992	黑色金属冶炼及压延加工业	河　南

续表

序号	企业名称	营业收入（万元）	行　业	地区
576	新城控股集团有限公司	1424554	房地产业	上　海
577	唐山三友集团有限公司	1422377	化学原料及化学制品制造业	河　北
578	海马汽车集团股份有限公司	1421430	交通运输设备制造业	海　南
579	宗申产业集团有限公司	1420726	交通运输设备制造业	重　庆
580	银泰百货（集团）有限公司	1413242	零售业	浙　江
581	广西中烟工业有限责任公司	1411888	烟草制品业	广　西
582	深圳海王集团股份有限公司	1410000	医药制造业	广　东
583	江西赛维 LDK 太阳能高科技有限公司	1392985	非金属矿物制品业	江　西
584	升华集团控股有限公司	1392769	医药制造业	浙　江
585	红狮控股集团有限公司	1386905	非金属矿物制品业	浙　江
586	天津天士力集团有限公司	1381080	医药制造业	天　津
587	浙江东南网架集团有限公司	1380334	金属制品业	浙　江
588	大全集团有限公司	1378940	电气机械及器材制造业	江　苏
589	广西洋浦南华糖业集团股份有限公司	1374980	农副食品加工业	广　西
590	奥康集团有限公司	1372982	皮革、毛皮、羽毛及其制品和制鞋业	浙　江
591	江苏新海石化有限公司	1367400	石油加工、炼焦及核燃料加工业	江　苏
592	江西稀有金属钨业控股集团有限公司	1362330	有色金属冶炼及压延加工业	江　西
593	金花投资有限公司	1362005	其他金融活动	陕　西
594	安钢集团信阳钢铁有限公司	1360905	黑色金属冶炼及压延加工业	河　南
595	正和集团股份有限公司	1360610	石油加工、炼焦及核燃料加工业	山　东
596	南通四建集团有限公司	1352341	房屋和土木工程建筑业	江　苏
597	山东长星集团有限公司	1351691	通用设备制造业	山　东
598	金海重工股份有限公司	1350703	交通运输设备制造业	浙　江
599	天津有色金属集团有限公司	1338924	有色金属冶炼及压延加工业	天　津
600	超威电源（集团）有限公司	1337205	电气机械及器材制造业	浙　江
601	方大特钢科技股份有限公司	1333398	黑色金属冶炼及压延加工业	山　东
602	成都神钢工程机械（集团）有限公司	1330312	专用设备制造业	四　川
603	常州天合光能有限公司	1327922	电气机械及器材制造业	江　苏
604	江苏沃得机电集团有限公司	1327503	通用设备制造业	江　苏
605	湖南省曾氏企业有限公司	1326000	有色金属冶炼及压延加工业	湖　南
606	宁夏宝塔石化集团有限公司	1321360	石油加工、炼焦及核燃料加工业	宁　夏
607	上海均瑶（集团）有限公司	1318300	零售业	上　海
608	山东垦利石化有限责任公司	1317862	石油加工、炼焦及核燃料加工业	山　东
609	沪东中华造船（集团）有限公司	1317028	交通运输设备制造业	上　海
610	威高集团有限公司	1313239	专用设备制造业	山　东

续表

序号	企业名称	营业收入（万元）	行　业	地区
611	江苏南通六建建设集团有限公司	1306631	房屋和土木工程建筑业	江　苏
612	巨化集团公司	1305405	化学原料及化学制品制造业	浙　江
613	兴达投资集团有限公司	1304192	房地产业	河　南
614	卧龙控股集团有限公司	1302640	电气机械及器材制造业	浙　江
615	沈阳化工集团有限公司	1300727	化学原料及化学制品制造业	辽　宁
616	山东华星石油化工集团有限公司	1296179	石油加工、炼焦及核燃料加工业	山　东
617	内蒙古满世投资集团有限公司	1287647	煤炭开采和洗选业	内蒙古
618	山西安泰控股集团有限公司	1287166	石油加工、炼焦及核燃料加工业	山　西
619	阿特斯（中国）投资有限公司	1285183	电气机械及器材制造业	江　苏
620	新疆金风科技股份有限公司	1284313	电气机械及器材制造业	新　疆
621	金鼎重工股份有限公司	1278000	黑色金属冶炼及压延加工业	河　北
622	京东方科技集团股份有限公司	1274141	通信设备、计算机及其他电子设备制造业	北　京
623	江苏洋河酒厂股份有限公司	1274092	饮料制造业	江　苏
624	河北前进钢铁集团有限公司	1273238	黑色金属冶炼及压延加工业	河　北
625	中国龙工控股有限公司	1272116	专用设备制造业	福　建
626	春和集团有限公司	1266673	交通运输设备制造业	浙　江
627	辽宁曙光汽车集团股份有限公司	1265439	交通运输设备制造业	辽　宁
628	华新水泥股份有限公司	1263804	非金属矿物制品业	湖　北
629	山东五征集团有限公司	1253733	专用设备制造业	山　东
630	四川九洲电器集团有限责任公司	1252918	通信设备、计算机及其他电子设备制造业	四　川
631	中球冠集团有限公司	1248113	批发业	浙　江
632	精工控股集团有限公司	1247465	有色金属冶炼及压延加工业	浙　江
633	大连重工·起重集团有限公司	1245068	专用设备制造业	辽　宁
634	湘电集团有限公司	1240253	电气机械及器材制造业	湖　南
635	纳爱斯集团有限公司	1227332	化学原料及化学制品制造业	浙　江
636	浙江华成控股集团有限公司	1222807	房屋和土木工程建筑业	浙　江
637	惠州市德赛集团有限公司	1221208	通信设备、计算机及其他电子设备制造业	广　东
638	福建省汽车工业集团有限公司	1216858	交通运输设备制造业	福　建
639	华立集团股份有限公司	1215723	医药制造业	浙　江
640	美锦能源集团有限公司	1212814	石油加工、炼焦及核燃料加工业	山　西
641	浙江广天日月集团股份有限公司	1212051	房屋和土木工程建筑业	浙　江
642	双星集团有限责任公司	1211210	石油加工、炼焦及核燃料加工业	山　东

续表

序号	企业名称	营业收入（万元）	行 业	地区
643	人人乐连锁商业集团股份有限公司	1209192	零售业	广 东
644	天地龙控股集团有限公司	1208430	有色金属冶炼及压延加工业	江 苏
645	柳州五菱汽车有限责任公司	1206687	交通运输设备制造业	广 西
646	山东金岭集团有限公司	1204249	化学原料及化学制品制造业	山 东
647	崇利制钢有限公司	1201161	有色金属冶炼及压延加工业	天 津
648	天津农垦集团有限公司	1201139	畜牧业	天 津
649	山东鲁北企业集团总公司	1200515	化学原料及化学制品制造业	山 东
650	厦门厦工机械股份有限公司	1199204	专用设备制造业	福 建
651	广东海大集团股份有限公司	1197572	农副食品加工业	广 东
652	天津市建筑材料集团（控股）有限公司	1196006	非金属矿物制品业	天 津
653	江苏大明金属制品有限公司	1195407	金属制品业	江 苏
654	卓尔控股有限公司	1192000	商务服务业	湖 北
655	浙江大东南集团有限公司	1191948	塑料制品业	浙 江
656	厦门钨业股份有限公司	1191040	有色金属冶炼及压延加工业	福 建
657	湖北稻花香集团公司	1188564	酒、饮料和精制茶制造业	湖 北
658	大连冰山集团有限公司	1186459	通用设备制造业	辽 宁
659	新凤鸣集团股份有限公司	1184194	化学纤维制造业	浙 江
660	江苏上上电缆集团有限公司	1180986	电气机械及器材制造业	江 苏
661	上海胜华电缆（集团）有限公司	1180153	电气机械及器材制造业	上 海
662	邢台钢铁有限责任公司	1169516	黑色金属冶炼及压延加工业	河 北
663	山东临工工程机械有限公司	1166606	专用设备制造业	山 东
664	包头北奔重型汽车有限公司	1165606	交通运输设备制造业	内蒙古
665	洛阳紫金银辉黄金冶炼有限公司	1165153	有色金属冶炼及压延加工业	河 南
666	巨星联合控股集团有限公司	1164440	通用设备制造业	浙 江
667	山西通达（集团）有限公司	1161112	交通运输设备制造业	山 西
668	新八建设集团有限公司	1156126	建筑业	湖 北
669	金发科技股份有限公司	1154696	塑料制品业	广 东
670	山东联盟化工集团有限公司	1151461	化学原料及化学制品制造业	山 东
671	龙岩烟草工业有限责任公司	1148302	烟草制品业	福 建
672	华鲁控股集团有限公司	1145296	化学原料及化学制品制造业	山 东
673	浙江百诚集团股份有限公司	1143258	批发业	浙 江
674	中发实业（集团）有限公司	1141463	其他金融活动	黑龙江
675	大华（集团）有限公司	1136721	房地产业	上 海
676	佳杰科技（上海）有限公司	1131609	批发业	上 海

续表

序号	企业名称	营业收入（万元）	行业	地区
677	云南白药集团股份有限公司	1131232	医药制造业	云南
678	潍坊特钢集团有限公司	1127578	黑色金属冶炼及压延加工业	山东
679	江苏金峰水泥集团有限公司	1127467	非金属矿物制品业	江苏
680	鄂尔多斯市乌兰煤炭集团有限责任公司	1126502	煤炭开采和洗选业	内蒙古
681	龙海钢铁有限公司	1123325	黑色金属冶炼及压延加工业	河北
682	江西中烟工业有限责任公司	1122744	烟草制品业	江西
683	苏州市相城区江南化纤集团有限公司	1122612	化学纤维制造业	江苏
684	武汉邮电科学研究院	1119546	通信设备、计算机及其他电子设备制造业	湖北
685	重庆烟草工业有限责任公司	1118712	烟草制品业	重庆
686	南京高精传动设备制造集团有限公司	1118493	通用设备制造业	江苏
687	宜昌兴发集团有限责任公司	1116632	化学原料及化学制品制造业	湖北
688	五得利面粉集团有限公司	1115955	农副食品加工业	河北
689	广州立白企业集团有限公司	1114003	化学原料及化学制品制造业	广东
690	阳光凯迪新能源集团有限公司	1108816	电气机械及器材制造业	湖北
691	诸城外贸有限责任公司	1108606	农副食品加工业	山东
692	红太阳集团有限公司	1106999	化学原料及化学制品制造业	江苏
693	华峰集团有限公司	1101853	化学原料及化学制品制造业	浙江
694	华锐风电科技（集团）股份有限公司	1100000	电气机械及器材制造业	北京
695	江苏天地龙集团有限公司	1099665	有色金属冶炼及压延加工业	江苏
696	辛集市澳森钢铁有限公司	1099013	黑色金属冶炼及压延加工业	河北
697	天津立业钢铁集团有限公司	1096496	黑色金属冶炼及压延加工业	天津
698	东方建设集团有限公司	1095017	建筑业	浙江
699	江苏飞达控股集团有限公司	1092017	有色金属冶炼及压延加工业	江苏
700	陕西法士特汽车传动集团有限责任公司	1089638	交通运输设备制造业	陕西
701	江苏天工集团有限公司	1088653	黑色金属冶炼及压延加工业	江苏
702	浙江天圣控股集团有限公司	1088420	纺织业	浙江
703	浙江栋梁新材股份有限公司	1087500	有色金属冶炼及压延加工业	浙江
704	盘锦北方沥青燃料有限公司	1082788	石油加工、炼焦及核燃料加工业	辽宁
705	五洋建设集团股份有限公司	1082722	建筑业	浙江
706	通鼎集团有限公司	1081328	电气机械及器材制造业	江苏
707	大亚科技集团有限公司	1081086	木材加工及木、竹、藤、棕、草制品业	江苏

续表

序号	企业名称	营业收入（万元）	行业	地区
708	华通机电集团有限公司	1079104	电气机械及器材制造业	浙江
709	江苏常发实业集团有限公司	1079101	通用设备制造业	江苏
710	海外海集团有限公司	1076000	租赁和商务服务业	浙江
711	山东万通石油化工集团有限公司	1073730	石油加工、炼焦及核燃料加工业	山东
712	龙元建设集团股份有限公司	1072886	建筑业	浙江
713	四川西南不锈钢有限责任公司	1067849	黑色金属冶炼及压延加工业	四川
714	兴乐集团有限公司	1067398	电气机械及器材制造业	浙江
715	山东神驰化工有限公司	1067227	石油加工、炼焦及核燃料加工业	山东
716	泰通（泰州）工业有限公司	1063316	电气机械及器材制造业	江苏
717	江门市大长江集团有限公司	1060956	交通运输设备制造业	广东
718	浙江康桥汽车工贸集团股份有限公司	1060000	零售业	浙江
719	河北省武安市元宝山工业集团有限公司	1059878	黑色金属冶炼及压延加工业	河北
720	常州东方特钢有限公司	1056366	黑色金属冶炼及压延加工业	江苏
721	上海奥盛投资控股（集团）有限公司	1053748	金属制品业	上海
722	杭州金鱼电器集团有限公司	1052866	电气机械及器材制造业	浙江
723	润东汽车集团有限公司	1050000	批发业	江苏
724	江苏华尔润集团有限公司	1048753	非金属矿物制品业	江苏
725	山东泉林纸业有限责任公司	1046014	造纸及纸制品业	山东
726	江苏新时代控股集团有限公司	1044684	有色金属冶炼及压延加工业	江苏
727	利时集团股份有限公司	1043614	塑料制品业	浙江
728	唐人神集团股份有限公司	1041771	农副食品加工业	湖南
729	亚厦控股有限公司	1041037	零售业	安徽
730	连云港兴鑫钢铁有限公司	1039046	黑色金属冶炼及压延加工业	江苏
731	河南金汇不锈钢产业集团有限公司	1038000	黑色金属冶炼及压延加工业	河南
732	新七建设集团有限公司	1037312	建筑业	湖北
733	江苏省镔鑫特钢材料有限公司	1034760	黑色金属冶炼及压延加工业	江苏
734	祐康食品集团有限公司	1032830	食品制造业	浙江
735	山东澳亚纺织有限公司	1032504	纺织业	山东
736	辽宁忠旺集团有限公司	1031767	有色金属冶炼及压延加工业	辽宁
737	苏州金螳螂企业集团有限公司	1031174	建筑业	江苏
738	沈阳鼓风机集团股份有限公司	1030327	通用设备制造业	陕西
739	四川郎酒集团有限责任公司	1030000	酒、饮料和精制茶制造业	四川
740	博发控股集团	1029035	科学研究和技术服务业	黑龙江
741	内蒙古源通煤化集团有限责任公司	1026800	采矿业	内蒙古

续表

序号	企业名称	营业收入（万元）	行　业	地区
742	中天科技集团有限公司	1026338	电气机械及器材制造业	江　苏
743	内蒙古特弘煤电集团有限责任公司	1025231	煤炭开采和洗选业	内蒙古
744	内蒙古兴泰置业集团有限公司	1023728	建筑业	内蒙古
745	山东鲁花集团有限公司	1023267	农副食品加工业	山　东
746	内蒙古庆华集团有限公司	1021590	采矿业	内蒙古
747	天津大桥焊材集团有限公司	1020000	电气机械及器材制造业	天　津
748	福中集团有限公司	1020000	通信设备、计算机及其他电子设备制造业	江　苏
749	海天塑机集团有限公司	1017861	专用设备制造业	浙　江
750	澳柯玛股份有限公司	1017444	电气机械及器材制造业	山　东
751	浙江万马集团有限公司	1017433	电气机械及器材制造业	浙　江
752	天津宝迪农业科技股份有限公司	1016708	农副食品加工业	天　津
753	欧美投资集团有限公司	1014157	房地产业	山　东
754	荣盛控股股份有限公司	1014034	化学纤维制造业	浙　江
755	唐山东华钢铁企业集团有限公司	1012000	黑色金属冶炼及压延加工业	河　北
756	红楼集团有限公司	1011561	批发业	浙　江
757	重庆市博赛矿业（集团）有限公司	1011205	有色金属冶炼及压延加工业	重　庆
758	山东恒源石油化工股份有限公司	1010014	石油加工、炼焦及核燃料加工业	山　东
759	上海绿地建设（集团）有限公司	1001533	房屋和土木工程建筑业	上　海
760	东辰控股集团有限公司	990400	化学原料及化学制品制造业	山　东
761	秦皇岛安丰钢铁有限公司	985580	黑色金属冶炼及压延加工业	河　北
762	龙信建设集团有限公司	984675	房屋和土木工程建筑业	江　苏
763	杭州华三通信技术有限公司	984255	通信设备、计算机及其他电子设备制造业	浙　江
764	山东荣信煤化有限责任公司	983880	石油加工、炼焦及核燃料加工业	山　东
765	成都亚光电子股份有限公司	975158	通信设备、计算机及其他电子设备制造业	四　川
766	山东创新金属科技股份有限公司	974364	有色金属冶炼及压延加工业	山　东
767	重庆小康工业集团股份有限公司	973007	交通运输设备制造业	重　庆
768	浙江翔盛集团有限公司	970307	纺织业	浙　江
769	福耀玻璃工业集团股份有限公司	968941	非金属矿物制品业	福　建
770	晶科能源有限公司	967392	电气机械及器材制造业	江　西
771	宁波华东物资城市场建设开发有限公司	966650	批发业	浙　江
772	铜陵精达铜材（集团）有限责任公司	960394	有色金属冶炼及压延加工业	安　徽

续表

序号	企业名称	营业收入（万元）	行　业	地区
773	富通集团有限公司	955990	电气机械及器材制造业	浙　江
774	中厦建设集团有限公司	950268	房屋和土木工程建筑业	浙　江
775	通州建总集团有限公司	949163	房屋和土木工程建筑业	江　苏
776	广东志高空调有限公司	947273	电气机械及器材制造业	广　东
777	沈阳东方钢铁有限公司	945931	黑色金属冶炼及压延加工业	辽　宁
778	兰溪自立铜业有限公司	945381	有色金属冶炼及压延加工业	浙　江
779	天津塑力线缆集团有限公司	938005	电气机械及器材制造业	天　津
780	厦门烟草工业有限责任公司	932447	烟草制品业	福　建
781	冠城大通股份有限公司	932006	房地产业	福　建
782	鲁西化工集团股份有限公司	931645	化学原料及化学制品制造业	山　东
783	长业建设集团有限公司	931505	房屋和土木工程建筑业	浙　江
784	浙江富春江通信集团有限公司	928023	电气机械及器材制造业	浙　江
785	天津现代集团有限公司	927799	房地产业	天　津
786	曙光控股集团有限公司	924585	交通运输设备制造业	辽　宁
787	景德镇市焦化工业集团有限责任公司	922320	石油加工、炼焦及核燃料加工业	江　西
788	开氏集团有限公司	921826	纺织业	浙　江
789	江苏新华发集团有限公司	921284	批发业	江　苏
790	华升建设集团有限公司	918316	房屋和土木工程建筑业	北　京
791	江苏华地国际控股集团有限公司	917561	零售业	江　苏
792	森马集团有限公司	912800	纺织服装、鞋、帽制造业	浙　江
793	南通建工集团股份有限公司	912131	房屋和土木工程建筑业	江　苏
794	青岛世纪瑞丰集团有限公司	910171	黑色金属冶炼及压延加工业	山　东
795	上海春秋国际旅行社（集团）有限公司	910058	旅游业	上　海
796	群升集团有限公司	908615	房地产业	浙　江
797	厦门银鹭集团有限公司	908463	饮料制造业	福　建
798	宁波市慈溪进出口股份有限公司	907891	塑料制品业	浙　江
799	宁波申洲针织有限公司	904344	纺织业	浙　江
800	人本集团有限公司	901133	通用设备制造业	浙　江
801	惠州市华阳集团有限公司	899436	通信设备、计算机及其他电子设备制造业	广　东
802	五矿营口中板有限责任公司	899062	批发业	北　京
803	孚日集团股份有限公司	894857	纺织业	山　东
804	河南省淅川铝业（集团）有限公司	892276	有色金属冶炼及压延加工业	河　南
805	上海舜业钢铁集团有限公司	880734	黑色金属冶炼及压延加工业	上　海

续表

序号	企业名称	营业收入（万元）	行　业	地区
806	胜达集团有限公司	880287	造纸及纸制品业	浙　江
807	铜陵化学工业集团有限公司	879423	化学原料及化学制品制造业	安　徽
808	三花控股集团有限公司	877116	通用设备制造业	浙　江
809	中国第一重型机械集团公司	874940	专用设备制造业	黑龙江
810	湖北新洋丰肥业股份有限公司	871705	化学原料及化学制品制造业	湖　北
811	上海浦东电线电缆（集团）有限公司	871528	电气机械及器材制造业	上　海
812	浙江明日控股集团股份有限公司	871000	塑料制品业	浙　江
813	常州市盛洲铜业有限公司	870670	有色金属冶炼及压延加工业	江　苏
814	文安县新钢钢铁有限公司	867918	黑色金属冶炼及压延加工业	河　北
815	青岛即发集团控股有限公司	862249	纺织业	山　东
816	亿达集团有限公司	860649	房地产业	辽　宁
817	浙江航民实业集团有限公司	860191	纺织业	浙　江
818	宁波博洋控股集团有限公司	860150	纺织业	浙　江
819	东莞市东糖集团有限公司	858966	农副食品加工业	广　东
820	江苏邗建集团有限公司	858108	房屋和土木工程建筑业	江　苏
821	山东创新金属科技股份有限公司	858010	金属制品业	山　东
822	花园工贸集团有限公司	853433	医药制造业	浙　江
823	金城集团有限公司	851907	交通运输设备制造业	江　苏
824	河北春兴实业集团有限公司	851280	黑色金属冶炼及压延加工业	河　北
825	彬县煤炭有限责任公司	848549	煤炭开采和洗选业	陕　西
826	青年汽车集团有限公司	848107	交通运输设备制造业	浙　江
827	步步高商业连锁股份有限公司	843919	零售业	湖　南
828	重庆协信控股（集团）有限公司	839875	房地产业	重　庆
829	深圳市百泰珠宝首饰有限公司	836331	零售业	广　东
830	佛山市顺德区乐从供销集团有限公司	835383	商务服务业	广　东
831	常熟市龙腾特种钢有限公司	835372	有色金属冶炼及压延加工业	江　苏
832	星星集团有限公司	834262	电气机械及器材制造业	浙　江
833	杭叉集团股份有限公司	834245	通用设备制造业	浙　江
834	齐鲁特钢有限公司	833979	黑色金属冶炼及压延加工业	山　东
835	广州广船国际股份有限公司	829643	交通运输设备制造业	广　东
836	兴惠化纤集团有限公司	829601	纺织业	浙　江
837	中电电气集团有限公司	827429	电气机械及器材制造业	江　苏
838	江苏海达科技集团有限公司	821775	金属制品业	江　苏
839	山西建邦集团有限公司	821596	黑色金属冶炼及压延加工业	山　西
840	西宁特殊钢集团有限责任公司	821505	黑色金属冶炼及压延加工业	青　海

续表

序号	企业名称	营业收入（万元）	行 业	地区
841	攀华集团有限公司	819414	金属制品业	江 苏
842	大化集团有限责任公司	819091	化学原料及化学制品制造业	辽 宁
843	中博建设集团有限公司	817061	房屋和土木工程建筑业	湖 北
844	杭州滨江房产集团股份有限公司	816841	房地产业	浙 江
845	中设建工集团有限公司	816579	房屋和土木工程建筑业	山 西
846	腾邦投资控股有限公司	816272	商务服务业	广 东
847	高深（集团）有限公司	816128	非金属矿物制品业	北 京
848	贵州宏立城集团	814734	房地产业	贵 州
849	云南力帆骏马车辆有限公司	813308	交通运输设备制造业	云 南
850	富丽达集团控股有限公司	812692	纺织业	浙 江
851	浙江中南建设集团有限公司	810951	房屋和土木工程建筑业	浙 江
852	山东广富集团有限公司	809517	黑色金属冶炼及压延加工业	山 东
853	东北制药集团有限责任公司	809440	医药制造业	辽 宁
854	中冀斯巴鲁（天津）汽车销售有限公司	807836	交通运输设备制造业	天 津
855	上海致达科技集团有限公司	805973	软件业	上 海
856	济源市万洋冶炼（集团）有限公司	803710	有色金属冶炼及压延加工业	河 南
857	江苏骏马集团有限责任公司	802650	金属制品业	江 苏
858	万丰奥特控股集团有限公司	801669	交通运输设备制造业	浙 江
859	陕西秦川机床工具集团有限公司	801219	通用设备制造业	陕 西
860	安徽楚江投资集团有限公司	798920	有色金属冶炼及压延加工业	安 徽
861	万事利集团有限公司	797953	纺织服装、鞋、帽制造业	浙 江
862	济源市金利冶炼有限责任公司	795710	有色金属冶炼及压延加工业	河 南
863	中国华录集团有限公司	793863	通信设备、计算机及其他电子设备制造业	辽 宁
864	鸿翔控股集团有限公司	793677	房屋和土木工程建筑业	浙 江
865	恒达中泰集团有限公司	791000	房地产业	江 苏
866	四川四海集团	790113	农副食品加工业	四 川
867	华太建设集团有限公司	787263	房屋和土木工程建筑业	浙 江
868	重庆中科控股有限公司	786223	房屋和土木工程建筑业	重 庆
869	研祥高科技控股集团有限公司	780578	通信设备、计算机及其他电子设备制造业	广 东
870	重庆中汽西南汽车有限公司	780034	交通运输设备制造业	重 庆
871	鲁泰集团公司	779323	纺织业	山 东
872	华夏幸福基业控股股份公司	779001	房地产业	北 京

续表

序号	企业名称	营业收入（万元）	行业	地区
873	江苏顺通建设集团有限公司	778875	房屋和土木工程建筑业	江苏
874	弘阳集团有限公司	777374	房地产业	江苏
875	新龙药业集团	773857	医药制造业	湖北
876	辽宁德营石油化工集团有限公司	772816	石油加工、炼焦及核燃料加工业	辽宁
877	绿都控股集团有限公司	772536	房地产业	浙江
878	承德兆丰钢铁集团有限公司	772481	黑色金属冶炼及压延加工业	河北
879	中利科技集团股份有限公司	770913	电气机械及器材制造业	江苏
880	天津市丽兴京津钢铁贸易有限公司	769961	黑色金属冶炼及压延加工业	天津
881	温州中城建设集团有限公司	769826	房屋和土木工程建筑业	浙江
882	东南（福建）汽车工业有限公司	769439	交通运输设备制造业	福建
883	内蒙古明华能源集团有限公司	767597	电气机械及器材制造业	内蒙古
884	武汉人和集团有限公司	766910	黑色金属冶炼及压延加工业	湖北
885	唐山市德龙钢铁有限公司	765388	黑色金属冶炼及压延加工业	河北
886	北京纺织控股有限责任公司	764837	纺织业	北京
887	山东金正大生态工程股份有限公司	762679	化学原料及化学制品制造业	山东
888	云南南磷集团股份有限公司	761607	批发业	云南
889	浙江协和集团有限公司	761129	金属制品业	浙江
890	深圳华强集团有限公司	759905	通信设备、计算机及其他电子设备制造业	广东
891	北京顺鑫农业股份有限公司	758020	农副食品加工业	北京
892	山东华兴机械股份有限公司	758017	通用设备制造业	山东
893	方远建设集团股份有限公司	755870	房屋和土木工程建筑业	浙江
894	天颂建设集团有限公司	752698	房屋和土木工程建筑业	浙江
895	华仪电器集团有限公司	752618	电气机械及器材制造业	浙江
896	众泰控股集团有限公司	752512	交通运输设备制造业	浙江
897	致远控股集团有限公司	752168	有色金属冶炼及压延加工业	浙江
898	富阳申能固废环保再生有限公司	752011	节能环保业	浙江
899	龙大食品集团有限公司	751878	农副食品加工业	山东
900	法派集团有限公司	750062	纺织服装、鞋、帽制造业	浙江
901	江西江锂科技有限公司	749847	电气机械及器材制造业	江西
902	内蒙古太西煤集团股份有限公司	748560	煤炭开采和洗选业	内蒙古
903	广州东凌实业集团有限公司	745198	农副食品加工业	广东
904	无锡兴达泡塑新材料股份有限公司	744406	塑料制品业	浙江
905	四川化工控股（集团）有限责任公司	738537	化学原料及化学制品制造业	四川
906	四川濠吉食品（集团）有限责任公司	737000	农副食品加工业	四川

续表

序号	企业名称	营业收入（万元）	行　业	地区
907	黑龙江烟草工业有限责任公司	735000	烟草制品业	黑龙江
908	安徽淮海实业发展集团有限公司	731013	通用设备制造业	安　徽
909	道恩集团有限公司	728244	塑料制品业	山　东
910	蒙发能源投资集团有限责任公司	726338	煤炭开采和洗选业	内蒙古
911	十堰荣华东风汽车专营有限公司	724600	交通运输设备制造业	湖　北
912	辽宁禾丰牧业股份有限公司	723401	畜牧业	辽　宁
913	月星集团有限公司	722234	零售业	江　苏
914	高运控股集团有限公司	721782	房屋和土木工程建筑业	浙　江
915	杭州诺贝尔集团有限公司	721300	非金属矿物制品业	浙　江
916	宜华企业（集团）有限公司	720715	木材加工及木、竹、藤、棕、草制品业	广　东
917	安德利集团有限公司	719126	电气机械及器材制造业	浙　江
918	五洲汽车商贸集团有限公司	716634	交通运输设备制造业	浙　江
919	北京京奥港集团	716595	黑色金属冶炼及压延加工业	北　京
920	苏州二建建筑集团有限公司	716444	房屋和土木工程建筑业	江　苏
921	万控集团有限公司	715441	电气机械及器材制造业	浙　江
922	南京建工集团有限公司	715153	房屋和土木工程建筑业	江　苏
923	江苏吴中集团有限公司	715103	纺织服装、鞋、帽制造业	江　苏
924	海润光伏科技有限公司	713949	电气机械及器材制造业	江　苏
925	武汉龙发钢铁物资有限公司	713601	黑色金属冶炼及压延加工业	湖　北
926	天津市恒兴钢业有限公司	712726	黑色金属冶炼及压延加工业	天　津
927	新疆中泰化学（集团）股份有限公司	712242	化学原料及化学制品制造业	新　疆
928	青海庆华矿冶煤化集团有限公司	712090	煤炭开采和洗选业	青　海
929	振石控股集团有限公司	710668	黑色金属冶炼及压延加工业	浙　江
930	无锡商业大厦大东方股份有限公司	709437	零售业	浙　江
931	江阴江东集团公司	708692	电气机械及器材制造业	江　苏
932	浙江暨阳建设集团有限公司	707146	房屋和土木工程建筑业	江　苏
933	闰土控股集团有限公司	706506	化学原料及化学制品制造业	浙　江
934	山西长信工业有限公司	706159	黑色金属冶炼及压延加工业	山　西
935	胜利油田高原石油装备有限责任公司	705563	石油加工、炼焦及核燃料加工业	山　东
936	浙江中联建设集团有限公司	705370	房屋和土木工程建筑业	浙　江
937	霸州市新利钢铁有限公司	704999	黑色金属冶炼及压延加工业	河　北
938	浙江国泰建设集团有限公司	703941	房屋和土木工程建筑业	浙　江
939	龙达集团有限公司	702015	化学原料及化学制品制造业	浙　江
940	内蒙古黄河工贸集团有限责任公司	701989	非金属矿物制品业	内蒙古

续表

序号	企业名称	营业收入（万元）	行业	地区
941	湖北枝江酒业股份有限公司	701041	饮料制造业	湖北
942	九鼎建设集团股份有限公司	700618	房屋和土木工程建筑业	浙江
943	中国第二重型机械集团公司	700614	专用设备制造业	四川
944	永兴特种不锈钢股份有限公司	700613	黑色金属冶炼及压延加工业	浙江
945	中国四联仪器仪表集团有限公司	699977	电气机械及器材制造业	重庆
946	徐龙食品集团有限公司	699877	农副食品加工业	浙江
947	恒尊集团有限公司	699635	房屋和土木工程建筑业	浙江
948	江苏集群信息产业集团	695421	通信设备、计算机及其他电子设备制造业	江苏
949	太平鸟集团有限公司	695180	纺织业	浙江
950	浙江中富建筑集团股份有限公司	694879	房屋和土木工程建筑业	浙江
951	浙江舜江建设集团有限公司	693979	房屋和土木工程建筑业	浙江
952	江苏综艺集团	691152	电气机械及器材制造业	江苏
953	江苏江中集团有限公司	691027	房屋和土木工程建筑业	江苏
954	农夫山泉股份有限公司	688768	饮料制造业	浙江
955	震雄铜业集团有限公司	687839	有色金属冶炼及压延加工业	江苏
956	宝业湖北建工集团	687524	房屋和土木工程建筑业	湖北
957	温州东瓯建设集团有限公司	687129	房屋和土木工程建筑业	浙江
958	华菱星马汽车（集团）股份有限公司	685369	交通运输设备制造业	安徽
959	杭州制氧机集团有限公司	684894	通用设备制造业	浙江
960	金洲集团有限公司	684084	专用设备制造业	浙江
961	扬帆集团股份有限公司	682356	交通运输设备制造业	浙江
962	百步亭集团有限公司	682142	房地产业	湖北
963	湖北东圣化工集团有限公司	681426	化学原料及化学制品制造业	湖北
964	河南财鑫集团有限责任公司	680629	农业	河南
965	珠海秦发贸易有限公司	680427	批发业	广东
966	山西潞宝集团	680049	化学原料及化学制品制造业	山西
967	浙江兴日钢控股集团有限公司	679673	黑色金属冶炼及压延加工业	浙江
968	辅仁药业集团有限公司	679049	医药制造业	河南
969	江苏隆力奇集团有限公司	677892	化学原料及化学制品制造业	江苏
970	青海盐湖工业股份有限公司	677756	化学原料及化学制品制造业	青海
971	浙江诺力机械股份有限公司	675000	交通运输设备制造业	浙江
972	浙江东杭控股集团有限公司	672700	黑色金属冶炼及压延加工业	浙江
973	邯郸市正大制管有限公司	672000	金属制品业	河北
974	江西民生集团有限公司	671200	房地产业	江西

续表

序号	企业名称	营业收入（万元）	行　业	地区
975	陕西黄河矿业（集团）有限责任公司	668002	煤炭开采和洗选业	陕　西
976	德华集团控股股份有限公司	666632	木材加工及木、竹、藤、棕、草制品业	浙　江
977	南通新华建筑集团有限公司	665335	房屋和土木工程建筑业	江　苏
978	中鑫建设集团有限公司	665073	房屋和土木工程建筑业	广　东
979	云南玉溪仙福钢铁（集团）有限公司	665043	黑色金属冶炼及压延加工业	云　南
980	天津贻成集团有限公司	664980	房地产业	天　津
981	锦联控股集团有限公司	664720	水上运输业	辽　宁
982	江苏华亚化纤有限公司	662691	纺织业	江　苏
983	成都红旗连锁股份有限公司	662388	商务服务业	四　川
984	温州开元集团有限公司	661428	零售业	浙　江
985	汇宇控股集团	657690	房屋和土木工程建筑业	浙　江
986	浙江四通化纤有限公司	656993	纺织业	浙　江
987	林州市林丰铝电有限责任公司	656926	有色金属冶炼及压延加工业	河　南
988	伟星集团有限公司	656858	纺织业	浙　江
989	华翔集团股份有限公司	654475	交通运输设备制造业	浙　江
990	瓦房店轴承集团有限责任公司	654303	通用设备制造业	辽　宁
991	广州无线电集团有限公司	654103	通信设备、计算机及其他电子设备制造业	广　东
992	青岛九联集团股份有限公司	652518	农副食品加工业	山　东
993	太原煤炭气化（集团）有限责任公司	648713	煤炭开采和洗选业	山　西
994	安徽叉车集团有限责任公司	645852	通用设备制造业	安　徽
995	天津金耀集团有限公司	645754	医药制造业	天　津
996	福娃集团有限公司	645534	农副食品加工业	湖　北
997	河北曲寨集团有限公司	643337	造纸及纸制品业	河　北
998	洛阳 LYC 轴承有限公司	614636	通用设备制造业	河　南
999	天津市金桥焊材集团有限公司	610924	金属制品业	天　津
1000	青岛泰发集团股份有限公司	590861	交通运输设备制造业	山　东

附录二：按地区划分

序号	企业名称	营业收入（万元）	行业	地区
		安徽（21家）		
1	铜陵有色金属集团控股有限公司	9403158	有色金属矿采选业	安徽
2	马钢（集团）控股有限公司	9229817	黑色金属冶炼及压延加工业	安徽
3	安徽海螺集团有限责任公司	7271887	非金属矿物制品业	安徽
4	淮南矿业（集团）有限责任公司	6960140	煤炭开采和洗选业	安徽
5	安徽省徽商集团有限公司	5800207	批发业	安徽
6	淮北矿业（集团）有限责任公司	4287851	煤炭开采和洗选业	安徽
7	奇瑞汽车股份有限公司	4270954	交通运输设备制造业	安徽
8	安徽江淮汽车集团有限公司	3664316	交通运输设备制造业	安徽
9	合肥百货大楼集团股份有限公司	3030000	零售业	安徽
10	安徽省皖北煤电集团有限责任公司	2673782	煤炭开采和洗选业	安徽
11	广东美的集团芜湖制冷设备有限公司	2554579	电气机械及器材制造业	安徽
12	安徽国贸集团控股有限公司	2344526	批发业	安徽
13	安徽建工集团有限公司	2288571	房屋和土木工程建筑业	安徽
14	全威（铜陵）铜业科技有限公司	1838329	有色金属冶炼及压延加工业	安徽
15	亚厦控股有限公司	1041037	零售业	安徽
16	铜陵精达铜材（集团）有限责任公司	960394	有色金属冶炼及压延加工业	安徽
17	铜陵化学工业集团有限公司	879423	化学原料及化学制品制造业	安徽
18	安徽楚江投资集团有限公司	798920	有色金属冶炼及压延加工业	安徽
19	安徽淮海实业发展集团有限公司	731013	通用设备制造业	安徽
20	华菱星马汽车（集团）股份有限公司	685369	交通运输设备制造业	安徽
21	安徽叉车集团有限责任公司	645852	通用设备制造业	安徽
		北京（102家）		
1	中国石油化工集团公司	255195093	石油加工、炼焦及核燃料加工业	北京
2	中国石油天然气集团公司	238127823	石油和天然气开采业	北京
3	国家电网公司	167535929	电力、热力的生产和供应业	北京
4	中国移动通信集团公司	56597234	电信和其他信息传输服务业	北京
5	中国建筑工程总公司	49149463	房屋和土木工程建筑业	北京
6	中国海洋石油总公司	48819940	石油和天然气开采业	北京
7	中国铁道建筑总公司	46188331	交通运输设备制造业	北京
8	中国中铁股份有限公司	46072022	交通运输设备制造业	北京
9	中国中化集团公司	45895329	批发业	北京
10	中国人寿保险（集团）公司	43492820	保险业	北京
11	中国五矿集团公司	35240263	批发业	北京

续表

序号	企业名称	营业收入（万元）	行　业	地区
12	中国中信集团有限公司	31897579	其他金融活动	北　京
13	中国兵器工业集团公司	31131604	交通运输设备制造业	北　京
14	中国交通建设股份有限公司	29537049	房屋和土木工程建筑业	北　京
15	中国电信集团公司	29202423	电信和其他信息传输服务业	北　京
16	中国华润总公司	28084506	批发业	北　京
17	神华集团有限责任公司	28029695	煤炭开采和洗选业	北　京
18	中国兵器装备集团公司	27902743	交通运输设备制造业	北　京
19	中国华能集团公司	26817338	电力、热力的生产和供应业	北　京
20	中国航空工业集团公司	26399877	交通运输设备制造业	北　京
21	中国邮政集团公司	25875158	邮政业	北　京
22	中国冶金科工集团有限公司	24316627	房屋和土木工程建筑业	北　京
23	首钢总公司	23349783	黑色金属冶炼及压延加工业	北　京
24	中国铝业公司	23170175	有色金属冶炼及压延加工业	北　京
25	中国人民保险集团股份有限公司	22558820	保险业	北　京
26	中国航空油料集团公司	22208907	航空运输业	北　京
27	中国联合网络通信集团有限公司	21627705	电信和其他信息传输服务业	北　京
28	中国国电集团公司	21063069	电力、热力的生产和供应业	北　京
29	中国铁路物资股份有限公司	20682328	批发业	北　京
30	北京汽车集团有限公司	20077517	交通运输设备制造业	北　京
31	中国建筑材料集团有限公司	19409221	非金属矿物制品业	北　京
32	中国机械工业集团有限公司	19295713	批发业	北　京
33	中国大唐集团公司	19116766	电力、热力的生产和供应业	北　京
34	中国远洋运输（集团）总公司	18616997	水上运输业	北　京
35	联想控股有限公司	18307801	通信设备、计算机及其他电子设备制造业	北　京
36	中国电力建设集团有限公司	18288685	电力、热力的生产和供应业	北　京
37	中粮集团有限公司	18225205	批发业	北　京
38	中国化工集团公司	17912484	化学原料及化学制品制造业	北　京
39	中国电子信息产业集团有限公司	16823613	通信设备、计算机及其他电子设备制造业	北　京
40	中国华电集团公司	16337131	电力、热力的生产和供应业	北　京
41	中国船舶重工集团公司	16255968	交通运输设备制造业	北　京
42	中国电力投资集团公司	15774566	电力、热力的生产和供应业	北　京
43	新兴际华集团有限公司	14761161	黑色金属冶炼及压延加工业	北　京

续表

序号	企业名称	营业收入（万元）	行业	地区
44	中国通用技术（集团）控股有限责任公司	12984580	商务服务业	北京
45	中国医药集团总公司	12501324	批发业	北京
46	中国能源建设集团有限公司	12220893	电力、热力的生产和供应业	北京
47	中国中煤能源集团有限公司	11538699	煤炭开采和洗选业	北京
48	中国航天科工集团公司	11191632	交通运输设备制造业	北京
49	新华人寿保险股份有限公司	10920900	保险业	北京
50	中国外运长航集团有限公司	10311252	水上运输业	北京
51	中国航空集团公司	9926836	航空运输业	北京
52	中国北方机车车辆工业集团公司	8923411	交通运输设备制造业	北京
53	中国南车集团公司	8263113	交通运输设备制造业	北京
54	泰康人寿保险股份有限公司	8028546	保险业	北京
55	中国黄金集团公司	7912335	有色金属矿采选业	北京
56	国家开发投资公司	7738102	商务服务业	北京
57	北京建龙重工集团有限公司	7212870	黑色金属冶炼及压延加工业	北京
58	中国保利集团公司	6879579	房地产业	北京
59	中国诚通控股集团有限公司	6500944	其他服务业	北京
60	中国有色矿业集团有限公司	6408199	有色金属矿采选业	北京
61	中国中材集团有限公司	6001024	非金属矿物制品业	北京
62	北大方正集团有限公司	5765741	通信设备、计算机及其他电子设备制造业	北京
63	中国港中旅集团公司	5515152	商务服务业	北京
64	河北津西钢铁集团股份有限公司	5296009	黑色金属冶炼及压延加工业	北京
65	北京建工集团有限责任公司	4794807	房屋和土木工程建筑业	北京
66	中国核工业集团公司	4618671	石油加工、炼焦及核燃料加工业	北京
67	中国化学工程股份有限公司	4353800	化学原料及化学制品制造业	北京
68	物美控股集团有限公司	4107499	零售业	北京
69	中国工艺（集团）公司	3765347	批发业	北京
70	北京控股集团有限公司	3555879	燃气生产和供应业	北京
71	北京金隅集团有限责任公司	3543837	非金属矿物制品业	北京
72	中国中纺集团公司	3483519	批发业	北京
73	北京首都旅游集团有限责任公司	3462653	旅游业	北京
74	中国恒天集团有限公司	3362386	专用设备制造业	北京
75	北京市政路桥集团有限公司	3250590	房屋和土木工程建筑业	北京
76	北京城建集团有限责任公司	3082122	房屋和土木工程建筑业	北京

续表

序号	企业名称	营业收入（万元）	行　业	地区
77	中国盐业总公司	2990465	非金属矿采选业	北　京
78	中国轻工业品进出口总公司	2970108	批发业	北　京
79	中国煤炭科工集团有限公司	2962654	研究与试验发展	北　京
80	中国国际技术智力合作公司	2896600	其他服务业	北　京
81	世纪金源投资集团有限公司	2688906	房地产业	北　京
82	旭阳控股有限公司	2610381	煤炭开采和洗选业	北　京
83	北京京城机电控股有限责任公司	2602824	通用设备制造业	北　京
84	北京外企服务集团有限责任公司	2303171	商务服务业	北　京
85	北京能源投资（集团）有限公司	2225958	电力、热力的生产和供应业	北　京
86	同方股份有限公司	2096205	计算机服务业	北　京
87	中国长江电力股份有限公司	2070038	电力、热力的生产和供应业	北　京
88	北京首都创业集团有限公司	1873198	商务服务业	北　京
89	三河汇福粮油集团有限公司	1835019	农副食品加工业	北　京
90	北京燕京啤酒集团公司	1716231	饮料制造业	北　京
91	北京二商集团有限责任公司	1657379	批发业	北　京
92	东兆长泰投资集团有限公司	1505040	建筑业	北　京
93	百度在线网络技术（北京）有限公司	1450100	信息传输、软件和信息技术服务业	北　京
94	京东方科技集团股份有限公司	1274141	通信设备、计算机及其他电子设备制造业	北　京
95	华锐风电科技（集团）股份有限公司	1100000	电气机械及器材制造业	北　京
96	华升建设集团有限公司	918316	房屋和土木工程建筑业	北　京
97	五矿营口中板有限责任公司	899062	批发业	北　京
98	高深（集团）有限公司	816128	非金属矿物制品业	北　京
99	华夏幸福基业控股股份公司	779001	房地产业	北　京
100	北京纺织控股有限责任公司	764837	纺织业	北　京
101	北京顺鑫农业股份有限公司	758020	农副食品加工业	北　京
102	北京京奥港集团	716595	黑色金属冶炼及压延加工业	北　京
福建（19家）				
1	厦门建发集团有限公司	8285683	批发业	福　建
2	厦门国贸控股有限公司	6584846	批发业	福　建
3	福建联合石油化工有限公司	5842851	石油加工、炼焦及核燃料加工业	福　建
4	厦门海翼集团有限公司	4007330	交通运输设备制造业	福　建
5	紫金矿业集团股份有限公司	3976392	有色金属矿采选业	福　建
6	厦门象屿集团有限公司	3597454	批发业	福　建
7	福建省三钢（集团）有限责任公司	2693169	黑色金属冶炼及压延加工业	福　建

续表

序号	企业名称	营业收入（万元）	行　业	地区
8	福建省能源集团有限责任公司	2391485	煤炭开采和洗选业	福　建
9	福建恒安集团有限公司	1705056	造纸及纸制品业	福　建
10	中国龙工控股有限公司	1272116	专用设备制造业	福　建
11	福建省汽车工业集团有限公司	1216858	交通运输设备制造业	福　建
12	厦门厦工机械股份有限公司	1199204	专用设备制造业	福　建
13	厦门钨业股份有限公司	1191040	有色金属冶炼及压延加工业	福　建
14	龙岩烟草工业有限责任公司	1148302	烟草制品业	福　建
15	福耀玻璃工业集团股份有限公司	968941	非金属矿物制品业	福　建
16	厦门烟草工业有限责任公司	932447	烟草制品业	福　建
17	冠城大通股份有限公司	932006	房地产业	福　建
18	厦门银鹭集团有限公司	908463	饮料制造业	福　建
19	东南（福建）汽车工业有限公司	769439	交通运输设备制造业	福　建
甘肃（4家）				
1	金川集团股份有限公司	12182333	有色金属冶炼及压延加工业	甘　肃
2	酒泉钢铁（集团）有限责任公司	8442378	黑色金属冶炼及压延加工业	甘　肃
3	白银有色集团股份有限公司	2185429	有色金属冶炼及压延加工业	甘　肃
4	甘肃省建设投资（控股）集团总公司	2020003	房屋和土木工程建筑业	甘　肃
广东（63家）				
1	中国南方电网有限责任公司	39138167	电力、热力的生产和供应业	广　东
2	中国平安保险（集团）股份有限公司	24891500	保险业	广　东
3	华为技术有限公司	20392900	通信设备、计算机及其他电子设备制造业	广　东
4	广州汽车工业集团有限公司	15998660	交通运输设备制造业	广　东
5	美的集团有限公司	13411615	电气机械及器材制造业	广　东
6	正威国际集团有限公司	12801904	有色金属冶炼及压延加工业	广　东
7	中国南方航空集团公司	9322152	航空运输业	广　东
8	中兴通讯股份有限公司	8625446	通信设备、计算机及其他电子设备制造业	广　东
9	珠海格力电器股份有限公司	8351725	电气机械及器材制造业	广　东
10	珠海振戎公司	7574454	批发业	广　东
11	万科企业股份有限公司	7178275	房地产业	广　东
12	广东物资集团公司	6559131	批发业	广　东
13	中国国际海运集装箱（集团）股份有限公司	6412505	金属制品业	广　东
14	广东省广新控股集团有限公司	6323500	批发业	广　东

续表

序号	企业名称	营业收入（万元）	行　业	地区
15	恒大地产集团有限公司	6191819	房地产业	广　东
16	TCL 集团股份有限公司	6075155	通信设备、计算机及其他电子设备制造业	广　东
17	广州铁路（集团）公司	5938111	铁路运输业	广　东
18	广东省粤电集团有限公司	5342692	电力、热力的生产和供应业	广　东
19	比亚迪股份有限公司	4882690	交通运输设备制造业	广　东
20	碧桂园控股有限公司	4320245	房地产业	广　东
21	广东省广晟资产经营有限公司	3608244	有色金属矿采选业	广　东
22	广东格兰仕集团有限公司	3517642	电气机械及器材制造业	广　东
23	华侨城集团公司	3355300	房地产业	广　东
24	南方石化集团有限公司	3345223	石油加工、炼焦及核燃料加工业	广　东
25	广州医药集团有限公司	3307758	医药制造业	广　东
26	广东振戎能源有限公司	3253530	批发业	广　东
27	广东省丝绸纺织集团有限公司	3195849	批发业	广　东
28	广东省交通集团有限公司	3088660	道路运输业	广　东
29	广州市建筑集团有限公司	3076281	房屋和土木工程建筑业	广　东
30	阳光保险集团股份有限公司	3025797	保险业	广　东
31	腾讯控股有限公司	2849607	计算机服务业	广　东
32	中国广东核电集团有限公司	2831461	电力、热力的生产和供应业	广　东
33	广州富力地产股份有限公司	2737009	房地产业	广　东
34	玖龙纸业（控股）有限公司	2690584	造纸及纸制品业	广　东
35	天音通信有限公司	2353700	电信和其他信息传输服务业	广　东
36	广东省建筑工程集团有限公司	2323889	房屋和土木工程建筑业	广　东
37	广州万宝集团有限公司	2133479	电气机械及器材制造业	广　东
38	深圳市中金岭南有色金属股份有限公司	1866905	有色金属冶炼及压延加工业	广　东
39	香江集团有限公司	1802180	房地产业	广　东
40	广州轻工工贸集团有限公司	1773397	电气机械及器材制造业	广　东
41	深圳市庆鹏实业集团有限公司	1578081	房地产业	广　东
42	白云电气集团有限公司	1482200	电气机械及器材制造业	广　东
43	深圳海王集团股份有限公司	1410000	医药制造业	广　东
44	惠州市德赛集团有限公司	1221208	通信设备、计算机及其他电子设备制造业	广　东
45	人人乐连锁商业集团股份有限公司	1209192	零售业	广　东
46	广东海大集团股份有限公司	1197572	农副食品加工业	广　东

续表

序号	企业名称	营业收入（万元）	行　业	地区
47	金发科技股份有限公司	1154696	塑料制品业	广　东
48	广州立白企业集团有限公司	1114003	化学原料及化学制品制造业	广　东
49	江门市大长江集团有限公司	1060956	交通运输设备制造业	广　东
50	广东志高空调有限公司	947273	电气机械及器材制造业	广　东
51	惠州市华阳集团有限公司	899436	通信设备、计算机及其他电子设备制造业	广　东
52	东莞市东糖集团有限公司	858966	农副食品加工业	广　东
53	深圳市百泰珠宝首饰有限公司	836331	零售业	广　东
54	佛山市顺德区乐从供销集团有限公司	835383	商务服务业	广　东
55	广州广船国际股份有限公司	829643	交通运输设备制造业	广　东
56	腾邦投资控股有限公司	816272	商务服务业	广　东
57	研祥高科技控股集团有限公司	780578	通信设备、计算机及其他电子设备制造业	广　东
58	深圳华强集团有限公司	759905	通信设备、计算机及其他电子设备制造业	广　东
59	广州东凌实业集团有限公司	745198	农副食品加工业	广　东
60	宜华企业（集团）有限公司	720715	木材加工及木、竹、藤、棕、草制品业	广　东
61	珠海秦发贸易有限公司	680427	批发业	广　东
62	中鑫建设集团有限公司	665073	房屋和土木工程建筑业	广　东
63	广州无线电集团有限公司	654103	通信设备、计算机及其他电子设备制造业	广　东
		广西（10家）		
1	广西玉柴机器集团有限公司	4292060	交通运输设备制造业	广　西
2	广西建工集团有限责任公司	3368893	房屋和土木工程建筑业	广　西
3	广西投资集团有限公司	3054523	商务服务业	广　西
4	广西柳工集团有限公司	2157159	专用设备制造业	广　西
5	广西北部湾国际港务集团有限公司	2028587	水上运输业	广　西
6	广西有色金属集团有限公司	1669036	有色金属冶炼及压延加工业	广　西
7	广西农垦集团有限责任公司	1451211	农业	广　西
8	广西中烟工业有限责任公司	1411888	烟草制品业	广　西
9	广西洋浦南华糖业集团股份有限公司	1374980	农副食品加工业	广　西
10	柳州五菱汽车有限责任公司	1206687	交通运输设备制造业	广　西
		贵州（3家）		
1	贵州中烟工业有限责任公司	2496829	烟草制品业	贵　州

续表

序号	企业名称	营业收入（万元）	行　业	地区
2	中国贵州茅台酒厂（集团）有限责任公司	2429810	饮料制造业	贵　州
3	贵州宏立城集团	814734	房地产业	贵　州
海南（3家）				
1	海航集团有限公司	9389178	航空运输业	海　南
2	海南大印集团有限公司	3250024	批发业	海　南
3	海马汽车集团股份有限公司	1421430	交通运输设备制造业	海　南
河北（44家）				
1	河北钢铁集团有限公司	25034171	黑色金属冶炼及压延加工业	河　北
2	冀中能源集团有限责任公司	21761831	煤炭开采和洗选业	河　北
3	开滦（集团）有限责任公司	14558782	煤炭开采和洗选业	河　北
4	庞大汽贸集团股份有限公司	5545514	批发业	河　北
5	新华联合冶金控股集团有限公司	5149035	黑色金属冶炼及压延加工业	河　北
6	河北敬业企业集团有限责任公司	4257824	黑色金属冶炼及压延加工业	河　北
7	隆基泰和实业有限公司	3860158	房地产业	河　北
8	新奥集团股份有限公司	3303286	燃气生产和供应业	河　北
9	唐山国丰钢铁有限公司	3293478	黑色金属冶炼及压延加工业	河　北
10	唐山瑞丰钢铁（集团）有限公司	3064204	黑色金属冶炼及压延加工业	河　北
11	长城汽车股份有限公司	3008948	交通运输设备制造业	河　北
12	唐山港陆钢铁有限公司	2834638	黑色金属冶炼及压延加工业	河　北
13	河北普阳钢铁有限公司	2735432	黑色金属冶炼及压延加工业	河　北
14	晶龙实业集团有限公司	2618725	电气机械及器材制造业	河　北
15	河北省物流产业集团有限公司	2605480	批发业	河　北
16	河北文丰钢铁有限公司	2484514	黑色金属冶炼及压延加工业	河　北
17	春风实业集团有限责任公司	2203483	金属制品业	河　北
18	石家庄北国人百集团有限责任公司	2187276	零售业	河　北
19	中太建设集团股份有限公司	2168205	房屋和土木工程建筑业	河　北
20	河北建工集团有限责任公司	2112999	房屋和土木工程建筑业	河　北
21	河北建设集团有限公司	2074164	房屋和土木工程建筑业	河　北
22	冀东发展集团有限责任公司	2050480	非金属矿物制品业	河　北
23	兴华财富集团有限公司	1857676	批发业	河　北
24	河北兴华钢铁有限公司	1857676	黑色金属冶炼及压延加工业	河　北
25	河北新金钢铁有限公司	1806371	黑色金属冶炼及压延加工业	河　北
26	河北省武安市裕华钢铁有限公司	1763688	黑色金属冶炼及压延加工业	河　北
27	德龙钢铁有限公司	1447792	黑色金属冶炼及压延加工业	河　北

续表

序号	企业名称	营业收入（万元）	行　业	地区
28	唐山三友集团有限公司	1422377	化学原料及化学制品制造业	河　北
29	金鼎重工股份有限公司	1278000	黑色金属冶炼及压延加工业	河　北
30	河北前进钢铁集团有限公司	1273238	黑色金属冶炼及压延加工业	河　北
31	邢台钢铁有限责任公司	1169516	黑色金属冶炼及压延加工业	河　北
32	龙海钢铁有限公司	1123325	黑色金属冶炼及压延加工业	河　北
33	五得利面粉集团有限公司	1115955	农副食品加工业	河　北
34	辛集市澳森钢铁有限公司	1099013	黑色金属冶炼及压延加工业	河　北
35	河北省武安市元宝山工业集团有限公司	1059878	黑色金属冶炼及压延加工业	河　北
36	唐山东华钢铁企业集团有限公司	1012000	黑色金属冶炼及压延加工业	河　北
37	秦皇岛安丰钢铁有限公司	985580	黑色金属冶炼及压延加工业	河　北
38	文安县新钢钢铁有限公司	867918	黑色金属冶炼及压延加工业	河　北
39	河北春兴实业集团有限公司	851280	黑色金属冶炼及压延加工业	河　北
40	承德兆丰钢铁集团有限公司	772481	黑色金属冶炼及压延加工业	河　北
41	唐山市德龙钢铁有限公司	765388	黑色金属冶炼及压延加工业	河　北
42	霸州市新利钢铁有限公司	704999	黑色金属冶炼及压延加工业	河　北
43	邯郸市正大制管有限公司	672000	金属制品业	河　北
44	河北曲寨集团有限公司	643337	造纸及纸制品业	河　北
河南（26家）				
1	河南煤业化工集团有限责任公司	18049846	煤炭开采和洗选业	河　南
2	中国平煤神马能源化工集团有限责任公司	11921921	化学原料及化学制品制造业	河　南
3	河南省漯河市双汇实业集团有限责任公司	5032467	农副食品加工业	河　南
4	安阳钢铁集团有限责任公司	4856940	黑色金属冶炼及压延加工业	河　南
5	金龙精密铜管集团股份有限公司	3505197	金属制品业	河　南
6	义马煤业集团股份有限公司	3217603	煤炭开采和洗选业	河　南
7	河南神火集团有限公司	3081679	煤炭开采和洗选业	河　南
8	郑州煤炭工业（集团）有限责任公司	3064417	煤炭开采和洗选业	河　南
9	万基控股集团有限公司	2668122	有色金属冶炼及压延加工业	河　南
10	河南豫联能源集团有限责任公司	2343163	有色金属冶炼及压延加工业	河　南
11	郑州宇通集团有限公司	2095208	交通运输设备制造业	河　南
12	河南豫光金铅集团有限责任公司	1821497	有色金属冶炼及压延加工业	河　南
13	天瑞集团有限公司	1792252	非金属矿物制品业	河　南
14	河南龙成集团有限公司	1751154	黑色金属冶炼及压延加工业	河　南

续表

序号	企业名称	营业收入（万元）	行　业	地区
15	河南济源钢铁（集团）有限公司	1434992	黑色金属冶炼及压延加工业	河　南
16	安钢集团信阳钢铁有限公司	1360905	黑色金属冶炼及压延加工业	河　南
17	兴达投资集团有限公司	1304192	房地产业	河　南
18	洛阳紫金银辉黄金冶炼有限公司	1165153	有色金属冶炼及压延加工业	河　南
19	河南金汇不锈钢产业集团有限公司	1038000	黑色金属冶炼及压延加工业	河　南
20	河南省淅川铝业（集团）有限公司	892276	有色金属冶炼及压延加工业	河　南
21	济源市万洋冶炼（集团）有限公司	803710	有色金属冶炼及压延加工业	河　南
22	济源市金利冶炼有限责任公司	795710	有色金属冶炼及压延加工业	河　南
23	河南财鑫集团有限责任公司	680629	农业	河　南
24	辅仁药业集团有限公司	679049	医药制造业	河　南
25	林州市林丰铝电有限责任公司	656926	有色金属冶炼及压延加工业	河　南
26	洛阳 LYC 轴承有限公司	614636	通用设备制造业	河　南
黑龙江（11 家）				
1	黑龙江北大荒农垦集团总公司	10400731	农业	黑龙江
2	黑龙江龙煤矿业控股集团有限责任公司	3929141	煤炭开采和洗选业	黑龙江
3	哈尔滨电气集团公司	3218506	电气机械及器材制造业	黑龙江
4	东方集团实业股份有限公司	2267584	批发业	黑龙江
5	黑龙江省建设集团有限公司	2088357	房屋和土木工程建筑业	黑龙江
6	西林钢铁集团有限公司	1939398	黑色金属冶炼及压延加工业	黑龙江
7	哈药集团有限公司	1750696	医药制造业	黑龙江
8	中发实业（集团）有限公司	1141463	其他金融活动	黑龙江
9	博发控股集团	1029035	科学研究和技术服务业	黑龙江
10	中国第一重型机械集团公司	874940	专用设备制造业	黑龙江
11	黑龙江烟草工业有限责任公司	735000	烟草制品业	黑龙江
湖北（31 家）				
1	东风汽车公司	40672043	交通运输设备制造业	湖　北
2	武汉钢铁（集团）公司	22148880	黑色金属冶炼及压延加工业	湖　北
3	武汉商联（集团）股份有限公司	6145372	零售业	湖　北
4	湖北宜化集团有限责任公司	5604919	化学原料及化学制品制造业	湖　北
5	湖北中烟工业有限责任公司	4950378	烟草制品业	湖　北
6	大冶有色金属集团控股有限公司	4063253	有色金属矿采选业	湖　北
7	湖南博长控股集团有限公司	2568853	黑色金属冶炼及压延加工业	湖　北
8	九州通医药集团股份有限公司	2483868	批发业	湖　北
9	宜昌三峡全通涂镀板有限公司	1832998	专用设备制造业	湖　北

续表

序号	企业名称	营业收入（万元）	行业	地区
10	武安市裕华钢铁有限公司	1763688	黑色金属冶炼及压延加工业	湖北
11	福星集团控股有限公司	1512553	金属制品业	湖北
12	三环集团公司	1477637	交通运输设备制造业	湖北
13	华新水泥股份有限公司	1263804	非金属矿物制品业	湖北
14	卓尔控股有限公司	1192000	商务服务业	湖北
15	湖北稻花香集团公司	1188564	酒、饮料和精制茶制造业	湖北
16	新八建设集团有限公司	1156126	建筑业	湖北
17	武汉邮电科学研究院	1119546	通信设备、计算机及其他电子设备制造业	湖北
18	宜昌兴发集团有限责任公司	1116632	化学原料及化学制品制造业	湖北
19	阳光凯迪新能源集团有限公司	1108816	电气机械及器材制造业	湖北
20	新七建设集团有限公司	1037312	建筑业	湖北
21	湖北新洋丰肥业股份有限公司	871705	化学原料及化学制品制造业	湖北
22	中博建设集团有限公司	817061	房屋和土木工程建筑业	湖北
23	新龙药业集团	773857	医药制造业	湖北
24	武汉人和集团有限公司	766910	黑色金属冶炼及压延加工业	湖北
25	十堰荣华东风汽车专营有限公司	724600	交通运输设备制造业	湖北
26	武汉龙发钢铁物资有限公司	713601	黑色金属冶炼及压延加工业	湖北
27	湖北枝江酒业股份有限公司	701041	饮料制造业	湖北
28	宝业湖北建工集团	687524	房屋和土木工程建筑业	湖北
29	百步亭集团有限公司	682142	房地产业	湖北
30	湖北东圣化工集团有限公司	681426	化学原料及化学制品制造业	湖北
31	福娃集团有限公司	645534	农副食品加工业	湖北
湖南（12家）				
1	中联重科股份有限公司	8480577	专用设备制造业	湖南
2	湖南华菱钢铁集团有限责任公司	8396468	黑色金属冶炼及压延加工业	湖南
3	三一集团有限公司	8020000	专用设备制造业	湖南
4	湖南中烟工业有限责任公司	7251504	烟草制品业	湖南
5	新华联控股有限公司	3516633	有色金属矿采选业	湖南
6	湖南省建筑工程集团总公司	3138910	房屋和土木工程建筑业	湖南
7	湖南晟通科技集团有限公司	2584006	有色金属冶炼及压延加工业	湖南
8	大汉控股集团有限公司	1936912	批发业	湖南
9	湖南省曾氏企业有限公司	1326000	有色金属冶炼及压延加工业	湖南
10	湘电集团有限公司	1240253	电气机械及器材制造业	湖南
11	唐人神集团股份有限公司	1041771	农副食品加工业	湖南

续表

序号	企业名称	营业收入（万元）	行　业	地区
12	步步高商业连锁股份有限公司	843919	零售业	湖　南
吉林（5家）				
1	中国第一汽车集团公司	36852527	交通运输设备制造业	吉　林
2	吉林亚泰（集团）股份有限公司	3390318	其他金融活动	吉　林
3	修正药业集团	2810051	医药制造业	吉　林
4	长春欧亚集团股份有限公司	1990319	其他金融活动	吉　林
5	四平红嘴集团总公司	1722256	黑色金属冶炼及压延加工业	吉　林
江苏（125家）				
1	江苏沙钢集团有限公司	20750672	黑色金属冶炼及压延加工业	江　苏
2	苏宁电器集团有限公司	19473387	零售业	江　苏
3	雨润控股集团有限公司	9074651	农副食品加工业	江　苏
4	徐州工程机械集团有限公司	8713785	通用设备制造业	江　苏
5	南京钢铁集团有限公司	7844459	黑色金属冶炼及压延加工业	江　苏
6	江苏悦达集团有限公司	7824522	交通运输设备制造业	江　苏
7	中天钢铁集团有限公司	6265259	黑色金属冶炼及压延加工业	江　苏
8	江苏华西集团公司	5384760	黑色金属冶炼及压延加工业	江　苏
9	恒力集团有限公司	5229566	化学纤维制造业	江　苏
10	无锡产业发展集团有限公司	5163102	商务服务业	江　苏
11	江苏新长江实业集团有限公司	5007567	黑色金属冶炼及压延加工业	江　苏
12	三胞集团有限公司	4820320	零售业	江　苏
13	江苏汇鸿国际集团有限公司	4464024	批发业	江　苏
14	江苏三房巷集团有限公司	4192708	化学纤维制造业	江　苏
15	江苏西城三联控股集团有限公司	4173937	黑色金属冶炼及压延加工业	江　苏
16	江苏苏宁环球集团有限公司	4102800	房地产业	江　苏
17	江苏申特钢铁有限公司	3703425	黑色金属冶炼及压延加工业	江　苏
18	江苏永钢集团有限公司	3626752	黑色金属冶炼及压延加工业	江　苏
19	红豆集团有限公司	3517139	纺织服装、鞋、帽制造业	江　苏
20	江苏扬子江船业集团公司	3461903	船舶制造业	江　苏
21	江苏阳光集团有限公司	3132445	纺织业	江　苏
22	江阴澄星实业集团有限公司	3056368	化学原料及化学制品制造业	江　苏
23	扬子江药业集团	2835824	医药制造业	江　苏
24	张家港保税区日祥贸易有限公司	2828153	批发业	江　苏
25	海澜集团有限公司	2801268	纺织服装、鞋、帽制造业	江　苏
26	江苏南通三建集团有限公司	2772000	房屋和土木工程建筑业	江　苏
27	中南控股集团有限公司	2750000	房地产业	江　苏

续表

序号	企业名称	营业收入（万元）	行　业	地区
28	江苏南通二建集团有限公司	2712983	房屋和土木工程建筑业	江　苏
29	百兴集团有限公司	2663325	房地产业	江　苏
30	盛虹集团有限公司	2650231	纺织业	江　苏
31	江苏国泰国际集团有限公司	2609515	批发业	江　苏
32	华芳集团有限公司	2605193	纺织业	江　苏
33	南京医药产业（集团）有限责任公司	2529861	医药制造业	江　苏
34	徐州矿务集团有限公司	2362996	煤炭开采和洗选业	江　苏
35	亚邦投资控股集团有限公司	2302923	化学原料及化学制品制造业	江　苏
36	丰立集团有限公司	2209692	批发业	江　苏
37	江苏省苏中建设集团股份有限公司	2139315	房屋和土木工程建筑业	江　苏
38	江苏金浦集团有限公司	2103148	石油加工、炼焦及核燃料加工业	江　苏
39	亨通集团有限公司	2074786	电气机械及器材制造业	江　苏
40	苏州创元投资发展（集团）有限公司	2059404	交通运输设备制造业	江　苏
41	江苏省苏豪控股集团有限公司	2059192	其他金融活动	江　苏
42	江苏双良集团有限公司	2036762	通用设备制造业	江　苏
43	江苏高力集团有限公司	2029466	商务服务业	江　苏
44	无锡尚德太阳能电力有限公司	2026749	电力、热力的生产和供应业	江　苏
45	江苏文峰集团有限公司	2021800	零售业	江　苏
46	维维集团股份有限公司	2017836	饮料制造业	江　苏
47	常林工程机械集团	1962014	专用设备制造业	江　苏
48	江苏法尔胜泓升集团有限公司	1926051	电气机械及器材制造业	江　苏
49	远东控股集团有限公司	1925335	电气机械及器材制造业	江　苏
50	江苏华厦融创置地集团有限公司	1906715	房地产业	江　苏
51	弘阳集团有限公司	1897848	房地产业	江　苏
52	澳洋集团有限公司	1821685	纺织业	江　苏
53	波司登股份有限公司	1821341	纺织服装、鞋、帽制造业	江　苏
54	江苏金辉集团公司	1779431	有色金属冶炼及压延加工业	江　苏
55	南京丰盛产业控股集团有限公司	1772479	房屋和土木工程建筑业	江　苏
56	宝胜集团有限公司	1699240	电气机械及器材制造业	江　苏
57	南通化工轻工股份有限公司	1652379	化学原料及化学制品制造业	江　苏
58	江苏新世纪造船有限公司	1642408	交通运输设备制造业	江　苏
59	江苏三木集团有限公司	1632347	化学原料及化学制品制造业	江　苏
60	江苏熔盛重工有限公司	1624336	交通运输设备制造业	江　苏
61	江苏华宏实业集团有限公司	1569986	化学纤维制造业	江　苏
62	永鼎集团有限公司	1526155	电气机械及器材制造业	江　苏

续表

序号	企业名称	营业收入（万元）	行　业	地区
63	南京金鹰国际集团有限公司	1479324	零售业	江　苏
64	大全集团有限公司	1378940	电气机械及器材制造业	江　苏
65	江苏新海石化有限公司	1367400	石油加工、炼焦及核燃料加工业	江　苏
66	南通四建集团有限公司	1352341	房屋和土木工程建筑业	江　苏
67	常州天合光能有限公司	1327922	电气机械及器材制造业	江　苏
68	江苏沃得机电集团有限公司	1327503	通用设备制造业	江　苏
69	江苏南通六建建设集团有限公司	1306631	房屋和土木工程建筑业	江　苏
70	阿特斯（中国）投资有限公司	1285183	电气机械及器材制造业	江　苏
71	江苏洋河酒厂股份有限公司	1274092	饮料制造业	江　苏
72	天地龙控股集团有限公司	1208430	有色金属冶炼及压延加工业	江　苏
73	江苏大明金属制品有限公司	1195407	金属制品业	江　苏
74	江苏上上电缆集团有限公司	1180986	电气机械及器材制造业	江　苏
75	江苏金峰水泥集团有限公司	1127467	非金属矿物制品业	江　苏
76	苏州市相城区江南化纤集团有限公司	1122612	化学纤维制造业	江　苏
77	南京高精传动设备制造集团有限公司	1118493	通用设备制造业	江　苏
78	红太阳集团有限公司	1106999	化学原料及化学制品制造业	江　苏
79	江苏天地龙集团有限公司	1099665	有色金属冶炼及压延加工业	江　苏
80	江苏飞达控股集团有限公司	1092017	有色金属冶炼及压延加工业	江　苏
81	江苏天工集团有限公司	1088653	黑色金属冶炼及压延加工业	江　苏
82	通鼎集团有限公司	1081328	电气机械及器材制造业	江　苏
83	大亚科技集团有限公司	1081086	木材加工及木、竹、藤、棕、草制品业	江　苏
84	江苏常发实业集团有限公司	1079101	通用设备制造业	江　苏
85	泰通（泰州）工业有限公司	1063316	电气机械及器材制造业	江　苏
86	常州东方特钢有限公司	1056366	黑色金属冶炼及压延加工业	江　苏
87	润东汽车集团有限公司	1050000	批发业	江　苏
88	江苏华尔润集团有限公司	1048753	非金属矿物制品业	江　苏
89	江苏新时代控股集团有限公司	1044684	有色金属冶炼及压延加工业	江　苏
90	连云港兴鑫钢铁有限公司	1039046	黑色金属冶炼及压延加工业	江　苏
91	江苏省镔鑫特钢材料有限公司	1034760	黑色金属冶炼及压延加工业	江　苏
92	苏州金螳螂企业集团有限公司	1031174	建筑业	江　苏
93	中天科技集团有限公司	1026338	电气机械及器材制造业	江　苏
94	福中集团有限公司	1020000	通信设备、计算机及其他电子设备制造业	江　苏
95	龙信建设集团有限公司	984675	房屋和土木工程建筑业	江　苏

续表

序号	企业名称	营业收入（万元）	行业	地区
96	通州建总集团有限公司	949163	房屋和土木工程建筑业	江苏
97	江苏新华发集团有限公司	921284	批发业	江苏
98	江苏华地国际控股集团有限公司	917561	零售业	江苏
99	南通建工集团股份有限公司	912131	房屋和土木工程建筑业	江苏
100	常州市盛洲铜业有限公司	870670	有色金属冶炼及压延加工业	江苏
101	江苏邗建集团有限公司	858108	房屋和土木工程建筑业	江苏
102	金城集团有限公司	851907	交通运输设备制造业	江苏
103	常熟市龙腾特种钢有限公司	835372	有色金属冶炼及压延加工业	江苏
104	中电电气集团有限公司	827429	电气机械及器材制造业	江苏
105	江苏海达科技集团有限公司	821775	金属制品业	江苏
106	攀华集团有限公司	819414	金属制品业	江苏
107	江苏骏马集团有限责任公司	802650	金属制品业	江苏
108	恒达中泰集团有限公司	791000	房地产业	江苏
109	江苏顺通建设集团有限公司	778875	房屋和土木工程建筑业	江苏
110	弘阳集团有限公司	777374	房地产业	江苏
111	中利科技集团股份有限公司	770913	电气机械及器材制造业	江苏
112	月星集团有限公司	722234	零售业	江苏
113	苏州二建建筑集团有限公司	716444	房屋和土木工程建筑业	江苏
114	南京建工集团有限公司	715153	房屋和土木工程建筑业	江苏
115	江苏吴中集团有限公司	715103	纺织服装、鞋、帽制造业	江苏
116	海润光伏科技有限公司	713949	电气机械及器材制造业	江苏
117	江阴江东集团公司	708692	电气机械及器材制造业	江苏
118	浙江暨阳建设集团有限公司	707146	房屋和土木工程建筑业	江苏
119	江苏集群信息产业集团	695421	通信设备、计算机及其他电子设备制造业	江苏
120	江苏综艺集团	691152	电气机械及器材制造业	江苏
121	江苏江中集团有限公司	691027	房屋和土木工程建筑业	江苏
122	震雄铜业集团有限公司	687839	有色金属冶炼及压延加工业	江苏
123	江苏隆力奇集团有限公司	677892	化学原料及化学制品制造业	江苏
124	南通新华建筑集团有限公司	665335	房屋和土木工程建筑业	江苏
125	江苏华亚化纤有限公司	662691	纺织业	江苏
		江西（14家）		
1	江西铜业集团公司	13549328	有色金属冶炼及压延加工业	江西
2	新余钢铁集团有限公司	4421302	黑色金属冶炼及压延加工业	江西
3	江西萍钢实业股份有限公司	4109451	黑色金属冶炼及压延加工业	江西

续表

序号	企业名称	营业收入（万元）	行　业	地区
4	江铃汽车集团公司	3110904	交通运输设备制造业	江　西
5	正邦集团有限公司	2018954	农副食品加工业	江　西
6	江西省煤炭集团公司	1835923	煤炭开采和洗选业	江　西
7	双胞胎（集团）股份有限公司	1487749	农副食品加工业	江　西
8	江西赛维 LDK 太阳能高科技有限公司	1392985	非金属矿物制品业	江　西
9	江西稀有金属钨业控股集团有限公司	1362330	有色金属冶炼及压延加工业	江　西
10	江西中烟工业有限责任公司	1122744	烟草制品业	江　西
11	晶科能源有限公司	967392	电气机械及器材制造业	江　西
12	景德镇市焦化工业集团有限责任公司	922320	石油加工、炼焦及核燃料加工业	江　西
13	江西江锂科技有限公司	749847	电气机械及器材制造业	江　西
14	江西民生集团有限公司	671200	房地产业	江　西
		辽宁（35 家）		
1	鞍钢集团公司	15573577	黑色金属冶炼及压延加工业	辽　宁
2	大连大商集团有限公司	11010716	零售业	辽　宁
3	大连万达集团股份有限公司	10510228	房地产业	辽　宁
4	本钢集团有限公司	9193926	黑色金属冶炼及压延加工业	辽　宁
5	华晨汽车集团控股有限公司	8750507	交通运输设备制造业	辽　宁
6	海城市西洋镁矿有限公司	2500000	有色金属矿采选业	辽　宁
7	东北特殊钢集团有限责任公司	2315199	黑色金属冶炼及压延加工业	辽　宁
8	沈阳煤业（集团）有限责任公司	2315060	煤炭开采和洗选业	辽　宁
9	辽宁铁法能源有限责任公司	2151142	电力、热力的生产和供应业	辽　宁
10	阜新矿业（集团）有限责任公司	2150426	煤炭开采和洗选业	辽　宁
11	福佳集团有限公司	2101800	房地产业	辽　宁
12	沈阳远大企业集团	2024443	建筑业	辽　宁
13	嘉晨集团有限公司	1900016	非金属矿物制品业	辽　宁
14	沈阳机床（集团）有限责任公司	1801128	通用设备制造业	辽　宁
15	大连机床集团有限责任公司	1785273	通用设备制造业	辽　宁
16	凌源钢铁集团有限责任公司	1593851	黑色金属冶炼及压延加工业	辽　宁
17	海城市后英经贸集团有限公司	1543640	非金属矿物制品业	辽　宁
18	逸盛大化石化有限公司	1515670	石油加工、炼焦及核燃料加工业	辽　宁
19	北方重工集团有限公司	1459830	专用设备制造业	辽　宁
20	沈阳化工集团有限公司	1300727	化学原料及化学制品制造业	辽　宁
21	辽宁曙光汽车集团股份有限公司	1265439	交通运输设备制造业	辽　宁
22	大连重工·起重集团有限公司	1245068	专用设备制造业	辽　宁
23	大连冰山集团有限公司	1186459	通用设备制造业	辽　宁

续表

序号	企业名称	营业收入（万元）	行　业	地区
24	盘锦北方沥青燃料有限公司	1082788	石油加工、炼焦及核燃料加工业	辽　宁
25	辽宁忠旺集团有限公司	1031767	有色金属冶炼及压延加工业	辽　宁
26	沈阳东方钢铁有限公司	945931	黑色金属冶炼及压延加工业	辽　宁
27	曙光控股集团有限公司	924585	交通运输设备制造业	辽　宁
28	亿达集团有限公司	860649	房地产业	辽　宁
29	大化集团有限责任公司	819091	化学原料及化学制品制造业	辽　宁
30	东北制药集团有限责任公司	809440	医药制造业	辽　宁
31	中国华录集团有限公司	793863	通信设备、计算机及其他电子设备制造业	辽　宁
32	辽宁德营石油化工集团有限公司	772816	石油加工、炼焦及核燃料加工业	辽　宁
33	辽宁禾丰牧业股份有限公司	723401	畜牧业	辽　宁
34	锦联控股集团有限公司	664720	水上运输业	辽　宁
35	瓦房店轴承集团有限责任公司	654303	通用设备制造业	辽　宁
内蒙古（20家）				
1	包头钢铁（集团）有限责任公司	5880885	黑色金属冶炼及压延加工业	内蒙古
2	内蒙古电力（集团）有限责任公司	5444412	电力、热力的生产和供应业	内蒙古
3	内蒙古伊泰集团有限公司	4024572	煤炭开采和洗选业	内蒙古
4	内蒙古伊利实业集团股份有限公司	3745137	食品制造业	内蒙古
5	亿利资源集团有限公司	2280372	医药制造业	内蒙古
6	内蒙古鄂尔多斯羊绒集团有限责任公司	1958837	纺织业	内蒙古
7	内蒙古伊东资源集团股份有限公司	1952233	煤炭开采和洗选业	内蒙古
8	内蒙古伊东投资集团有限公司	1922949	煤炭开采和洗选业	内蒙古
9	内蒙古鄂尔多斯投资控股集团有限公司	1872902	商务服务业	内蒙古
10	内蒙古满世投资集团有限公司	1287647	煤炭开采和洗选业	内蒙古
11	包头北奔重型汽车有限公司	1165606	交通运输设备制造业	内蒙古
12	鄂尔多斯市乌兰煤炭集团有限责任公司	1126502	煤炭开采和洗选业	内蒙古
13	内蒙古源通煤化集团有限责任公司	1026800	采矿业	内蒙古
14	内蒙古特弘煤电集团有限责任公司	1025231	煤炭开采和洗选业	内蒙古
15	内蒙古兴泰置业集团有限公司	1023728	建筑业	内蒙古
16	内蒙古庆华集团有限公司	1021590	采矿业	内蒙古
17	内蒙古明华能源集团有限公司	767597	电气机械及器材制造业	内蒙古
18	内蒙古太西煤集团股份有限公司	748560	煤炭开采和洗选业	内蒙古

续表

序号	企业名称	营业收入（万元）	行　业	地区
19	蒙发能源投资集团有限责任公司	726338	煤炭开采和洗选业	内蒙古
20	内蒙古黄河工贸集团有限责任公司	701989	非金属矿物制品业	内蒙古
		宁夏（1家）		
1	宁夏宝塔石化集团有限公司	1321360	石油加工、炼焦及核燃料加工业	宁　夏
		青海（4家）		
1	西部矿业集团有限公司	2500703	有色金属矿采选业	青　海
2	西宁特殊钢集团有限责任公司	821505	黑色金属冶炼及压延加工业	青　海
3	青海庆华矿冶煤化集团有限公司	712090	煤炭开采和洗选业	青　海
4	青海盐湖工业股份有限公司	677756	化学原料及化学制品制造业	青　海
		山东（100家）		
1	山东魏桥创业集团有限公司	16101478	纺织业	山　东
2	山东能源集团有限公司	15600946	煤炭开采和洗选业	山　东
3	海尔集团公司	15092957	电气机械及器材制造业	山　东
4	山东钢铁集团有限公司	12433831	黑色金属冶炼及压延加工业	山　东
5	潍柴控股集团有限公司	9826166	通用设备制造业	山　东
6	兖矿集团有限公司	8400427	煤炭开采和洗选业	山　东
7	海信集团有限公司	7157576	通信设备、计算机及其他电子设备制造业	山　东
8	山东大王集团有限公司	6605515	橡胶制品业	山　东
9	南山集团有限公司	6360389	纺织业	山　东
10	山东新希望六和集团有限公司	5473446	农副食品加工业	山　东
11	日照钢铁控股集团有限公司	5177050	黑色金属冶炼及压延加工业	山　东
12	山东省商业集团有限公司	5029869	批发业	山　东
13	青岛钢铁控股集团有限责任公司	4361364	黑色金属冶炼及压延加工业	山　东
14	山东黄金集团有限公司	4348309	有色金属矿采选业	山　东
15	临沂新程金锣肉制品集团有限公司	3982268	农副食品加工业	山　东
16	浪潮电子信息产业股份有限公司	3668253	通信设备、计算机及其他电子设备制造业	山　东
17	滨化集团公司	3581864	石油加工、炼焦及核燃料加工业	山　东
18	山东晨曦集团有限公司	3520001	石油加工、炼焦及核燃料加工业	山　东
19	青建集团股份公司	3042666	房屋和土木工程建筑业	山　东
20	山东泰山钢铁集团有限公司	3030960	黑色金属冶炼及压延加工业	山　东
21	山东招金集团有限公司	3028718	有色金属矿采选业	山　东
22	山东金诚石化集团有限公司	2903978	石油加工、炼焦及核燃料加工业	山　东
23	山东京博控股股份有限公司	2800372	石油加工、炼焦及核燃料加工业	山　东

续表

序号	企业名称	营业收入（万元）	行　业	地区
24	华泰集团有限公司	2720066	造纸及纸制品业	山　东
25	山东晨鸣纸业集团股份有限公司	2688961	造纸及纸制品业	山　东
26	华盛江泉集团有限公司	2632688	黑色金属冶炼及压延加工业	山　东
27	山东时风（集团）有限责任公司	2615282	专用设备制造业	山　东
28	山东太阳纸业股份有限公司	2585783	造纸及纸制品业	山　东
29	东营方圆有色金属有限公司	2554060	有色金属冶炼及压延加工业	山　东
30	山东中烟工业有限责任公司	2521379	烟草制品业	山　东
31	西王集团有限公司	2489802	农副食品加工业	山　东
32	青岛啤酒股份有限公司	2315805	饮料制造业	山　东
33	南金兆集团有限公司	2297778	黑色金属冶炼及压延加工业	山　东
34	山东如意科技集团有限公司	2275501	纺织业	山　东
35	华勤橡胶工业集团有限公司	2264099	橡胶制品业	山　东
36	山东博汇集团有限公司	2123890	造纸及纸制品业	山　东
37	山东石横特钢集团有限公司	2099539	黑色金属冶炼及压延加工业	山　东
38	利华益集团股份有限公司	2091663	石油加工、炼焦及核燃料加工业	山　东
39	山东东明石化集团有限公司	2080062	石油加工、炼焦及核燃料加工业	山　东
40	山东高速集团有限公司	2070570	道路运输业	山　东
41	山东胜通集团股份有限公司	2064332	专用设备制造业	山　东
42	万达控股集团有限公司	2056319	电气机械及器材制造业	山　东
43	山东西水橡胶集团有限公司	1994944	橡胶制品业	山　东
44	沂州集团有限公司	1942497	非金属矿物制品业	山　东
45	山东科达集团有限公司	1921025	房屋和土木工程建筑业	山　东
46	利群集团股份有限公司	1905687	零售业	山　东
47	山东大海集团有限公司	1860235	纺织业	山　东
48	青岛港（集团）有限公司	1827548	水上运输业	山　东
49	新华锦集团有限公司	1803929	批发业	山　东
50	山东淄博傅山企业集团有限公司	1801934	有色金属冶炼及压延加工业	山　东
51	山东昊龙集团有限公司	1786123	纺织业	山　东
52	山东渤海实业股份有限公司	1728834	农副食品加工业	山　东
53	三角集团有限公司	1683275	橡胶制品业	山　东
54	玲珑集团有限公司	1661503	橡胶制品业	山　东
55	福田雷沃国际重工股份有限公司	1600232	专用设备制造业	山　东
56	山东汇丰石化集团有限公司	1563026	石油加工、炼焦及核燃料加工业	山　东
57	海鑫钢铁集团有限公司	1558620	黑色金属冶炼及压延加工业	山　东
58	富海集团有限公司	1530727	石油加工、炼焦及核燃料加工业	山　东

续表

序号	企业名称	营业收入（万元）	行　业	地区
59	山推工程机械股份有限公司	1470205	专用设备制造业	山　东
60	正和集团股份有限公司	1360610	石油加工、炼焦及核燃料加工业	山　东
61	山东长星集团有限公司	1351691	通用设备制造业	山　东
62	方大特钢科技股份有限公司	1333398	黑色金属冶炼及压延加工业	山　东
63	山东垦利石化有限责任公司	1317862	石油加工、炼焦及核燃料加工业	山　东
64	威高集团有限公司	1313239	专用设备制造业	山　东
65	山东华星石油化工集团有限公司	1296179	石油加工、炼焦及核燃料加工业	山　东
66	山东五征集团有限公司	1253733	专用设备制造业	山　东
67	双星集团有限责任公司	1211210	石油加工、炼焦及核燃料加工业	山　东
68	山东金岭集团有限公司	1204249	化学原料及化学制品制造业	山　东
69	山东鲁北企业集团总公司	1200515	化学原料及化学制品制造业	山　东
70	山东临工工程机械有限公司	1166606	专用设备制造业	山　东
71	山东联盟化工集团有限公司	1151461	化学原料及化学制品制造业	山　东
72	华鲁控股集团有限公司	1145296	化学原料及化学制品制造业	山　东
73	潍坊特钢集团有限公司	1127578	黑色金属冶炼及压延加工业	山　东
74	诸城外贸有限责任公司	1108606	农副食品加工业	山　东
75	山东万通石油化工集团有限公司	1073730	石油加工、炼焦及核燃料加工业	山　东
76	山东神驰化工有限公司	1067227	石油加工、炼焦及核燃料加工业	山　东
77	山东泉林纸业有限责任公司	1046014	造纸及纸制品业	山　东
78	山东澳亚纺织有限公司	1032504	纺织业	山　东
79	山东鲁花集团有限公司	1023267	农副食品加工业	山　东
80	澳柯玛股份有限公司	1017444	电气机械及器材制造业	山　东
81	欧美投资集团有限公司	1014157	房地产业	山　东
82	山东恒源石油化工股份有限公司	1010014	石油加工、炼焦及核燃料加工业	山　东
83	东辰控股集团有限公司	990400	化学原料及化学制品制造业	山　东
84	山东荣信煤化有限责任公司	983880	石油加工、炼焦及核燃料加工业	山　东
85	山东创新金属科技股份有限公司	974364	有色金属冶炼及压延加工业	山　东
86	鲁西化工集团股份有限公司	931645	化学原料及化学制品制造业	山　东
87	青岛世纪瑞丰集团有限公司	910171	黑色金属冶炼及压延加工业	山　东
88	孚日集团股份有限公司	894857	纺织业	山　东
89	青岛即发集团控股有限公司	862249	纺织业	山　东
90	山东创新金属科技股份有限公司	858010	金属制品业	山　东
91	齐鲁特钢有限公司	833979	黑色金属冶炼及压延加工业	山　东
92	山东广富集团有限公司	809517	黑色金属冶炼及压延加工业	山　东
93	鲁泰集团公司	779323	纺织业	山　东

续表

序号	企业名称	营业收入（万元）	行业	地区
94	山东金正大生态工程股份有限公司	762679	化学原料及化学制品制造业	山东
95	山东华兴机械股份有限公司	758017	通用设备制造业	山东
96	龙大食品集团有限公司	751878	农副食品加工业	山东
97	道恩集团有限公司	728244	塑料制品业	山东
98	胜利油田高原石油装备有限责任公司	705563	石油加工、炼焦及核燃料加工业	山东
99	青岛九联集团股份有限公司	652518	农副食品加工业	山东
100	青岛泰发集团股份有限公司	590861	交通运输设备制造业	山东
		山西（21家）		
1	山西煤炭运销集团有限公司	15860928	批发业	山西
2	太原钢铁（集团）有限公司	12702036	黑色金属冶炼及压延加工业	山西
3	山西焦煤集团有限责任公司	12538413	煤炭开采和洗选业	山西
4	山西潞安矿业（集团）有限责任公司	12538411	煤炭开采和洗选业	山西
5	山西晋城无烟煤矿业集团有限责任公司	12537059	煤炭开采和洗选业	山西
6	大同煤矿集团有限责任公司	11998656	煤炭开采和洗选业	山西
7	阳泉煤业（集团）有限责任公司	11976128	煤炭开采和洗选业	山西
8	山西煤炭进出口集团有限公司	7116297	批发业	山西
9	大秦铁路股份有限公司	4500704	铁路运输业	山西
10	山西省国新能源发展集团有限公司	2190414	燃气生产和供应业	山西
11	山西建筑工程（集团）总公司	1979123	房屋和土木工程建筑业	山西
12	太原重型机械集团有限公司	1613368	专用设备制造业	山西
13	山西常平钢铁有限公司	1579000	黑色金属冶炼及压延加工业	山西
14	山西安泰控股集团有限公司	1287166	石油加工、炼焦及核燃料加工业	山西
15	美锦能源集团有限公司	1212814	石油加工、炼焦及核燃料加工业	山西
16	山西通达（集团）有限公司	1161112	交通运输设备制造业	山西
17	山西建邦集团有限公司	821596	黑色金属冶炼及压延加工业	山西
18	中设建工集团有限公司	816579	房屋和土木工程建筑业	山西
19	山西长信工业有限公司	706159	黑色金属冶炼及压延加工业	山西
20	山西潞宝集团	680049	化学原料及化学制品制造业	山西
21	太原煤炭气化（集团）有限责任公司	648713	煤炭开采和洗选业	山西
		陕西（13家）		
1	陕西延长石油（集团）有限责任公司	12365267	石油和天然气开采业	陕西
2	陕西煤业化工集团有限责任公司	10074123	煤炭开采和洗选业	陕西
3	陕西有色金属控股集团有限责任公司	6127444	有色金属矿采选业	陕西
4	陕西汽车集团有限责任公司	3136574	交通运输设备制造业	陕西

续表

序号	企业名称	营业收入（万元）	行　业	地区
5	陕西东岭工贸集团股份有限公司	3030988	批发业	陕　西
6	陕西建工集团总公司	2852235	房屋和土木工程建筑业	陕　西
7	中国西电集团公司	1452030	电气机械及器材制造业	陕　西
8	金花投资有限公司	1362005	其他金融活动	陕　西
9	陕西法士特汽车传动集团有限责任公司	1089638	交通运输设备制造业	陕　西
10	沈阳鼓风机集团股份有限公司	1030327	通用设备制造业	陕　西
11	彬县煤炭有限责任公司	848549	煤炭开采和洗选业	陕　西
12	陕西秦川机床工具集团有限公司	801219	通用设备制造业	陕　西
13	陕西黄河矿业（集团）有限责任公司	668002	煤炭开采和洗选业	陕　西
上海（44 家）				
1	上海汽车集团股份有限公司	43480395	交通运输设备制造业	上　海
2	宝钢集团有限公司	31624500	黑色金属冶炼及压延加工业	上　海
3	百联集团有限公司	22741719	零售业	上　海
4	中国太平洋保险（集团）股份有限公司	15793400	保险业	上　海
5	绿地控股集团有限公司	14787372	房地产业	上　海
6	光明食品（集团）有限公司	12455402	零售业	上　海
7	上海建工集团股份有限公司	10390000	房屋和土木工程建筑业	上　海
8	上海电气（集团）总公司	9284032	通用设备制造业	上　海
9	上海烟草集团有限责任公司	9110435	烟草制品业	上　海
10	中国东方航空集团公司	8889947	航空运输业	上　海
11	中国海运（集团）总公司	6331566	水上运输业	上　海
12	上海复星高科技（集团）有限公司	5798111	医药制造业	上　海
13	上海复星高科技（集团）有限公司	5798111	医药制造业	上　海
14	上海东浩国际服务贸易（集团）有限公司	5501946	商务服务业	上　海
15	上海医药集团股份有限公司	5489987	批发业	上　海
16	东方希望集团有限公司	5315000	有色金属冶炼及压延加工业	上　海
17	中金再生资源（中国）投资有限公司	4345043	废弃资源和废旧材料回收加工业	上　海
18	上海城建（集团）公司	4310000	房屋和土木工程建筑业	上　海
19	上海纺织（集团）有限公司	4299799	纺织服装、鞋、帽制造业	上　海
20	上海华谊（集团）公司	4299642	化学原料及化学制品制造业	上　海
21	太平人寿保险有限公司	3625401	保险业	上　海
22	申能（集团）有限公司	2919784	电力、热力的生产和供应业	上　海

续表

序号	企业名称	营业收入（万元）	行　　业	地区
23	上海龙昂国际贸易有限公司	2469503	其他金融活动	上　海
24	上海人民企业（集团）有限公司	2413666	电气机械及器材制造业	上　海
25	上海华冶钢铁集团有限公司	2374837	批发业	上　海
26	东方国际（集团）有限公司	2228308	批发业	上　海
27	上海国际港务（集团）股份有限公司	2177886	水上运输业	上　海
28	老凤祥股份有限公司	2112640	零售业	上　海
29	上海外高桥造船有限公司	1908827	船舶制造业	上　海
30	杉杉控股有限公司	1892041	纺织服装、鞋、帽制造业	上　海
31	上海良友（集团）有限公司	1672855	批发业	上　海
32	上海美特斯邦威股份有限公司	1502262	纺织服装、鞋、帽制造业	上　海
33	新城控股集团有限公司	1424554	房地产业	上　海
34	上海均瑶（集团）有限公司	1318300	零售业	上　海
35	沪东中华造船（集团）有限公司	1317028	交通运输设备制造业	上　海
36	上海胜华电缆（集团）有限公司	1180153	电气机械及器材制造业	上　海
37	大华（集团）有限公司	1136721	房地产业	上　海
38	佳杰科技（上海）有限公司	1131609	批发业	上　海
39	上海奥盛投资控股（集团）有限公司	1053748	金属制品业	上　海
40	上海绿地建设（集团）有限公司	1001533	房屋和土木工程建筑业	上　海
41	上海春秋国际旅行社（集团）有限公司	910058	旅游业	上　海
42	上海舜业钢铁集团有限公司	880734	黑色金属冶炼及压延加工业	上　海
43	上海浦东电线电缆（集团）有限公司	871528	电气机械及器材制造业	上　海
44	上海致达科技集团有限公司	805973	软件业	上　海
四川（27家）				
1	四川长虹电子集团有限公司	7655369	通信设备、计算机及其他电子设备制造业	四　川
2	新希望集团有限公司	7538106	农副食品加工业	四　川
3	中国东方电气集团有限公司	4908802	电气机械及器材制造业	四　川
4	四川省宜宾五粮液集团有限公司	4872960	饮料制造业	四　川
5	四川华西集团有限公司	3772125	房屋和土木工程建筑业	四　川
6	通威集团有限公司	3525196	农副食品加工业	四　川
7	四川省川威集团有限公司	3295502	黑色金属冶炼及压延加工业	四　川
8	四川宏达（集团）有限公司	3090273	有色金属冶炼及压延加工业	四　川
9	成都建筑工程集团总公司	3047944	房屋和土木工程建筑业	四　川
10	科创控股集团有限公司	2690000	医药制造业	四　川

续表

序号	企业名称	营业收入（万元）	行业	地区
11	四川德胜集团钢铁有限公司	2619416	黑色金属冶炼及压延加工业	四川
12	泸州老窖集团有限责任公司	2462383	饮料制造业	四川
13	四川金广实业（集团）股份有限公司	2345661	黑色金属冶炼及压延加工业	四川
14	四川公路桥梁建设集团有限公司	2296702	房屋和土木工程建筑业	四川
15	四川省达州钢铁集团有限责任公司	2040650	黑色金属冶炼及压延加工业	四川
16	攀枝花钢城集团有限公司	1722662	黑色金属冶炼及压延加工业	四川
17	四川科伦实业集团有限公司	1529474	医药制造业	四川
18	成都神钢工程机械（集团）有限公司	1330312	专用设备制造业	四川
19	四川九洲电器集团有限责任公司	1252918	通信设备、计算机及其他电子设备制造业	四川
20	四川西南不锈钢有限责任公司	1067849	黑色金属冶炼及压延加工业	四川
21	四川郎酒集团有限责任公司	1030000	酒、饮料和精制茶制造业	四川
22	成都亚光电子股份有限公司	975158	通信设备、计算机及其他电子设备制造业	四川
23	四川四海集团	790113	农副食品加工业	四川
24	四川化工控股（集团）有限责任公司	738537	化学原料及化学制品制造业	四川
25	四川濠吉食品（集团）有限责任公司	737000	农副食品加工业	四川
26	中国第二重型机械集团公司	700614	专用设备制造业	四川
27	成都红旗连锁股份有限公司	662388	商务服务业	四川
天津（35家）				
1	天津物产集团有限公司	19703668	有色金属冶炼及压延加工业	天津
2	天津中环电子信息集团有限公司	11028125	通信设备、计算机及其他电子设备制造业	天津
3	天津钢管集团股份有限公司	10409205	黑色金属冶炼及压延加工业	天津
4	天津天钢集团有限公司	10300017	黑色金属冶炼及压延加工业	天津
5	天津汽车工业（集团）有限公司	9696768	交通运输设备制造业	天津
6	天津冶金集团有限公司	8689609	金属制品业	天津
7	天津天铁冶金集团有限公司	8525589	黑色金属冶炼及压延加工业	天津
8	天津市一轻集团（控股）有限公司	6015152	化学原料及化学制品制造业	天津
9	天津渤海化工集团公司	5782479	化学原料及化学制品制造业	天津
10	天津百利机电控股集团有限公司	5666007	电气机械及器材制造业	天津
11	天津荣程联合钢铁集团有限公司	4626240	黑色金属冶炼及压延加工业	天津
12	天津一商集团有限公司	3199774	零售业	天津
13	天狮集团有限公司	2890657	食品制造业	天津
14	天津友发钢管集团有限公司	2497149	黑色金属冶炼及压延加工业	天津

续表

序号	企业名称	营业收入（万元）	行业	地区
15	天津二轻集团（控股）有限公司	2412039	家具制造业	天津
16	天津市医药集团有限公司	2308748	医药制造业	天津
17	天津港（集团）有限公司	2211000	水上运输业	天津
18	天津市津能投资公司	1880770	其他金融活动	天津
19	天津纺织集团（控股）有限公司	1676839	纺织业	天津
20	天津天士力集团有限公司	1381080	医药制造业	天津
21	天津有色金属集团有限公司	1338924	有色金属冶炼及压延加工业	天津
22	崇利制钢有限公司	1201161	有色金属冶炼及压延加工业	天津
23	天津农垦集团有限公司	1201139	畜牧业	天津
24	天津市建筑材料集团（控股）有限公司	1196006	非金属矿物制品业	天津
25	天津立业钢铁集团有限公司	1096496	黑色金属冶炼及压延加工业	天津
26	天津大桥焊材集团有限公司	1020000	电气机械及器材制造业	天津
27	天津宝迪农业科技股份有限公司	1016708	农副食品加工业	天津
28	天津塑力线缆集团有限公司	938005	电气机械及器材制造业	天津
29	天津现代集团有限公司	927799	房地产业	天津
30	中冀斯巴鲁（天津）汽车销售有限公司	807836	交通运输设备制造业	天津
31	天津市丽兴京津钢铁贸易有限公司	769961	黑色金属冶炼及压延加工业	天津
32	天津市恒兴钢业有限公司	712726	黑色金属冶炼及压延加工业	天津
33	天津贻成集团有限公司	664980	房地产业	天津
34	天津金耀集团有限公司	645754	医药制造业	天津
35	天津市金桥焊材集团有限公司	610924	金属制品业	天津
香港（2家）				
1	国美电器有限公司	19600000	零售业	香港
2	神州数码控股有限公司	6747188	通信设备、计算机及其他电子设备制造业	香港
新疆（5家）				
1	新疆广汇实业投资（集团）有限责任公司	8020696	零售业	新疆
2	新疆特变电工集团有限公司	2253721	电气机械及器材制造业	新疆
3	新疆天业（集团）有限公司	2042809	化学原料及化学制品制造业	新疆
4	新疆金风科技股份有限公司	1284313	电气机械及器材制造业	新疆
5	新疆中泰化学（集团）股份有限公司	712242	化学原料及化学制品制造业	新疆
云南（12家）				
1	红塔烟草（集团）有限责任公司	7726123	烟草制品业	云南

续表

序号	企业名称	营业收入（万元）	行　业	地区
2	红云红河烟草（集团）有限责任公司	6605405	烟草制品业	云　南
3	云天化集团有限责任公司	4613894	化学原料及化学制品制造业	云　南
4	昆明钢铁控股有限公司	2666719	黑色金属冶炼及压延加工业	云　南
5	云南煤化工集团有限公司	2619587	化学原料及化学制品制造业	云　南
6	云南建工集团有限公司	2429521	房屋和土木工程建筑业	云　南
7	云南锡业集团（控股）有限责任公司	2116237	有色金属冶炼及压延加工业	云　南
8	云南冶金集团股份有限公司	2008235	有色金属冶炼及压延加工业	云　南
9	云南白药集团股份有限公司	1131232	医药制造业	云　南
10	云南力帆骏马车辆有限公司	813308	交通运输设备制造业	云　南
11	云南南磷集团股份有限公司	761607	批发业	云　南
12	云南玉溪仙福钢铁（集团）有限公司	665043	黑色金属冶炼及压延加工业	云　南
		浙江（166家）		
1	浙江省物产集团公司	16701187	批发业	浙　江
2	浙江吉利控股集团有限公司	15099498	交通运输设备制造业	浙　江
3	万向集团公司	8354223	交通运输设备制造业	浙　江
4	杭州钢铁集团公司	8284861	黑色金属冶炼及压延加工业	浙　江
5	广厦控股集团有限公司	7103764	房屋和土木工程建筑业	浙　江
6	杭州娃哈哈集团有限公司	6785504	饮料制造业	浙　江
7	海亮集团有限公司	6779700	有色金属冶炼及压延加工业	浙　江
8	浙江省能源集团有限公司	5934469	电力、热力的生产和供应业	浙　江
9	浙江恒逸集团有限公司	5629501	化学纤维制造业	浙　江
10	浙江省兴合集团公司	5428860	批发业	浙　江
11	杭州汽轮动力集团有限公司	4592990	通用设备制造业	浙　江
12	浙江中烟工业有限责任公司	4315413	烟草制品业	浙　江
13	浙江省国际贸易集团有限公司	4228172	批发业	浙　江
14	雅戈尔集团股份有限公司	3603107	纺织服装、鞋、帽制造业	浙　江
15	浙江省建设投资集团有限公司	3532060	房屋和土木工程建筑业	浙　江
16	绿城房地产集团有限公司	3530000	房地产业	浙　江
17	中天发展控股集团有限公司	3495609	房屋和土木工程建筑业	浙　江
18	浙江荣盛控股集团有限公司	3485658	化学纤维制造业	浙　江
19	浙江省商业集团有限公司	3474645	其他金融活动	浙　江
20	盾安控股集团有限公司	3383134	电气机械及器材制造业	浙　江
21	奥克斯集团股份有限公司	3209693	电气机械及器材制造业	浙　江
22	青山控股集团有限公司	3200000	黑色金属冶炼及压延加工业	浙　江
23	宁波金田投资控股有限公司	3150260	有色金属冶炼及压延加工业	浙　江

续表

序号	企业名称	营业收入（万元）	行　业	地区
24	远大物产集团有限公司	3128623	批发业	浙　江
25	桐昆集团股份有限公司	2903279	化学纤维制造业	浙　江
26	杭州橡胶（集团）公司	2871992	橡胶制品业	浙　江
27	人民电器集团有限公司	2657124	电气机械及器材制造业	浙　江
28	浙江前程投资股份有限公司	2518800	批发业	浙　江
29	正泰集团股份有限公司	2515732	电气机械及器材制造业	浙　江
30	中国新世纪控股集团有限公司	2497183	批发业	浙　江
31	新世纪控股集团有限公司	2497183	批发业	浙　江
32	浙江省交通投资集团有限公司	2445751	道路运输业	浙　江
33	天正集团有限公司	2310051	电气机械及器材制造业	浙　江
34	宁波银亿集团有限公司	2259246	房地产业	浙　江
35	浙江中成控股集团有限公司	2208876	房屋和土木工程建筑业	浙　江
36	德力西集团有限公司	2208842	电气机械及器材制造业	浙　江
37	传化集团有限公司	2079132	化学原料及化学制品制造业	浙　江
38	精功集团有限公司	2017818	专用设备制造业	浙　江
39	浙江宝业建设集团有限公司	1936233	房屋和土木工程建筑业	浙　江
40	浙江八达建设集团有限公司	1913338	房屋和土木工程建筑业	浙　江
41	浙江昆仑控股集团有限公司	1834575	房屋和土木工程建筑业	浙　江
42	宁波富邦控股集团有限公司	1812280	电气机械及器材制造业	浙　江
43	浙江元立金属制品集团有限公司	1704473	金属制品业	浙　江
44	中基宁波集团股份有限公司	1677343	商务服务业	浙　江
45	浙江龙盛控股有限公司	1654089	化学原料及化学制品制造业	浙　江
46	西子联合控股有限公司	1633851	通用设备制造业	浙　江
47	和润集团有限公司	1618682	食品制造业	浙　江
48	杭州富春江冶炼有限公司	1612810	有色金属冶炼及压延加工业	浙　江
49	维科控股集团股份有限公司	1608204	纺织业	浙　江
50	杭州华东医药集团有限公司	1565202	医药制造业	浙　江
51	天能电池集团有限公司	1526364	电气机械及器材制造业	浙　江
52	杭州锦江集团有限公司	1514953	有色金属冶炼及压延加工业	浙　江
53	宁波神化化学品经营有限责任公司	1504414	批发业	浙　江
54	浙江新湖集团股份有限公司	1471978	房地产业	浙　江
55	环宇集团有限公司	1448862	电气机械及器材制造业	浙　江
56	银泰百货（集团）有限公司	1413242	零售业	浙　江
57	升华集团控股有限公司	1392769	医药制造业	浙　江
58	红狮控股集团有限公司	1386905	非金属矿物制品业	浙　江

续表

序号	企业名称	营业收入（万元）	行　业	地区
59	浙江东南网架集团有限公司	1380334	金属制品业	浙　江
60	奥康集团有限公司	1372982	皮革、毛皮、羽毛及其制品和制鞋业	浙　江
61	金海重工股份有限公司	1350703	交通运输设备制造业	浙　江
62	超威电源（集团）有限公司	1337205	电气机械及器材制造业	浙　江
63	巨化集团公司	1305405	化学原料及化学制品制造业	浙　江
64	卧龙控股集团有限公司	1302640	电气机械及器材制造业	浙　江
65	春和集团有限公司	1266673	交通运输设备制造业	浙　江
66	中球冠集团有限公司	1248113	批发业	浙　江
67	精工控股集团有限公司	1247465	有色金属冶炼及压延加工业	浙　江
68	纳爱斯集团有限公司	1227332	化学原料及化学制品制造业	浙　江
69	浙江华成控股集团有限公司	1222807	房屋和土木工程建筑业	浙　江
70	华立集团股份有限公司	1215723	医药制造业	浙　江
71	浙江广天日月集团股份有限公司	1212051	房屋和土木工程建筑业	浙　江
72	浙江大东南集团有限公司	1191948	塑料制品业	浙　江
73	新凤鸣集团股份有限公司	1184194	化学纤维制造业	浙　江
74	巨星联合控股集团有限公司	1164440	通用设备制造业	浙　江
75	浙江百诚集团股份有限公司	1143258	批发业	浙　江
76	华峰集团有限公司	1101853	化学原料及化学制品制造业	浙　江
77	东方建设集团有限公司	1095017	建筑业	浙　江
78	浙江天圣控股集团有限公司	1088420	纺织业	浙　江
79	浙江栋梁新材股份有限公司	1087500	有色金属冶炼及压延加工业	浙　江
80	五洋建设集团股份有限公司	1082722	建筑业	浙　江
81	华通机电集团有限公司	1079104	电气机械及器材制造业	浙　江
82	海外海集团有限公司	1076000	租赁和商务服务业	浙　江
83	龙元建设集团股份有限公司	1072886	建筑业	浙　江
84	兴乐集团有限公司	1067398	电气机械及器材制造业	浙　江
85	浙江康桥汽车工贸集团股份有限公司	1060000	零售业	浙　江
86	杭州金鱼电器集团有限公司	1052866	电气机械及器材制造业	浙　江
87	利时集团股份有限公司	1043614	塑料制品业	浙　江
88	祐康食品集团有限公司	1032830	食品制造业	浙　江
89	海天塑机集团有限公司	1017861	专用设备制造业	浙　江
90	浙江万马集团有限公司	1017433	电气机械及器材制造业	浙　江
91	荣盛控股股份有限公司	1014034	化学纤维制造业	浙　江
92	红楼集团有限公司	1011561	批发业	浙　江

续表

序号	企业名称	营业收入（万元）	行　业	地区
93	杭州华三通信技术有限公司	984255	通信设备、计算机及其他电子设备制造业	浙　江
94	浙江翔盛集团有限公司	970307	纺织业	浙　江
95	宁波华东物资城市场建设开发有限公司	966650	批发业	浙　江
96	富通集团有限公司	955990	电气机械及器材制造业	浙　江
97	中厦建设集团有限公司	950268	房屋和土木工程建筑业	浙　江
98	兰溪自立铜业有限公司	945381	有色金属冶炼及压延加工业	浙　江
99	长业建设集团有限公司	931505	房屋和土木工程建筑业	浙　江
100	浙江富春江通信集团有限公司	928023	电气机械及器材制造业	浙　江
101	开氏集团有限公司	921826	纺织业	浙　江
102	森马集团有限公司	912800	纺织服装、鞋、帽制造业	浙　江
103	群升集团有限公司	908615	房地产业	浙　江
104	宁波市慈溪进出口股份有限公司	907891	塑料制品业	浙　江
105	宁波申洲针织有限公司	904344	纺织业	浙　江
106	人本集团有限公司	901133	通用设备制造业	浙　江
107	胜达集团有限公司	880287	造纸及纸制品业	浙　江
108	三花控股集团有限公司	877116	通用设备制造业	浙　江
109	浙江明日控股集团股份有限公司	871000	塑料制品业	浙　江
110	浙江航民实业集团有限公司	860191	纺织业	浙　江
111	宁波博洋控股集团有限公司	860150	纺织业	浙　江
112	花园工贸集团有限公司	853433	医药制造业	浙　江
113	青年汽车集团有限公司	848107	交通运输设备制造业	浙　江
114	星星集团有限公司	834262	电气机械及器材制造业	浙　江
115	杭叉集团股份有限公司	834245	通用设备制造业	浙　江
116	兴惠化纤集团有限公司	829601	纺织业	浙　江
117	杭州滨江房产集团股份有限公司	816841	房地产业	浙　江
118	富丽达集团控股有限公司	812692	纺织业	浙　江
119	浙江中南建设集团有限公司	810951	房屋和土木工程建筑业	浙　江
120	万丰奥特控股集团有限公司	801669	交通运输设备制造业	浙　江
121	万事利集团有限公司	797953	纺织服装、鞋、帽制造业	浙　江
122	鸿翔控股集团有限公司	793677	房屋和土木工程建筑业	浙　江
123	华太建设集团有限公司	787263	房屋和土木工程建筑业	浙　江
124	绿都控股集团有限公司	772536	房地产业	浙　江
125	温州中城建设集团有限公司	769826	房屋和土木工程建筑业	浙　江

续表

序号	企业名称	营业收入（万元）	行　业	地区
126	浙江协和集团有限公司	761129	金属制品业	浙　江
127	方远建设集团股份有限公司	755870	房屋和土木工程建筑业	浙　江
128	天颂建设集团有限公司	752698	房屋和土木工程建筑业	浙　江
129	华仪电器集团有限公司	752618	电气机械及器材制造业	浙　江
130	众泰控股集团有限公司	752512	交通运输设备制造业	浙　江
131	致远控股集团有限公司	752168	有色金属冶炼及压延加工业	浙　江
132	富阳申能固废环保再生有限公司	752011	节能环保业	浙　江
133	法派集团有限公司	750062	纺织服装、鞋、帽制造业	浙　江
134	无锡兴达泡塑新材料股份有限公司	744406	塑料制品业	浙　江
135	高运控股集团有限公司	721782	房屋和土木工程建筑业	浙　江
136	杭州诺贝尔集团有限公司	721300	非金属矿物制品业	浙　江
137	安德利集团有限公司	719126	电气机械及器材制造业	浙　江
138	五洲汽车商贸集团有限公司	716634	交通运输设备制造业	浙　江
139	万控集团有限公司	715441	电气机械及器材制造业	浙　江
140	振石控股集团有限公司	710668	黑色金属冶炼及压延加工业	浙　江
141	无锡商业大厦大东方股份有限公司	709437	零售业	浙　江
142	闰土控股集团有限公司	706506	化学原料及化学制品制造业	浙　江
143	浙江中联建设集团有限公司	705370	房屋和土木工程建筑业	浙　江
144	浙江国泰建设集团有限公司	703941	房屋和土木工程建筑业	浙　江
145	龙达集团有限公司	702015	化学原料及化学制品制造业	浙　江
146	九鼎建设集团股份有限公司	700618	房屋和土木工程建筑业	浙　江
147	永兴特种不锈钢股份有限公司	700613	黑色金属冶炼及压延加工业	浙　江
148	徐龙食品集团有限公司	699877	农副食品加工业	浙　江
149	恒尊集团有限公司	699635	房屋和土木工程建筑业	浙　江
150	太平鸟集团有限公司	695180	纺织业	浙　江
151	浙江中富建筑集团股份有限公司	694879	房屋和土木工程建筑业	浙　江
152	浙江舜江建设集团有限公司	693979	房屋和土木工程建筑业	浙　江
153	农夫山泉股份有限公司	688768	饮料制造业	浙　江
154	温州东瓯建设集团有限公司	687129	房屋和土木工程建筑业	浙　江
155	杭州制氧机集团有限公司	684894	通用设备制造业	浙　江
156	金洲集团有限公司	684084	专用设备制造业	浙　江
157	扬帆集团股份有限公司	682356	交通运输设备制造业	浙　江
158	浙江兴日钢控股集团有限公司	679673	黑色金属冶炼及压延加工业	浙　江
159	浙江诺力机械股份有限公司	675000	交通运输设备制造业	浙　江
160	浙江东杭控股集团有限公司	672700	黑色金属冶炼及压延加工业	浙　江

续表

序号	企业名称	营业收入（万元）	行　业	地区
161	德华集团控股股份有限公司	666632	木材加工及木、竹、藤、棕、草制品业	浙　江
162	温州开元集团有限公司	661428	零售业	浙　江
163	汇宇控股集团	657690	房屋和土木工程建筑业	浙　江
164	浙江四通化纤有限公司	656993	纺织业	浙　江
165	伟星集团有限公司	656858	纺织业	浙　江
166	华翔集团股份有限公司	654475	交通运输设备制造业	浙　江
	重庆（22家）			
1	重庆建工集团股份有限公司	4264581	房屋和土木工程建筑业	重　庆
2	重庆商社（集团）有限公司	4008678	零售业	重　庆
3	重庆钢铁（集团）有限责任公司	3134818	黑色金属冶炼及压延加工业	重　庆
4	重庆机电控股（集团）公司	2746262	交通运输设备制造业	重　庆
5	重庆化医控股（集团）公司	2694469	化学原料及化学制品制造业	重　庆
6	重庆市能源投资集团公司	2607722	煤炭开采和洗选业	重　庆
7	重庆龙湖企业拓展有限公司	2530133	房地产业	重　庆
8	重庆轻纺控股（集团）公司	2520496	饮料制造业	重　庆
9	隆鑫控股有限公司	1839548	交通运输设备制造业	重　庆
10	重庆力帆控股有限公司	1819979	交通运输设备制造业	重　庆
11	重庆华南物资（集团）有限公司	1814852	批发业	重　庆
12	太极集团有限公司	1650315	医药制造业	重　庆
13	金科地产集团股份有限公司	1510000	房地产业	重　庆
14	庆铃汽车（集团）有限公司	1446896	交通运输设备制造业	重　庆
15	宗申产业集团有限公司	1420726	交通运输设备制造业	重　庆
16	重庆烟草工业有限责任公司	1118712	烟草制品业	重　庆
17	重庆市博赛矿业（集团）有限公司	1011205	有色金属冶炼及压延加工业	重　庆
18	重庆小康工业集团股份有限公司	973007	交通运输设备制造业	重　庆
19	重庆协信控股（集团）有限公司	839875	房地产业	重　庆
20	重庆中科控股有限公司	786223	房屋和土木工程建筑业	重　庆
21	重庆中汽西南汽车有限公司	780034	交通运输设备制造业	重　庆
22	中国四联仪器仪表集团有限公司	699977	电气机械及器材制造业	重　庆

附录三：按行业划分

序号	企业名称	营业收入（万元）	行　业	地区
		保险业		
1	中国人寿保险（集团）公司	43492820	保险业	北　京
2	中国平安保险（集团）股份有限公司	24891500	保险业	广　东
3	中国人民保险集团股份有限公司	22558820	保险业	北　京
4	中国太平洋保险（集团）股份有限公司	15793400	保险业	上　海
5	新华人寿保险股份有限公司	10920900	保险业	北　京
6	泰康人寿保险股份有限公司	8028546	保险业	北　京
7	太平人寿保险有限公司	3625401	保险业	上　海
8	阳光保险集团股份有限公司	3025797	保险业	广　东
		采矿业		
1	内蒙古源通煤化集团有限责任公司	1026800	采矿业	内蒙古
2	内蒙古庆华集团有限公司	1021590	采矿业	内蒙古
		船舶制造业		
1	江苏扬子江船业集团公司	3461903	船舶制造业	江　苏
2	上海外高桥造船有限公司	1908827	船舶制造业	上　海
		道路运输业		
1	广东省交通集团有限公司	3088660	道路运输业	广　东
2	浙江省交通投资集团有限公司	2445751	道路运输业	浙　江
3	山东高速集团有限公司	2070570	道路运输业	山　东
		电力、热力的生产和供应业		
1	国家电网公司	167535929	电力、热力的生产和供应业	北　京
2	中国南方电网有限责任公司	39138167	电力、热力的生产和供应业	广　东
3	中国华能集团公司	26817338	电力、热力的生产和供应业	北　京
4	中国国电集团公司	21063069	电力、热力的生产和供应业	北　京
5	中国大唐集团公司	19116766	电力、热力的生产和供应业	北　京
6	中国电力建设集团有限公司	18288685	电力、热力的生产和供应业	北　京
7	中国华电集团公司	16337131	电力、热力的生产和供应业	北　京
8	中国电力投资集团公司	15774566	电力、热力的生产和供应业	北　京
9	中国能源建设集团有限公司	12220893	电力、热力的生产和供应业	北　京
10	浙江省能源集团有限公司	5934469	电力、热力的生产和供应业	浙　江
11	内蒙古电力（集团）有限责任公司	5444412	电力、热力的生产和供应业	内蒙古
12	广东省粤电集团有限公司	5342692	电力、热力的生产和供应业	广　东
13	申能（集团）有限公司	2919784	电力、热力的生产和供应业	上　海

续表

序号	企业名称	营业收入（万元）	行　业	地区
14	中国广东核电集团有限公司	2831461	电力、热力的生产和供应业	广　东
15	北京能源投资（集团）有限公司	2225958	电力、热力的生产和供应业	北　京
16	辽宁铁法能源有限责任公司	2151142	电力、热力的生产和供应业	辽　宁
17	中国长江电力股份有限公司	2070038	电力、热力的生产和供应业	北　京
18	无锡尚德太阳能电力有限公司	2026749	电力、热力的生产和供应业	江　苏
	电气机械及器材制造业			
1	海尔集团公司	15092957	电气机械及器材制造业	山　东
2	美的集团有限公司	13411615	电气机械及器材制造业	广　东
3	珠海格力电器股份有限公司	8351725	电气机械及器材制造业	广　东
4	天津百利机电控股集团有限公司	5666007	电气机械及器材制造业	天　津
5	中国东方电气集团有限公司	4908802	电气机械及器材制造业	四　川
6	广东格兰仕集团有限公司	3517642	电气机械及器材制造业	广　东
7	盾安控股集团有限公司	3383134	电气机械及器材制造业	浙　江
8	哈尔滨电气集团公司	3218506	电气机械及器材制造业	黑龙江
9	奥克斯集团股份有限公司	3209693	电气机械及器材制造业	浙　江
10	人民电器集团有限公司	2657124	电气机械及器材制造业	浙　江
11	晶龙实业集团有限公司	2618725	电气机械及器材制造业	河　北
12	广东美的集团芜湖制冷设备有限公司	2554579	电气机械及器材制造业	安　徽
13	正泰集团股份有限公司	2515732	电气机械及器材制造业	浙　江
14	上海人民企业（集团）有限公司	2413666	电气机械及器材制造业	上　海
15	天正集团有限公司	2310051	电气机械及器材制造业	浙　江
16	新疆特变电工集团有限公司	2253721	电气机械及器材制造业	新　疆
17	德力西集团有限公司	2208842	电气机械及器材制造业	浙　江
18	广州万宝集团有限公司	2133479	电气机械及器材制造业	广　东
19	亨通集团有限公司	2074786	电气机械及器材制造业	江　苏
20	万达控股集团有限公司	2056319	电气机械及器材制造业	山　东
21	江苏法尔胜泓升集团有限公司	1926051	电气机械及器材制造业	江　苏
22	远东控股集团有限公司	1925335	电气机械及器材制造业	江　苏
23	宁波富邦控股集团有限公司	1812280	电气机械及器材制造业	浙　江
24	广州轻工工贸集团有限公司	1773397	电气机械及器材制造业	广　东
25	宝胜集团有限公司	1699240	电气机械及器材制造业	江　苏
26	天能电池集团有限公司	1526364	电气机械及器材制造业	浙　江
27	永鼎集团有限公司	1526155	电气机械及器材制造业	江　苏
28	白云电气集团有限公司	1482200	电气机械及器材制造业	广　东
29	中国西电集团公司	1452030	电气机械及器材制造业	陕　西

续表

序号	企业名称	营业收入（万元）	行　业	地区
30	环宇集团有限公司	1448862	电气机械及器材制造业	浙　江
31	大全集团有限公司	1378940	电气机械及器材制造业	江　苏
32	超威电源（集团）有限公司	1337205	电气机械及器材制造业	浙　江
33	常州天合光能有限公司	1327922	电气机械及器材制造业	江　苏
34	卧龙控股集团有限公司	1302640	电气机械及器材制造业	浙　江
35	阿特斯（中国）投资有限公司	1285183	电气机械及器材制造业	江　苏
36	新疆金风科技股份有限公司	1284313	电气机械及器材制造业	新　疆
37	湘电集团有限公司	1240253	电气机械及器材制造业	湖　南
38	江苏上上电缆集团有限公司	1180986	电气机械及器材制造业	江　苏
39	上海胜华电缆（集团）有限公司	1180153	电气机械及器材制造业	上　海
40	阳光凯迪新能源集团有限公司	1108816	电气机械及器材制造业	湖　北
41	华锐风电科技（集团）股份有限公司	1100000	电气机械及器材制造业	北　京
42	通鼎集团有限公司	1081328	电气机械及器材制造业	江　苏
43	华通机电集团有限公司	1079104	电气机械及器材制造业	浙　江
44	兴乐集团有限公司	1067398	电气机械及器材制造业	浙　江
45	泰通（泰州）工业有限公司	1063316	电气机械及器材制造业	江　苏
46	杭州金鱼电器集团有限公司	1052866	电气机械及器材制造业	浙　江
47	中天科技集团有限公司	1026338	电气机械及器材制造业	江　苏
48	天津大桥焊材集团有限公司	1020000	电气机械及器材制造业	天　津
49	澳柯玛股份有限公司	1017444	电气机械及器材制造业	山　东
50	浙江万马集团有限公司	1017433	电气机械及器材制造业	浙　江
51	晶科能源有限公司	967392	电气机械及器材制造业	江　西
52	富通集团有限公司	955990	电气机械及器材制造业	浙　江
53	广东志高空调有限公司	947273	电气机械及器材制造业	广　东
54	天津塑力线缆集团有限公司	938005	电气机械及器材制造业	天　津
55	浙江富春江通信集团有限公司	928023	电气机械及器材制造业	浙　江
56	上海浦东电线电缆（集团）有限公司	871528	电气机械及器材制造业	上　海
57	星星集团有限公司	834262	电气机械及器材制造业	浙　江
58	中电电气集团有限公司	827429	电气机械及器材制造业	江　苏
59	中利科技集团股份有限公司	770913	电气机械及器材制造业	江　苏
60	内蒙古明华能源集团有限公司	767597	电气机械及器材制造业	内蒙古
61	华仪电器集团有限公司	752618	电气机械及器材制造业	浙　江
62	江西江锂科技有限公司	749847	电气机械及器材制造业	江　西
63	安德利集团有限公司	719126	电气机械及器材制造业	浙　江
64	万控集团有限公司	715441	电气机械及器材制造业	浙　江

续表

序号	企业名称	营业收入（万元）	行业	地区
65	海润光伏科技有限公司	713949	电气机械及器材制造业	江苏
66	江阴江东集团公司	708692	电气机械及器材制造业	江苏
67	中国四联仪器仪表集团有限公司	699977	电气机械及器材制造业	重庆
68	江苏综艺集团	691152	电气机械及器材制造业	江苏
	电信和其他信息传输服务业			
1	中国移动通信集团公司	56597234	电信和其他信息传输服务业	北京
2	中国电信集团公司	29202423	电信和其他信息传输服务业	北京
3	中国联合网络通信集团有限公司	21627705	电信和其他信息传输服务业	北京
4	天音通信有限公司	2353700	电信和其他信息传输服务业	广东
	房地产业			
1	绿地控股集团有限公司	14787372	房地产业	上海
2	大连万达集团股份有限公司	10510228	房地产业	辽宁
3	万科企业股份有限公司	7178275	房地产业	广东
4	中国保利集团公司	6879579	房地产业	北京
5	恒大地产集团有限公司	6191819	房地产业	广东
6	碧桂园控股有限公司	4320245	房地产业	广东
7	江苏苏宁环球集团有限公司	4102800	房地产业	江苏
8	隆基泰和实业有限公司	3860158	房地产业	河北
9	绿城房地产集团有限公司	3530000	房地产业	浙江
10	华侨城集团公司	3355300	房地产业	广东
11	中南控股集团有限公司	2750000	房地产业	江苏
12	广州富力地产股份有限公司	2737009	房地产业	广东
13	世纪金源投资集团有限公司	2688906	房地产业	北京
14	百兴集团有限公司	2663325	房地产业	江苏
15	重庆龙湖企业拓展有限公司	2530133	房地产业	重庆
16	宁波银亿集团有限公司	2259246	房地产业	浙江
17	福佳集团有限公司	2101800	房地产业	辽宁
18	江苏华厦融创置地集团有限公司	1906715	房地产业	江苏
19	弘阳集团有限公司	1897848	房地产业	江苏
20	香江集团有限公司	1802180	房地产业	广东
21	深圳市庆鹏实业集团有限公司	1578081	房地产业	广东
22	金科地产集团股份有限公司	1510000	房地产业	重庆
23	浙江新湖集团股份有限公司	1471978	房地产业	浙江
24	新城控股集团有限公司	1424554	房地产业	上海
25	兴达投资集团有限公司	1304192	房地产业	河南

续表

序号	企业名称	营业收入（万元）	行　　业	地区
26	大华（集团）有限公司	1136721	房地产业	上　海
27	欧美投资集团有限公司	1014157	房地产业	山　东
28	冠城大通股份有限公司	932006	房地产业	福　建
29	天津现代集团有限公司	927799	房地产业	天　津
30	群升集团有限公司	908615	房地产业	浙　江
31	亿达集团有限公司	860649	房地产业	辽　宁
32	重庆协信控股（集团）有限公司	839875	房地产业	重　庆
33	杭州滨江房产集团股份有限公司	816841	房地产业	浙　江
34	贵州宏立城集团	814734	房地产业	贵　州
35	恒达中泰集团有限公司	791000	房地产业	江　苏
36	华夏幸福基业控股股份公司	779001	房地产业	北　京
37	弘阳集团有限公司	777374	房地产业	江　苏
38	绿都控股集团有限公司	772536	房地产业	浙　江
39	百步亭集团有限公司	682142	房地产业	湖　北
40	江西民生集团有限公司	671200	房地产业	江　西
41	天津贻成集团有限公司	664980	房地产业	天　津
房屋和土木工程建筑业				
1	中国建筑工程总公司	49149463	房屋和土木工程建筑业	北　京
2	中国交通建设股份有限公司	29537049	房屋和土木工程建筑业	北　京
3	中国冶金科工集团有限公司	24316627	房屋和土木工程建筑业	北　京
4	上海建工集团股份有限公司	10390000	房屋和土木工程建筑业	上　海
5	广厦控股集团有限公司	7103764	房屋和土木工程建筑业	浙　江
6	北京建工集团有限责任公司	4794807	房屋和土木工程建筑业	北　京
7	上海城建（集团）公司	4310000	房屋和土木工程建筑业	上　海
8	重庆建工集团股份有限公司	4264581	房屋和土木工程建筑业	重　庆
9	四川华西集团有限公司	3772125	房屋和土木工程建筑业	四　川
10	浙江省建设投资集团有限公司	3532060	房屋和土木工程建筑业	浙　江
11	中天发展控股集团有限公司	3495609	房屋和土木工程建筑业	浙　江
12	广西建工集团有限责任公司	3368893	房屋和土木工程建筑业	广　西
13	北京市政路桥集团有限公司	3250590	房屋和土木工程建筑业	北　京
14	湖南省建筑工程集团总公司	3138910	房屋和土木工程建筑业	湖　南
15	北京城建集团有限责任公司	3082122	房屋和土木工程建筑业	北　京
16	广州市建筑集团有限公司	3076281	房屋和土木工程建筑业	广　东
17	成都建筑工程集团总公司	3047944	房屋和土木工程建筑业	四　川
18	青建集团股份公司	3042666	房屋和土木工程建筑业	山　东

续表

序号	企业名称	营业收入（万元）	行　业	地区
19	陕西建工集团总公司	2852235	房屋和土木工程建筑业	陕　西
20	江苏南通三建集团有限公司	2772000	房屋和土木工程建筑业	江　苏
21	江苏南通二建集团有限公司	2712983	房屋和土木工程建筑业	江　苏
22	云南建工集团有限公司	2429521	房屋和土木工程建筑业	云　南
23	广东省建筑工程集团有限公司	2323889	房屋和土木工程建筑业	广　东
24	四川公路桥梁建设集团有限公司	2296702	房屋和土木工程建筑业	四　川
25	安徽建工集团有限公司	2288571	房屋和土木工程建筑业	安　徽
26	浙江中成控股集团有限公司	2208876	房屋和土木工程建筑业	浙　江
27	中太建设集团股份有限公司	2168205	房屋和土木工程建筑业	河　北
28	江苏省苏中建设集团股份有限公司	2139315	房屋和土木工程建筑业	江　苏
29	河北建工集团有限责任公司	2112999	房屋和土木工程建筑业	河　北
30	黑龙江省建设集团有限公司	2088357	房屋和土木工程建筑业	黑龙江
31	河北建设集团有限公司	2074164	房屋和土木工程建筑业	河　北
32	甘肃省建设投资（控股）集团总公司	2020003	房屋和土木工程建筑业	甘　肃
33	山西建筑工程（集团）总公司	1979123	房屋和土木工程建筑业	山　西
34	浙江宝业建设集团有限公司	1936233	房屋和土木工程建筑业	浙　江
35	山东科达集团有限公司	1921025	房屋和土木工程建筑业	山　东
36	浙江八达建设集团有限公司	1913338	房屋和土木工程建筑业	浙　江
37	浙江昆仑控股集团有限公司	1834575	房屋和土木工程建筑业	浙　江
38	南京丰盛产业控股集团有限公司	1772479	房屋和土木工程建筑业	江　苏
39	南通四建集团有限公司	1352341	房屋和土木工程建筑业	江　苏
40	江苏南通六建建设集团有限公司	1306631	房屋和土木工程建筑业	江　苏
41	浙江华成控股集团有限公司	1222807	房屋和土木工程建筑业	浙　江
42	浙江广天日月集团股份有限公司	1212051	房屋和土木工程建筑业	浙　江
43	上海绿地建设（集团）有限公司	1001533	房屋和土木工程建筑业	上　海
44	龙信建设集团有限公司	984675	房屋和土木工程建筑业	江　苏
45	中厦建设集团有限公司	950268	房屋和土木工程建筑业	浙　江
46	通州建总集团有限公司	949163	房屋和土木工程建筑业	江　苏
47	长业建设集团有限公司	931505	房屋和土木工程建筑业	浙　江
48	华升建设集团有限公司	918316	房屋和土木工程建筑业	北　京
49	南通建工集团股份有限公司	912131	房屋和土木工程建筑业	江　苏
50	江苏邗建集团有限公司	858108	房屋和土木工程建筑业	江　苏
51	中博建设集团有限公司	817061	房屋和土木工程建筑业	湖　北
52	中设建工集团有限公司	816579	房屋和土木工程建筑业	山　西
53	浙江中南建设集团有限公司	810951	房屋和土木工程建筑业	浙　江

续表

序号	企业名称	营业收入（万元）	行　业	地区
54	鸿翔控股集团有限公司	793677	房屋和土木工程建筑业	浙　江
55	华太建设集团有限公司	787263	房屋和土木工程建筑业	浙　江
56	重庆中科控股有限公司	786223	房屋和土木工程建筑业	重　庆
57	江苏顺通建设集团有限公司	778875	房屋和土木工程建筑业	江　苏
58	温州中城建设集团有限公司	769826	房屋和土木工程建筑业	浙　江
59	方远建设集团股份有限公司	755870	房屋和土木工程建筑业	浙　江
60	天颂建设集团有限公司	752698	房屋和土木工程建筑业	浙　江
61	高运控股集团有限公司	721782	房屋和土木工程建筑业	浙　江
62	苏州二建建筑集团有限公司	716444	房屋和土木工程建筑业	江　苏
63	南京建工集团有限公司	715153	房屋和土木工程建筑业	江　苏
64	浙江暨阳建设集团有限公司	707146	房屋和土木工程建筑业	江　苏
65	浙江中联建设集团有限公司	705370	房屋和土木工程建筑业	浙　江
66	浙江国泰建设集团有限公司	703941	房屋和土木工程建筑业	浙　江
67	九鼎建设集团股份有限公司	700618	房屋和土木工程建筑业	浙　江
68	恒尊集团有限公司	699635	房屋和土木工程建筑业	浙　江
69	浙江中富建筑集团股份有限公司	694879	房屋和土木工程建筑业	浙　江
70	浙江舜江建设集团有限公司	693979	房屋和土木工程建筑业	浙　江
71	江苏江中集团有限公司	691027	房屋和土木工程建筑业	江　苏
72	宝业湖北建工集团	687524	房屋和土木工程建筑业	湖　北
73	温州东瓯建设集团有限公司	687129	房屋和土木工程建筑业	浙　江
74	南通新华建筑集团有限公司	665335	房屋和土木工程建筑业	江　苏
75	中鑫建设集团有限公司	665073	房屋和土木工程建筑业	广　东
76	汇宇控股集团	657690	房屋和土木工程建筑业	浙　江
纺织服装、鞋、帽制造业				
1	上海纺织（集团）有限公司	4299799	纺织服装、鞋、帽制造业	上　海
2	雅戈尔集团股份有限公司	3603107	纺织服装、鞋、帽制造业	浙　江
3	红豆集团有限公司	3517139	纺织服装、鞋、帽制造业	江　苏
4	海澜集团有限公司	2801268	纺织服装、鞋、帽制造业	江　苏
5	杉杉控股有限公司	1892041	纺织服装、鞋、帽制造业	上　海
6	波司登股份有限公司	1821341	纺织服装、鞋、帽制造业	江　苏
7	上海美特斯邦威股份有限公司	1502262	纺织服装、鞋、帽制造业	上　海
8	森马集团有限公司	912800	纺织服装、鞋、帽制造业	浙　江
9	万事利集团有限公司	797953	纺织服装、鞋、帽制造业	浙　江
10	法派集团有限公司	750062	纺织服装、鞋、帽制造业	浙　江
11	江苏吴中集团有限公司	715103	纺织服装、鞋、帽制造业	江　苏

续表

序号	企业名称	营业收入（万元）	行　业	地区
		纺织业		
1	山东魏桥创业集团有限公司	16101478	纺织业	山　东
2	南山集团有限公司	6360389	纺织业	山　东
3	江苏阳光集团有限公司	3132445	纺织业	江　苏
4	盛虹集团有限公司	2650231	纺织业	江　苏
5	华芳集团有限公司	2605193	纺织业	江　苏
6	山东如意科技集团有限公司	2275501	纺织业	山　东
7	内蒙古鄂尔多斯羊绒集团有限责任公司	1958837	纺织业	内蒙古
8	山东大海集团有限公司	1860235	纺织业	山　东
9	澳洋集团有限公司	1821685	纺织业	江　苏
10	山东昊龙集团有限公司	1786123	纺织业	山　东
11	天津纺织集团（控股）有限公司	1676839	纺织业	天　津
12	维科控股集团股份有限公司	1608204	纺织业	浙　江
13	浙江天圣控股集团有限公司	1088420	纺织业	浙　江
14	山东澳亚纺织有限公司	1032504	纺织业	山　东
15	浙江翔盛集团有限公司	970307	纺织业	浙　江
16	开氏集团有限公司	921826	纺织业	浙　江
17	宁波申洲针织有限公司	904344	纺织业	浙　江
18	孚日集团股份有限公司	894857	纺织业	山　东
19	青岛即发集团控股有限公司	862249	纺织业	山　东
20	浙江航民实业集团有限公司	860191	纺织业	浙　江
21	宁波博洋控股集团有限公司	860150	纺织业	浙　江
22	兴惠化纤集团有限公司	829601	纺织业	浙　江
23	富丽达集团控股有限公司	812692	纺织业	浙　江
24	鲁泰集团公司	779323	纺织业	山　东
25	北京纺织控股有限责任公司	764837	纺织业	北　京
26	太平鸟集团有限公司	695180	纺织业	浙　江
27	江苏华亚化纤有限公司	662691	纺织业	江　苏
28	浙江四通化纤有限公司	656993	纺织业	浙　江
29	伟星集团有限公司	656858	纺织业	浙　江
		非金属矿采选业		
1	中国盐业总公司	2990465	非金属矿采选业	北　京
2	中国建筑材料集团有限公司	19409221	非金属矿物制品业	北　京
3	安徽海螺集团有限责任公司	7271887	非金属矿物制品业	安　徽

续表

序号	企业名称	营业收入（万元）	行　业	地区
4	中国中材集团有限公司	6001024	非金属矿物制品业	北　京
5	北京金隅集团有限责任公司	3543837	非金属矿物制品业	北　京
6	冀东发展集团有限责任公司	2050480	非金属矿物制品业	河　北
7	沂州集团有限公司	1942497	非金属矿物制品业	山　东
8	嘉晨集团有限公司	1900016	非金属矿物制品业	辽　宁
9	天瑞集团有限公司	1792252	非金属矿物制品业	河　南
10	海城市后英经贸集团有限公司	1543640	非金属矿物制品业	辽　宁
11	江西赛维 LDK 太阳能高科技有限公司	1392985	非金属矿物制品业	江　西
12	红狮控股集团有限公司	1386905	非金属矿物制品业	浙　江
13	华新水泥股份有限公司	1263804	非金属矿物制品业	湖　北
14	天津市建筑材料集团（控股）有限公司	1196006	非金属矿物制品业	天　津
15	江苏金峰水泥集团有限公司	1127467	非金属矿物制品业	江　苏
16	江苏华尔润集团有限公司	1048753	非金属矿物制品业	江　苏
17	福耀玻璃工业集团股份有限公司	968941	非金属矿物制品业	福　建
18	高深（集团）有限公司	816128	非金属矿物制品业	北　京
19	杭州诺贝尔集团有限公司	721300	非金属矿物制品业	浙　江
20	内蒙古黄河工贸集团有限责任公司	701989	非金属矿物制品业	内蒙古
	废弃资源和废旧材料回收加工业			
1	中金再生资源（中国）投资有限公司	4345043	废弃资源和废旧材料回收加工业	上　海
	航空运输业			
1	中国航空油料集团公司	22208907	航空运输业	北　京
2	中国航空集团公司	9926836	航空运输业	北　京
3	海航集团有限公司	9389178	航空运输业	海　南
4	中国南方航空集团公司	9322152	航空运输业	广　东
5	中国东方航空集团公司	8889947	航空运输业	上　海
	黑色金属冶炼及压延加工业			
1	宝钢集团有限公司	31624500	黑色金属冶炼及压延加工业	上　海
2	河北钢铁集团有限公司	25034171	黑色金属冶炼及压延加工业	河　北
3	首钢总公司	23349783	黑色金属冶炼及压延加工业	北　京
4	武汉钢铁（集团）公司	22148880	黑色金属冶炼及压延加工业	湖　北
5	江苏沙钢集团有限公司	20750672	黑色金属冶炼及压延加工业	江　苏
6	鞍钢集团公司	15573577	黑色金属冶炼及压延加工业	辽　宁
7	新兴际华集团有限公司	14761161	黑色金属冶炼及压延加工业	北　京
8	太原钢铁（集团）有限公司	12702036	黑色金属冶炼及压延加工业	山　西

续表

序号	企业名称	营业收入（万元）	行　业	地区
9	山东钢铁集团有限公司	12433831	黑色金属冶炼及压延加工业	山　东
10	天津钢管集团股份有限公司	10409205	黑色金属冶炼及压延加工业	天　津
11	天津天钢集团有限公司	10300017	黑色金属冶炼及压延加工业	天　津
12	马钢（集团）控股有限公司	9229817	黑色金属冶炼及压延加工业	安　徽
13	本钢集团有限公司	9193926	黑色金属冶炼及压延加工业	辽　宁
14	天津天铁冶金集团有限公司	8525589	黑色金属冶炼及压延加工业	天　津
15	酒泉钢铁（集团）有限责任公司	8442378	黑色金属冶炼及压延加工业	甘　肃
16	湖南华菱钢铁集团有限责任公司	8396468	黑色金属冶炼及压延加工业	湖　南
17	杭州钢铁集团公司	8284861	黑色金属冶炼及压延加工业	浙　江
18	南京钢铁集团有限公司	7844459	黑色金属冶炼及压延加工业	江　苏
19	北京建龙重工集团有限公司	7212870	黑色金属冶炼及压延加工业	北　京
20	中天钢铁集团有限公司	6265259	黑色金属冶炼及压延加工业	江　苏
21	包头钢铁（集团）有限责任公司	5880885	黑色金属冶炼及压延加工业	内蒙古
22	江苏华西集团公司	5384760	黑色金属冶炼及压延加工业	江　苏
23	河北津西钢铁集团股份有限公司	5296009	黑色金属冶炼及压延加工业	北　京
24	日照钢铁控股集团有限公司	5177050	黑色金属冶炼及压延加工业	山　东
25	新华联合冶金控股集团有限公司	5149035	黑色金属冶炼及压延加工业	河　北
26	江苏新长江实业集团有限公司	5007567	黑色金属冶炼及压延加工业	江　苏
27	安阳钢铁集团有限责任公司	4856940	黑色金属冶炼及压延加工业	河　南
28	天津荣程联合钢铁集团有限公司	4626240	黑色金属冶炼及压延加工业	天　津
29	新余钢铁集团有限公司	4421302	黑色金属冶炼及压延加工业	江　西
30	青岛钢铁控股集团有限责任公司	4361364	黑色金属冶炼及压延加工业	山　东
31	河北敬业企业集团有限责任公司	4257824	黑色金属冶炼及压延加工业	河　北
32	江苏西城三联控股集团有限公司	4173937	黑色金属冶炼及压延加工业	江　苏
33	江西萍钢实业股份有限公司	4109451	黑色金属冶炼及压延加工业	江　西
34	江苏申特钢铁有限公司	3703425	黑色金属冶炼及压延加工业	江　苏
35	江苏永钢集团有限公司	3626752	黑色金属冶炼及压延加工业	江　苏
36	四川省川威集团有限公司	3295502	黑色金属冶炼及压延加工业	四　川
37	唐山国丰钢铁有限公司	3293478	黑色金属冶炼及压延加工业	河　北
38	青山控股集团有限公司	3200000	黑色金属冶炼及压延加工业	浙　江
39	重庆钢铁（集团）有限责任公司	3134818	黑色金属冶炼及压延加工业	重　庆
40	唐山瑞丰钢铁（集团）有限公司	3064204	黑色金属冶炼及压延加工业	河　北
41	山东泰山钢铁集团有限公司	3030960	黑色金属冶炼及压延加工业	山　东
42	唐山港陆钢铁有限公司	2834638	黑色金属冶炼及压延加工业	河　北
43	河北普阳钢铁有限公司	2735432	黑色金属冶炼及压延加工业	河　北

续表

序号	企业名称	营业收入（万元）	行　业	地区
44	福建省三钢（集团）有限责任公司	2693169	黑色金属冶炼及压延加工业	福　建
45	昆明钢铁控股有限公司	2666719	黑色金属冶炼及压延加工业	云　南
46	华盛江泉集团有限公司	2632688	黑色金属冶炼及压延加工业	山　东
47	四川德胜集团钢铁有限公司	2619416	黑色金属冶炼及压延加工业	四　川
48	湖南博长控股集团有限公司	2568853	黑色金属冶炼及压延加工业	湖　北
49	天津友发钢管集团有限公司	2497149	黑色金属冶炼及压延加工业	天　津
50	河北文丰钢铁有限公司	2484514	黑色金属冶炼及压延加工业	河　北
51	四川金广实业（集团）股份有限公司	2345661	黑色金属冶炼及压延加工业	四　川
52	东北特殊钢集团有限责任公司	2315199	黑色金属冶炼及压延加工业	辽　宁
53	南金兆集团有限公司	2297778	黑色金属冶炼及压延加工业	山　东
54	山东石横特钢集团有限公司	2099539	黑色金属冶炼及压延加工业	山　东
55	四川省达州钢铁集团有限责任公司	2040650	黑色金属冶炼及压延加工业	四　川
56	西林钢铁集团有限公司	1939398	黑色金属冶炼及压延加工业	黑龙江
57	河北兴华钢铁有限公司	1857676	黑色金属冶炼及压延加工业	河　北
58	河北新金钢铁有限公司	1806371	黑色金属冶炼及压延加工业	河　北
59	武安市裕华钢铁有限公司	1763688	黑色金属冶炼及压延加工业	湖　北
60	河北省武安市裕华钢铁有限公司	1763688	黑色金属冶炼及压延加工业	河　北
61	河南龙成集团有限公司	1751154	黑色金属冶炼及压延加工业	河　南
62	攀枝花钢城集团有限公司	1722662	黑色金属冶炼及压延加工业	四　川
63	四平红嘴集团总公司	1722256	黑色金属冶炼及压延加工业	吉　林
64	凌源钢铁集团有限责任公司	1593851	黑色金属冶炼及压延加工业	辽　宁
65	山西常平钢铁有限公司	1579000	黑色金属冶炼及压延加工业	山　西
66	海鑫钢铁集团有限公司	1558620	黑色金属冶炼及压延加工业	山　东
67	德龙钢铁有限公司	1447792	黑色金属冶炼及压延加工业	河　北
68	河南济源钢铁（集团）有限公司	1434992	黑色金属冶炼及压延加工业	河　南
69	安钢集团信阳钢铁有限公司	1360905	黑色金属冶炼及压延加工业	河　南
70	方大特钢科技股份有限公司	1333398	黑色金属冶炼及压延加工业	山　东
71	金鼎重工股份有限公司	1278000	黑色金属冶炼及压延加工业	河　北
72	河北前进钢铁集团有限公司	1273238	黑色金属冶炼及压延加工业	河　北
73	邢台钢铁有限责任公司	1169516	黑色金属冶炼及压延加工业	河　北
74	潍坊特钢集团有限公司	1127578	黑色金属冶炼及压延加工业	山　东
75	龙海钢铁有限公司	1123325	黑色金属冶炼及压延加工业	河　北
76	辛集市澳森钢铁有限公司	1099013	黑色金属冶炼及压延加工业	河　北
77	天津立业钢铁集团有限公司	1096496	黑色金属冶炼及压延加工业	天　津
78	江苏天工集团有限公司	1088653	黑色金属冶炼及压延加工业	江　苏

续表

序号	企业名称	营业收入（万元）	行　业	地区
79	四川西南不锈钢有限责任公司	1067849	黑色金属冶炼及压延加工业	四　川
80	河北省武安市元宝山工业集团有限公司	1059878	黑色金属冶炼及压延加工业	河　北
81	常州东方特钢有限公司	1056366	黑色金属冶炼及压延加工业	江　苏
82	连云港兴鑫钢铁有限公司	1039046	黑色金属冶炼及压延加工业	江　苏
83	河南金汇不锈钢产业集团有限公司	1038000	黑色金属冶炼及压延加工业	河　南
84	江苏省镔鑫特钢材料有限公司	1034760	黑色金属冶炼及压延加工业	江　苏
85	唐山东华钢铁企业集团有限公司	1012000	黑色金属冶炼及压延加工业	河　北
86	秦皇岛安丰钢铁有限公司	985580	黑色金属冶炼及压延加工业	河　北
87	沈阳东方钢铁有限公司	945931	黑色金属冶炼及压延加工业	辽　宁
88	青岛世纪瑞丰集团有限公司	910171	黑色金属冶炼及压延加工业	山　东
89	上海舜业钢铁集团有限公司	880734	黑色金属冶炼及压延加工业	上　海
90	文安县新钢钢铁有限公司	867918	黑色金属冶炼及压延加工业	河　北
91	河北春兴实业集团有限公司	851280	黑色金属冶炼及压延加工业	河　北
92	齐鲁特钢有限公司	833979	黑色金属冶炼及压延加工业	山　东
93	山西建邦集团有限公司	821596	黑色金属冶炼及压延加工业	山　西
94	西宁特殊钢集团有限责任公司	821505	黑色金属冶炼及压延加工业	青　海
95	山东广富集团有限公司	809517	黑色金属冶炼及压延加工业	山　东
96	承德兆丰钢铁集团有限公司	772481	黑色金属冶炼及压延加工业	河　北
97	天津市丽兴京津钢铁贸易有限公司	769961	黑色金属冶炼及压延加工业	天　津
98	武汉人和集团有限公司	766910	黑色金属冶炼及压延加工业	湖　北
99	唐山市德龙钢铁有限公司	765388	黑色金属冶炼及压延加工业	河　北
100	北京京奥港集团	716595	黑色金属冶炼及压延加工业	北　京
101	武汉龙发钢铁物资有限公司	713601	黑色金属冶炼及压延加工业	湖　北
102	天津市恒兴钢业有限公司	712726	黑色金属冶炼及压延加工业	天　津
103	振石控股集团有限公司	710668	黑色金属冶炼及压延加工业	浙　江
104	山西长信工业有限公司	706159	黑色金属冶炼及压延加工业	山　西
105	霸州市新利钢铁有限公司	704999	黑色金属冶炼及压延加工业	河　北
106	永兴特种不锈钢股份有限公司	700613	黑色金属冶炼及压延加工业	浙　江
107	浙江兴日钢控股集团有限公司	679673	黑色金属冶炼及压延加工业	浙　江
108	浙江东杭控股集团有限公司	672700	黑色金属冶炼及压延加工业	浙　江
109	云南玉溪仙福钢铁（集团）有限公司	665043	黑色金属冶炼及压延加工业	云　南
化学纤维制造业				
1	浙江恒逸集团有限公司	5629501	化学纤维制造业	浙　江
2	恒力集团有限公司	5229566	化学纤维制造业	江　苏

续表

序号	企业名称	营业收入（万元）	行　业	地区
3	江苏三房巷集团有限公司	4192708	化学纤维制造业	江　苏
4	浙江荣盛控股集团有限公司	3485658	化学纤维制造业	浙　江
5	桐昆集团股份有限公司	2903279	化学纤维制造业	浙　江
6	江苏华宏实业集团有限公司	1569986	化学纤维制造业	江　苏
7	新凤鸣集团股份有限公司	1184194	化学纤维制造业	浙　江
8	苏州市相城区江南化纤集团有限公司	1122612	化学纤维制造业	江　苏
9	荣盛控股股份有限公司	1014034	化学纤维制造业	浙　江
化学原料及化学制品制造业				
1	中国化工集团公司	17912484	化学原料及化学制品制造业	北　京
2	中国平煤神马能源化工集团有限责任公司	11921921	化学原料及化学制品制造业	河　南
3	天津市一轻集团（控股）有限公司	6015152	化学原料及化学制品制造业	天　津
4	天津渤海化工集团公司	5782479	化学原料及化学制品制造业	天　津
5	湖北宜化集团有限责任公司	5604919	化学原料及化学制品制造业	湖　北
6	云天化集团有限责任公司	4613894	化学原料及化学制品制造业	云　南
7	中国化学工程股份有限公司	4353800	化学原料及化学制品制造业	北　京
8	上海华谊（集团）公司	4299642	化学原料及化学制品制造业	上　海
9	江阴澄星实业集团有限公司	3056368	化学原料及化学制品制造业	江　苏
10	重庆化医控股（集团）公司	2694469	化学原料及化学制品制造业	重　庆
11	云南煤化工集团有限公司	2619587	化学原料及化学制品制造业	云　南
12	亚邦投资控股集团有限公司	2302923	化学原料及化学制品制造业	江　苏
13	传化集团有限公司	2079132	化学原料及化学制品制造业	浙　江
14	新疆天业（集团）有限公司	2042809	化学原料及化学制品制造业	新　疆
15	浙江龙盛控股有限公司	1654089	化学原料及化学制品制造业	浙　江
16	南通化工轻工股份有限公司	1652379	化学原料及化学制品制造业	江　苏
17	江苏三木集团有限公司	1632347	化学原料及化学制品制造业	江　苏
18	唐山三友集团有限公司	1422377	化学原料及化学制品制造业	河　北
19	巨化集团公司	1305405	化学原料及化学制品制造业	浙　江
20	沈阳化工集团有限公司	1300727	化学原料及化学制品制造业	辽　宁
21	纳爱斯集团有限公司	1227332	化学原料及化学制品制造业	浙　江
22	山东金岭集团有限公司	1204249	化学原料及化学制品制造业	山　东
23	山东鲁北企业集团总公司	1200515	化学原料及化学制品制造业	山　东
24	山东联盟化工集团有限公司	1151461	化学原料及化学制品制造业	山　东
25	华鲁控股集团有限公司	1145296	化学原料及化学制品制造业	山　东
26	宜昌兴发集团有限责任公司	1116632	化学原料及化学制品制造业	湖　北

续表

序号	企业名称	营业收入（万元）	行　业	地区
27	广州立白企业集团有限公司	1114003	化学原料及化学制品制造业	广　东
28	红太阳集团有限公司	1106999	化学原料及化学制品制造业	江　苏
29	华峰集团有限公司	1101853	化学原料及化学制品制造业	浙　江
30	东辰控股集团有限公司	990400	化学原料及化学制品制造业	山　东
31	鲁西化工集团股份有限公司	931645	化学原料及化学制品制造业	山　东
32	铜陵化学工业集团有限公司	879423	化学原料及化学制品制造业	安　徽
33	湖北新洋丰肥业股份有限公司	871705	化学原料及化学制品制造业	湖　北
34	大化集团有限责任公司	819091	化学原料及化学制品制造业	辽　宁
35	山东金正大生态工程股份有限公司	762679	化学原料及化学制品制造业	山　东
36	四川化工控股（集团）有限责任公司	738537	化学原料及化学制品制造业	四　川
37	新疆中泰化学（集团）股份有限公司	712242	化学原料及化学制品制造业	新　疆
38	闰土控股集团有限公司	706506	化学原料及化学制品制造业	浙　江
39	龙达集团有限公司	702015	化学原料及化学制品制造业	浙　江
40	湖北东圣化工集团有限公司	681426	化学原料及化学制品制造业	湖　北
41	山西潞宝集团	680049	化学原料及化学制品制造业	山　西
42	江苏隆力奇集团有限公司	677892	化学原料及化学制品制造业	江　苏
43	青海盐湖工业股份有限公司	677756	化学原料及化学制品制造业	青　海
计算机服务业				
1	腾讯控股有限公司	2849607	计算机服务业	广　东
2	同方股份有限公司	2096205	计算机服务业	北　京
家具制造业				
1	天津二轻集团（控股）有限公司	2412039	家具制造业	天　津
建筑业				
1	沈阳远大企业集团	2024443	建筑业	辽　宁
2	东兆长泰投资集团有限公司	1505040	建筑业	北　京
3	新八建设集团有限公司	1156126	建筑业	湖　北
4	东方建设集团有限公司	1095017	建筑业	浙　江
5	五洋建设集团股份有限公司	1082722	建筑业	浙　江
6	龙元建设集团股份有限公司	1072886	建筑业	浙　江
7	新七建设集团有限公司	1037312	建筑业	湖　北
8	苏州金螳螂企业集团有限公司	1031174	建筑业	江　苏
9	内蒙古兴泰置业集团有限公司	1023728	建筑业	内蒙古
交通运输设备制造业				
1	中国铁道建筑总公司	46188331	交通运输设备制造业	北　京
2	中国中铁股份有限公司	46072022	交通运输设备制造业	北　京

续表

序号	企业名称	营业收入（万元）	行　业	地区
3	上海汽车集团股份有限公司	43480395	交通运输设备制造业	上　海
4	东风汽车公司	40672043	交通运输设备制造业	湖　北
5	中国第一汽车集团公司	36852527	交通运输设备制造业	吉　林
6	中国兵器工业集团公司	31131604	交通运输设备制造业	北　京
7	中国兵器装备集团公司	27902743	交通运输设备制造业	北　京
8	中国航空工业集团公司	26399877	交通运输设备制造业	北　京
9	北京汽车集团有限公司	20077517	交通运输设备制造业	北　京
10	中国船舶重工集团公司	16255968	交通运输设备制造业	北　京
11	广州汽车工业集团有限公司	15998660	交通运输设备制造业	广　东
12	浙江吉利控股集团有限公司	15099498	交通运输设备制造业	浙　江
13	中国航天科工集团公司	11191632	交通运输设备制造业	北　京
14	天津汽车工业（集团）有限公司	9696768	交通运输设备制造业	天　津
15	中国北方机车车辆工业集团公司	8923411	交通运输设备制造业	北　京
16	华晨汽车集团控股有限公司	8750507	交通运输设备制造业	辽　宁
17	万向集团公司	8354223	交通运输设备制造业	浙　江
18	中国南车集团公司	8263113	交通运输设备制造业	北　京
19	江苏悦达集团有限公司	7824522	交通运输设备制造业	江　苏
20	比亚迪股份有限公司	4882690	交通运输设备制造业	广　东
21	广西玉柴机器集团有限公司	4292060	交通运输设备制造业	广　西
22	奇瑞汽车股份有限公司	4270954	交通运输设备制造业	安　徽
23	厦门海翼集团有限公司	4007330	交通运输设备制造业	福　建
24	安徽江淮汽车集团有限公司	3664316	交通运输设备制造业	安　徽
25	陕西汽车集团有限责任公司	3136574	交通运输设备制造业	陕　西
26	江铃汽车集团公司	3110904	交通运输设备制造业	江　西
27	长城汽车股份有限公司	3008948	交通运输设备制造业	河　北
28	重庆机电控股（集团）公司	2746262	交通运输设备制造业	重　庆
29	郑州宇通集团有限公司	2095208	交通运输设备制造业	河　南
30	苏州创元投资发展（集团）有限公司	2059404	交通运输设备制造业	江　苏
31	隆鑫控股有限公司	1839548	交通运输设备制造业	重　庆
32	重庆力帆控股有限公司	1819979	交通运输设备制造业	重　庆
33	江苏新世纪造船有限公司	1642408	交通运输设备制造业	江　苏
34	江苏熔盛重工有限公司	1624336	交通运输设备制造业	江　苏
35	三环集团公司	1477637	交通运输设备制造业	湖　北
36	庆铃汽车（集团）有限公司	1446896	交通运输设备制造业	重　庆
37	海马汽车集团股份有限公司	1421430	交通运输设备制造业	海　南

续表

序号	企业名称	营业收入（万元）	行业	地区
38	宗申产业集团有限公司	1420726	交通运输设备制造业	重庆
39	金海重工股份有限公司	1350703	交通运输设备制造业	浙江
40	沪东中华造船（集团）有限公司	1317028	交通运输设备制造业	上海
41	春和集团有限公司	1266673	交通运输设备制造业	浙江
42	辽宁曙光汽车集团股份有限公司	1265439	交通运输设备制造业	辽宁
43	福建省汽车工业集团有限公司	1216858	交通运输设备制造业	福建
44	柳州五菱汽车有限责任公司	1206687	交通运输设备制造业	广西
45	包头北奔重型汽车有限公司	1165606	交通运输设备制造业	内蒙古
46	山西通达（集团）有限公司	1161112	交通运输设备制造业	山西
47	陕西法士特汽车传动集团有限责任公司	1089638	交通运输设备制造业	陕西
48	江门市大长江集团有限公司	1060956	交通运输设备制造业	广东
49	重庆小康工业集团股份有限公司	973007	交通运输设备制造业	重庆
50	曙光控股集团有限公司	924585	交通运输设备制造业	辽宁
51	金城集团有限公司	851907	交通运输设备制造业	江苏
52	青年汽车集团有限公司	848107	交通运输设备制造业	浙江
53	广州广船国际股份有限公司	829643	交通运输设备制造业	广东
54	云南力帆骏马车辆有限公司	813308	交通运输设备制造业	云南
55	中冀斯巴鲁（天津）汽车销售有限公司	807836	交通运输设备制造业	天津
56	万丰奥特控股集团有限公司	801669	交通运输设备制造业	浙江
57	重庆中汽西南汽车有限公司	780034	交通运输设备制造业	重庆
58	东南（福建）汽车工业有限公司	769439	交通运输设备制造业	福建
59	众泰控股集团有限公司	752512	交通运输设备制造业	浙江
60	十堰荣华东风汽车专营有限公司	724600	交通运输设备制造业	湖北
61	五洲汽车商贸集团有限公司	716634	交通运输设备制造业	浙江
62	华菱星马汽车（集团）股份有限公司	685369	交通运输设备制造业	安徽
63	扬帆集团股份有限公司	682356	交通运输设备制造业	浙江
64	浙江诺力机械股份有限公司	675000	交通运输设备制造业	浙江
65	华翔集团股份有限公司	654475	交通运输设备制造业	浙江
66	青岛泰发集团股份有限公司	590861	交通运输设备制造业	山东
	节能环保业			
1	富阳申能固废环保再生有限公司	752011	节能环保业	浙江
	金属制品业			
1	天津冶金集团有限公司	8689609	金属制品业	天津

续表

序号	企业名称	营业收入（万元）	行　业	地区
2	中国国际海运集装箱（集团）股份有限公司	6412505	金属制品业	广　东
3	金龙精密铜管集团股份有限公司	3505197	金属制品业	河　南
4	春风实业集团有限责任公司	2203483	金属制品业	河　北
5	浙江元立金属制品集团有限公司	1704473	金属制品业	浙　江
6	福星集团控股有限公司	1512553	金属制品业	湖　北
7	浙江东南网架集团有限公司	1380334	金属制品业	浙　江
8	江苏大明金属制品有限公司	1195407	金属制品业	江　苏
9	上海奥盛投资控股（集团）有限公司	1053748	金属制品业	上　海
10	山东创新金属科技股份有限公司	858010	金属制品业	山　东
11	江苏海达科技集团有限公司	821775	金属制品业	江　苏
12	攀华集团有限公司	819414	金属制品业	江　苏
13	江苏骏马集团有限责任公司	802650	金属制品业	江　苏
14	浙江协和集团有限公司	761129	金属制品业	浙　江
15	邯郸市正大制管有限公司	672000	金属制品业	河　北
16	天津市金桥焊材集团有限公司	610924	金属制品业	天　津
酒、饮料和精制茶制造业				
1	湖北稻花香集团公司	1188564	酒、饮料和精制茶制造业	湖　北
2	四川郎酒集团有限责任公司	1030000	酒、饮料和精制茶制造业	四　川
科学研究和技术服务业				
1	博发控股集团	1029035	科学研究和技术服务业	黑龙江
零售业				
1	百联集团有限公司	22741719	零售业	上　海
2	国美电器有限公司	19600000	零售业	香　港
3	苏宁电器集团有限公司	19473387	零售业	江　苏
4	光明食品（集团）有限公司	12455402	零售业	上　海
5	大连大商集团有限公司	11010716	零售业	辽　宁
6	新疆广汇实业投资（集团）有限责任公司	8020696	零售业	新　疆
7	武汉商联（集团）股份有限公司	6145372	零售业	湖　北
8	三胞集团有限公司	4820320	零售业	江　苏
9	物美控股集团有限公司	4107499	零售业	北　京
10	重庆商社（集团）有限公司	4008678	零售业	重　庆
11	天津一商集团有限公司	3199774	零售业	天　津
12	合肥百货大楼集团股份有限公司	3030000	零售业	安　徽

续表

序号	企业名称	营业收入（万元）	行　业	地区
13	石家庄北国人百集团有限责任公司	2187276	零售业	河　北
14	老凤祥股份有限公司	2112640	零售业	上　海
15	江苏文峰集团有限公司	2021800	零售业	江　苏
16	利群集团股份有限公司	1905687	零售业	山　东
17	南京金鹰国际集团有限公司	1479324	零售业	江　苏
18	银泰百货（集团）有限公司	1413242	零售业	浙　江
19	上海均瑶（集团）有限公司	1318300	零售业	上　海
20	人人乐连锁商业集团股份有限公司	1209192	零售业	广　东
21	浙江康桥汽车工贸集团股份有限公司	1060000	零售业	浙　江
22	亚厦控股有限公司	1041037	零售业	安　徽
23	江苏华地国际控股集团有限公司	917561	零售业	江　苏
24	步步高商业连锁股份有限公司	843919	零售业	湖　南
25	深圳市百泰珠宝首饰有限公司	836331	零售业	广　东
26	月星集团有限公司	722234	零售业	江　苏
27	无锡商业大厦大东方股份有限公司	709437	零售业	浙　江
28	温州开元集团有限公司	661428	零售业	浙　江
		旅游业		
1	北京首都旅游集团有限责任公司	3462653	旅游业	北　京
2	上海春秋国际旅行社（集团）有限公司	910058	旅游业	上　海
		煤炭开采和洗选业		
1	神华集团有限责任公司	28029695	煤炭开采和洗选业	北　京
2	冀中能源集团有限责任公司	21761831	煤炭开采和洗选业	河　北
3	河南煤业化工集团有限责任公司	18049846	煤炭开采和洗选业	河　南
4	山东能源集团有限公司	15600946	煤炭开采和洗选业	山　东
5	开滦（集团）有限责任公司	14558782	煤炭开采和洗选业	河　北
6	山西焦煤集团有限责任公司	12538413	煤炭开采和洗选业	山　西
7	山西潞安矿业（集团）有限责任公司	12538411	煤炭开采和洗选业	山　西
8	山西晋城无烟煤矿业集团有限责任公司	12537059	煤炭开采和洗选业	山　西
9	大同煤矿集团有限责任公司	11998656	煤炭开采和洗选业	山　西
10	阳泉煤业（集团）有限责任公司	11976128	煤炭开采和洗选业	山　西
11	中国中煤能源集团有限公司	11538699	煤炭开采和洗选业	北　京
12	陕西煤业化工集团有限责任公司	10074123	煤炭开采和洗选业	陕　西
13	兖矿集团有限公司	8400427	煤炭开采和洗选业	山　东

续表

序号	企业名称	营业收入（万元）	行　业	地区
14	淮南矿业（集团）有限责任公司	6960140	煤炭开采和洗选业	安　徽
15	淮北矿业（集团）有限责任公司	4287851	煤炭开采和洗选业	安　徽
16	内蒙古伊泰集团有限公司	4024572	煤炭开采和洗选业	内蒙古
17	黑龙江龙煤矿业控股集团有限责任公司	3929141	煤炭开采和洗选业	黑龙江
18	义马煤业集团股份有限公司	3217603	煤炭开采和洗选业	河　南
19	河南神火集团有限公司	3081679	煤炭开采和洗选业	河　南
20	郑州煤炭工业（集团）有限责任公司	3064417	煤炭开采和洗选业	河　南
21	安徽省皖北煤电集团有限责任公司	2673782	煤炭开采和洗选业	安　徽
22	旭阳控股有限公司	2610381	煤炭开采和洗选业	北　京
23	重庆市能源投资集团公司	2607722	煤炭开采和洗选业	重　庆
24	福建省能源集团有限责任公司	2391485	煤炭开采和洗选业	福　建
25	徐州矿务集团有限公司	2362996	煤炭开采和洗选业	江　苏
26	沈阳煤业（集团）有限责任公司	2315060	煤炭开采和洗选业	辽　宁
27	阜新矿业（集团）有限责任公司	2150426	煤炭开采和洗选业	辽　宁
28	内蒙古伊东资源集团股份有限公司	1952233	煤炭开采和洗选业	内蒙古
29	内蒙古伊东投资集团有限公司	1922949	煤炭开采和洗选业	内蒙古
30	江西省煤炭集团公司	1835923	煤炭开采和洗选业	江　西
31	内蒙古满世投资集团有限公司	1287647	煤炭开采和洗选业	内蒙古
32	鄂尔多斯市乌兰煤炭集团有限责任公司	1126502	煤炭开采和洗选业	内蒙古
33	内蒙古特弘煤电集团有限责任公司	1025231	煤炭开采和洗选业	内蒙古
34	彬县煤炭有限责任公司	848549	煤炭开采和洗选业	陕　西
35	内蒙古太西煤集团股份有限公司	748560	煤炭开采和洗选业	内蒙古
36	蒙发能源投资集团有限责任公司	726338	煤炭开采和洗选业	内蒙古
37	青海庆华矿冶煤化集团有限公司	712090	煤炭开采和洗选业	青　海
38	陕西黄河矿业（集团）有限责任公司	668002	煤炭开采和洗选业	陕　西
39	太原煤炭气化（集团）有限责任公司	648713	煤炭开采和洗选业	山　西
木材加工及木、竹、藤、棕、草制品业				
1	大亚科技集团有限公司	1081086	木材加工及木、竹、藤、棕、草制品业	江　苏
2	宜华企业（集团）有限公司	720715	木材加工及木、竹、藤、棕、草制品业	广　东
3	德华集团控股股份有限公司	666632	木材加工及木、竹、藤、棕、草制品业	浙　江

续表

序号	企业名称	营业收入（万元）	行　业	地区
农副食品加工业				
1	雨润控股集团有限公司	9074651	农副食品加工业	江　苏
2	新希望集团有限公司	7538106	农副食品加工业	四　川
3	山东新希望六和集团有限公司	5473446	农副食品加工业	山　东
4	河南省漯河市双汇实业集团有限责任公司	5032467	农副食品加工业	河　南
5	临沂新程金锣肉制品集团有限公司	3982268	农副食品加工业	山　东
6	通威集团有限公司	3525196	农副食品加工业	四　川
7	西王集团有限公司	2489802	农副食品加工业	山　东
8	正邦集团有限公司	2018954	农副食品加工业	江　西
9	三河汇福粮油集团有限公司	1835019	农副食品加工业	北　京
10	山东渤海实业股份有限公司	1728834	农副食品加工业	山　东
11	双胞胎（集团）股份有限公司	1487749	农副食品加工业	江　西
12	广西洋浦南华糖业集团股份有限公司	1374980	农副食品加工业	广　西
13	广东海大集团股份有限公司	1197572	农副食品加工业	广　东
14	五得利面粉集团有限公司	1115955	农副食品加工业	河　北
15	诸城外贸有限责任公司	1108606	农副食品加工业	山　东
16	唐人神集团股份有限公司	1041771	农副食品加工业	湖　南
17	山东鲁花集团有限公司	1023267	农副食品加工业	山　东
18	天津宝迪农业科技股份有限公司	1016708	农副食品加工业	天　津
19	东莞市东糖集团有限公司	858966	农副食品加工业	广　东
20	四川四海集团	790113	农副食品加工业	四　川
21	北京顺鑫农业股份有限公司	758020	农副食品加工业	北　京
22	龙大食品集团有限公司	751878	农副食品加工业	山　东
23	广州东凌实业集团有限公司	745198	农副食品加工业	广　东
24	四川濠吉食品（集团）有限责任公司	737000	农副食品加工业	四　川
25	徐龙食品集团有限公司	699877	农副食品加工业	浙　江
26	青岛九联集团股份有限公司	652518	农副食品加工业	山　东
27	福娃集团有限公司	645534	农副食品加工业	湖　北
农业				
1	黑龙江北大荒农垦集团总公司	10400731	农业	黑龙江
2	广西农垦集团有限责任公司	1451211	农业	广　西
3	河南财鑫集团有限责任公司	680629	农业	河　南
批发业				
1	中国中化集团公司	45895329	批发业	北　京

续表

序号	企业名称	营业收入（万元）	行　业	地区
2	中国五矿集团公司	35240263	批发业	北　京
3	中国华润总公司	28084506	批发业	北　京
4	中国铁路物资股份有限公司	20682328	批发业	北　京
5	中国机械工业集团有限公司	19295713	批发业	北　京
6	中粮集团有限公司	18225205	批发业	北　京
7	浙江省物产集团公司	16701187	批发业	浙　江
8	山西煤炭运销集团有限公司	15860928	批发业	山　西
9	中国医药集团总公司	12501324	批发业	北　京
10	厦门建发集团有限公司	8285683	批发业	福　建
11	珠海振戎公司	7574454	批发业	广　东
12	山西煤炭进出口集团有限公司	7116297	批发业	山　西
13	厦门国贸控股有限公司	6584846	批发业	福　建
14	广东物资集团公司	6559131	批发业	广　东
15	广东省广新控股集团有限公司	6323500	批发业	广　东
16	安徽省徽商集团有限公司	5800207	批发业	安　徽
17	庞大汽贸集团股份有限公司	5545514	批发业	河　北
18	上海医药集团股份有限公司	5489987	批发业	上　海
19	浙江省兴合集团公司	5428860	批发业	浙　江
20	山东省商业集团有限公司	5029869	批发业	山　东
21	江苏汇鸿国际集团有限公司	4464024	批发业	江　苏
22	浙江省国际贸易集团有限公司	4228172	批发业	浙　江
23	中国工艺（集团）公司	3765347	批发业	北　京
24	厦门象屿集团有限公司	3597454	批发业	福　建
25	中国中纺集团公司	3483519	批发业	北　京
26	广东振戎能源有限公司	3253530	批发业	广　东
27	海南大印集团有限公司	3250024	批发业	海　南
28	广东省丝绸纺织集团有限公司	3195849	批发业	广　东
29	远大物产集团有限公司	3128623	批发业	浙　江
30	陕西东岭工贸集团股份有限公司	3030988	批发业	陕　西
31	中国轻工业品进出口总公司	2970108	批发业	北　京
32	张家港保税区日祥贸易有限公司	2828153	批发业	江　苏
33	江苏国泰国际集团有限公司	2609515	批发业	江　苏
34	河北省物流产业集团有限公司	2605480	批发业	河　北
35	浙江前程投资股份有限公司	2518800	批发业	浙　江
36	中国新世纪控股集团有限公司	2497183	批发业	浙　江

续表

序号	企业名称	营业收入（万元）	行　业	地区
37	新世纪控股集团有限公司	2497183	批发业	浙　江
38	九州通医药集团股份有限公司	2483868	批发业	湖　北
39	上海华冶钢铁集团有限公司	2374837	批发业	上　海
40	安徽国贸集团控股有限公司	2344526	批发业	安　徽
41	东方集团实业股份有限公司	2267584	批发业	黑龙江
42	东方国际（集团）有限公司	2228308	批发业	上　海
43	丰立集团有限公司	2209692	批发业	江　苏
44	大汉控股集团有限公司	1936912	批发业	湖　南
45	兴华财富集团有限公司	1857676	批发业	河　北
46	重庆华南物资（集团）有限公司	1814852	批发业	重　庆
47	新华锦集团有限公司	1803929	批发业	山　东
48	上海良友（集团）有限公司	1672855	批发业	上　海
49	北京二商集团有限责任公司	1657379	批发业	北　京
50	宁波神化化学品经营有限责任公司	1504414	批发业	浙　江
51	中球冠集团有限公司	1248113	批发业	浙　江
52	浙江百诚集团股份有限公司	1143258	批发业	浙　江
53	佳杰科技（上海）有限公司	1131609	批发业	上　海
54	润东汽车集团有限公司	1050000	批发业	江　苏
55	红楼集团有限公司	1011561	批发业	浙　江
56	宁波华东物资城市场建设开发有限公司	966650	批发业	浙　江
57	江苏新华发集团有限公司	921284	批发业	江　苏
58	五矿营口中板有限责任公司	899062	批发业	北　京
59	云南南磷集团股份有限公司	761607	批发业	云　南
60	珠海秦发贸易有限公司	680427	批发业	广　东
皮革、毛皮、羽毛及其制品和制鞋业				
1	奥康集团有限公司	1372982	皮革、毛皮、羽毛及其制品和制鞋业	浙　江
其他服务业				
1	中国诚通控股集团有限公司	6500944	其他服务业	北　京
2	中国国际技术智力合作公司	2896600	其他服务业	北　京
其他金融活动				
1	中国中信集团有限公司	31897579	其他金融活动	北　京
2	浙江省商业集团有限公司	3474645	其他金融活动	浙　江
3	吉林亚泰（集团）股份有限公司	3390318	其他金融活动	吉　林
4	上海龙昂国际贸易有限公司	2469503	其他金融活动	上　海
5	江苏省苏豪控股集团有限公司	2059192	其他金融活动	江　苏

续表

序号	企业名称	营业收入（万元）	行　　业	地区
6	长春欧亚集团股份有限公司	1990319	其他金融活动	吉　林
7	天津市津能投资公司	1880770	其他金融活动	天　津
8	金花投资有限公司	1362005	其他金融活动	陕　西
9	中发实业（集团）有限公司	1141463	其他金融活动	黑龙江
	燃气生产和供应业			
1	北京控股集团有限公司	3555879	燃气生产和供应业	北　京
2	新奥集团股份有限公司	3303286	燃气生产和供应业	河　北
3	山西省国新能源发展集团有限公司	2190414	燃气生产和供应业	山　西
	软件业			
1	上海致达科技集团有限公司	805973	软件业	上　海
	商务服务业			
1	中国通用技术（集团）控股有限责任公司	12984580	商务服务业	北　京
2	国家开发投资公司	7738102	商务服务业	北　京
3	中国港中旅集团公司	5515152	商务服务业	北　京
4	上海东浩国际服务贸易（集团）有限公司	5501946	商务服务业	上　海
5	无锡产业发展集团有限公司	5163102	商务服务业	江　苏
6	广西投资集团有限公司	3054523	商务服务业	广　西
7	北京外企服务集团有限责任公司	2303171	商务服务业	北　京
8	江苏高力集团有限公司	2029466	商务服务业	江　苏
9	北京首都创业集团有限公司	1873198	商务服务业	北　京
10	内蒙古鄂尔多斯投资控股集团有限公司	1872902	商务服务业	内蒙古
11	中基宁波集团股份有限公司	1677343	商务服务业	浙　江
12	卓尔控股有限公司	1192000	商务服务业	湖　北
13	佛山市顺德区乐从供销集团有限公司	835383	商务服务业	广　东
14	腾邦投资控股有限公司	816272	商务服务业	广　东
15	成都红旗连锁股份有限公司	662388	商务服务业	四　川
	石油和天然气开采业			
1	中国石油天然气集团公司	238127823	石油和天然气开采业	北　京
2	中国海洋石油总公司	48819940	石油和天然气开采业	北　京
3	陕西延长石油（集团）有限责任公司	12365267	石油和天然气开采业	陕　西
	石油加工、炼焦及核燃料加工业			
1	中国石油化工集团公司	255195093	石油加工、炼焦及核燃料加工业	北　京

续表

序号	企业名称	营业收入（万元）	行　业	地区
2	福建联合石油化工有限公司	5842851	石油加工、炼焦及核燃料加工业	福　建
3	中国核工业集团公司	4618671	石油加工、炼焦及核燃料加工业	北　京
4	滨化集团公司	3581864	石油加工、炼焦及核燃料加工业	山　东
5	山东晨曦集团有限公司	3520001	石油加工、炼焦及核燃料加工业	山　东
6	南方石化集团有限公司	3345223	石油加工、炼焦及核燃料加工业	广　东
7	山东金诚石化集团有限公司	2903978	石油加工、炼焦及核燃料加工业	山　东
8	山东京博控股股份有限公司	2800372	石油加工、炼焦及核燃料加工业	山　东
9	江苏金浦集团有限公司	2103148	石油加工、炼焦及核燃料加工业	江　苏
10	利华益集团股份有限公司	2091663	石油加工、炼焦及核燃料加工业	山　东
11	山东东明石化集团有限公司	2080062	石油加工、炼焦及核燃料加工业	山　东
12	山东汇丰石化集团有限公司	1563026	石油加工、炼焦及核燃料加工业	山　东
13	富海集团有限公司	1530727	石油加工、炼焦及核燃料加工业	山　东
14	逸盛大化石化有限公司	1515670	石油加工、炼焦及核燃料加工业	辽　宁
15	江苏新海石化有限公司	1367400	石油加工、炼焦及核燃料加工业	江　苏
16	正和集团股份有限公司	1360610	石油加工、炼焦及核燃料加工业	山　东
17	宁夏宝塔石化集团有限公司	1321360	石油加工、炼焦及核燃料加工业	宁　夏
18	山东垦利石化有限责任公司	1317862	石油加工、炼焦及核燃料加工业	山　东
19	山东华星石油化工集团有限公司	1296179	石油加工、炼焦及核燃料加工业	山　东
20	山西安泰控股集团有限公司	1287166	石油加工、炼焦及核燃料加工业	山　西
21	美锦能源集团有限公司	1212814	石油加工、炼焦及核燃料加工业	山　西
22	双星集团有限责任公司	1211210	石油加工、炼焦及核燃料加工业	山　东
23	盘锦北方沥青燃料有限公司	1082788	石油加工、炼焦及核燃料加工业	辽　宁
24	山东万通石油化工集团有限公司	1073730	石油加工、炼焦及核燃料加工业	山　东
25	山东神驰化工有限公司	1067227	石油加工、炼焦及核燃料加工业	山　东
26	山东恒源石油化工股份有限公司	1010014	石油加工、炼焦及核燃料加工业	山　东
27	山东荣信煤化有限责任公司	983880	石油加工、炼焦及核燃料加工业	山　东
28	景德镇市焦化工业集团有限责任公司	922320	石油加工、炼焦及核燃料加工业	江　西
29	辽宁德营石油化工集团有限公司	772816	石油加工、炼焦及核燃料加工业	辽　宁
30	胜利油田高原石油装备有限责任公司	705563	石油加工、炼焦及核燃料加工业	山　东
		食品制造业		
1	内蒙古伊利实业集团股份有限公司	3745137	食品制造业	内蒙古
2	天狮集团有限公司	2890657	食品制造业	天　津
3	和润集团有限公司	1618682	食品制造业	浙　江
4	祐康食品集团有限公司	1032830	食品制造业	浙　江
		水上运输业		
1	中国远洋运输（集团）总公司	18616997	水上运输业	北　京

续表

序号	企业名称	营业收入（万元）	行　业	地区
2	中国外运长航集团有限公司	10311252	水上运输业	北　京
3	中国海运（集团）总公司	6331566	水上运输业	上　海
4	天津港（集团）有限公司	2211000	水上运输业	天　津
5	上海国际港务（集团）股份有限公司	2177886	水上运输业	上　海
6	广西北部湾国际港务集团有限公司	2028587	水上运输业	广　西
7	青岛港（集团）有限公司	1827548	水上运输业	山　东
8	锦联控股集团有限公司	664720	水上运输业	辽　宁
		塑料制品业		
1	浙江大东南集团有限公司	1191948	塑料制品业	浙　江
2	金发科技股份有限公司	1154696	塑料制品业	广　东
3	利时集团股份有限公司	1043614	塑料制品业	浙　江
4	宁波市慈溪进出口股份有限公司	907891	塑料制品业	浙　江
5	浙江明日控股集团股份有限公司	871000	塑料制品业	浙　江
6	无锡兴达泡塑新材料股份有限公司	744406	塑料制品业	浙　江
7	道恩集团有限公司	728244	塑料制品业	山　东
		铁路运输业		
1	广州铁路（集团）公司	5938111	铁路运输业	广　东
2	大秦铁路股份有限公司	4500704	铁路运输业	山　西
		通信设备、计算机及其他电子设备制造业		
1	华为技术有限公司	20392900	通信设备、计算机及其他电子设备制造业	广　东
2	联想控股有限公司	18307801	通信设备、计算机及其他电子设备制造业	北　京
3	中国电子信息产业集团有限公司	16823613	通信设备、计算机及其他电子设备制造业	北　京
4	天津中环电子信息集团有限公司	11028125	通信设备、计算机及其他电子设备制造业	天　津
5	中兴通讯股份有限公司	8625446	通信设备、计算机及其他电子设备制造业	广　东
6	四川长虹电子集团有限公司	7655369	通信设备、计算机及其他电子设备制造业	四　川
7	海信集团有限公司	7157576	通信设备、计算机及其他电子设备制造业	山　东
8	神州数码控股有限公司	6747188	通信设备、计算机及其他电子设备制造业	香　港

续表

序号	企业名称	营业收入（万元）	行　业	地区
9	TCL集团股份有限公司	6075155	通信设备、计算机及其他电子设备制造业	广　东
10	北大方正集团有限公司	5765741	通信设备、计算机及其他电子设备制造业	北　京
11	浪潮电子信息产业股份有限公司	3668253	通信设备、计算机及其他电子设备制造业	山　东
12	京东方科技集团股份有限公司	1274141	通信设备、计算机及其他电子设备制造业	北　京
13	四川九洲电器集团有限责任公司	1252918	通信设备、计算机及其他电子设备制造业	四　川
14	惠州市德赛集团有限公司	1221208	通信设备、计算机及其他电子设备制造业	广　东
15	武汉邮电科学研究院	1119546	通信设备、计算机及其他电子设备制造业	湖　北
16	福中集团有限公司	1020000	通信设备、计算机及其他电子设备制造业	江　苏
17	杭州华三通信技术有限公司	984255	通信设备、计算机及其他电子设备制造业	浙　江
18	成都亚光电子股份有限公司	975158	通信设备、计算机及其他电子设备制造业	四　川
19	惠州市华阳集团有限公司	899436	通信设备、计算机及其他电子设备制造业	广　东
20	中国华录集团有限公司	793863	通信设备、计算机及其他电子设备制造业	辽　宁
21	研祥高科技控股集团有限公司	780578	通信设备、计算机及其他电子设备制造业	广　东
22	深圳华强集团有限公司	759905	通信设备、计算机及其他电子设备制造业	广　东
23	江苏集群信息产业集团	695421	通信设备、计算机及其他电子设备制造业	江　苏
24	广州无线电集团有限公司	654103	通信设备、计算机及其他电子设备制造业	广　东
		通用设备制造业		
1	潍柴控股集团有限公司	9826166	通用设备制造业	山　东
2	上海电气（集团）总公司	9284032	通用设备制造业	上　海

续表

序号	企业名称	营业收入（万元）	行　业	地区
3	徐州工程机械集团有限公司	8713785	通用设备制造业	江　苏
4	杭州汽轮动力集团有限公司	4592990	通用设备制造业	浙　江
5	北京京城机电控股有限责任公司	2602824	通用设备制造业	北　京
6	江苏双良集团有限公司	2036762	通用设备制造业	江　苏
7	沈阳机床（集团）有限责任公司	1801128	通用设备制造业	辽　宁
8	大连机床集团有限责任公司	1785273	通用设备制造业	辽　宁
9	西子联合控股有限公司	1633851	通用设备制造业	浙　江
10	山东长星集团有限公司	1351691	通用设备制造业	山　东
11	江苏沃得机电集团有限公司	1327503	通用设备制造业	江　苏
12	大连冰山集团有限公司	1186459	通用设备制造业	辽　宁
13	巨星联合控股集团有限公司	1164440	通用设备制造业	浙　江
14	南京高精传动设备制造集团有限公司	1118493	通用设备制造业	江　苏
15	江苏常发实业集团有限公司	1079101	通用设备制造业	江　苏
16	沈阳鼓风机集团股份有限公司	1030327	通用设备制造业	陕　西
17	人本集团有限公司	901133	通用设备制造业	浙　江
18	三花控股集团有限公司	877116	通用设备制造业	浙　江
19	杭叉集团股份有限公司	834245	通用设备制造业	浙　江
20	陕西秦川机床工具集团有限公司	801219	通用设备制造业	陕　西
21	山东华兴机械股份有限公司	758017	通用设备制造业	山　东
22	安徽淮海实业发展集团有限公司	731013	通用设备制造业	安　徽
23	杭州制氧机集团有限公司	684894	通用设备制造业	浙　江
24	瓦房店轴承集团有限责任公司	654303	通用设备制造业	辽　宁
25	安徽叉车集团有限责任公司	645852	通用设备制造业	安　徽
26	洛阳 LYC 轴承有限公司	614636	通用设备制造业	河　南
橡胶制品业				
1	山东大王集团有限公司	6605515	橡胶制品业	山　东
2	杭州橡胶（集团）公司	2871992	橡胶制品业	浙　江
3	华勤橡胶工业集团有限公司	2264099	橡胶制品业	山　东
4	山东西水橡胶集团有限公司	1994944	橡胶制品业	山　东
5	三角集团有限公司	1683275	橡胶制品业	山　东
6	玲珑集团有限公司	1661503	橡胶制品业	山　东
信息传输、软件和信息技术服务业				
1	百度在线网络技术（北京）有限公司	1450100	信息传输、软件和信息技术服务业	北　京
畜牧业				
1	天津农垦集团有限公司	1201139	畜牧业	天　津

续表

序号	企业名称	营业收入（万元）	行业	地区
2	辽宁禾丰牧业股份有限公司	723401	畜牧业	辽宁
		烟草制品业		
1	上海烟草集团有限责任公司	9110435	烟草制品业	上海
2	红塔烟草（集团）有限责任公司	7726123	烟草制品业	云南
3	湖南中烟工业有限责任公司	7251504	烟草制品业	湖南
4	红云红河烟草（集团）有限责任公司	6605405	烟草制品业	云南
5	湖北中烟工业有限责任公司	4950378	烟草制品业	湖北
6	浙江中烟工业有限责任公司	4315413	烟草制品业	浙江
7	山东中烟工业有限责任公司	2521379	烟草制品业	山东
8	贵州中烟工业有限责任公司	2496829	烟草制品业	贵州
9	广西中烟工业有限责任公司	1411888	烟草制品业	广西
10	龙岩烟草工业有限责任公司	1148302	烟草制品业	福建
11	江西中烟工业有限责任公司	1122744	烟草制品业	江西
12	重庆烟草工业有限责任公司	1118712	烟草制品业	重庆
13	厦门烟草工业有限责任公司	932447	烟草制品业	福建
14	黑龙江烟草工业有限责任公司	735000	烟草制品业	黑龙江
		研究与试验发展		
1	中国煤炭科工集团有限公司	2962654	研究与试验发展	北京
		医药制造业		
1	上海复星高科技（集团）有限公司	5798111	医药制造业	上海
2	上海复星高科技（集团）有限公司	5798111	医药制造业	上海
3	广州医药集团有限公司	3307758	医药制造业	广东
4	扬子江药业集团	2835824	医药制造业	江苏
5	修正药业集团	2810051	医药制造业	吉林
6	科创控股集团有限公司	2690000	医药制造业	四川
7	南京医药产业（集团）有限责任公司	2529861	医药制造业	江苏
8	天津市医药集团有限公司	2308748	医药制造业	天津
9	亿利资源集团有限公司	2280372	医药制造业	内蒙古
10	哈药集团有限公司	1750696	医药制造业	黑龙江
11	太极集团有限公司	1650315	医药制造业	重庆
12	杭州华东医药集团有限公司	1565202	医药制造业	浙江
13	四川科伦实业集团有限公司	1529474	医药制造业	四川
14	深圳海王集团股份有限公司	1410000	医药制造业	广东
15	升华集团控股有限公司	1392769	医药制造业	浙江
16	天津天士力集团有限公司	1381080	医药制造业	天津

续表

序号	企业名称	营业收入（万元）	行　　业	地区
17	华立集团股份有限公司	1215723	医药制造业	浙　江
18	云南白药集团股份有限公司	1131232	医药制造业	云　南
19	花园工贸集团有限公司	853433	医药制造业	浙　江
20	东北制药集团有限责任公司	809440	医药制造业	辽　宁
21	新龙药业集团	773857	医药制造业	湖　北
22	辅仁药业集团有限公司	679049	医药制造业	河　南
23	天津金耀集团有限公司	645754	医药制造业	天　津
24	杭州娃哈哈集团有限公司	6785504	饮料制造业	浙　江
25	四川省宜宾五粮液集团有限公司	4872960	饮料制造业	四　川
26	重庆轻纺控股（集团）公司	2520496	饮料制造业	重　庆
27	泸州老窖集团有限责任公司	2462383	饮料制造业	四　川
28	中国贵州茅台酒厂（集团）有限责任公司	2429810	饮料制造业	贵　州
29	青岛啤酒股份有限公司	2315805	饮料制造业	山　东
30	维维集团股份有限公司	2017836	饮料制造业	江　苏
31	北京燕京啤酒集团公司	1716231	饮料制造业	北　京
32	江苏洋河酒厂股份有限公司	1274092	饮料制造业	江　苏
33	厦门银鹭集团有限公司	908463	饮料制造业	福　建
34	湖北枝江酒业股份有限公司	701041	饮料制造业	湖　北
35	农夫山泉股份有限公司	688768	饮料制造业	浙　江
		邮政业		
1	中国邮政集团公司	25875158	邮政业	北　京
		有色金属矿采选业		
1	铜陵有色金属集团控股有限公司	9403158	有色金属矿采选业	安　徽
2	中国黄金集团公司	7912335	有色金属矿采选业	北　京
3	中国有色矿业集团有限公司	6408199	有色金属矿采选业	北　京
4	陕西有色金属控股集团有限责任公司	6127444	有色金属矿采选业	陕　西
5	山东黄金集团有限公司	4348309	有色金属矿采选业	山　东
6	大冶有色金属集团控股有限公司	4063253	有色金属矿采选业	湖　北
7	紫金矿业集团股份有限公司	3976392	有色金属矿采选业	福　建
8	广东省广晟资产经营有限公司	3608244	有色金属矿采选业	广　东
9	新华联控股有限公司	3516633	有色金属矿采选业	湖　南
10	山东招金集团有限公司	3028718	有色金属矿采选业	山　东
11	西部矿业集团有限公司	2500703	有色金属矿采选业	青　海
12	海城市西洋镁矿有限公司	2500000	有色金属矿采选业	辽　宁

续表

序号	企业名称	营业收入（万元）	行　业	地区
有色金属冶炼及压延加工业				
1	中国铝业公司	23170175	有色金属冶炼及压延加工业	北　京
2	天津物产集团有限公司	19703668	有色金属冶炼及压延加工业	天　津
3	江西铜业集团公司	13549328	有色金属冶炼及压延加工业	江　西
4	正威国际集团有限公司	12801904	有色金属冶炼及压延加工业	广　东
5	金川集团股份有限公司	12182333	有色金属冶炼及压延加工业	甘　肃
6	海亮集团有限公司	6779700	有色金属冶炼及压延加工业	浙　江
7	东方希望集团有限公司	5315000	有色金属冶炼及压延加工业	上　海
8	宁波金田投资控股有限公司	3150260	有色金属冶炼及压延加工业	浙　江
9	四川宏达（集团）有限公司	3090273	有色金属冶炼及压延加工业	四　川
10	万基控股集团有限公司	2668122	有色金属冶炼及压延加工业	河　南
11	湖南晟通科技集团有限公司	2584006	有色金属冶炼及压延加工业	湖　南
12	东营方圆有色金属有限公司	2554060	有色金属冶炼及压延加工业	山　东
13	河南豫联能源集团有限责任公司	2343163	有色金属冶炼及压延加工业	河　南
14	白银有色集团股份有限公司	2185429	有色金属冶炼及压延加工业	甘　肃
15	云南锡业集团（控股）有限责任公司	2116237	有色金属冶炼及压延加工业	云　南
16	云南冶金集团股份有限公司	2008235	有色金属冶炼及压延加工业	云　南
17	深圳市中金岭南有色金属股份有限公司	1866905	有色金属冶炼及压延加工业	广　东
18	全威（铜陵）铜业科技有限公司	1838329	有色金属冶炼及压延加工业	安　徽
19	河南豫光金铅集团有限责任公司	1821497	有色金属冶炼及压延加工业	河　南
20	山东淄博傅山企业集团有限公司	1801934	有色金属冶炼及压延加工业	山　东
21	江苏金辉集团公司	1779431	有色金属冶炼及压延加工业	江　苏
22	广西有色金属集团有限公司	1669036	有色金属冶炼及压延加工业	广　西
23	杭州富春江冶炼有限公司	1612810	有色金属冶炼及压延加工业	浙　江
24	杭州锦江集团有限公司	1514953	有色金属冶炼及压延加工业	浙　江
25	江西稀有金属钨业控股集团有限公司	1362330	有色金属冶炼及压延加工业	江　西
26	天津有色金属集团有限公司	1338924	有色金属冶炼及压延加工业	天　津
27	湖南省曾氏企业有限公司	1326000	有色金属冶炼及压延加工业	湖　南
28	精工控股集团有限公司	1247465	有色金属冶炼及压延加工业	浙　江
29	天地龙控股集团有限公司	1208430	有色金属冶炼及压延加工业	江　苏
30	崇利制钢有限公司	1201161	有色金属冶炼及压延加工业	天　津
31	厦门钨业股份有限公司	1191040	有色金属冶炼及压延加工业	福　建
32	洛阳紫金银辉黄金冶炼有限公司	1165153	有色金属冶炼及压延加工业	河　南
33	江苏天地龙集团有限公司	1099665	有色金属冶炼及压延加工业	江　苏

续表

序号	企业名称	营业收入（万元）	行　业	地区
34	江苏飞达控股集团有限公司	1092017	有色金属冶炼及压延加工业	江　苏
35	浙江栋梁新材股份有限公司	1087500	有色金属冶炼及压延加工业	浙　江
36	江苏新时代控股集团有限公司	1044684	有色金属冶炼及压延加工业	江　苏
37	辽宁忠旺集团有限公司	1031767	有色金属冶炼及压延加工业	辽　宁
38	重庆市博赛矿业（集团）有限公司	1011205	有色金属冶炼及压延加工业	重　庆
39	山东创新金属科技股份有限公司	974364	有色金属冶炼及压延加工业	山　东
40	铜陵精达铜材（集团）有限责任公司	960394	有色金属冶炼及压延加工业	安　徽
41	兰溪自立铜业有限公司	945381	有色金属冶炼及压延加工业	浙　江
42	河南省淅川铝业（集团）有限公司	892276	有色金属冶炼及压延加工业	河　南
43	常州市盛洲铜业有限公司	870670	有色金属冶炼及压延加工业	江　苏
44	常熟市龙腾特种钢有限公司	835372	有色金属冶炼及压延加工业	江　苏
45	济源市万洋冶炼（集团）有限公司	803710	有色金属冶炼及压延加工业	河　南
46	安徽楚江投资集团有限公司	798920	有色金属冶炼及压延加工业	安　徽
47	济源市金利冶炼有限责任公司	795710	有色金属冶炼及压延加工业	河　南
48	致远控股集团有限公司	752168	有色金属冶炼及压延加工业	浙　江
49	震雄铜业集团有限公司	687839	有色金属冶炼及压延加工业	江　苏
50	林州市林丰铝电有限责任公司	656926	有色金属冶炼及压延加工业	河　南
		造纸及纸制品业		
1	华泰集团有限公司	2720066	造纸及纸制品业	山　东
2	玖龙纸业（控股）有限公司	2690584	造纸及纸制品业	广　东
3	山东晨鸣纸业集团股份有限公司	2688961	造纸及纸制品业	山　东
4	山东太阳纸业股份有限公司	2585783	造纸及纸制品业	山　东
5	山东博汇集团有限公司	2123890	造纸及纸制品业	山　东
6	福建恒安集团有限公司	1705056	造纸及纸制品业	福　建
7	山东泉林纸业有限责任公司	1046014	造纸及纸制品业	山　东
8	胜达集团有限公司	880287	造纸及纸制品业	浙　江
9	河北曲寨集团有限公司	643337	造纸及纸制品业	河　北
		专用设备制造业		
1	中联重科股份有限公司	8480577	专用设备制造业	湖　南
2	三一集团有限公司	8020000	专用设备制造业	湖　南
3	中国恒天集团有限公司	3362386	专用设备制造业	北　京
4	山东时风（集团）有限责任公司	2615282	专用设备制造业	山　东
5	广西柳工集团有限公司	2157159	专用设备制造业	广　西
6	山东胜通集团股份有限公司	2064332	专用设备制造业	山　东
7	精功集团有限公司	2017818	专用设备制造业	浙　江

续表

序号	企业名称	营业收入（万元）	行　业	地区
8	常林工程机械集团	1962014	专用设备制造业	江　苏
9	宜昌三峡全通涂镀板有限公司	1832998	专用设备制造业	湖　北
10	太原重型机械集团有限公司	1613368	专用设备制造业	山　西
11	福田雷沃国际重工股份有限公司	1600232	专用设备制造业	山　东
12	山推工程机械股份有限公司	1470205	专用设备制造业	山　东
13	北方重工集团有限公司	1459830	专用设备制造业	辽　宁
14	成都神钢工程机械（集团）有限公司	1330312	专用设备制造业	四　川
15	威高集团有限公司	1313239	专用设备制造业	山　东
16	中国龙工控股有限公司	1272116	专用设备制造业	福　建
17	山东五征集团有限公司	1253733	专用设备制造业	山　东
18	大连重工·起重集团有限公司	1245068	专用设备制造业	辽　宁
19	厦门厦工机械股份有限公司	1199204	专用设备制造业	福　建
20	山东临工工程机械有限公司	1166606	专用设备制造业	山　东
21	海天塑机集团有限公司	1017861	专用设备制造业	浙　江
22	中国第一重型机械集团公司	874940	专用设备制造业	黑龙江
23	中国第二重型机械集团公司	700614	专用设备制造业	四　川
24	金洲集团有限公司	684084	专用设备制造业	浙　江
租赁和商务服务业				
1	海外海集团有限公司	1076000	租赁和商务服务业	浙　江